罗马千年征战史

全三卷·第Ⅱ卷

刘威 编著

民主与建设出版社
·北京·

第十九章
新恺撒的诞生

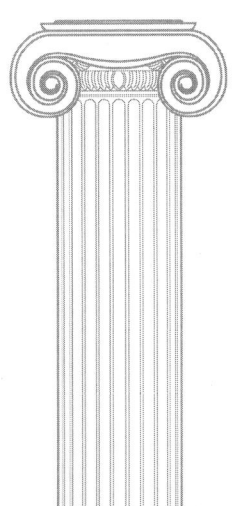

恺撒的遗嘱

从恺撒升任终身独裁官时起,元老院便不再是保守派和民主派二分天下的局面。恺撒将保守派连根拔起,庞培、小加图等人都已化为枯骨,剩下的要么明哲保身投降恺撒,要么放弃权力流亡在外。恺撒一如既往地宽大为怀,招降纳叛,来者不拒,其麾下自然分成了两拨人,一拨为恺撒嫡系死党,另一拨为怀念过去的共和派。刺杀恺撒的便是后者。

刺杀恺撒的共和派约有14人,但参与密谋的议员却有60人。他们以马库斯·布鲁图斯、卡西乌斯、德西姆斯·布鲁图斯为代表,其中马库斯和卡西乌斯一直都是庞培的追随者,若不是战争失利,恐怕他们根本不会出现在恺撒的阵营里。

马库斯·布鲁图斯全名马库斯·尤尼乌斯·布鲁图斯,从氏族姓和家族姓就可以看出,此人是共和国缔造者布鲁图斯的后代,祖上的光荣经历使他有理由反对任何独裁者,而且他还是恺撒死敌小加图的女婿,自然不喜欢恺撒。只不过他的母亲塞维利娅曾是恺撒的情妇,所以即便他站在庞培阵营里,恺撒也没有伤他分毫,甚至在他没有任何从政经历的情况下,授予其总理一省军政的要职。

刺客集团的二号人物无疑是卡西乌斯。此人曾是庞培派的中坚力量,在法萨卢斯之战后,识时务地带着舰队投降了恺撒,如今他反对恺撒恐怕也离不开两个字:权力。虽然恺撒授予卡西乌斯法务官的高位,但在人才济济的恺撒阵营里,卡西乌斯这样的非嫡系明显受到排挤,特别是恺撒一再集中权力,让卡西乌斯通过民主方式获得权力的希望变得渺茫,他遂以恢复共和旧制为由到处奔走,说服了布鲁图斯等人加入,渐渐组成了一个反对恺撒的共和派系,所以卡西乌斯是共和派的真正发起人。

至于三号人物,我们并不陌生,他就是恺撒的诸多副将之一——德西姆斯·布鲁图斯。此人在恺撒远征高卢时崭露头角,有征服布列塔尼和马西利亚(今马赛)的辉煌战绩。按说他应该是恺撒的嫡系,但偏偏就是这样一个人亲手把恺撒送去了冥府。如果没有德西姆斯劝说,恺撒未必会过早抵达议事厅,而恺撒最后惊叹的那句"啊，还有你呀，布鲁图斯"，恐怕不是指情妇之子马库斯，而是德西姆斯。

刺杀的恐怖景象惊呆了其他前来参会的议员，这些人手无寸铁，只能各自逃命。马克·安东尼也不得不走为上计。刺客们来不及处理恺撒的遗体便冲出元老院，高呼："打倒了独裁者！杀死了暴君！"但是群众的反应让他们倒吸了一口凉气，公民们没有激动和欢呼，只有冷漠和怀疑，看来刺杀没有得到民众的响应，这让他们自己也慌了神。

此时，准备出征帕提亚的骑兵长官雷必达就驻扎在罗马城外。所有人都知道雷必达是恺撒一党，他随时都可能攻入罗马城，而共和派手无一兵一卒，根本没有行刺后的计划。卡西乌斯在慌乱中尚未失去理智，建议布鲁图斯效仿他的祖先迅速控制全城，征召公民兵。可惜布鲁图斯没有这样的胆量，也没有这样的能力，更不想违反国法，因为执政官是安东尼，只有他有资格这么做。

恺撒被刺后，一直伪装成恺撒之友的西塞罗公开祝贺刺客们的成功，一小部分贵族也加入了道贺者之列，但是普通公民却不那么乐观，他们根本不相信什么恢复共和的说辞，反而因恺撒之死而忧虑，害怕更大的暴乱即将来临。

事实上，人民的担忧不无道理，因为恺撒的存在就是罗马安定的保障，恺撒一死，安定的社会便可能发生巨大的变化，所以没有多少人响应布鲁图斯，以至于共和派试图将恺撒的遗体投入台伯河的计划也不了了之。布鲁图斯等人只好逃到卡比托利欧山（卡皮托尔山）静观其变，罗马城内风声鹤唳。

安东尼第一时间紧闭府门，但当他发现刺客们并没有夺取政权的周密计划时，他松了一口气，毕竟站在法律一边的人是自己。而骑兵长官雷必达在得知事变后，也赶紧带着一个军团入城，控制了马尔斯广场以便配合安东尼一起行动。

兵权在手，天下我有。安东尼再无理由害怕，雷必达此时的立场和他完全相同，他们现在要做的是恢复罗马城的秩序，将刺客们稳住。

次日，安东尼及众多议员一起会见了布鲁图斯等人，双方达成了一个和解协议：不追究刺杀恺撒的行为，但承认恺撒生前的所有政策。毕竟所有议员和官员都是通过恺撒才得到的任命，如果否定恺撒的一切，那么这些权贵就都失去了合法性，包括刺杀恺撒的共和派。另外，慑于恺撒的威望以及民众的爱戴，所有人都投票赞成为恺撒举行国葬。

然而刺客们不知道的是，安东尼主张承认恺撒的政策其实另有深意。安东尼早已掌握了恺撒的全部公文，如今没有人知道恺撒生前还有多少未发布的法令，他完全能以恺撒的名义伪造，逼元老院承认。他已经有了一个夺取最高权力的完整计划。

同一时间，亲恺撒派人士开始反击。作为恺撒的岳父和遗嘱保管人，议员皮索宁死也要在恺撒葬礼举行当天宣读遗嘱，这正是安东尼全盘计划的序幕。在众人云集的广场上，安东尼当众宣读了恺撒的遗嘱：

一、恺撒资产的75%，由其外甥女阿提娅之子盖乌斯·屋大维继承，剩下的部分由侄子卢基乌斯·皮纳利乌斯和昆图斯·佩提乌斯平均继承。屋大维自接受遗产起自动成为恺撒的养子及第一顺位继承人，正式更名为"盖乌斯·尤里乌斯·恺撒"，拥有恺撒的全部权力。如第一继承人屋大维主动放弃继承权或无法继承，其权力由德西姆斯·布鲁图斯继承。

二、赠予所有住在首都的罗马市民每人300塞斯特斯，并将位于台伯河西岸的恺撒私人花园捐给市民作为公共场所。

听到恺撒将阴谋刺杀他的德西姆斯列为第二继承人和遗嘱执行人时，民众普遍憎恶德西姆斯忘恩负义之举，而当他们听到恺撒赠予每个人300塞斯特斯和将私人花园无偿捐出时，所有人都觉得恺撒一定是冤屈的，这个所谓的独裁者其实是伟大的领袖。

安东尼公开展示了恺撒死前所穿的紫袍，上面满是血渍，到处都是被匕首所刺穿的孔洞，这让在场的所有人都吃惊不小。安东尼随即发表了一篇怀念恺撒的演讲。

这份演讲稿显然经过恺撒一派精心撰写，重现了恺撒一生南征北战的辉煌战绩，以及恺撒当政后如何服务罗马人民，如何造福罗马共和国。特别针对共和派声称恺撒要称王的论断，安东尼一一列举了恺撒生前一次又一次拒绝加冕的高尚行为。演讲的高潮是，安东尼把沾满鲜血的紫袍披在提前制作的人形木偶上，用绳子吊起，悬空无死角展示，活脱脱的恺撒再临，在场的人无不震惊。从此刻开始，布鲁图斯等人已经彻底输掉了这场权力的游戏。

葬礼结束后，罗马城里的气氛发生了微妙的变化。阴谋刺杀恺撒的共和派慑于民众对他们的极大怨恨，不得不躲在家里，可即便是这样，很多义愤填膺的人还是试图攻击他们的住所。一个叫秦纳的人因被错当成了反对恺撒的法务官秦纳而遭到了虐杀。形势完全倾向于恺撒派。

在这场惊天巨变里，人们难免会对一个名字——屋大维感到疑惑。恺撒竟然把四分之三的财产和家族之名授予了这个叫屋大维的人。这个名字何其陌生。到底谁是屋大维？屋大维在什么地方？他凭什么能够继承恺撒的大多数遗产？新的恺撒到底是何方神圣呢？

霸业的继承人

公元前63年9月23日黎明时分，一个行色匆匆的议员慌忙赶到了元老院。他是当日最后一个到达议事厅的人，而元老院的会议早已经开始了，西塞罗正用如临大敌的语气揭发喀提林的阴谋，不过迟到的议员似乎对执政官所言毫无兴趣，此时的他内心激动异常，因为就在刚才，在他的帕拉丁山别墅内，一个健康的男婴呱呱坠地。

孩子的母亲名叫阿提娅，父亲是盖乌斯·屋大维，对他们一家来说，这是个幸运的日子，因为两人的第一个也是唯一一个儿子降生了。之前夫妻二人已育有一个女儿屋大维娅，按照罗马的传统，新降生的男孩将得到父亲的名字：盖乌斯·屋大维。

小屋大维算是含着金钥匙出生的幸运儿。从家族的姓氏可以看出，屋大维并非传统的八大氏族之一，而是在罗马不断对外扩张中加入的新人。不过，屋大维家族非常富裕，在罗马有很多地产和商业项目，是骑士阶级中比较显赫的家族，资产远在40万塞斯特斯之上，再加上成功步入了元老院，到小屋大维降生时，屋大维家族已可以自称新贵了。

小屋大维的父系也许能追溯至图斯库鲁姆王室，曾率拉丁三十国讨伐罗马的马米利乌斯正是以屋大维为姓。至于母系，阿提娅是名副其实的贵族后裔，父亲名叫马库斯·阿提乌斯·巴尔布斯，母亲是"大帝"恺撒的亲姐姐尤里娅，所以小屋大维体内流着恺撒家族的血。尤里乌斯氏族是古老的贵族，这就让屋大维家的血统提高了不少，也因为这一层关系，小屋大维注定会有不平凡的一生。

可惜天有不测风云，老屋大维在马其顿总督任上染病而逝，此时的小屋大维才刚刚4岁，而阿提娅才20多岁。女性自古皆是贵族相互结盟的重要工具，所以小屋大维的外公立刻为阿提娅找到了第二任丈夫：卢基乌斯·马尔奇乌斯·菲利普斯。此人也出自世家豪门，后来登上了执政官之位。这样一来，小屋大维只能在没有父亲庇护的环境下成长。

恺撒非常重视亲缘，由于他没有儿子，便对与他有血缘关系的下一代都非常上心。当恺撒准备前往西班牙征讨庞培时，屋大维已经年满16岁，恺撒特意给屋大维安排了骑兵队长一职。可惜屋大维自幼体弱多病，恰好生病，耽搁了行程，等到他痊愈赶赴前线时，恺撒已经击败了庞培，屋大维没能进入大众的视野。

公元前44年，恺撒计划远征帕提亚，自然又打算带上屋大维，所以提前派屋大维赶赴阿波罗尼亚接受军事训练，这里驻扎着恺撒组建的6个远征军团。18岁的屋大维第一次接触了真正的罗马军团，如果不出意外，帕提亚战争将作为屋大维的初战。

不过，屋大维没有等来舅公恺撒，反而等来了人生的转机：恺撒被刺杀了。让屋大维震惊的是，恺撒在遗嘱里指定他为第一继承人，还把尤里乌斯·恺撒之名赐给了他。对罗马人来说，能获得家主全名的人便是下一任家主，这意味着屋大维将成为尤里乌斯氏族的掌门人。

尚无从政经验的屋大维完全可以拒绝成为恺撒的继承人，如此一来，他就不会被刺杀恺撒的共和派敌视。继父菲利普斯、母亲阿提娅都劝屋大维不要蹚这浑水，然而年轻的屋大维毫无畏惧。虽然当下的局势复杂，屋大维又缺乏威望和帮手，但他还是决定冒险接受恺撒的遗嘱，到罗马博一博前程。这意味着屋大维将成为继舅公之后的新恺撒，从此他正式更名为盖乌斯·尤里乌斯·恺撒·屋大维阿努斯。

以恺撒葬礼为分界点，罗马的统治阶层进入了竞相逐鹿的新阶段。这个

"鹿"就是恺撒留下的霸业，而现阶段有资格继承霸业的至少有两股势力，一是以现任执政官安东尼为代表的恺撒旧部，二是以布鲁图斯为代表的元老院共和派。虽然元老院出面调解了两股势力的矛盾，但在权力面前从来没有真正的化敌为友，双方都在私下谋划增强实力。

对安东尼来说，要继承恺撒的霸业，当务之急是赶走共和派。眼下，安东尼只有名义上的执政官称号，并不能完全控制公民大会和元老院，所以他还得想办法控制罗马城。为实现目标，安东尼采用了"三步走"的策略。

第一步，煽动群众。安东尼故意宣扬恺撒"冤死"的论调，煽动民众对刺客们的仇视情绪。不少恺撒的崇拜者在恺撒火葬的地方聚集，没日没夜地声讨共和派，他们在一个自称是马略后裔的人领导下，逐渐形成了一支暴民队伍。暴民公开袭击布鲁图斯等人的住宅，还在街上打砸抢，放火焚烧商铺。可怕的暴乱迅速席卷了全城。

第二步，放任暴乱。作为执政官，安东尼有义务维持首都秩序，但他却故意放任暴乱，对公开的打砸抢不闻不问，任由罗马城陷入一片混乱。直到越来越多的议员请求安东尼"捍卫"首都时，他才勉为其难地宣布"局势失控"，出手驱逐暴徒。

第三步，索要兵权。安东尼提出，为避免发生更大的暴乱，他需要元老院批准他在罗马城组建"卫队"，专用于维持秩序和保护元老院。惊魂未定的元老院稀里糊涂地答应了，哪知安东尼所谓的"卫队"竟有6000人之多，相当于1个满编军团，具备武装控制罗马城的能力，这时再想让他们解散已经不可能了。

布鲁图斯等人冷静地看着这几天发生的所有事情，越发觉得安东尼绕了一个大圈，就是为了骗取在罗马城组建军队的权力，他的狼子野心明显比暴乱更危险。所以对共和派来说，现在只有逃出罗马城，组建属于自己的军队，才能真的安全。

按照元老院此前的安排，布鲁图斯将担任马其顿总督，卡西乌斯将担任叙利亚总督。只是两人一个是市政官，另一个又是法务官，而且任期离结束还早，这意味着他们不能随意离开罗马城。如何才能名正言顺地逃离罗马城呢？元老院想到了办法，特别任命布鲁图斯和卡西乌斯为监粮官，负责全国粮食的转运。这样一来，两人就名正言顺地逃离了罗马城，安东尼驱逐共和派的目的也达到了。

就目前的局势来看，共和派虽然被逐出了罗马城，但他们却瓜分了最重要的几个行省，其中德西姆斯得到了山南高卢，布鲁图斯控制了马其顿，卡西乌斯也霸占了叙利亚。安东尼没有自己的地盘，所以他既需要军队，又需要地盘，更需要罢免共和派的总督，于是他向另一个执政官多拉贝拉求助。此人本是恺撒出征帕提亚后的补位执政官，和安东尼比起来，元老院更信任多拉贝拉。

为得到地盘和军队，安东尼又来了一个"三步走"。

第一步，安东尼和多拉贝拉效仿前三巨头，故意绕开元老院召开了公民大会。先是安东尼号召公民投票支持多拉贝拉取代卡西乌斯，出任叙利亚总督。紧接着，多拉贝拉又召开第二场公民大会，以同样的手法帮助安东尼当上了马其顿总督。这样一来，卡西乌斯和布鲁图斯的总督之职就被免除了。

第二步，扩充兵力。安东尼以基提人阴谋入侵罗马为由，急调准备远征帕提亚的5个军团入卫意大利，其中1个军团分给了多拉贝拉，剩下的4个留给了自己，再加上此前组建的6000人卫队，安东尼实际上拥有了5个军团的兵力。

第三步，"挟元老院以令诸侯"。安东尼的马其顿与罗马城隔着大海，起不到威慑作用，反倒是德西姆斯的地盘能立即攻打罗马城，当年恺撒就是靠山南高卢赢得了内战，所以安东尼又在公民大会上通过了"用马其顿置换山南高卢"的决议，意在罢免德西姆斯，控制意大利。

如此一来，安东尼利用公民大会相继剥夺了共和派的叙利亚、马其顿和山南高卢。共和派不可能接受安东尼的安排，霸着地盘不松手，所以多拉贝拉首先出兵东征，试图武装夺取叙利亚，而安东尼则在意大利集结军队，准备等远征军团到位后北伐德西姆斯，他还派弟弟盖乌斯·安东尼强行接管马其顿。两方内战已不可避免。

多拉贝拉要去接管叙利亚就必然要经过亚细亚行省，而此时的亚细亚总督是共和派的特雷博尼乌斯，他根本不可能放多拉贝拉通过，所以亚细亚行省各城均紧闭城门，拒绝支援粮草物资。特雷博尼乌斯还派军队尾随多拉贝拉，生怕他就地劫掠。特雷博尼乌斯打算用这种方式拖死多拉贝拉。

论行军打仗，多拉贝拉可是有实战经验的大将。他在白天不动声色地行军，夜里却让军团做好战斗准备。夜幕降临后，特雷博尼乌斯的军队觉得多拉贝拉应该没有什么威胁了，便撤回了一部分人马，剩下的人则漫不经心地继续跟着。多拉贝拉悄悄设置了陷阱，全军埋伏在旁边，等敌军一头扎入伏击圈后，多拉贝拉率军鼓噪而出，当即歼灭了这支军队。随后，多拉贝拉军团人不卸甲，马不解鞍，直奔行省首府士麦那城。由于事发突然，士麦那的守军几乎没有设防，多拉贝拉乘机占领了城池，把特雷博尼乌斯斩首示众，亚细亚行省就此落入了多拉贝拉之手。

正当恺撒旧部忙着争权夺利时，作为两大势力之外的"小角色"，屋大维已经渡海登陆布隆迪西乌姆（今布林迪西），正式启用了盖乌斯·尤里乌斯·恺撒之名，还刻意去掉了"屋大维阿努斯"这个后缀，以免提醒人们两人的区别。然而，屋大维刚抵达罗马城就被泼了一盆冷水。安东尼根本不承认他的身份，不仅拒绝把恺撒的遗产交给他，还用各种方式羞辱他，嘲笑他，这些均让屋大维颜面扫地。

令人意外的是，这位18岁的少年有着超过同龄人的智慧和抱负。他立即意识到，仅凭一纸遗嘱是无法继承恺撒之名的，恺撒留给他的"遗产"其实不是什么别墅和金钱，而是恺撒生前的威望和民众的支持，要真正继承恺撒的"遗产"，就必须像恺撒一样言出必行，做恺撒一样的强者。

实力决定发言权。为了真正继承恺撒的"遗产"，屋大维决定加入逐"鹿"者的队伍，组建自己的政治势力。为此，屋大维也进行了"三步走"。

第一步，增加知名度。恺撒遗嘱中明确承诺赠予每个市民300塞斯特斯，虽然安东尼没有将遗产交给屋大维，但民众却不知道，如果屋大维不能兑现，没人会把他和恺撒联系在一起。所以屋大维大胆变卖了所有家产，包括他的祖产，还向罗马城的各大富豪借贷，所得的钱全部用来履行恺撒的遗嘱，从而赢得了民众的好感。

第二步，扩大影响力。屋大维时刻不忘宣传他的恺撒继承人身份，一边顶着恺撒的名号增加曝光率，举行各种纪念恺撒的活动；一边积极拜访元老院议员，结识了以西塞罗为首的高级元老。通过这些高级元老，屋大维逐步打开了进入贵族"俱乐部"的大门。

第三步，招兵买马。屋大维利用募集的资金和此前积累的知名度，在意大利各地招募退伍老兵，以每人500德拉克马的高价，募得了3000名老兵。另外，屋大维也以同样的价格暗中收买刚抵达意大利的远征军团，这些人都与他熟识。安东尼得知后勃然大怒，试图用十一抽杀律来稳定军心，哪知这起到了反作用，有战神之称的马尔斯军团和第4军团相继投奔屋大维。至此，屋大维拉起了一支上万人的队伍。

新一轮首都斗法中，以屋大维为代表的第三股政治势力横空出世。元老院非常看重屋大维的力量，因为屋大维的力量越强，安东尼就越不敢轻举妄动，所以议员们达成共识，授予屋大维财务官的职位，允许他以资深法务官衔指挥招募的军团。如此一来，屋大维就是名正言顺的统帅了，共和国又增添了一个新的军阀。

摩德纳之战

共和派被逐出罗马后，各路军阀竞相逐鹿，作为罗马心脏的元老院自然想重新掌控政权，然而他们很快就发现，执政官安东尼正在走恺撒的老路，此人不仅武断、霸道，而且随心所欲，根本不把元老院放在眼里。安东尼铁了心要夺取山南高卢，公开在罗马城外举行了一场盛大的阅兵式。此举威胁意味颇为浓烈，凡是识相的议员通通赶来宣誓效忠了，没来的也必定被秋后算账。

安东尼自认为这样就没有后顾之忧了，于是在公元前44年冬季带着大军浩浩荡荡地开赴前线。事实上他想错了，以西塞罗为首的资深元老们对安东尼的敌视已经到了除之而后快的地步。安东尼才离开没多久，西塞罗就连发数篇名为《反腓力辞》的檄文，指控安东尼祸国殃民。支持西塞罗的元老占了大多数，元老院当即褫夺了安东尼的执政官之位，还宣布他和多拉贝拉为国家公敌。

内战已经不可避免。安东尼自恃为恺撒霸业的继承人，呼吁曾经效忠恺撒的各省总督支援他，其阵营中包括近西班牙总督雷必达、远西班牙总督波利奥、高卢总督普兰库斯（其管辖范围包括山北高卢和纳尔波高卢）、正在争夺叙利亚的多拉贝拉。共和派阵营主要是山南高卢总督德西姆斯、马其顿总督布鲁图斯和叙利亚总督卡西乌斯。而元老院也有自己的立场，以西塞罗为代表的精英支持共和派，以皮索为代表的望族支持民主派。

镇守山南高卢的德西姆斯只有不满编的3个军团，而安东尼麾下有4个老兵军团和大量的辅助军，实力远在德西姆斯之上。德西姆斯不敢硬碰硬，便战略撤退到摩德纳坚守，安东尼军团顺势围住了德西姆斯。不过，安东尼无意强攻城池，他打算严密围困，直到对方的粮草断绝。这一招正中德西姆斯的软肋，因为城内的粮草已经不多了。

山南高卢形势急转直下，元老院立刻选出了新的执政官希尔提乌斯和潘萨，征募了4个军团的新兵。不过元老院也知道新兵不谙战事，要和安东尼的老兵较量实难取胜，故而他们极力拉拢屋大维，劝他接受两个执政官的领导，实际上就是要分他的兵权，毕竟只有屋大维才有老兵军团。屋大维倒也没小气，立即将马尔斯军团和第4军团交给了希尔提乌斯指挥。三名统帅做了分工，由希尔提乌斯和屋大维率兵北上救援德西姆斯，潘萨则留在后方加紧训练新兵。

希尔提乌斯和屋大维马不停蹄地赶到山南高卢后，通过点燃篝火和派信使的方式鼓励德西姆斯坚守到底，但德西姆斯的粮草早已耗尽，守军宰杀了能找到的所有牲畜，仅靠吃腌肉勉强度日，士气极其低落。有意思的是，占有兵力优势的安东尼只满足于小规模的遭遇战，丝毫没有与希尔提乌斯决战的意思。安东尼的反应很难称得上明智，拥有优势兵力的他本可以以逸待劳，来个围点打援，然而他却虚耗光阴，坐等敌军壮大，实在令人费解。

时间一天一天过去，执政官潘萨完成新兵训练后也率部北上，然而这一消息不胫而走。安东尼久经战阵，当然知道任由敌军会合是犯了兵家大忌，所以他留下了少量兵力作为疑兵，亲率2个老兵军团和几乎全部骑兵南下阻击潘萨，企图在两军会合前各个击破。

人算不如天算，安东尼的计划虽好，但希尔提乌斯也是恺撒的门生，知道情报收集的重要性，再加上安东尼骑兵的动静太大，很难完全隐蔽，所以他的疑兵之计没能得逞。希尔提乌斯立刻让屋大维卫队和马尔斯军团急行军，双方就由对峙变成了赛跑，就看谁先找到潘萨的军团。虽然兵行险招，马尔斯军团还是成功抢在安东尼前面与潘萨会合。

公元前43年4月,双方在"高卢广场"遭遇。这是一处满是沼泽的隘口,地形非常不利于骑兵展开,而安东尼的优势就是他的骑兵,故而安东尼让军团埋伏在沼泽和附近的房屋内,只等屋大维的军队踏入伏击圈。幸而马尔斯军团提前发现了安东尼的伏兵,而安东尼的军团也认出了马尔斯军团。两军皆为训练有素的罗马军团,装备着完全相同的盾牌和短剑,战法完全一致且都熟悉对方弱点,双方本是要出征帕提亚的战友,现在却视对方为仇敌,欲杀之而后快。

阴沉的天气仿若山雨欲来,战场上呼啸着肃杀的风,随着一声击碎长空的怒吼,老兵军团立刻搏杀在一起,相互之间你刺我砍毫不退让。没过多久,不负战神之名的马尔斯军团强行逼退了安东尼的老兵,一路席卷而去,大有秋风扫落叶之势。远处的安东尼颇为吃惊,当即投入了他的优势骑兵,而屋大维和希尔提乌斯这边没有足够的骑兵应对,只能看着潘萨的新兵军团被骑兵包抄。

战斗进行到了最血腥的时刻。潘萨的新兵和马尔斯军团死命抵挡着安东尼骑兵的进攻,高大而灵活的战马来回穿插,许多大队的阵形被冲散,落单的士兵也无所适从,惊慌地左顾右盼,生怕背后突然蹿出一个骑兵。战场上一片狼藉,突然,一支重标枪正中潘萨腰部,执政官"咚"的一声栽落马下,头盔飞到数米开外。身受重伤的潘萨不得不撤离战场,而屋大维卫队也在战斗里全体阵亡。潘萨的新兵吓得慌忙逃回战场大营,马尔斯军团不肯回营,坚持守在营寨外抵挡安东尼。这座营寨是提前修筑以备不时之需的,想不到真的用上了。

安东尼乘胜追砍后撤的新兵直至敌方大营。由于缺乏攻城装备,安东尼军团被屋大维的箭矢一再击退,单靠骑兵显然不可能攻入设防的营寨,而马尔斯军团依然强悍,与营寨守军相互策应,所以安东尼鸣金收兵,毕竟已经算取得一场胜利了。没想到的是,安东尼还是高兴得太早了。希尔提乌斯留下屋大维守卫大营,自己带着第4和第7军团紧急支援潘萨,此时正好撞上了"凯旋"的安东尼,便趁夜色挑起了第二次决战,这是安东尼始料未及的。

月光下,双方的局势完全对调。安东尼的两个军团因为过于疲惫,在希尔提乌斯的打击之下竟被全线突破，不仅损失惨重，还丢了自己的鹰旗，好在骑兵的机动性强一些，安东尼在骑兵的掩护下才成功脱离险境。"高卢广场"一战，希尔提乌斯反败为胜。

对安东尼来说，整场战役并未完全失败，他手中还有绝大多数骑兵和至少3个军团的兵力，而且依然围困着摩德纳城。安东尼一改之前的战术，不理会屋大维等人的挑衅，并且加固营地，坚守不战，就等待着德西姆斯粮尽投降。城内的守军艰难支撑着，现在就看谁坚持得更久。

屋大维和希尔提乌斯刚刚经过大战，自己很疲惫，自然无力强攻安东尼的营地，于是两人嘲笑安东尼被吓破了胆，试图用羞辱他的方式逼其出阵。若安东尼能沉住气，最终结局依然难以预料，可是素以猛将著称的安东尼性烈如火，长期坚守不战太过憋屈，而且屋大维和希尔提乌斯率军猛攻安东尼设在远处的分寨，安东尼担心营寨失守，立即摘下免战牌，带着主力军团出阵了。

4月21日，双方在摩德纳决战。由于安东尼战线过长，希尔提乌斯有针对性地重点攻击，致使安东尼的步、骑脱节，首尾难顾，最终大败而归。希尔提乌斯挟大胜之势杀入了安东尼的大营，本以为胜券在握，却没想到安东尼军团死命反击，竟在寨内设伏，当即阵斩了希尔提乌斯，屋大维不得不鸣金收兵。虽然安东尼反败为胜，还杀掉了对方统帅，但惨烈的战斗令其损兵折将，已无力继续围困摩德纳城，纵然有万般不舍，安东尼还是决定撤退了。

不久后，另一个执政官潘萨也因为伤势过重而死。如此一来，两个执政官的4个新兵军团和原属屋大维的2个老兵军团全都没了主帅，屋大维乘机收编了全军，再加上本来的第7和第8军团，屋大维得到了近8个军团的兵力，成了这场战役的最大赢家。

德西姆斯·布鲁图斯得救了，可他完全开心不起来，因为他是刺杀恺撒的凶手，而这个叫屋大维的孩子却是恺撒的继承人。如今的屋大维接管了两个执政官的军团，实力雄厚已经超过了往昔的安东尼，德西姆斯相信这个孩子早晚都会将剑刺向他，就像他刺向恺撒一样。元老院临时拼凑起来的同盟似乎马上就要崩溃了。

后三头同盟

摩德纳大捷的消息传到罗马城后，元老院决定举行长达 50 天的感恩祭，这又创下了新纪录，超过了恺撒的高卢征服。安东尼明明还没有彻底失败，元老院弄得好像他已经死了一样，完全不担心他卷土重来。议员们几乎忘记了，就在西塞罗刚刚宣布安东尼为国家公敌的时候，恺撒旧部温提迪乌斯便公然招募了 3 个军团，还试图抓捕西塞罗。阴谋失败后，温提迪乌斯便带着军团北上支援安东尼，此刻两人已合兵一处。

元老院刚刚获得一点胜利就得意忘形，仿佛一切又回到了保守派当政的年代。因为两个执政官相继战死，元老院立即决定把前执政官的军团和职务通通交给德西姆斯·布鲁图斯，还重申了马库斯·布鲁图斯和卡西乌斯在东方的地位，甚至下令东方各省完全听从两人节制。这一连串的操作明显忽视了屋大维，连他的名字都没有提到，仿佛他压根儿就不存在一样。

屋大维想起了潘萨去世的那一夜。潘萨自知大限将至，便语重心长地告诫屋大维要小心元老院，称元老院普遍敌视恺撒派的人，本该为恺撒报仇的他们却与刺客们达成了和解，元老院给予屋大维荣誉和权力只是为了对抗安东尼，安东尼一旦被除掉，下一个遭殃的不是别人而是屋大维自己。人之将死，其言也善。屋大维知道这不是危言耸听，而是即将要发生的事情。

与摩德纳之战差不多同一时期，东方行省同样风起云涌。由于元老院公开宣布安东尼和多拉贝拉为国家公敌，两人的总督之职自然也就被解除了，跟随他们的军团同样也失去了合法性。元老院给东方各省下达了指令，让各省听从布鲁图斯和卡西乌斯的节制，这相当于把整个东方都委托给了他们。

卡西乌斯到达叙利亚前，这里发生了巴苏斯叛乱，为围剿叛军，周边各省共派出了 8 个军团的兵力。卡西乌斯抵达后立即以元老院的任命为尚方宝剑，兼并了这 8 个军团。而前来争夺叙利亚的多拉贝拉正策划南北夹击卡西乌斯，他派人在埃及组建了 4 个军团北上，自己则率领 2 个军团从亚细亚行省赶来。

卡西乌斯接报后迅速行动，首先向南发起攻击，很快就包围了正在北上的 4 个埃及军团。这路人马本来人数就少，又听说多拉贝拉已经被列为国家公敌，便失去了战斗的动力，负责统兵的将军竟然以 4 个军团难以抗衡 8 个军团为由，投降了卡西乌斯。这样一来，卡西乌斯不仅占领了叙利亚行省，还得到了 12 个军团。

东方的另一个战场上，手握 5 个军团的马库斯·布鲁图斯正和安东尼的弟弟盖乌斯争夺马其顿行省。盖乌斯只有 1 个军团和少量的辅助军，正面决战难有胜算，所以试图伏击布鲁图斯，然而布鲁图斯事先识破了这个计划，反而在盖乌斯经过的地方设伏。当盖乌斯的军团陷入包围时，布鲁图斯没有进攻他们，反而释放了所有人。这样的事情连续发生了好几次，使得盖乌斯的统兵能力大受质疑。

盖乌斯的士兵本来就没什么战意，大多数人因害怕"十一抽杀"才勉强跟随盖乌斯，但这几天发生的事情让士兵们觉得布鲁图斯和他的祖先一样品德高尚，不少人相信布鲁图斯不会伤害他们，于是他们控制了盖乌斯，投降了布鲁图斯。这还真有点"七擒七纵"的意思。就这样，马其顿也落入布鲁图斯之手，他此次不战而屈人之兵的谋略倒是让人刮目相看。

视线回到意大利。屋大维并不甘心被元老院抛弃，不仅不交出兵权，反而要求元老院为他举行小凯旋式，以此试探元老院的态度，结果元老院毫不犹豫地拒绝了。接着，屋大维又派出了一个 400 人的代表团到罗马城争取执政官一职，同样被元老院拒绝了。看来西塞罗已经打算抛弃自己了，这让屋大维怒火中烧，却也不觉得意外。

屋大维不可能束手就擒，他是恺撒的继承人，理应是元老院不能忽视的政治力量，而不是一个被随意使用的工具。愤怒的屋大维正式举兵南下，来到了恺撒曾经驻足的卢比孔河。年轻的屋大维比起他的舅公更加决绝，甚至连一丝犹豫也没有便跨过了河。屋大维南下的消息让元老院大为惊恐，他们没想到这个年轻人居然如此胆大妄为，竟要攻打罗马城，于是急忙调来了北非的 2 个军团和新招募的 1 个军团。

在明晃晃的刀剑面前，元老院认了怂，赶紧同意了屋大维参选执政官的要求，不过屋大维并没有停止进军。当屋大维兵临城下时，守卫罗马城的 3 个军团马上投降了他，指挥这些军团的法务官羞愤自杀，屋大维兵不血刃地接管了罗马城。大多数元老院议员没有像庞培当年那样逃跑，毕竟没有军队护卫，跑了也是白跑，还不如主动欢迎屋大维来赢得他的好感；只有西塞罗仓皇逃离了罗马城。

公元前43年8月19日，屋大维如愿当选为新的执政官，此时他还未满20岁。

掌控罗马城后，屋大维冷静了下来。看着日益壮大的共和派，屋大维明白自己的力量仍然不足，要为舅公报仇就不能一根筋地单打独斗，如今的罗马局势复杂，不是仅靠担任一届执政官就能让他高枕无忧的，安东尼曾经也是执政官，现在却成了国家公敌，所以实力决定命运。

屋大维意识到，要扛起恺撒的大旗就必须把分裂的民主派重新团结起来。为此，屋大维无条件地送还了俘虏的安东尼军队，借此释放善意。连连碰壁的安东尼傲气锐减，被迫退到山北高卢。德西姆斯追击而至，多亏雷必达、普兰库斯和波利奥率领不少于10个军团的兵力及时赶来支援，才让德西姆斯知难而退。和当年独享罗马相比，当下新遭败绩的安东尼最需要休整喘息，与屋大维和解符合安东尼的利益，所以两人一拍即合。

担任执政官的屋大维通过法令确认了恺撒遗嘱的有效性，重申了自己作为恺撒养子的合法地位，撤销了安东尼和多拉贝拉的公敌宣告，不仅推翻了元老院与共和派的和解协议，还公然宣布所有刺杀恺撒的人都不再被法律保护。屋大维一方面用国库的钱招兵买马，打赏手下的11个军团，另一方面频繁与恺撒旧部通信，特别是加强了与安东尼、雷必达的联系，三人初步达成了联合意向。屋大维要为恺撒报仇的意图已经昭然若揭。

安排好一切后，屋大维便开始了自己的复仇计划，首要目标正是杀父仇人之一：德西姆斯·布鲁图斯。德西姆斯此时的情况非常糟糕，高卢总督普兰库斯已经公开站到安东尼那边，近西班牙总督雷必达也率领数个军团进兵山南高卢，除了远在东方的布鲁图斯和卡西乌斯，德西姆斯可谓四面受敌。

被孤立的德西姆斯军队惶恐不已，不少人叛逃，后来更是成群结队地投奔安东尼，山南高卢总督渐渐地成了光杆司令。德西姆斯非常害怕安东尼突然发兵来攻，更害怕再来一次摩德纳之围，于是他抛弃大本营，带着亲兵投奔了一个高卢酋长，此人曾受过他的恩惠。德西姆斯以为他会知恩图报，但此一时彼一时，高卢酋长当然不敢和安东尼、屋大维等大军阀为敌，毫不犹豫地砍掉了德西姆斯的脑袋，当作礼物送给了安东尼，刺杀恺撒的又一元凶就此殒命。

公元前43年10月，屋大维、安东尼、雷必达三人各自带着5个军团在波诺尼亚（今博洛尼亚）会晤。三人在一个小岛上秘密商谈了合作的细节，同意一起分享恺撒曾经的权力，这意味着新的三头同盟正式成立。

新一轮的权力分配中，屋大维将执政官之位让给了安东尼死党温提迪乌斯，分得了阿非利加、西西里和撒丁尼亚作为地盘；安东尼同意把继女克劳狄娅嫁给屋大维，控制了纳尔波高卢和山南高卢；雷必达被内定为下届执政官，得到了西班牙和山北高卢，有权暂管罗马城，他送了4个西班牙军团给安东尼，又分了3个军团给屋大维。后三巨头通过这种方式相互羁绊。

后三头同盟的建立标志着恺撒旧部的重新合作，他们中没有一个人能够独掌政权，彼此之间既是合作也是制衡，但这样的联盟反倒变得强而有力，意大利已经没有任何军队和个人能够与后三巨头相抗衡。不久后，三巨头再次兵临罗马城，不过三人不是要元老院为其举行欢迎仪式，而是要为恺撒报仇，要彻底"清洗"元老院。

后三头同盟掌控罗马城后发布了公敌宣告，将数百人列为国家公敌，这正是对元老院此前宣布安东尼为公敌的报复。和恺撒的仁慈宽容不同，后三头同盟的统治绝对是残忍和冷酷的代名词，他们张贴了一份专门针对元老院贵族的黑名单，任何人都可以合法杀死名单上的人并夺取他们的财产，死者不是被砍头，就是被丢进台伯河。起初，后三巨头只是为了"清洗"罗马的共和派，可到后来，三人为了给麾下的军团发奖金，居然随意在名单上添加新名字，其目的只是获取死者名下的财产，这使得名单上的人骤然增加到两千人之多。

前执政官西塞罗当然也在名单之上，虽然他年事已高，但其人前一套人后一套的做派终于得罪了所有人，屋大维非但不感激西塞罗的提携，反而憎恨西塞罗的背叛，而安东尼记恨西塞罗一手策划将他打成国家公敌之事，两人都伺机报复西塞罗。现在轮到西塞罗自食苦果了，后三头同盟直接处死了西塞罗兄弟，安东尼还砍下了西塞罗的右手和脑袋，特意钉在演讲台上，以此来惩罚他写下《反腓力辞》。

罗马城彻底变天了。有超过300名元老和2000名骑士在这场屠杀中丧生，不少人都是无辜的，但这对三巨头来说并不重要，他们唯一关心的是如何铲除异己，如何筹措军饷。三巨头为了筹钱还增加了大量的苛捐杂税，连妇女和儿童也不能免于这场灾祸。恐怖的气氛笼罩在罗马城的上空。

决战前夕

后三巨头这边忙着铲除异己，东方的共和派也没闲着，布鲁图斯和卡西乌斯都忙着消灭对手并壮大实力。雄踞叙利亚的卡西乌斯手握12个军团，可谓傲视东方，只可惜老对手多拉贝拉还在爱奥尼亚整军备马，实在难以让人心安。

多拉贝拉占领亚细亚行省后，用劫掠和盘剥而来的资金组建了一支舰队，原打算海陆并进杀奔叙利亚，但当他得知卡西乌斯收编了埃及的4个军团后，自知实力不济，转而退却至劳迪西亚城。该城处于一个半岛之上，只要控制陆地上的城墙就能阻挡任何大军，多拉贝拉又拥有海军力量，足以防守海上，劳迪西亚城对他来说简直是个天然的堡垒。

卡西乌斯自恃兵强马壮，当即包围了劳迪西亚，还向周边国家征集战舰。可是除了西顿人外，罗德岛、埃及都没有响应他。即便是这样，卡西乌斯依然组建了一支自己的海上力量。双方很快就在海面上展开了第一次对决。毫无意外，海战经验丰富的多拉贝拉取得了胜利，俘虏了5艘敌舰并斩杀了大量敌军。然而卡西乌斯实力雄厚，海军的损失并未伤其筋骨，大军依然包围着劳迪西亚城。

多拉贝拉同样向周边国家求援，与卡西乌斯那次不同的是，罗德岛和埃及都派出了舰队，可惜埃及的庞大舰队在北上途中被暴风雨耽搁，未能按时抵达战场，多拉贝拉的处境依然不见好转。随着时日渐久，多拉贝拉既担心粮草不足以支持长久作战，又担心士兵会出现厌战情绪，所以双方继续在海陆两线展开激战，以求打破僵局。

在第二次战斗中，多拉贝拉在陆地上击退了卡西乌斯，在海上却惨败。这次失败使得多拉贝拉的形势急转直下，不少士兵失去了继续抵抗的信心。卡西乌斯瞅准时机，广发委任状和赏金，企图用糖衣炮弹打开劳迪西亚的城门。起初，卡西乌斯密谋招降夜间值守的军官，但对方坚决不降，反而是白天值守的士兵打开了城门，卡西乌斯旋即杀入城内。多拉贝拉见大势已去便自杀了（也有说法认为，多拉贝拉是命令手下一个士兵动手的）。

独掌东方后，卡西乌斯为筹措军费大肆盘剥东方诸国，不仅杀了卡帕多西亚国王，还强迫塔尔苏斯缴纳1500塔兰特的巨款，导致该城不少居民倾家荡产，甚至被卖为奴隶。为了报复罗德岛对多拉贝拉的支持，卡西乌斯率领海军讨伐自由了上百年的罗德岛。罗德岛人求和无望，只能慷慨迎战，然而士气高昂的罗德岛人指挥不当，不幸连败两场，卡西乌斯遂将守军围困在岛上。

罗德岛曾是一个坚固的堡垒，枭雄德米特里（绰号"围城者"）和米特拉达梯六世均在罗德岛城下折戟，可如今的罗德岛人并不团结，一部分人没有取胜的信心，更受不了被包围的痛苦，于是打开城门任由卡西乌斯占领了它。至此，独立百年的罗德岛也沦陷了。

布鲁图斯这边同样凯歌高奏，他率领8个军团进军吕底亚，洗劫了桑萨斯，不少居民不愿为奴便自杀了，吕底亚其余诸城也相继沦陷。

卡西乌斯和布鲁图斯在东方的劫掠让他们筹到了大量的军费，足以维持其巨大的开支。除了远在尼罗河的埃及，东方诸国也相继被他们征服。到目前为止，卡西乌斯和布鲁图斯至少拥有20个军团的兵力和大量的东方辅助军，实力足以反攻后三头同盟。

在地中海的海面上，庞培仅剩的儿子塞克斯图斯·庞培（即小庞培）也给三巨头带来不小的麻烦。他是庞培最小的儿子，在恺撒征战西班牙时侥幸逃到海上，由于实力不足，只能隐姓埋名当起了海盗。小庞培继承了庞培的海军指挥艺术，其海盗事业可谓是干得红红火火，不少慕名而来的人加入了他的队伍，海盗团队因而越来越大。后来，小庞培的实力已经不限于小打小闹，不少沿海城市屈服于他，小庞培因而公开了自己的身份，树起庞培继承者的旗号，正式挑战恺撒的政权。

小庞培的海军虽然小有规模，但要和正规军作战依然胜负难料，所以他没有正面对抗恺撒的军团，而是时而隐蔽，时而突袭，非常巧妙地躲开了军队的追剿,还占领了不少城市。恺撒命远西班牙总督波利奥剿灭小庞培,未及实施,恺撒便突然遇刺了,元老院再次掌握了政权,恺撒生前的战略部署便无人再提,甚至为了制衡安东尼,元老院恢复了小庞培的合法地位,还委任他为罗马共和国的海军统帅。

小庞培摇身一变,从海盗变成了共和国的将军,名正言顺地占领了马西利亚,不过他没有进入意大利,而是躲在海上观望局势的发展。果然如小庞培所料,罗马城的局势很快反转,三巨头又杀入罗马城,"清洗"了元老院,再次宣布小庞培是叛贼,这让他下定决心扩张自己的地盘。

小庞培首先看中的正是近在咫尺的西西里岛,该岛名义上是屋大维的势力范围,实际上却无人管辖。后三巨头虽然有很多陆军军团,却和恺撒一样缺乏海军舰队。小庞培利用自己的海军优势攻入了西西里,逐步占领了整个行省,从此也成了内战里的一股独立势力。

西西里行省的沦陷是三巨头在战略上的重大损失,因为意大利并非罗马的主要粮食产地,恺撒与庞培内战时首先夺取西西里、撒丁尼亚,自然是为了两地的粮食。后三巨头缺乏海军,不能和小庞培争夺制海权,当然也不能保证北非的粮食能够安全运到意大利,西西里行省的丢失使得三巨头连近在咫尺的粮仓也没有了,故而随着时间的流逝,罗马城极有可能出现饥荒。

如今意大利的南面和东面都存在强大的敌人,三巨头面临两难的抉择:如果先进攻南方西西里的小庞培,三巨头还必须组建足够的海军力量,战争便不会在短时间内结束;若先讨伐东方,意大利也有被小庞培入侵的危险,而罗马城是后三巨头的根基所在,一旦丢失罗马城,后三巨头政府就失去了合法性,届时将难以与共和派抗衡。

为应对危局,三巨头决定由雷必达担任下一年的执政官并坐镇意大利,屋大维和安东尼率领主力军团出征东方。在三巨头看来,布鲁图斯和卡西乌斯的战争潜力难以估量,先不说东方有充足的粮食和赋税,光靠各附庸国提供的援军就能组建数十万大军,如果任由其在东方经营,即便击败了小庞培,后三巨头也终将失败。

可是,如何才能保证意大利的安全呢?后三巨头想到了办法:拉人入股。人都是重私利的,与其让军队被动地为三巨头而战,不如让他们为自己而战,让老兵们主动保卫意大利，具体的做法就是"分土地"。三巨头想方设法地没收了意大利不少肥沃的土地，这些土地的主人多是黑名单上的富豪，也有些土地是从平民手里强制购买来的。三巨头把土地无偿分给军队，有了这些地产，士兵们就不只是为三巨头而战，也为自己的家产而战，其保卫意大利的战意就更加强烈了。如此一来，即便三巨头只留下3个军团镇守意大利，罗马城也是安全的。

公元前42年夏，收到三巨头进攻消息的布鲁图斯和卡西乌斯也将军团集结起来，率军渡过赫勒斯滂海峡，准备保卫马其顿大本营。后三头同盟与罗马共和派将在马其顿进行一场最终的决战。

决战腓力比

共和派共有20个步兵军团，其中布鲁图斯8个，卡西乌斯12个。卡西乌斯留下3个军团镇守亚洲后，亲率战斗力最强的9个军团参加大决战。这样算来，决战前夕进入马其顿的共和军就有17个军团和大量辅助军，共计8万名罗马步兵和2万名东方精骑。

三巨头这边共有19个步兵军团，骑兵1.3万人，分两批渡海。首先进入马其顿的有8个军团，驻扎在腓力比城东边的一处隘口，该处隘口地势险要，是连接巴尔干北部群山与色雷斯的重要通道。而安东尼和屋大维的主力军团作为第二批渡海的军队正急速赶赴战场。

共和派的大军很快也抵达了腓力比城。看了当地险要的地势后，卡西乌斯和布鲁图斯都无意强攻隘口。考虑到三巨头的主力尚未进入战场，两人大胆穿过了腓力比北面的森林，突然出现在三巨头的8个军团身后。这一战略移动吓坏了这8个军团，他们以为共和派要围歼自己，于是赶紧撤退至西南面的安菲波利斯城，拱手让出了隘口。如此一来，共和派抢得了战场主动权。

布鲁图斯发现腓力比的地形非常适合决战，该处北枕森林，南坐沼泽，西倚平原，东靠群山，简直就是一座天然的堡垒，而腓力比城的旁边还有两座小山南北呼应，其间距只有1千米。布鲁图斯将自己的军团驻扎在了北山之上，而卡西乌斯则把大营布置在南山之巅，两山之间还修建了一道用于交通的壁垒，将整个地区变成了一道防线。共和派如此布阵便掐住了腓力比的隘口，就等着屋大维和安东尼前来决战了。

共和派通过这些操作化被动为主动，成功抢得了决战的先机。等到安东尼和屋大维的军团赶到腓力比城时，他们只能在共和派大军西侧1.5千米外的平原上扎下大营。小城腓力比变得热闹又拥挤，因为两方投入的总兵力已超过20万人，比法萨卢斯会战的规模要壮观许多。

两派人马的战略意图因实力不同而有所不同。布鲁图斯、卡西乌斯牢牢扼守着隘口，补给物资可以从东、南两面运输，可谓毫无后顾之忧，而屋大维和安东尼因为没有制海权，只能依靠巴尔干半岛供应粮食，然而当地不是产粮大区，根本不能长时间维持10万大军的消耗，所以屋大维和安东尼希望能速战速决，布鲁图斯等人却打算慢慢饿死对方。

这么一来，不管屋大维和安东尼每天怎么到阵前挑衅，布鲁图斯和卡西乌斯始终坚守在高山之上毫无反应。共和派根本不担心三巨头攻山，毕竟仰面攻山并无胜算可言。随着时间的流逝，屋大维和安东尼的粮食日渐紧缺，军团越来越虚弱，马其顿和色萨利已经无粮可征了，可布鲁图斯这边依然是稳坐钓鱼台。

安东尼见无法诱使敌军出阵，便打算发挥罗马人特有的工程技术优势，截断对方的补给线。当时，安东尼军团驻扎在南侧，屋大维军团驻扎在北侧，所以安东尼正面对着卡西乌斯的营地，南面就是芦苇满布的沼泽。安东尼派了少许人马继续在两军阵前挑衅叫骂，暗地里却指挥工程队潜入沼泽地的芦苇丛中，悄悄修建一条通往卡西乌斯后方的通道。工程进行得非常顺利，完工后，安东尼趁夜色派士兵穿过沼泽，直插卡西乌斯的后方，还连夜修建了数座碉堡，从而截断了共和军的粮道。

卡西乌斯发现安东尼的意图后并没有惊慌，因为安东尼无意中拉长了自己的战线，碉堡和安东尼本阵相距太远，营地里的军队难以及时前来支援。卡西乌斯也发挥了罗马人特有的工程技术优势，从自己的营地向南修建了一道直通海岸线的壁垒。这道壁垒与安东尼的通道垂直，像一把利剑拦腰斩断了安东尼营地和碉堡之间的联系。这一招可谓是釜底抽薪。

安东尼发现卡西乌斯的壁垒即将完工时，不禁大呼"高明"。若任由对方斩断通道，驻守碉堡的安东尼军团无疑会被卡西乌斯一口吃掉，于是安东尼赶紧集结军团朝壁垒发起攻击，卡西乌斯也率军增援，双方在此处爆发了激烈的厮杀。布鲁图斯在远处看到卡西乌斯正与安东尼大战，意识到自己必须行动起来策应卡西乌斯，否则屋大维可能会增援安东尼的军团，于是布鲁图斯也吹响了战斗的号角，亲率大军攻打屋大维的营地。10月3日，第一次腓力比之战就这么匆匆打响。

战斗进行得异常激烈，安东尼军团朝壁垒投射标枪和弓箭，卡西乌斯军团则还以滚木和礌石，天空中满是你来我往的箭矢，几乎遮蔽了阳光。安东尼的步兵士气很盛，冒着被射死的风险冲到壁垒下方填埋工事，英勇地搭着云梯攀登城墙。双方士兵来回厮杀，喊叫声和兵器撞击声此起彼伏。

另一些人试图用木桩和冲车攻击墙壁，卡西乌斯军团立即烧上热油，点燃火箭，疯狂地攻击安东尼的攻城器械。安东尼令远程步兵跟着攻城器械向前移动，通过密集的远程打击掩护靠近壁垒的器械。在损失了不少人马后，安东尼的攻城武器终于靠上了壁垒，伴随着士兵山呼海啸般的怒吼，冲车疯狂地冲击城墙。

卡西乌斯的壁垒搭建得过于匆忙，远不是真正意义上的城墙，根本经不起冲车的反复冲击，很快就出现了坍塌。安东尼所部杀进了缺口，壁垒防线就此断裂。如同决堤一般，坍塌的地方越来越多，缺口也越来越大，很快就导致了整条防线的崩溃，不少守军被杀死。卡西乌斯的骑兵和步兵相继逃离阵地，安东尼军团号叫着冲破了卡西乌斯的营寨。

战场之上是一片狼藉，随处可见逃跑的士兵。布鲁图斯正全力攻打屋大维，根本没发现卡西乌斯已陷入绝境，他这一路攻势迅猛，轻易击溃了前来迎战的屋大维军团，还一路杀至屋大维营寨外。论打仗，屋大维的确没有任何天赋，他本就卧病在床，此刻更是没有任何能力起身指挥战斗，他的军团各自为战，乱成了一锅粥。不多时，布鲁图斯军团便攻破了屋大维的营寨，疯狂的士兵席卷了大营，肆意劫掠粮草物资。危急时刻，屋大维在卫队的拼死保护下紧急撤出了大营，但布鲁图斯的军团蜂拥而至，意欲抢夺屋大维的首级，据说屋大维全靠替身掩护才逃过一劫，而他本人也在外躲了三天才返回。

另一边的战斗情形却彻底相反，安东尼军团杀入卡西乌斯大营后肆意劫掠，他们一边争抢战利品，一边放火烧营。卡西乌斯看不清远处的战况，当他发现一些骑兵朝自己奔驰过来时，竟以为布鲁图斯也同样失败了。万念俱灰之下，卡西乌斯让手下结束了自己的生命。

得胜的两方军团差不多同时回营，但回去之后他们才弄清楚了第一次腓力比之战的结局。安东尼嘲笑屋大维的不中用，而布鲁图斯则愤恨卡西乌斯草率自杀。这场战斗让双方损失惨重，卡西乌斯一方损失了8000人，而屋大维的损失超过了1.6万人，可见屋大维的确没有统军之能，不过由于悍将卡西乌斯草率自杀，布鲁图斯这方的士气跌了大半。

回过神来后，布鲁图斯急忙收编了卡西乌斯的残部，继续执行坚守不出的战略，而屋大维和安东尼则继续挑衅对方。特别是屋大维，因上次大败，颜面扫地，他一再发兵攻击，却无一例外地失败了。更糟的是，前来支援屋大维的马尔斯军团在渡海时遭到了拦截，舰队沉没海底，大部分援兵报销了。

不过，布鲁图斯也出了一个昏着。因为兵力过于庞大，他很难控制宽阔的防线，于是他放弃了卡西乌斯营地不远处的一座小山，以便收缩防线。屋大维一方很快就发现了破绽，当即派了4个军团抢占了小山，此举严重破坏了共和派的防线，使得他们南部的补给线不再安全，布鲁图斯也不得不担心起粮草来。随着天气日渐寒冷，双方的补给都有些紧缺，三巨头那方的情况明显糟糕得多，如果布鲁图斯再不决战，安东尼和屋大维只有被饿死了。

一个优秀统帅最重要的是要有坚定的意志，可惜布鲁图斯和庞培都缺乏这一点。当年庞培因受不了贵族的嘲讽和催促，草率决战，最后兵败法萨卢斯，如今的布鲁图斯也遇到了类似的情况，他的同盟和将军们受不了当缩头乌龟的憋屈，不断催促布鲁图斯出兵决战，若始终固执己见，布鲁图斯很可能失去军心，所以他一咬牙，带兵倾巢而出。10月23日，第二次腓力比之战打响。

两军全线厮杀在一起，投入的兵力十分巨大，因而总指挥很难顾及每一处战线。共和派这方，布鲁图斯处于疲于奔命的境地，只能命各个百夫长自行组织战斗；而三巨头这方有两个统帅各自指挥一条战线，各军团协同配合，军令也能及时传达。指挥官的不足让布鲁图斯一方机械、僵硬，反倒是屋大维和安东尼一方更加灵活、多变。

据阿庇安记载，屋大维这一次知耻而后勇，勇敢地指挥他的军团前进，如同推着一台沉重的机器碾压对手，虽然速度不快，但始终处于攻势，而安东尼一如既往地勇猛，正面攻击依然势不可挡，他还试图包抄对方。布鲁图斯的左翼因害怕被包围而不断向更远处逃跑，这使得中央和左翼之间出现了巨大的缺口。擅长指挥骑兵的安东尼当即率领主力骑兵冲向缺口，连冲带撞地杀到了敌军的侧后方。三面受敌之下，布鲁图斯的中央、左翼、右翼全都溃败了。

屋大维冒着被流矢射中的危险杀到了布鲁图斯营门前，强行封锁了寨门，阻断了布鲁图斯残部逃回营地的可能。安东尼带着骑兵到处追杀逃跑的败兵，很多人要么朝海边逃跑，要么躲进山里。共和派的军队至此全部溃败，鲜血洒满了大地，海上漂满了尸体，哭喊声响彻了腓力比。

布鲁图斯带着约4个军团有秩序地朝山里撤退，但安东尼封锁了每一条通道，布鲁图斯已经失去突围的希望。他想起了祖先拯救罗马的辉煌事迹，反观现在的自己竟如此狼狈不堪，羞愧之情涌上心头，不禁仰天叹息道："不要忘记，宙斯，这一切灾难的制造者。"绝望的布鲁图斯不想再逃了，希望破灭、羞愤难当的他最终举剑自刎。

到此为止，共和派的主要领袖均已殒命，刺杀恺撒的凶手也都已偿命，那些原本致力于捍卫共和制的人不复存在了，元老院已被后三巨头彻底洗牌。恺撒曾以为通过仁慈和宽容就能改变罗马，但最后，屋大维和安东尼通过铁与血做到了。

20

第二十章 『始皇帝』奧古斯都

共和余波

腓力比战役后，刺杀恺撒的共和派主谋全部伏法，可是罗马的阴谋与斗争却没有一丝停止的迹象。

安东尼拒绝和屋大维一起凯旋罗马城，反而率领得胜之师继续东征，目的就是要收拾共和派留下的残局，重组罗马的东方行省。这是安东尼最有权势的时刻，东方的行省和王国都匍匐在他的脚下，他可以随意征税，废立国王，奴役城邦，不过这些都不是安东尼东方之旅最美妙的时刻。

安东尼抵达奇里乞亚时，没有如约支援三巨头的埃及女王也风尘仆仆地赶来。克利奥帕特拉知道埃及的存亡依赖罗马的当权者，她必须为埃及争取新的盟友。据说为了赢得安东尼的好感，克利奥帕特拉特意把自己打扮成了女神的模样。久经战阵的安东尼一见到艳后就坠入了爱河，这个英勇的男人在刀光剑影里没有跪倒，却在女王的石榴裙下扑倒在地了。

安东尼和恺撒不一样，恺撒只是在利用艳后，而安东尼却是真的爱上了这个妖艳、睿智、聪慧的女人，仿佛在对每一个人说："我又恋爱了！"安东尼从此忠实地为艳后排忧解难，艳后也乐于将安东尼纳入裙下，两人双双坠入了爱河。

公元前41年，屋大维又一次病倒了，这场大病并没有让屋大维变得脆弱，反而让他的统治更加冷酷。一回到意大利，屋大维又开始执行"杀富豪分田地"的政策，而且这次的行动更加彻底和恐怖，手段更加决绝和残忍。兵痞们都成了新的地主，而那些世代依靠田地过活的善良公民，却从此失去了安身立命的依靠。

如果屋大维把土地分给无地少地的贫民，那倒是一件有利于社会的好事，可是老兵们大多不能安于"日出而作，日落而息"的生活，只把土地当作可以买卖的资本，田地因而反复易手，这反而打击了罗马的农业经济。屋大维虽然获得了军队的支持，但失了不少民心，被强收土地的民众都对屋大维恨得咬牙切齿，期望有人站出来反对屋大维。很快，这个"救世主"就出现了。

客观地说，腓力比战役的赢家是安东尼，屋大维的表现差点拖了安东尼的后腿，险些令后三头同盟一败涂地，所以当共和派的主要领导者相继死亡后，三巨头的同盟变得不再牢靠。和世界上其他的同盟一样，后三巨头因敌人而团结，因利益而分离。安东尼阵营里出现了反对屋大维的声音，而这个人就是安东尼的弟弟卢基乌斯·安东尼。

卢基乌斯此时已是罗马的执政官，他不满屋大维在意大利独断专行，认为击败共和派的是安东尼，那么继承恺撒霸业的人也应该是安东尼，而不是一个病恹恹的小年轻。这种情绪促使他对屋大维的厌恶与日俱增，然而仅凭卢基乌斯一人还不足以掀起叛乱。

安东尼阵营里还有一人也热烈支持反对屋大维的事业，此人就是安东尼的合法妻子：福尔维娅。福尔维娅是个很有野心和能力的女人，在某种程度上算是安东尼留在意大利的代言人，很多时候能代替安东尼决策。本来，她是反对卢基乌斯叛乱的，但当她得知安东尼迷恋上埃及女王后，这个女人失去了应有的理智，她本能地要夺回自己的丈夫，竟然觉得只要意大利出现乱局，安东尼就会离开埃及的狐狸精，所以她强烈支持卢基乌斯搅乱罗马的政局。

于是，卢基乌斯故意煽动民众的不满情绪，公开谴责屋大维的政策，以合法执政官的身份号召罗马人起来反对屋大维，这让他获得了中下层人民的热烈支持，不少被强征土地的地区都站在卢基乌斯一边。意大利因此爆发了反对屋大维的暴动，不少屋大维的支持者遭遇袭击丧命，奉命征收税款的官员也被驱逐。到处都是反对屋大维的民众，三巨头政府看起来像要垮台了一样。

作为执政官的卢基乌斯有资格招兵买马，他敢于挑战屋大维的很大一个原因是兵力雄厚。根据阿庇安的记载，卢基乌斯可以调动2支军队，一支是直属于他的6个新募军团，另一支是属于安东尼的11个山南高卢军团，而同一时间的屋大维却只有4个驻扎在卡普亚的军团，另有6个军团远在西班牙。因此，屋大维的当务之急是迅速集中兵力，而不是镇压意大利的暴动。

卢基乌斯掌握了一支武装力量后，便公然挺进罗马城，赶走了另一巨头雷必达，控制了元老院。同一时间，北非也燃起了战火，卢基乌斯的支持者击败了屋大维的部将，占领了阿非利加。毛里塔尼亚国王也受卢基乌斯怂恿，发兵攻打屋大维留在西班牙的军队。

内战已经被点燃了，元老院看着这场突变，既惊慌失措，又无能为力。

不过，现下的局势看似混乱，实则简单，对战争双方来说，无论西班牙和北非如何混乱，真正决定胜负的战场依然在意大利。屋大维的军队分散在卡普亚和西班牙，只要能把他们集中起来，获胜的可能性还是很大的。至于卢基乌斯，他的两支军队也没有会合，山南高卢军团远在卢比孔河以北，新兵军团又不谙苦战，所以他也需要合兵一处。

卢基乌斯所采用的策略是积极进攻，他已经得知了屋大维的 6 个西班牙军团正急速朝意大利靠拢，所以他决定围堵西班牙军团，最好能把对方歼灭在山南高卢。基于这一想法，卢基乌斯放弃了在意大利合兵的计划，转而让 11 个山南高卢军团西进堵截西班牙军团，而他自己也带着 6 个新兵军团北上。

屋大维闻讯后立即调兵支援友军，援军统帅是麾下首席大将阿格里帕。鉴于手里的军团远少于卢基乌斯，阿格里帕没有直接前去，而是跟在卢基乌斯军团的身后，冷不丁地攻占了苏特里昂城。这座城池的位置险要，刚好是控制道路的枢纽，所以阿格里帕实际上截断了卢基乌斯的补给线。山南高卢军团大惊，他们可不想被人断了归路，于是立马转身杀奔苏特里昂。阿格里帕这招间接帮西班牙军团解了围，有点"围魏救赵"的意思。

其实，阿格里帕的部署远比卢基乌斯想的高明，因为卢基乌斯的本意是阻止屋大维和他的西班牙军团会合，但阿格里帕在中间插了一脚，反而把 11 个山南高卢军团和卢基乌斯的 6 个新兵军团隔开了。卢基乌斯不敢直接穿过阿格里帕控制的地区，等于无法与自己的军团合兵，于是他战略撤退至佩鲁西亚城（今佩鲁贾），想在那里等山南高卢军团主动前来。

佩鲁西亚是伊特鲁里亚早期的 12 个城邦之一，建在高地之上，可谓易守难攻。卢基乌斯选择这里的原因多半是担心自己的新兵打不过阿格里帕少而精的老兵。现在的局面着实有趣，西班牙军团和阿格里帕之间夹着山南高卢军团，阿格里帕与屋大维之间又夹着卢基乌斯，怎么看都是卢基乌斯被包围了。如果山南高卢军团能及时突破苏特里昂，屋大维的处境依然不利。然而，山南高卢军团的将军们却按兵不动。虽然福尔维娅命令他们立即赶来，但军团真正的统帅马克·安东尼却没有明确指示，这使得将军们心里打鼓，不知该如何是好，毕竟屋大维是和安东尼有同盟协议的巨头，卢基乌斯反叛似乎只是他个人的野心使然，如果没有安东尼的首肯，山南高卢军团不应该进军意大利，否则就有可能变成挑起内战的祸首。

屋大维可没有这么优柔寡断，他抓住战机，迅速包围了佩鲁西亚，还效仿恺撒的战术，沿着城墙修建壕沟、箭楼和壁垒，企图困死叛军。山南高卢军团见卢基乌斯陷入重围，深以为耻，但现在的他们已经错过了与友军会合的最佳时机。屋大维留下了必要的军队包围城池，其余的人马全部派到山南高卢军团四周，阻止他们接近佩鲁西亚。几番较量后，山南高卢军团被打散，但他们还是强行杀进距佩鲁西亚不远的福尔贞尼昂要塞，不过也仅此而已。

卢基乌斯发现援兵无法接近后便决定突围，他首先在公元前40年1月1日那天尝试了夜袭，但屋大维似乎料敌于先，及时率部支援，卢基乌斯无功而返。后来他又发动了一场夜袭，但战斗从黑夜进行到白天依然毫无斩获。情况变得非常不利于叛军，佩鲁西亚的粮食一天比一天少，城内的奴隶大量饿死，守军也极为疲惫，若不能及时杀出重围，投降是必然的结局。

叛军决定在黎明时分正大光明地出城决战，他们为此打造了不少攻城器械，包括折叠的塔楼、云梯。所有人抱着最后一战的决心杀奔屋大维的壁垒，一些人勇敢地填埋壕沟，但无数标枪、利箭贯穿了他们，另一些人从塔楼的木板上跳进了壁垒，旋即被屋大维的士兵杀死推下，跌落的尸体让人不寒而栗。

卢基乌斯看到将士血战无果，心中既后悔又无助，他不忍看着士兵们白白战死，于是下令收兵。可是士兵们并不甘心，他们做了最后一次尝试，但勉强登上壁垒的人很快被全数杀死，除了增加倒伏的尸体外，叛军没有攻破哪怕一座屋大维的箭楼。困守佩鲁西亚的卢基乌斯外无援兵、内乏粮草，最终只好在公元前40年的2月向屋大维无条件投降了。

屋大维出于维护三头同盟的考量，饶恕了卢基乌斯，却没有饶恕一起造反的人。为了警示那些心存不满的反对派，屋大维劫掠了整座佩鲁西亚城，屠杀了不少无辜之人，并彻底焚毁了这座古老的伊特鲁里亚城邦。让人想不到的是，叛乱被镇压后，孤立无援的山南高卢军团在屋大维的威逼利诱下倒戈投降了。至此，山南高卢约11个军团改姓了尤里乌斯，屋大维顺势吞并了整个波河平原。

尘埃落定后，马克·安东尼方才赶到布隆迪西乌姆，此时的他正深陷热恋之中，对添麻烦的发妻深恶痛绝，声称叛乱全是福尔维娅一手挑起，把"责任"

推得一干二净。身体、心灵遭受的双重打击让福尔维娅郁郁而终，只可惜她的死并没有挽回丈夫的爱，反而给别的女人腾出了正妻的位子。

两大巨头的军团都不愿意交战，即便关系降到了冰点，安东尼和屋大维依然不敢主动宣战，故而当公元前40年秋季元老院出来调解时，三巨头再次签订了同盟协议。屋大维还把亲姐姐"小屋大维娅"嫁给安东尼以示亲密，两人成了姐夫与小舅子的关系，只是雷必达的地位已经大不如前了。

新的同盟协议重新瓜分了罗马共和国，屋大维得到了整个高卢、意大利、西班牙，安东尼得到了马其顿、希腊、亚细亚、叙利亚等东方行省，雷必达则重新分得北非作为势力范围。三巨头的同盟暂时得以存续，只不过平衡已经被打破：雷必达虽有巨头之称，实际已沦为行省总督；屋大维实现了成为西部统治者的伟业，还独占了罗马城，大有"挟元老院以令诸侯"的架势；而安东尼坐拥地中海最富裕的东方，统治着最多的人口和土地，俨然成了东方的新"国王"。

"海王"之死

屋大维与安东尼和解后，意大利却因两人的政策而陷入了水深火热之中。意大利本不是罗马的主要粮食产地，它十分依赖西西里、北非等地的粮食输入，可是三巨头一再没收土地农庄，使得粮食供应越来越紧张。此外，小庞培的海盗舰队日渐壮大，不仅截断了罗马的海上运输线，更使得意大利粮价暴涨，而且小庞培不只打劫商船，还沿着海岸线攻城略地，不少城市的财富成了海盗的战利品。到三巨头再次结盟时，意大利早已是民怨沸腾了。

三巨头虽然有强大的陆上力量，但海军几乎为零。在这样的状况下，小庞培先是攻取了整个西西里行省，接着又扬帆北上占领了撒丁尼亚和科西嘉，从此坐上了地中海"海王"的宝座。意大利人民，特别是贫民饱受劫掠之苦，只能以暴动的方式向屋大维政府抗议。

公元前39年，当屋大维在罗马广场处理政务时，饥饿的暴民突然围住了广场，他们人数众多且手持武器，凶猛地冲击屋大维的卫队。眼看屋大维就要一命呜呼了，多亏了姐夫安东尼及时率兵赶到，用刀剑杀退暴民，这才把屋大维从人群里救了出来。由此可见，意大利的饥荒已经到了要全民起义的地步了。

面对如此危局，屋大维和安东尼都意识到要解决海上的问题，但此时的他们还不足以挑战小庞培，所以两人只能按照大多数人的意愿与小庞培议和。小庞培也希望去掉叛军首领的名号，三方几经波折签订了《米西努姆条约》。小庞培得到了西西里岛、撒丁尼亚岛、科西嘉岛、伯罗奔尼撒半岛的统治权，一个新的共和国军阀诞生了。

达成和解后，安东尼带着新婚妻子屋大维娅去了雅典，还生下了女儿"大安东尼娅"，看上去似乎很享受弄子之乐，暂时放弃了政治上的抱负。然而屋大维并不满足，他作为恺撒的继承人，与庞培后裔是天然的仇敌，根本不可能真的和解，更何况小庞培控制着意大利的粮仓和海上运输线，屋大维明显受制于人，所以他在意大利打造各式巨舰战船，明眼人一看就知道屋大维的意图所在。

在这期间，屋大维也没忘记解决终身大事。此前，他在佩鲁西亚战争期间与妻子克劳狄娅离婚，又娶了一个叫斯克利博尼娅的女人，还生下女儿尤里娅。斯克利博尼娅与小庞培有姻亲关系，她与屋大维的婚姻是《米西努姆条约》的政治产物。屋大维很快就厌烦了第二任妻子，因为他对政治的兴趣远大于婚姻，他需要切断与小庞培的关系，同时也需要一个能帮助自己的女人。这时，美丽的李维娅进入了屋大维的视线。

李维娅，19岁，已婚，丈夫提比略·克劳狄乌斯·尼禄是福尔维娅叛乱的支持者，两人已育有一子，取名提比略。他们一家因赦免而回到罗马时，生活非常拮据，而且李维娅怀有数月身孕，不过这丝毫不能阻挡屋大维对她的迷恋。

李维娅的确有理由吸引屋大维。她不仅是一个聪敏睿智的女人，而且还拥有高贵的血统，她来自克劳狄乌斯氏族，是罗马古老贵族世家的后裔，她的父亲又被豪门德鲁苏斯收养，这让李维娅得到了"德鲁茜拉"的绰号，因此她在政治上拥有大量的人脉资源，丝毫不输福尔维娅。

公元前38年1月，尼禄刚按照屋大维的命令与妻子离婚，24岁的屋大维就急忙与李维娅举行了订婚仪式。让人掩口而笑的是，屋大维甚至猴急到直接迎娶了还怀着第二个孩子的李维娅（也有说法是，李维娅生下第二个孩子三天后，两人举行了婚礼），罗马城里因此出现了一场极为尴尬的婚礼，新娘李维娅挺着大肚子，而本该由父亲把新娘交给屋大维的仪式改由前夫尼禄代劳了。

大概3个月后，李维娅生下了一个健康的男孩，取名德鲁苏斯·克劳狄乌斯·尼禄。在小孩诞生的那天，有占卜师惊讶地说道："此儿竟然有王者之气！"显然这是在胡诌，因为事实证明真正有王者之气的是小孩的哥哥提比略。毫无疑问，提比略、德鲁苏斯都与屋大维没有任何血缘关系。

没过多久，意大利再次出现了海盗洗劫城市的事情，罗马城陷入了新一轮的粮食危机。然而戏剧般的事情发生了，屋大维声称抓住了一些海盗成员，经过刑讯，这些人招认自己是小庞培的部下。不管是屋大维刻意陷害小庞培，还是小庞培真的试图进攻意大利，这都是屋大维期待已久的开战借口。不久后，屋大维以小庞培违背和平协议为由正式向他宣战。

战争伊始，屋大维劝降了小庞培麾下大将梅纳斯，此人是小庞培委任的撒丁尼亚和科西嘉总督，但生性反复无常，堪称罗马时代的"三姓家奴"。他这一倒戈，屋大维便轻松接管了两个行省，还获得了优良的港口。屋大维自信能在海上击败小庞培，便召集海军舰队讨伐小庞培所在的西西里。

按计划，屋大维的两支舰队将协同压制西西里：一支由海军大将萨宾努斯和降将梅纳斯率领，从西面攻打小庞培；另一支由屋大维亲自率领，走墨西拿海峡一侧。两支舰队将在海峡附近会合，然后攻打叙拉古。小庞培得知屋大维的计划后，同样兵分两路，西路军由麾下海军大将门尼克拉统率，东路军由他自己领兵，其中主力舰队几乎都在西路军，不知道这是不是因为小庞培很轻视屋大维的指挥能力。

公元前37年，大战首先在西线爆发，两军舰队会猎于丘米海域。门尼克拉把舰队部署在靠近海岸的位置，阵形很像一个新月，目的在于阻止敌军突破阵线。萨宾努斯见状不敢靠近海岸，因为他们的水手远不如小庞培的水手，如果太过靠近，极有可能触礁。于是，门尼克拉带着舰队主动上前挑战，有意挑畔对手，其高超的航海技术几乎把海战变成了骑兵作战，他们的战舰可以在发动冲锋后迅速掉转船头，在拉开距离后又转身杀回，就这样一点一点地把萨宾努斯的舰队吸引到暗礁位置，致使不少船只动弹不得，逐渐沉没。

这场战斗的战况可谓惨烈，门尼克拉率领的小庞培舰队虽然大破敌军，但他和降将梅纳斯的海上"单挑"却两败俱伤。据阿庇安记载，两艘战舰发现对方后相互疾驰冲撞，梅纳斯的船头被直接撞断，门尼克拉的船桨也悉数断裂，漫天飞舞的都是弓箭和标枪，梅纳斯的手臂被标枪射穿，门尼克拉的大腿却被带倒刺的铁枪击中，最终落水阵亡。不过，胜利依然是小庞培海军的。

同一时间，屋大维指挥的百余艘战舰发现了只有40艘船的小庞培，但他错过了以多胜少的机会，执意等待萨宾努斯前来会合。当屋大维得知了丘米的惨败后，他似乎失去了勇气，错误地放弃了有利位置，竟跑去与萨宾努斯的残部会合。小庞培发现战机后，猛攻屋大维的舰队，处于尾部的船只大多被击沉，屋大维只好命舰队航行到海岸位置，结果不少船又撞上了暗礁，惊恐的人们纷纷跳水游到岸上，这一幕仿佛是第一次布匿战争大海难的重现。屋大维全靠躲进深山才逃过一劫，但恶劣的天气把死里逃生的舰船全部摧毁了。看来小庞培的"海王"称号还真不是浪得虚名。

失去海军舰队让屋大维十分苦恼。不管他是否后悔草率与小庞培决战，意大利都已沦为战场，退路早就没了，屋大维只能觍着脸向姐夫安东尼求援。在屋大维娅的斡旋下，安东尼大方地增援了130艘大型东方战舰，屋大维也用2万名士兵和1000人的精锐卫队作为回礼。

公元前36年，得到增援的屋大维鼓起勇气再次挑战小庞培。考虑到自己不擅长指挥作战，屋大维这次拉上了雷必达。新的作战计划依然是以包围西西里为重点，其中雷必达从阿非利加北上，伺机在西西里南岸登陆；屋大维则从东、西两个方向围攻，牵制小庞培的兵力。说起来，雷必达倒是非常大方，出动了12个军团、70艘战舰、1000艘辎重船，再加上屋大维从安东尼那里借来的战船，小庞培的压力不可谓不大。

然而，海上的天气重创了屋大维的计划，还没与小庞培遭遇，三路人马都被暴风弄得船毁人亡，不少船只被吹翻，另一些触礁沉没，计划被迫推迟到整个夏季结束。"三姓家奴"梅纳斯又投降了小庞培。骄傲的小庞培认为这是诸神对他的眷顾，从此披上了蓝色的斗篷，宣称自己是海神尼普顿（对应希腊神话中的波塞冬）之子，海洋的主人。

一而再，再而三的失败没有让屋大维失去信心，他依然坚持把战争进行到底，为此特意把舰队交给了首席大将阿格里帕。马库斯·阿格里帕出身平民，年纪与屋大维相仿。恺撒当年将屋大维送至阿波罗尼亚军中锻炼时，阿格里帕正是恺撒为屋大维选择的助手，可能恺撒那个时候就已经看出阿格里帕的军事天赋。在后来的岁月里，阿格里帕凭借战功在屋大维阵营里平步青云，在镇压卢基乌斯·安东尼叛乱时，阿格里帕的部署起到了决定性的作用。

阿格里帕之前没有指挥过海战，手里的海军又都是新兵蛋子，若是硬来，肯定不是小庞培的对手，但他懂得赢得战争的秘诀：扬长避短。他决定效仿先辈对战迦太基时的战术：把海战变陆战。一种名为"哈尔帕克斯"的升级版"乌鸦吊桥"被迅速装备到整支舰队上，这是一个尾端系着绳子的铁钩，不过它不是架在桅杆上，而是用弩炮直接射出去，通过嵌入敌船将其咬死，然后再把敌船拖到面前以便己方士兵登船。这个秘密武器正是阿格里帕即将送给小庞培的"大礼"。

双方大战再起。屋大维改变了策略，不再执着于消灭小庞培的舰队，而是一边以海战吸引小庞培的注意，一边不断在小庞培意想不到的地方抢滩登陆。几番交手后，登陆西西里的三巨头军团数量已经达到了22个。虽然小庞培一再赢得海战的胜利，但他的后院却越来越不安全。这是一种以战略胜利代替战术失败的策略。双方都有一种决战在即的紧张感。

小庞培在局面越来越不利的情况下，决心与屋大维一战定输赢。公元前36年9月3日，双方各自出动了300艘战舰，都装备了投射器、箭塔、弩炮等各式机械，俨然如一辆又一辆在海上移动的坦克。当双方战舰相互接近时，船员各自大声呐喊起来，仿佛这是他们等待多时的盛宴。伴随着海风的呼啸，海面上掀起了滔天巨浪，战舰被海浪举过了地平线，瑙洛库斯决战正式打响。

双方战舰在大风的助力下迅猛急驰，相互撞击，有的击中了对方的船身，有的击中了对方的船头。海面上空漫天飞舞着箭矢和石弹，不少船员被从天而降的矢石砸得粉身碎骨。一些战舰加速突破对方的战线，试图撕开一个口子，另一些战舰试图拦截，直直地撞断了敌舰的甲板，这种战术在双方的精锐战舰中来回上演。

当众多战舰混战在一起时,阿格里帕精心设计的秘密武器登场了。水手们通过弩炮将哈尔帕克斯迅速射出,铁钩轻松地钩住了小庞培的战舰,试图将敌舰拉过来,而小庞培的战舰拼命挣扎,双方桨手都用尽全力划桨。最终,肉搏战还是在双方的战舰上上演。阿格里帕的士兵号叫着跳上了敌舰,同为罗马人的战士用相同的刀剑厮杀,到处都是金属碰撞的火花和巨响,到处都是鲜血,到处都是濒死者的呻吟。

经过长时间的血战,阿格里帕指挥的舰队逐渐占据上风,不少小庞培的战舰被击沉或被俘虏。阿格里帕正一步一步地包围小庞培,战局到这一刻已经胜负可判。小庞培见大势已去,只好率领还能战斗的17艘战舰朝海峡逃奔,其余的船只则被阿格里帕截断了退路,不是沉没就是投降。在陆上观战的屋大维军团为此高声喝彩,在海上的阿格里帕舰队也欢呼回应。

此战,除了逃走的那17艘战舰外,小庞培的其他战舰全部覆灭。凭此大功,阿格里帕骄傲地获得了一项专为他设计的"海战金冠"。后来,屋大维和雷必达携手占领了西西里全境,小庞培彻底成了丧家之犬,只能率领残部逃到了安东尼的领地。不过蛇终究是蛇,小庞培一缓过劲儿来,立马打起安东尼的主意,他表面上向安东尼投降,实则趁安东尼疏忽大意时,突袭了尼西亚和尼科米底亚。

然而,这只是"海王"的回光返照。安东尼很快就派大军去围剿小庞培,而小庞培的军队见敌军势大,彻底失去了战斗的信心,相继投降。最终,年仅40岁的塞克斯图斯·庞培和他的父亲一样身首异处,"海王"自此不复存在,庞培之名也永远消失了。

"海王"之死令人唏嘘,小庞培以一己之力数次逆袭,从流亡海上到雄霸海洋,从隐姓埋名到割据一方,不愧是庞培之子。可为什么小庞培的败亡如此之快呢?事实上,小庞培的失败很大程度上缘于政治资源的匮乏,自共和派重要人物相继死去后,小庞培成了单打独斗的一股势力,不仅无人在罗马为其声援,后三头也从未真心接纳过他。仅有西西里一地的小庞培如何斗得过坐拥大半天下的屋大维呢?

巨头分离

三巨头携手征服西西里的战争,是雷必达多年来唯一一次参加的大规模战争,但战争的胜利也滋长了他的野心。长期以来,作为三巨头之一的雷必达徒有虚名,到三人再次续约时已沦为总督般的存在,地盘也由高卢和西班牙变成了北非,这让雷必达的地位更低了,所以他肯定是不满意的。当他的军团齐聚西西里后,雷必达便萌生了将西西里纳入势力范围的野心。

当时,雷必达没有通知屋大维,便擅自接受了小庞培残部的投降,此举明显是为了吞并小庞培的军团。为了笼络这些降兵,雷必达甚至允许他们和北非军团一起洗劫了墨西拿城。这让他的嫡系军团非常不满——哪有和敌人一起享受战利品的?由于拗不过雷必达,北非军团还是接受了统帅的安排。这么一来,加上新投降的军队,雷必达麾下的军团猛增至20个。

有军队就有底气,雷必达觉得实力增长了,发言权自然也要增加,所以他向屋大维提出领土要求,要么交出西西里,要么用北非、西西里换回他之前的高卢和西班牙。还有流言称雷必达打算偷袭屋大维的舰队。屋大维非常愤怒。刚刚结束战争的罗马大有重燃战火的风险。

面对这场突变,屋大维的处置手腕颇显智慧和魄力。他知道士兵们已经厌倦了内战,所以坚决不与雷必达起武装冲突。他只带着少许骑兵就闯入了雷必达的营寨,然后以恺撒之名召集士兵,发表了演讲,严厉斥责了雷必达的背叛行为,还呼吁士兵都加入他的阵营。

单刀赴会的勇气起到了意想不到的效果,屋大维的演讲动摇了很多人。早已被屋大维收买的将士旋即抓过鹰旗站到屋大维一方,两方士兵立刻拔剑相向,一柄短剑几乎从屋大维的铠甲上划过。见有人反对自己,屋大维毫不犹豫地拔剑杀死了他们。这一决绝的行为立刻起了作用,先是一两个士兵,接着是一队两队,最后是成建制的军团追随屋大维而去。雷必达试图阻止他的军队,同样抓住一面鹰旗不撒手,但掌旗官却威胁道:"放手吧,否则你会死!"

雷必达的精神在这一刻崩溃了,只能任由士兵投奔屋大维。最终没有一个人留下来,屋大维得到了雷必达的20个军团。领袖的魄力就是这样。

屋大维素来冷酷，但在处置雷必达的问题上却保持了绝对的克制和仁慈。除了被剥夺兵权和封地外，雷必达保留了元老院议员和大祭司的地位，只是从此失去了巨头的身份。屋大维随后把雷必达安置在罗马城，偶尔会带上他参加一些仪式和会议，也算是仁至义尽了。细细想来，雷必达缺乏争夺最高权力的魅力和能力，如此结局倒也算是圆满了。兼并了雷必达的军团后，屋大维将北非也纳入了统治，元老院非常识趣地送给屋大维一个"终身保民官"称号，这表示他有权反对执政官的决策，也可以自行召开平民大会：屋大维的实力进一步增长。

安东尼对雷必达这股势力被吞并一事毫无表示，虽然他也对屋大维势力进一步增强感到不满，但他却没有采取任何行动，现在三头同盟就只剩下了两头。三角的稳定性永远是最好的，雷必达退出三头同盟后，安东尼与屋大维的联合随时都可能崩塌，埃及便成了压垮骆驼的最后一根稻草。

此前，安东尼离开埃及时，作为情妇的克利奥帕特拉已经怀上了孩子。在安东尼迎娶了屋大维娅后，艳后为安东尼生下了一对儿女。作为一个母亲，也作为一个君主，艳后不能容忍自己就此被抛弃，她知道安东尼一直有继承恺撒霸业的雄心，所以她给安东尼写了一封信，暗示整个埃及都将成为他的王国，此举促使安东尼重新投入了艳后的怀抱。

和大多数罗马人一样，安东尼崇尚荣誉，更想得到远超前人的功绩，所以他曾希望屋大维出钱支持他远征帕提亚的计划，然而屋大维却忙着与小庞培争夺海洋，根本无暇顾及安东尼的伟业，这让安东尼的远征一直未能成行。克利奥帕特拉的来信让安东尼重新燃起了希望，艳后在信中承诺将给安东尼的远征提供足够的金钱和士兵，这正是安东尼最需要的东西，故而安东尼决定离开希腊。他还嘱咐怀孕的妻子好好安胎，屋大维娅天真地相信了自己的丈夫，竟乖乖在家当起了贤妻良母。

安东尼一到埃及就再次爬上了艳后的御床，艳后这次拿出了足够的"诚意"：结婚，让安东尼成为埃及的国王。安东尼迷恋克利奥帕特拉是毫无疑问的，再加上她给安东尼提供了军队和黄金，这么大一笔嫁妆自然是寻常男人所不能拒绝的，安东尼终于做了人生中最错误的决定：迎娶克利奥帕特拉。

安东尼的婚姻在罗马是非法的，罗马人讲求一夫一妻制，虽然他们能容忍有情妇，但绝不能容忍重婚这样的事情。自罗马建国伊始，罗马人就对婚姻的誓言非常重视，因为第一代罗马人的新娘是通过萨宾战争抢来的，所以罗马人对妻子心怀感恩。可是安东尼居然在婚内再婚，而且他的妻子还身怀六甲，如此无耻之举直接激怒了屋大维。但安东尼重婚还不是最惊人的消息。

在埃及，安东尼组建了16个满员的罗马军团，包括6万名步兵和1.2万名骑兵，同时还有人数众多的辅助军和同盟军，总兵力不下10万人马。不但如此，安东尼还带上了精心打造的各式重型攻城器械。看来，安东尼为征服帕提亚也算下了血本。

安东尼看着他的10万大军，内心激动万分。为了证明自己才是恺撒霸业的继承人，公元前36年3月，安东尼攻入了帕提亚帝国。这场战争的确对罗马非常有利，如今的帕提亚已经不是克拉苏时代的帕提亚了，名将苏雷纳早已去世，国内诸侯为了王位相互征战，举国上下能凑出来抵御安东尼的军队不到4万人。这是一场罗马先天占很大优势的战争，然而安东尼却没有研究过克拉苏失败的根本原因，依然倚重传统的重装步兵，并不知道如何对付以弓骑兵为主的帕提亚军队。

战争伊始，罗马占有优势，安东尼很快就突破了数座城池，直奔帕提亚腹地。可惜和克拉苏一样，当帕提亚骑兵主力赶到后，安东尼的攻势便减弱了下来。论兵力，帕提亚没有优势，但论天时、地利、人和三者，帕提亚至少占有地利。

机动灵活的弓骑兵没有强攻安东尼的重装步兵，而是绕过罗马军队的主力，直接攻击行动缓慢的攻城器械和辎重队伍。这一招并不新鲜，罗马人也常用攻击敌军补给线的战术，恺撒为了保护补给和辎重往往出其不意地布置行军队列。可是安东尼大意了，这导致他的辎重全被付之一炬，那些大型攻城器械还没派上用场就报销了。

深入敌境的安东尼缺乏补给，只能让士兵们外出劫掠，但是帕提亚骑兵非常擅长打游击，相继歼灭了安东尼的补给小队，加上天气日渐炎热而大军饮水不足，安东尼的远征军已入险境。那些起初支持安东尼的同盟国开始另作打算，其中亚美尼亚直接倒戈相向，给了安东尼重重的一击。

到了当年的10月，安东尼终于因支撑不住而撤退，他所遇到的困境比起克拉苏当时也相差无几，只不过安东尼是久经战阵的大将，纵然在撤退过程中损失了超过 8000 人马，还是把大军顺利撤回罗马境内。第二次帕提亚战争依然以罗马一方失败告终，撤退损失的人员加上连续战斗阵亡的 2 万名步卒和 4000 名骑兵，安东尼白白损失了 3.2 万人，更损伤了自己的威望。

失败的消息很快传回了罗马，奇怪的是，罗马城依然收到很多战利品。原来，此刻的屋大维正亲率大军攻打伊利里亚诸国。在阿格里帕的完美指挥下，屋大维军团捷报频传，战利品和俘虏不计其数。胜利的消息传遍了罗马各大行省，这让屋大维的支持率节节攀升。

此时，安东尼又一次激怒了屋大维和绝大多数罗马人。当安东尼失败的消息传到妻子屋大维娅耳中时，这个贤惠的女人并没有因为安东尼的变心而放弃他，相反，屋大维娅立刻购入了大量的军用物资，并带着从屋大维那里借来的 2000 兵马赶去支援安东尼。可是安东尼呢，他甚至都没见一见妻子，只给她回了一封信，让她留下士兵和物资独自返回罗马。这一消息让所有人义愤填膺，安东尼如此冰冷地对待贤惠的罗马妻子，深深地伤害了罗马人的心，不少人都为屋大维娅的遭遇愤愤不平，可是屋大维娅却依然保持对丈夫的忠贞，始终不肯与他离婚。

不久之后，安东尼又做了一件更伤罗马人的事情。安东尼因兵败帕提亚而颜面受损，但在克利奥帕特拉的鼓励下，安东尼重拾信心，决定讨伐临阵倒戈的亚美尼亚，以挽回颜面。事实证明，罗马远征帕提亚不行，讨伐其他东方国家却绰绰有余。安东尼一阵疾风骤雨般的进攻就征服了亚美尼亚全境，不过他没有给罗马送去任何战利品，反而带着得胜之师返回了埃及，还在亚历山大里亚举行了一场异国情调的"凯旋式"。这场凯旋式既不神圣也不庄重，而是专为艳后准备的表演，此战所得战利品，元老院也分不到一毛钱。

此事严重羞辱了罗马人。安东尼到底是罗马人还是埃及人？居然把崇高的凯旋式变成了埃及的娱乐表演，还把战利品都交给了埃及，全然不顾罗马公民和众神的感情。反倒是屋大维为征服伊利里亚举行了传统的凯旋式，这让人们对屋大维的评价更高了，而安东尼则被唾骂为"卖国贼"。

如果以上诸事还不算什么，那么安东尼的宣告便算是触及了罗马人的底线。安东尼在埃及的凯旋式上公开宣布把罗马的东方行省送给埃及，分封他与艳后的儿子亚历山大为亚美尼亚和帕提亚国王，分封他俩的女儿小克利奥帕特拉为昔兰尼加和利比亚女王，分封最小的儿子托勒密为亚细亚和叙利亚国王，艳后与恺撒的儿子恺撒里昂则由安东尼担任监护人。

安东尼不仅单方面宣布与屋大维娅离婚（此时两人已经有两个女儿——"大安东尼娅""小安东尼娅"），还公开要求屋大维承认罗马一分为二的现状。毫无疑问，安东尼自从与埃及女王结婚后，便抛弃了罗马人的身份，以东方国王自居。两头同盟至此彻底破裂，全面内战已提上了日程。

亚克兴角的红颜祸水

安东尼多年来的所作所为彻底背弃了罗马人的祖先，他忘记了自己是共和国的统帅，整日和埃及艳后缠绵在一起，他不再穿着罗马的传统服饰，不再谈论共和国的前途与命运，也不关心元老院和公民对他的态度，安东尼彻底融入了埃及王室的生活，与艳后一共生了3个孩子，却抛弃了与两位前妻生育的合法子嗣，全然忘记了自己在罗马还有一个家。在埃及其乐融融的假象蒙蔽了这个曾经的执政官，也为他这一世的功过荣辱提前书写了结局。

屋大维已过而立之年，不再是那个稚嫩的少年了，31岁的他牢牢掌控着元老院，并以终身保民官之位控制了公民大会，他在吞并了雷必达的军队和地盘后变得更加强大。

正所谓"师出有名则攻无不克"，屋大维也需要发动战争的借口，为此他大肆宣扬安东尼背叛罗马的行径。恰巧此时，曾经的安东尼党人普兰库斯倒戈加入了屋大维一方，他透露了安东尼遗嘱的秘密，屋大维旋即从祭司那里夺来安东尼的遗嘱，并公开了它。遗嘱的内容同样让罗马人震惊又愤怒，安东尼已经彻底疯狂了，居然连死后都要与艳后合葬在埃及，而且公开承认恺撒里昂是恺撒唯一的继承人。这已经不是安东尼第一次伤害罗马人的感情，当一切经过屋大维团队加工宣传后，罗马人普遍痛恨安东尼的背叛行径，更痛恨一手毁掉伟大统帅的埃及艳后。

细心的人不难发现，这些年下来，安东尼的声誉一落千丈，曾经的执政官早已成为人人唾弃的对象。即便罗马人对内战心有余悸，却无人反对屋大维再打一次内战。有意思的是，安东尼的恶行，无论是抛妻弃子还是兵败帕提亚，所有的新闻均是通过屋大维团队加工发布的，也就是说，民众并未目睹他的荒唐行径，一切都是屋大维单方面宣传的结果。

屋大维的高明之处在于引导舆论，不动声色地把安东尼变成了一个埃及人、一个背叛罗马的人，内战反而成了捍卫罗马的正义之战，可以说战争早就在屋大维的宣传册里爆发了。如同曹操挟天子以令诸侯，挟持元老院的屋大维控制了整个社会的喉舌，是非黑白均由他一人导演。安东尼自认为富饶的东方是成就霸业的资本，却不知狭小的元老院才是内战决胜的关键。

公元前32年，屋大维发布了军团动员令，集结了16个罗马军团，合计8万多名步兵、1.2万名骑兵，还打造了400艘罗马战舰，配备有箭塔、弩炮和阿格里帕的发明。屋大维装模作样地表请元老院将安东尼列为国家公敌。雅努斯神庙的大门再次开启，罗马这台战争机器再次高速运转起来。

安东尼那边自然也知道罗马即将对他开战。艳后极力鼓动安东尼与屋大维决战，她幻想着丈夫能够击败罗马，把埃及的领土扩大到意大利，这种野心驱使着女王将自己国家拖入了战争的深渊。

公元前31年，安东尼率领8.5万名步兵、1.2万名骑兵和超过500艘东方战舰进入巴尔干半岛，设行辕于雅典，正式迎战屋大维的军团。毫无疑问，安东尼的军队辉煌耀眼，特别是海军力量极为强大，据说整支海军超过了15万人，所有战舰都是超过5层的大型船只，其中旗舰"安东尼"号是一艘10层巨舰。

为了彰显埃及打赢这场战争的决心，也为了鼓励自己的男人，埃及女王同样亲临前线，并坐镇指挥旗舰"安东尼"号。庞大的埃及-罗马联合舰队遮天蔽日，蔚为壮观。

3月，屋大维的军队准备就绪，首席大将阿格里帕受命出任海军统帅，全军分别从塔伦图姆（今塔兰托）和布隆迪西乌姆起航。屋大维的海军相比安东尼则略显寒酸，包括屋大维的旗舰在内，所有战船都不超过5层，而且绝大多数只是传统的3列桨战舰，但好在他们做了一些改进，比如在船身装上了金属装甲，甲板上配备了各式"新器械"，这让出征的士兵信心倍增。

在罗马人看来，屋大维将要进行的战争是正义的，强悍的罗马军团必将打败孱弱的埃及人。东方诸国几乎都被牵连进这场战争里，他们本属于安东尼的阵营，然而屋大维卓有成效的宣传工作改变了他们的想法。希腊首先宣布效忠屋大维政府，其他各国也一个接一个地投奔屋大维，决战还没开始，安东尼的东方联盟就已经坍塌了。

同样的事情也发生在安东尼的军队里。不少士兵和将军虽然常年追随安东尼，却始终记得自己是罗马人，当屋大维的宣传深入军中时，他们选择站到祖国一边。就这样，安东尼的军队里出现了很多逃兵，这些人请求屋大维不要让他们和安东尼的军队交战，因为他们不愿意与多年的战友厮杀，屋大维不假思索就同意了这个请求。如此宽大的政策进一步吸引了安东尼阵营里的罗马士兵。胜负似乎已经可以预知了。

公元前31年9月2日，屋大维的海军舰队杀向安东尼。罗马人的旗帜在海风中猎猎作响，数十万大军云集于狭窄的海峡，两大巨头期待已久的决战终于到了。踌躇满志的安东尼下令舰队升起风帆，起航迎战，亚克兴角海战（又名阿克提姆海战）就此打响。

亚克兴角在今普雷韦扎附近，是安布拉西亚湾西面的出口，这里的地形像一个大口袋，亚克兴角就位于整个袋子唯一的出口处。翻开地图不难发现，安东尼把主力放在此处是何等失策，屋大维若将敌军舰队封锁在海湾内部，安东尼将难以突围。对安东尼来说，除了从亚克兴角出航外别无他途，而且还必须在屋大维封锁海角前冲出去。

不过安东尼还是很有信心，毕竟自己"船坚炮利"，屋大维又是出了名的不会打仗，似乎没有什么好畏惧的。然而女王却不这么想，她给自己的旗舰安装了逃跑用的风帆，一旦战局不利马上就能逃走，殊不知，这为会战的结局埋下了伏笔。

屋大维将战舰分成左中右三部，其攻击方向是由西向东，主力在左翼，由阿格里帕亲自指挥。为了表示破釜沉舟的决心，屋大维的舰队统统撤去了风帆，所有船只均靠船桨推动，如此一来，屋大维的舰队就只能战斗不能逃跑。另外，由于屋大维的船身较小，即使没有船帆也比安东尼的大型战舰更加灵活，适合穿插包围。安东尼的战舰也分成了左中右三个部分，其攻击方向是由东向西。

决战当日，天气晴朗，亚克兴角附近的海面上吹着西北风，两支强大的舰队相互疾速驶来。当两军即将迎面撞上时，安东尼亲率右翼战舰朝北面迂回，企图先航行到阿格里帕的北面，然后再由北向南，顺风包围屋大维的左翼。如此布置是因为安东尼熟知希腊的气候，试图利用风势取得优势。然而，阿格里帕同样采用包围战术，而且由于船小些，轻便得多，阿格里帕根本不给安东尼包围的机会，反而带着舰队朝外海退却，待安东尼追过来后，又迅速朝安东尼的舰队撞了过去。

安东尼舰队装备了很多远程投射器，能远距离投射矢石，但是阿格里帕的小船机动灵活，并不容易被击中，它们迅速冲到安东尼战舰近前，用装备的新型冲角猛烈撞击对方的船身，然后又急速撤到远处，在距离合适后又急速冲撞过来。这一幕非常像骑兵对步兵的战术，阿格里帕不愧是屋大维的首席大将，能够将陆战战术成功应用于海战。

安东尼倒不在乎这样的攻击，巨舰拥有更加强大的防御力，即便阿格里帕在攻击上占尽先机，小船的撞击也不能击沉大舰，所以战场决胜还是要靠将海战变成陆战的战术。

双方战舰相互搏杀，彼此之间均试图用远程射击击沉敌舰，一些船桨和桅杆被击中断裂，另一些则被火矢引燃。屋大维的步兵手握短剑蓄势待发，紧张地等待着接舷战的机会。很快，阿格里帕决定使用他的秘密武器：哈尔帕克斯。这些包裹着铁皮的钩子齐刷刷地从弩炮里射出，轻松地嵌入了安东尼的战舰。

安东尼的士兵挥剑猛砍，但始终无法砍断这种装置，只能任由屋大维的士兵冲了上来，双方展开了血腥的搏杀。一些战舰抵挡不住，率先投降了，这使得安东尼的阵线四分五裂，其中以中央和左翼的溃败最快。

埃及艳后不是一个战士，也没有决一死战的勇气。她看见不少战舰投降和沉没后，内心开始畏惧起来，担心自己会陷入包围而难以逃脱，便不顾他人的劝阻，强令"安东尼"号升起了逃跑的风帆。风帆的升起犹如举起了一面白旗，在两军搏杀的战场上格外显眼。"安东尼"号立刻乘着西北风向南逃跑，不一会儿就从一个缺口冲了出去。由于"安东尼"号过于庞大，绝大多数战舰都看到它逃走了，安东尼舰队顿时士气大跌。

女王也许没有意识到逃跑所带来的毁灭性效果，她这一逃，安东尼的战斗意志也跟着崩溃了，起初的勇气与决心一泻千里。此刻的安东尼既不关心如何反败为胜，也不关心麾下将士的生死，反而更担心女王的安危，于是他同样升起了风帆，丢下自己的舰队逃走了。

艳后和安东尼一逃走，联合舰队彻底失去了继续战斗的意义，这些战船被屋大维的舰队逐渐压缩并包围，有70~80艘战舰也升起风帆四散而逃，剩下的船不是被击毁就是被俘虏，亚克兴角的海面上燃起了熊熊火焰。在陆地上观战的安东尼陆军也失去了战斗的勇气，直接举手投降。亚克兴角之战就此结束，屋大维获得了决定性的胜利。

屋大维的船只并未安装风帆，所以难以追上顺风逃跑的安东尼和克利奥帕特拉，不过此时的屋大维根本不在乎对方，因为安东尼在这场战役里输掉的不只是军队，还有一个统帅的荣誉和名声。果然如屋大维所预期的那样，经此一战，东方诸国相继向屋大维投诚，残兵败将也统统倒向他的阵营。屋大维稍微整顿了下东方的秩序，便带着大军攻入了埃及，他要彻底消灭这个国家。

躲在埃及的安东尼心灰意冷，部下大多投奔了屋大维，埃及已经没有军队能够抵挡屋大维的进攻了。当屋大维逼近亚历山大里亚时，安东尼爆发了最后的血性，试图率残部阻挡屋大维，但跟随他的士兵早就失去了战意，竟在阵前倒戈相向，众叛亲离的安东尼绝望地逃回了城。

心灰意冷的安东尼本想在女王怀里寻求一丝安慰，没想到迎接他的是女王的遗书，上面说女王已经香消玉殒了。这犹如压死骆驼的最后一根稻草，安东尼的精神彻底崩溃了。试问还有什么能让他坚持活着？悲痛之余，一代枭雄安东尼最终饮剑自杀。然而，安东尼前脚刚刚殉情，女王的另一个信使后脚便赶到，此人正是来告诉安东尼女王还活着的，但为时已晚。

安东尼死的当天，屋大维率部攻破了亚历山大里亚，女王被俘。被俘的女王显得从容不迫，既不悲伤，也不害怕，事实上，埃及艳后从来都以自己的利益为先，并没有想过追随丈夫，她早就打算抛弃安东尼了，此刻竟幻想着像征服恺撒和安东尼一样征服32岁的屋大维，毕竟她的愿望总是成真。

不久后，女王被带到了王宫中，她试图用伶牙俐齿和美貌请求屋大维的宽恕，不管付出什么代价都可以。但美人计对年轻的统治者毫无作用，屋大维的理智远胜过他的色欲，他很清楚这个女人就是害死安东尼的红颜祸水，伟大的新恺撒可不会重蹈覆辙。屋大维毫不犹豫地拒绝了女王的一切提议，还坦言不会宽恕她，更不会宽恕埃及，不仅女王将作为俘虏被带回罗马游行，埃及也将成为罗马的行省。

克利奥帕特拉终于绝望了，她梨花带雨地向屋大维恳求，期望能去陵墓看安东尼最后一眼，屋大维同意了这个合理的请求。女王让仆人事先藏了一条毒蛇在果篮里，等到了墓穴后，身着盛装的女王用这条蛇结束了她传奇的一生。

女王死了，埃及也就灭亡了。屋大维处死了她与恺撒的儿子恺撒里昂，因为这个孩子是唯一拥有恺撒血统的男孩，只有他死了，屋大维才能真正拥有尤里乌斯·恺撒的名字。女王和安东尼的孩子则被带回罗马交给屋大维娅抚养。

公元前31年，屋大维将埃及正式并入罗马共和国。不同于一般行省，屋大维宣布埃及将作为他的私人领地单独存在。因为埃及人一直认为自己只能由神的后代（法老）统治，而屋大维的养父恺撒已经被元老院追封为神，屋大维便宣布自己是天选的法老，埃及人自然而然地成了另一个"神之子"的臣民。

从此刻开始，屋大维终于成为地中海唯一的主宰，共和派已不复存在，后三头同盟也不复存在，所有的对手皆化为尘土。无论是欧洲的酋长，还是亚洲的国王，无论是元老院的贵族，还是公民大会的保民官，所有人都臣服于他。屋大维的绝对权威甚至超过了恺撒大帝，没有任何人能质疑屋大维的命令，又一个独裁者诞生了。

走向帝制

公元前27年1月13日，屋大维突然在元老院大会上宣布"恢复共和"。他宣称："内战已经完全平息，我将尽数归还全体公民赋予的权力，所有军队、律法以及罗马霸权下的领土也全部归还到元老院与罗马公民手中。"

这一突然而至的"幸福"让元老院响起了雷鸣般的掌声，所有议员都为屋大维的大公无私而兴奋不已，他们原以为屋大维会像恺撒一样自称"终身独裁官"，然而"恢复共和"宣言将人们的疑虑彻底打消了。元老院常年对抗独裁者的历史似乎要结束了，每一个人都近乎失去理智地为屋大维喝彩，却没有人知道屋大维内心所思所想的究竟是什么。

为了答谢屋大维的"放权"，3天之后，元老院破例再次召开会议，全票通过了授予屋大维"奥古斯都"称号的决议。这个称号在罗马代表着"神圣""尊贵"，是对屋大维至高地位的肯定，所有人都不知道，这看似仅代表荣誉的称号最后竟成了罗马皇帝的代名词。自此以后，屋大维以"元首"（即第一公民）自称，更名为恺撒·奥古斯都。

另外，元老院还同意屋大维保留两个特殊的身份，一是"凯旋大将军"，二是"终身保民官"。前者是军队对获得大胜的统帅的称呼，普通将军是不能这么叫的，这意味着屋大维在军中的地位高于任何将领和士兵，等同于罗马的总司令。后者是屋大维以放弃执政官为条件换取的，不仅可以自由召开公民大会表决法案，还有否决执政官决策的权力，这代表屋大维既拥有了最高立法权，又得到了提案否决权。

荣升奥古斯都的屋大维由此开始了一场将罗马推向帝制的权力游戏。

架空元老院

屋大维深知数百年的共和传统深入人心，要走向帝制就必须压倒"共和"的忠实捍卫者：元老院。这一时期的元老院规模庞大，即便经过了几次内战，人数依然超过了1000人。屋大维想要独裁，就必须能驾驭元老院。可该如何控制这么多议员呢？他采用了"先裁员，后架空"的两步走策略。

首先，屋大维以资产数量不足、品行低劣、血统不够尊贵等诸多理由裁撤掉了400位议员。这些人一部分是缺乏威望的外省公民，另一部分是内战时期浑水摸鱼的政客。屋大维恩威并施，听劝的便让他们体面"退休"，不肯合作的就直接驱逐。最终留下的600人均是听命于屋大维的，一个忠于他的新元老院成立了。

接着，屋大维成立了架空元老院的"御前会议"，又称"元首内阁"。御前会议是高于元老院的新机构，由现役公职人员和元老院议员组成。其中每种公职推举 1 人入阁，执政官 2 人同时入阁，元老院则选出 15 人入阁，加起来总共 21 人，以屋大维为中心。御前会议拥有元老院的全部权力，一切军政大事均由御前会议讨论后，再交由元老院表决生效。这么一来，曾经元老院争吵不休的局面几乎成了历史，屋大维以个人意志推动御前会议制定政策成了常态，元老院完全变成了御前会议的表决机构，虽然表面上依然民主，但实际上却不再"自由"。

掌控兵权

屋大维与其党羽深知内战的根源在于军制改革。马略所推动的募兵制虽然解决了公民失业问题，却让军队变成了将军们的私人财产，各路军阀就地崛起，罗马因而内战不断。到安东尼兵败自杀为止，屋大维手里的军团数量已经超过了 60 个，加起来有 50 万名军人，可谓是罗马军力最鼎盛的时期。如此数量的军队既是巨大的财政负担，又是屋大维潜在的威胁，他必须消除新军阀出现的可能性，也必须解决当下的财政窘境，还要保证边境的安全。为此，屋大维出台了"变私为公""精兵裁员""职业军人""全境布防"四项政策。

"变私为公"是把屋大维手下的私人军团全部国家化，同时规定那些不是他招募的军团一律解散，仅他有资格招募军团。换言之，屋大维的私人武装就是国家的武装，其他人招募的军团一律不合法。

"精兵裁员"就是为了缓解财政窘境而裁减军队。屋大维以战斗力和忠诚为标准裁撤掉了一半以上的军队，只留下了完全忠于他的 16.8 万人。这些人从此成为有编制的常备军，相比之前的 50 万人，剩下的堪称精锐。

"职业军人"则是一套完整的职业军人体制，规定罗马军团从年满 17 岁的公民里征募士兵，服役时间为 20 年，其间不得结婚但可以生育小孩，退役后能获得退休金或者分到土地，所有军团按照罗马的防御体系合理分配驻地，履行不同的防御任务。

"全境布防"取代了过去遇到战争再临时召集军队的传统，将罗马军团固定部署在边疆各省，成立了诸多集团军，依重要性分布在莱茵河、多瑙河、叙利亚、西班牙、埃及、北非。这些防线中最为核心的地方便是莱茵河与多瑙河，驻扎着罗马最精锐的军团，其中 8 个军团在莱茵河，7 个军团在多瑙河，统帅都是绝佳的军人，时刻防备着日耳曼人的袭击。继核心防线之后，居于次要地位的便是有4个军团驻扎的叙利亚防线，负责防备帕提亚人的入侵，也由屋大维最信任的将军指挥。剩下的地区，遭受威胁的可能性相对较小，其中西班牙部署了3个军团，埃及常驻2个军团，而北非只有1个军团。这25个军团的编制从此固定了下来，他们是罗马和平的支柱性力量。

当然，单靠这25个军团还不足以保卫庞大的罗马，屋大维为此招募了很多辅助军。辅助军都是从当地招募的土著，这些人也有年薪和退休金，但远远低于罗马人军团，不过他们退役后能获得正式的罗马公民权，只要能坚持服役20年，其子孙后代都能获得罗马人身份，享有公民的全部权利。这一点是保证辅助军忠诚的核心，也是罗马同化异族的重要手段。

无论是罗马军团还是辅助军团，都是屋大维的军团。屋大维掌控军队的方式主要有两种：一是通过誓言，即所有士兵都必须宣誓效忠屋大维，且每年举行一次效忠仪式，潜移默化中形成了忠于屋大维就是忠于罗马的意识；二是通过金钱，屋大维用私人"银行账户"的1.7亿银币支付军团薪酬和退休金，这么一来，他就成了军队的衣食父母，士兵自然都忠于他了。

不过，单靠宣誓和薪资就一定能掌控军队吗？如果有人一边宣誓效忠，一边不听屋大维的命令，那他该怎么办呢？

改革行省

屋大维彻底控制军队并架空元老院的另一项政策就是"划分行省"。他重新划分了罗马的大小行省，根据防卫要求分为了"元老院行省""元首行省"和"元首领地"。

元老院行省是比较安定、富裕且没有战乱的地区，当地总督的人选由元老院自己讨论决定，屋大维不会干涉他们的选举和管理。西班牙、高卢、伊利里亚、奇里乞亚、叙利亚这些位于边疆的行省被划定为元首行省。这些行省是抵抗外敌的第一线，环境较为恶劣，所以都驻扎有罗马军团。屋大维规定元首行省的总督全部由他本人任命，元老院不参与管理，相应的，对外战争由他负责，当地军费也由他私人出资，元老院不需要操心。一看到不需要操心军费开支，而且元老院行省都是富裕的地区，元老院便认同了屋大维的行省改革。

实际上，元老院行省的总督虽然由元老院任命，但当地没有军队，总督自然没有兵权，而元首行省的总督拥有兵权，总督的任命权又在屋大维手中，这等同于屋大维间接控制了元首行省的驻军，因为他不会让不听话的人担任统帅。一旦他和元老院闹掰，他可以轻松占领没有军队的元老院行省，这使得他能长期把持军权和政权。

元首领地即埃及，是屋大维的私产。

成立私人武装

即便这样也还是有人试图刺杀屋大维，屋大维不想步恺撒后尘，所以效仿苏拉当年的做法，成立了一支忠于自己的私人"禁卫军"，武力控制罗马城。

禁卫军共有9个大队，每个大队1000人，总兵力是9000人，由屋大维任命的禁卫军长官统领，其中一部分驻扎在罗马城，另一些则分布在意大利。这支军队的年薪是普通军团士兵的3倍，退休金也比普通士兵多2000银第纳尔，服役年限是16年，而且拥有诸多特权，比其他军人升迁得更快，军服华丽，仅充当屋大维的私人卫队，随时准备镇压任何反抗他的人。有了禁卫军的保护，屋大维便拥有了一张震慑元老院的致命王牌，试问谁还敢和他作对呢？

禁卫军并非屋大维用以掌控罗马城的唯一一支武装力量，他还设置了两支武装，名为"警察大队"和"消防大队"。其中警察大队由3个大队组成，共计3000人，由元老院中的前执政官们充当指挥官，专门负责罗马城的日常治安；消防大队由7个大队组成，共计7000人，也由元老院议员担任指挥官，专门负责罗马城的消防工作。

这两支武装虽然由元老院议员担任指挥官，但是各大队的大队长都是屋大维亲自选拔的，整支队伍依然服从他的个人意志，而且罗马士兵在进入禁卫军前，必须先到这两个大队"实习"，算是屋大维的准卫队。如此算来，他的私人武装就有1.9万人之多，相当于3个满编的军团。

把持财政

继政权、军权后，屋大维将手伸向了财权。

前文已提到，屋大维用私人"银行账户"供养军队，但钱总有用完的一天，当他快没钱时，他便以筹措各项军费为由推出了"元首金库"和配套的"税务官"制度。就是把他的私人银行账户直接变成独立于元老院国库的第二个国库，又把征税的权力收到了税务官手里，这些税务官吏由他任命，征来的税金也交到元首金库，元老院和行省总督无权过问。说白了就是变相将财权捏在他一人手中。

这有一点"移花接木"的味道。元首金库本是屋大维的私人账户，按说存钱的该是他本人，但由于长时间供养军队，人们逐渐忽视了元首金库的本质，很自然地同意把国家税收存入屋大维的私人账户，而军队根本不会发现金库的来源其实是国家税收，他们只知道薪水是屋大维私人发给他们。这一方面杜绝了总督在任期内贪污税金的可能，另一方面却让军队更忠于屋大维本人了。

屋大维还不忘效仿恺撒发行印着自己头像的货币，这些货币的流通促使他的个人威望不断提升，让每一个罗马人都长久沐浴在他的影响下。

除此之外，屋大维不忘把持宗教权力，毕竟罗马是多神教国家，民众普遍虔诚，所以当雷必达去世后，屋大维立即占有了大祭司一职，通过主持宗教事务，逐渐成了罗马人的精神领袖。

从这一刻起，奥古斯都屋大维集军、政、财、教四权于一身，成功架空了元老院，在无声无息中将共和体制变成了元首帝制。虽然他没有像恺撒一样自称终身独裁官，但此刻的屋大维却相当于终身独裁官，他是全罗马的凯旋大将军、首席元老院议员、大祭司、终身保民官，罗马共和国实际上已经变成了罗马帝国，屋大维无疑是罗马帝国的"始皇帝"。

尤里乌斯王朝

罗马人以武立国，开疆拓土是罗马人眼中最荣耀的事情。屋大维也想进一步扩大罗马的疆域，不过他的对外征服不只是为了战利品和荣誉，他有更明确的目的：完成恺撒未竟的事业。

什么是恺撒未竟的事业？征服帕提亚。预言说："只有罗马王才能征服帕提亚。"安东尼曾率10万大军远征，结果吃了败仗，狼狈撤退，现在轮到屋大维来接受检验了。与恺撒、安东尼不同的是，屋大维没有直接出兵帕提亚，而是制订了一系列征服帕提亚邻国的计划，核心思想是孤立帕提亚，从南北两个方向压迫帕提亚，逼其妥协就范，从而实现不战而屈人之兵。

根据屋大维的战略部署，罗马帝国将从南、北、中三条战线展开军事行动。在南线和北线，屋大维以其最信任的大将阿格里帕为总司令，调集了大量的装备和军团，先是将位于埃及以东的纳巴泰地区并入了罗马，打通了从沙漠直插巴比伦尼亚的通道（当年只有1000人马的塞琉古便是从这条路突袭了巴比伦，可谓防不胜防的战线），接着阿格里帕又以调解王位争端为名，率部攻入了黑海北岸的博斯普鲁斯王国，终于将这个小国纳入了罗马联盟，如此一来，罗马便控制了黑海地区。

接下来，屋大维将精力集中到中线，也是最重要的战线——亚美尼亚。亚美尼亚夹在罗马和帕提亚之间，属于罗马东方防线的突出地带，地形以山地居多，可以有效遏制帕提亚人的骑兵，但是亚美尼亚国王长期与帕提亚人眉来眼去、暧昧不清，曾在关键时刻背叛安东尼，是罗马与帕提亚争相拉拢的对象。屋大维无意彻底征服亚美尼亚，因为亚美尼亚过于遥远且高度东方化，与那些西境蛮族不同，不太容易被同化，当地复杂的地形也不利于罗马人坚守或增援，故而屋大维的战略目标是将亚美尼亚变成罗马的附庸国而不是行省，这一政策后来被历任罗马皇帝延续。

公元前22年，屋大维亲临叙利亚，以战争经验丰富的继子提比略为统帅，集结了4个军团讨伐亚美尼亚。亚美尼亚人根本挡不住强大的罗马军团，接连战败，城池也一座接一座地被提比略攻陷，国内的亲罗马势力借此杀掉了亲帕提亚的阿尔塔克西亚斯二世，向罗马投降。公元前20年，提比略按照屋大维的意思，扶持客居罗马十年的亚美尼亚王子提格兰尼斯三世登上了王位，亚美尼亚自此倒向了罗马。

亚美尼亚的易主让帕提亚人慌了手脚，提比略很快就攻入了帕提亚的领地，大肆劫掠。此时的帕提亚也是内战不断、国力日衰，自知与罗马全面开战将难以取胜，帕提亚终于低下了头，答应了屋大维全面和解的提议，归还了在先前的战争中夺取的军团鹰旗，以及罗马士兵的铠甲和佩剑。屋大维以外交手段解决帕提亚问题的战略得以实现,他非常高兴,甚至把签订和约的那一天定为罗马的国祭日。

  从此时起,屋大维提出了"国防线"的战略构想。所谓国防线,就是能保护罗马及行省安全的防线,既要能防备海外行省的叛乱,又必须具备将外族军队挡在国门之外的功能。理想的国防线分为东、西两条,西方的防线以抵御日耳曼人为主,东方的防线则以防御帕提亚为要,而周边的其他民族都应该并入罗马联盟。从这时起,罗马的疆域逐渐固定了下来。

  帕提亚妥协了,使命完成了,屋大维证明了自己就是预言里的"罗马王"。虽然他从未提过称王加冕之事,但当他试图将元首权力永远传给血亲之后,任何人都应该清楚罗马的共和制早已经形同虚设了。然而问题随之而来,人到中年的屋大维如同舅公恺撒一样,合法子嗣只有一个女儿,女儿虽然是豪门贵族之间结盟的重要工具,却不可能继承姓氏和事业,如此一来,无论屋大维拥有多么大的权力,都无法一代一代地传递下去。

  古往今来,无论东方还是西方都把传承问题看成是等同于国家存亡的大事,屋大维同样如此。值得庆幸的是,屋大维的一众女性血亲生育了一些男孩,他可以退而求其次,从侄孙、外孙之中选择继承人。简单来说,就是要从女儿尤里娅和姐姐"小屋大维娅"的男性后代中选择接班人。

  首先是尤里娅一系,这一支共有3男2女,都是尤里娅与阿格里帕的后代,也就是奥古斯都的外孙,其中盖乌斯、卢基乌斯均被赐予恺撒之姓,算是正式的继承人,幼子小阿格里帕维持原姓,作为阿格里帕家族的继承人。居于次席的屋大维娅一系共有大、小安东尼娅两个女儿,父亲都是马克·安东尼,屋大维让"小安东尼娅"嫁给了他的第二个继子德鲁苏斯·克劳迪乌斯·尼禄,二人生下了作为预备继承人的日耳曼尼库斯·克劳狄乌斯。

  以上4个孙辈都很年幼,为避免自己过早离世大权旁落,屋大维还封继子德鲁苏斯为"恺撒",作为孙辈继位前的过渡。德鲁苏斯的确是个不错的选择,此人样貌俊美、性格开朗、举止有礼、言谈得体,最重要的是他还继承了先辈卓越的军事天赋。他与兄长提比略分别总领莱茵河集团军和多瑙河集团军,按照各自的任务带兵出征,其中德鲁苏斯战法多变且战绩辉煌,先是沿着北海海岸一路杀入威悉河,后来又从敌人完全想不到的方向攻临易北河沿岸,征服了整个诺里库姆（大致是今奥地利及其北部地区），由此得到了"日耳曼征服者"的称号。

可惜上天似乎有意为难尤里乌斯王朝，先是正值壮年的德鲁苏斯于公元前9年在征途中意外坠马而死，接着又是18岁的卢基乌斯、23岁的盖乌斯先后于公元2年、公元4年因病身亡。当屋大维把丧夫的女儿尤里娅改嫁给提比略时，尤里娅又不愿配合父亲的安排，频频红杏出墙，气得屋大维永远流放了女儿。尤里娅一系的后代基本断绝。

这么一来，屋大维钦定的3位"恺撒"都先他而去，还有屋大维家族血统的就只剩下德鲁苏斯的两个儿子。日耳曼尼库斯继承了乃父遗风，长相俊美且能力出众；弟弟克劳狄乌斯身体不好，口齿不清且行动不便。两个孩子都还年少，然而屋大维年近七旬，他知道自己快熬不住了，所以改立提比略为"恺撒"，并让提比略收养日耳曼尼库斯。虽然直系血亲全数报销，但只要日耳曼尼库斯能继承大位，尤里乌斯王朝依然不算断绝。

公元5年，提比略率部大败日耳曼人诸国，征服了莱茵河以东600千米的土地，罗马人的旗帜再次插在了易北河沿岸，日耳曼尼亚行省建立。然而正当提比略准备彻底征服日耳曼时，公元6年，伊利里亚发生了叛乱，当地20万辅助军因受不了盘剥而举起了反旗。叛军兵分两路，一路杀向马其顿，一路进攻意大利，罗马城危若累卵。屋大维只能命令提比略放弃攻略日耳曼的计划，转攻叛军。莱茵河军团的指挥权便交给了原叙利亚总督瓦鲁斯。

面对20万叛军，提比略采用了坚壁清野的战术，只用了几万精锐军团士兵就杀得叛军丢盔弃甲。值得一提的是，日耳曼尼库斯也随伯父出征，连续拔除了不少敌军堡垒，战绩不俗。叛乱最终被罗马平定，可是胜利所带来的喜悦很快就失去了。

接管莱茵河军团的瓦鲁斯毫无军略，在日耳曼尼亚行省内作威作福，肆意盘剥当地人，终于逼反了野性未驯的日耳曼人。辅助军指挥官阿米尼乌斯利用瓦鲁斯的信任，悄悄联系日耳曼诸部，建立了一个反罗马联盟。他们趁瓦鲁斯率领3个军团经过条顿堡森林时伏击了他，全歼了3个军团。日耳曼各部借机全部反叛。屋大维听到这个消息后，悲伤地大呼道："瓦鲁斯，把我的军团还给我！"

提比略在接到日耳曼人叛乱的消息后，再次率部北上收拾残局。可惜叛乱已成燎原之势，罗马短时间内不可能重新征服日耳曼，罗马的易北河防线计划就此破产。屋大维虽有心复仇，但他的健康状况急转直下，不允许他这么做。唯一让他欣慰的是，二十多岁的日耳曼尼库斯在前线屡立战功，算是独当一面的大将了，复仇的使命怕是要留给自己的继承人了。

屋大维深感大限将至，为了尽快安排权力交接，他召回了继子提比略并为他举行了凯旋式，随后便移交了元首的全部权力。屋大维在最后的岁月里隐居那不勒斯，亲手完成了记录其一生功名的《功业录》。

弥留之际的屋大维望着夜幕降临后的大海陷入沉思，他静静地听着海浪拍打海岸的声音，这一生的点点滴滴都一一重现在眼前，仿佛时光又回到了他18岁那年。

一个满脸稚气的年轻人正和执政官安东尼的门吏理论着："我要见安东尼执政官，请您通报一下！"

"走开，走开，乳臭未干的小子。什么地方的乡巴佬都想见执政官，你当罗马是什么地方？"

"我不是什么乡巴佬，我是来执行先父遗嘱的。请告诉安东尼执政官，我叫盖乌斯·尤里乌斯·恺撒！"

公元14年8月19日，即将76岁的罗马帝国元首、祖国之父、凯旋大将军盖乌斯·尤里乌斯·恺撒·奥古斯都在妻子李维娅的怀中逝世。随着屋大维的陨落，罗马的共和制度就此画上了句号，罗马纪元从此迈入了崭新的帝国时代。

第二十一章 初代皇朝

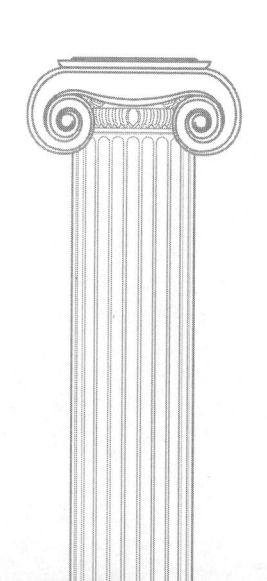

罗马军团的鲜血

"来了没有啊？"

"来了，来了，元首回来了。快看！"

罗马人在意大利修建的大道今日显得格外喧闹，一队队军容整齐的军团士兵正沿着大道朝罗马城前进。只是他们的脸上看不到一丝喜悦，连守候在路边的公民也显得神色沉重。提比略·尤里乌斯·恺撒正引导着一副巨大的棺木缓缓前进。这显然不是一支出征的军队，而是送葬的队伍，棺木里面正是首位奥古斯都——屋大维的遗体。

作为罗马帝国的首个元首，屋大维的执政生涯特别漫长，也得益于他的长寿，罗马才能顺利从共和制迈入元首制。然而屋大维的一生并非没有遗憾，他中意的继承人德鲁苏斯坠马而死，两个外孙也相继病故，这种白发人送黑发人的悲痛本就够折磨人的了，更大的噩耗又从日耳曼传来：总督瓦鲁斯连同3个罗马军团全军覆灭。

日耳曼人是嗜血度和战斗力均高于高卢人的蛮族，他们盘踞在莱茵河东岸，一直都是罗马人难以征服的强大对手。马略时期，30万日耳曼人大举入侵高卢和意大利，数次击败罗马执政官。恺撒时期，罗马军团曾杀入日耳曼尼亚，但仅止步于莱茵河附近，所以对罗马人来说，日耳曼人依然是谜一般的存在。

屋大维执政后，罗马开始对莱茵河东岸用兵，统帅便是元首的两个继子——提比略和德鲁苏斯。两位统帅都是新生代的绝世将才，在他们的攻略下，莱茵河与多瑙河防线开始向易北河推进。然而，征服日耳曼的计划并不顺利，先是德鲁苏斯意外坠马而死，后是提比略为镇压叛乱而离任。无将可用的屋大维只能拆东墙补西墙，任命原叙利亚总督瓦鲁斯为新日耳曼总督。瓦鲁斯此人年过半百却贪婪成性，惨遭巧取豪夺的日耳曼人因此决心反叛罗马，其中反意最强的就是切鲁西族的阿米尼乌斯。

阿米尼乌斯是切鲁西首领的次子，公元1—公元6年在罗马军中服役，对罗马人的生活方式、语言文化都非常了解，自然也深入研究过罗马军团的战术和战略，对军团的长项和弱点都一清二楚，是个典型的外籍"留学生"。意外的是，阿米尼乌斯的父母都是非常坚定的亲罗马派，可是阿米尼乌斯偏偏是个死硬的反罗马派，而且还是隐藏在罗马军团中的内鬼。他曾被提比略提拔为辅助骑兵长官，还得到了罗马公民权并有机会进入骑士阶级。就是这么一个人一直谋划反叛罗马。

公元9年春，瓦鲁斯按惯例率军巡视日耳曼诸部，一来彰显罗马的军威，二来顺手收点儿"土特产"。巡视过程基本顺利，只是这个夏季来得特别炎热，瓦鲁斯并没有如计划抵达易北河，因为他突然收到情报说北日耳曼人造反了。这自然是阿米尼乌斯炮制的虚假情报。心想着"哪个部落如此大胆"，瓦鲁斯决定教训教训他们，于是改变了路线。

阿米尼乌斯很清楚罗马军团的野战能力，根本没有指望用一次单纯的伏击战实现战略目标。他所采用的策略是"弱敌""诱敌""疲敌"三步走，一点一点地吃掉瓦鲁斯军团。

第一步"弱敌"。阿米尼乌斯首先让臣服于罗马的小部落向瓦鲁斯求援，理由是驱逐强盗、守卫据点、护送补给。瓦鲁斯认为这一请求很合理，于是派了不少百人队分赴这些"友好"的部落。结果这些百人队被全数杀死，瓦鲁斯兵力受损，再加上伊利里亚辅助军叛乱，已有半数以上的莱茵河军团随提比略南下了，故瓦鲁斯能使用的力量远远低于正常水平，有编制的军团只有3个，理论上只有1.8万人。

第二步"诱敌"。阿米尼乌斯选择伏击地点也颇费了些脑筋。他知道罗马军团通常处于戒备状态，行军队列有很严格的规定，百人队能迅速集结成防御阵形，因此他要让瓦鲁斯主动到一处不适合列阵的地点，而且还不能让瓦鲁斯起疑。具体做法是故意让条顿堡森林北侧的最远的部落首先叛乱，其位置恰好要瓦鲁斯穿过"友好"部落。这样一来，瓦鲁斯在经过"友好"部落时就会放下戒备，根本不会起疑，伏击成功的概率就会增大不少。

第三步"疲敌"。也是天公不作美，进入森林的瓦鲁斯军团恰好遇到了暴雨，再加上森林里的大树高耸入云，遮蔽了外面的光线，他们只得在泥泞不堪和视线不清的环境下行军。狭窄的道路迫使罗马人分开行军，士兵与随军妇孺混在一起，大大增添了伐林开路的难度，进而使得军团非常疲惫。阿米尼乌斯的伏击以远程射击、吼叫威慑为主，他们总是在罗马人毫无警觉时突然袭击，然后又迅速逃入森林。这使得罗马人不得不持续保持警惕，顶着暴雨强行军。

据载，这样的进攻持续了 4 天，瓦鲁斯不得不抛弃所有不必要的行李、货车，甚至是伤员，但狭窄的道路限制了军团的队列，暴雨使得弓矢、盾牌、铠甲变得比平时更加沉重，士兵为了加快速度，只好扔掉更多的东西。他们累得筋疲力尽，不断被森林里射出的箭矢击伤，军团不断减员。当前方的道路被障碍物阻断后，瓦鲁斯和高级将领们绝望自刎，3 个军团就此消失在森林里。

公元 14 年，55 岁的提比略正式继承了奥古斯都的称号和全部权力，成了尤里乌斯皇朝的第二任元首。提比略性格深沉、寡言少语，杀伐决断从不迟疑，按现在的话说就是"冷酷"。新元首虽然冷酷，却节俭务实，厌恶享乐。自他执政以后，罗马推行休养生息的政策，严厉打击违背公序良俗的堕落风气，驱逐了招摇撞骗的术士，禁止了铺张浪费的传统娱乐，提比略试图全面遏制罗马人的享乐之风。

不过，提比略要坐稳元首大位就不得不正视条顿堡森林之耻。罗马人向来崇尚荣誉，有仇必报，军事上的成就决定了统治阶层的口碑，就算是神圣的奥古斯都也不能例外。眼下，报仇雪耻无疑是帝国的第一要务，所以人们都把目光聚集到莱茵河、多瑙河两道防线。

这两道防线是罗马帝国抵御日耳曼人的主要阵地，集结了 15 个军团的兵力，其中有 8 个军团在莱茵河防线。这 8 个军团分为高地日耳曼和低地日耳曼两部，不仅有丰富的作战经验，而且辖下的辅助军也非常善战，是罗马帝国最精锐的军事力量。要复仇，莱茵河集团军是绕不开的选择，也是唯一能挑起大梁的。如此一来，莱茵河集团军的总司令便显得尤为重要，人们不禁要问：这一时期的莱茵河元帅是何许人也？是否有能力报仇雪恨呢？

日耳曼尼库斯，本名尼禄·克劳狄乌斯·德鲁苏斯·日耳曼尼库斯，是尤里乌斯皇室里最尊贵的成员。他的母亲是马克·安东尼的女儿，他的外祖母又是屋大维的姐姐，所以从母系来看，日耳曼尼库斯同时拥有安东尼、屋大维两大家族的血统。至于他的父亲，前元首继承人德鲁苏斯，出自罗马古老而又显赫的克劳狄乌斯氏族，该氏族前后出现了 28 位执政官、5 位独裁官、7 位财务官，赢得了大小 26 次凯旋式，是不输尤里乌斯的大贵族。

日耳曼尼库斯继承了父亲和母亲两边最优良的基因，长相俊美、体格匀称、为人宽和、体恤旁人、重视民主且很有军事天赋。这些加起来正是罗马帝国领袖所应该具备的全部优点。比起普通贵族30岁才步入政坛，日耳曼尼库斯很早就已崭露头角。

　　按照屋大维的安排，日耳曼尼库斯在公元4年时被提比略收为养子，从公元7年起便连续5年担任财务官，并追随提比略讨伐伊利里亚和日耳曼尼亚。在伊利里亚战场上，日耳曼尼库斯独自领兵，攻克了好几个坚固堡垒，因功于公元12年当选为执政官，那一年他才27岁，堪称明日之星。

　　屋大维死前千叮咛万嘱咐，要提比略好好培养日耳曼尼库斯，以便将来他能够继承元首之位。不仅屋大维对日耳曼尼库斯充满期望，元老院和罗马公民也非常拥戴他。在大多数罗马人眼里，提比略是没有屋大维血统的临时元首，真正的帝国元首应该是日耳曼尼库斯，所以在罗马各地，民众已经把日耳曼尼库斯当成准元首对待了。到屋大维驾崩时，日耳曼尼库斯就职莱茵河集团军总司令。他的辖区不仅包括高地、低地日耳曼两部，还囊括了整个高卢，手下兵力达8个军团，大约占整个帝国兵力的三分之一，因此他既是帝国的储君，也是帝国最大的军阀。

　　年轻人手握这么大的权力总让人觉得不放心，纨绔子弟、浪荡公子败光家业的不在少数，不过，日耳曼尼库斯没有辜负民众对他的期许。独自坐镇莱茵河后，年轻的统帅恩威并施、手腕灵活。当时恰逢两大集团军老兵哗变，叛乱分子占领军营，屠杀百夫长，甚至大胆攻击日耳曼尼库斯的住所。软弱的统帅是无法收拾这些老兵痞的，但日耳曼尼库斯理智、果敢，处置原则只有三个：

　　一、不服从的士兵，杀！

　　二、不听令的百夫长，杀！

　　三、不敢镇压叛乱的将领，杀！

　　日耳曼尼库斯用铁血手腕整顿清除了不听号令、不守军纪的士兵，不服从他的军官全数被杀，不能约束士兵的军官一概被撤换。日耳曼尼库斯用远超年龄的魄力和手腕收服了数万老兵，这种强势与魄力让所有人大吃一惊，也让老兵们既敬又畏。

　　没有人意识到，甚至连元首提比略也没想到，日耳曼尼库斯铁血整顿军团有更远大的目标。条顿堡森林之耻让日耳曼尼库斯夜不能寐，这不仅因为罗马帝国以武立国，军团的荣誉高于一切，还因为他名字里的"日耳曼尼库斯"意为日耳曼征服者，继承自其父德鲁苏斯，如果日耳曼尼亚不是帝国的行省，那自己的名字就是一种耻辱而非荣誉。他要让日耳曼人在鲜血与烈火中忏悔，同时也要带着军团赢得胜利，赢得荣誉，赢得财富。这样才能让祖父屋大维安息，这也是皇室成员应该履行的使命。

如今，8个军团俯首听命，上下都憋着一口恶气亟待发泄，复仇时机已然成熟，于是年轻的准元首将目光投向了莱茵河东岸，"复仇条顿堡森林"计划就此开始。

前进，罗马之鹰

公元14年秋末，按惯例是不宜进行战争的季节，但日耳曼尼库斯却认为这是奇袭日耳曼人的绝佳时机，这一思路与当年恺撒的想法并无不同。年轻的统帅让高地、低地日耳曼的莱茵河军团同时在莱茵河上飞速架桥，然后突然杀入了日耳曼尼亚。此时的日耳曼人正在庆祝节日，罗马军团乘机突袭了马尔西部，大肆屠杀毫无防备的日耳曼人。紧接着，日耳曼尼库斯挟大胜之势相继击溃了布鲁克特人、图邦提斯人和乌西皮提斯人。罗马军团在莱茵河以东80千米的范围内大杀四方，鲜血染红了大地，战火将这里的城镇烧成了白地，日耳曼尼库斯以此战正式宣布新的"日耳曼征服者"来了。

如今的日耳曼尼亚与6年前相比也发生了一些变化。叛徒阿米尼乌斯已经当上了切鲁西人的首领，还通过反罗马战争建立了一个日耳曼人的联盟，让一盘散沙的日耳曼各部落接近于统一；但并非所有的日耳曼人都加入了阿米尼乌斯的联盟，比如马罗伯德领导的苏维汇人就特别反感阿米尼乌斯。苏维汇人也是日耳曼的一个大部落，麾下包括塞姆侬人和伦巴第人等好几个部落，控制着赫西尼亚森林附近的整个波西米亚。马罗伯德因此自称"国王"，成了阿米尼乌斯之外最有势力的人，所以当时的日耳曼尼亚是二分天下的局面。

日耳曼尼库斯的战略就是拉一派打一派：他承认了马罗伯德国王为罗马人的朋友和盟友，以争取对方从东南方向威胁阿米尼乌斯。这样既能够牵制敌军力量，又能够分化日耳曼人，可谓一箭双雕。

其实，拉一派打一派的战略是提比略元首亲自敲定的大战略。说起马罗伯德，也算是提比略兄弟的老对手了，此人见识过罗马军团的战斗力，差点国破身死，提比略出于"以蛮制蛮"的考量，大方承认马罗伯德的国王地位，使之成为罗马的盟友。在切鲁西人反叛后，罗马与切鲁西均派使节拉拢马罗伯德，但最终，他还是站到了罗马一方。

究其原因，有两个。第一个原因是阿米尼乌斯领导的反叛势力并未正面击败罗马军团，而是通过偷袭打了一次胜仗，与已经称霸上百年的罗马帝国相比，阿米尼乌斯领导的联盟不过是雏鸟，罗马在人力、财力、物力上都有压倒性优势，若是拼国力，阿米尼乌斯早晚要败于罗马帝国。第二个原因可能是出于嫉妒和战略上的考量。作为第一个称王的日耳曼部落首领，马罗伯德自认为有资格成为全日耳曼人的国王，而阿米尼乌斯只通过一次伏击就联合了大半日耳曼人，自然让其非常不爽，比起反抗罗马人，马罗伯德更想统一日耳曼人，故而更愿意借罗马人之手消灭阿米尼乌斯。

公元15年春，日耳曼尼库斯率领6万人的莱茵河集团军倾巢出动，兵分三路越过了莱茵河。此次打击的目标是阿米尼乌斯的忠实盟友卡提人，战法与之前并无不同，均是突袭敌军城池，大肆烧杀。另有一路罗马军团由凯奇纳率领，埋伏在阿米尼乌斯援兵的必经之路上，成功伏击了他们。这是一招典型的围点打援，杀得切鲁西人和马尔西人损兵折将。

不过阿米尼乌斯的主力还未集结完毕，日耳曼尼库斯为了引出对方主力，继续执行血火政策，将一些敌军要地烧为灰烬，三路大军齐头并进，击败了挡在路上的日耳曼各部。阿米尼乌斯的岳父在罗马军团的震慑下主动归降，罗马人大踏步地挺进威悉河流域。

就在罗马人追击四散而逃的日耳曼人时，位于森林深处的林间小道引起了人们的注意。在一片满是沼泽和湿地的地方，遍地都是白骨和断裂的铠甲，长矛和断剑横七竖八地插在四周，一些白骨和头颅甚至还钉在树上，犹如人间地狱一般恐怖骇人。没错，这些就是瓦鲁斯军团死难者的遗骸。6年之后，罗马人终于找到了他们。日耳曼尼库斯和他的军团当即下马凭吊。望着死状恐怖的同胞，日耳曼尼库斯复仇的决心更加坚定了。

显而易见，若要报仇雪耻，罗马军团就无法避开条顿堡森林，而那里是极利于敌军设伏的地方。果然，继续追击的罗马军团因为深入森林，遭到了伏击。虽然这次罗马军团损失不多，却鼓舞了日耳曼人的士气，加之天气转冷，补给渐少，日耳曼尼库斯在凭吊了死难同胞之后，决定结束这一年的攻略，于是令各路军团分别从海上、森林等处向莱茵河撤退。

阿米尼乌斯见罗马军团后撤，觉得反击的时候到了。他盯上了退入森林的凯奇纳，因为森林是日耳曼人的优势，却是罗马人一再失败的地方。进入森林的凯奇纳行军困难，到处都是湿地、沼泽和大树，罗马军团不得不一边撤退一边开路。阿米尼乌斯看准机会全力进攻凯奇纳，好在凯奇纳不是瓦鲁斯，他具有丰富的作战经验，将军团一分为二，一些人只负责开路，剩下的人专门抵御四面而出的日耳曼人。战斗进行得非常激烈，到了最危险的时刻，所有人都拿起武器自卫，直到夜幕降临后，罗马军团才勉强击退了敌军。

凯奇纳明白，只有让军团列阵才能避免被消灭，于是到处寻找地势平坦的地方。幸而他还真就找到了一处可以列阵的平地，两军便在那里展开血战。日耳曼人士气高涨，不断从凯奇纳四周围杀过来，罗马军团几乎要崩溃了。关键时刻，负责辎重的第1军团抛下物资支援友军，日耳曼人禁不住财物的诱惑，四处抢夺战利品。夜幕降临时，罗马军团冲出了重围，重新找到一处高地扎营。到了第二天，罗马人的简易工事建好了，基本具备了防御能力。

日耳曼人以为能够击败罗马军团，朝着工事发起了强攻，结果反被罗马人击退，损失惨重。到了黄昏时分，日耳曼人死伤无数而且筋疲力尽，凯奇纳乘势开门出击，一路追杀日耳曼人直到天黑，沿途遍地死尸。阿米尼乌斯狼狈逃走，罗马人总算安全撤出了森林。

此次撤退中，经历了危险的不只是凯奇纳军团，从海上撤退的军团也遭到了暴风雨的奇袭，很多人都淹死了。

虽然罗马军团成功夺回了一面当年瓦鲁斯丢失的鹰旗，提比略也为日耳曼尼库斯举行了凯旋式，但这一年的征战依然难让日耳曼尼库斯满意。年轻的将军没有气馁，决定从高卢搜罗物资和补给以便来年再战。

公元 16 年，日耳曼尼库斯从高卢征募了很多辅助军，同时也征集了 1000 艘运输船和大量的物资。准备就绪后，他率领 8 万人马沿着北海前进，突然出现在日耳曼人的后方。日耳曼人始料未及，卡提人和安格里瓦利人均遭到重创，罗马人再次兵临威悉河。这次，阿米尼乌斯早有准备，集结了一支联军紧急驰援威悉河，双方隔着大河对峙。

对峙往往是将军们最不喜欢的情形，深入敌境的罗马军团若是断绝了补给，长期对峙是非常危险的。为了让步兵军团能尽快修桥渡河，日耳曼尼库斯让辅助骑兵从不同的地点抢先发起攻击。令人意外的是，骑兵们轻而易举地杀过了威悉河，还一直追着阿米尼乌斯打。日耳曼联军一退再退，拱手让出了自己的阵地。罗马军团并没有意识到，此乃阿米尼乌斯的诱敌之计，他佯装战败退入森林，目的就是伏击罗马骑兵。当罗马辅助骑兵追进森林后，日耳曼伏兵立刻四面而起，亲罗马的巴塔维人首领卡利奥瓦尔达和诸多贵族当场战死，辅助军损失惨重。

辅助骑兵的损失令人痛心，但只要能达成战略目标，这些损失都不算什么。就在阿米尼乌斯忙着歼灭罗马骑兵时，军团主力乘机快速搭桥，不仅成功渡过了威悉河，还在一块空地上扎下了大营。阿米尼乌斯试图攻破立足未稳的罗马营地，但在见识了日耳曼尼库斯的守城能力后，他果断放弃了这场攻坚战。

次日，两军在伊狄斯托维索平原布阵决战。这里的地势由平原和丘陵组成，平原的尽头又有一大片森林。罗马军团布阵在平原地带，而阿米尼乌斯则布阵在丘陵和森林里。从远处看，日耳曼人多得可谓是遮天蔽日，阿米尼乌斯的主力还抢占了一些高地，形成居高临下之势。

虽说局面看上去不利于罗马人，但日耳曼尼库斯毫无畏惧，紧急调整了阵形：高卢和日耳曼辅助兵排在第一线，作为炮灰消耗敌军体力；弓箭手等远程步兵守在这些人身后，提供火力支援；精锐的罗马重步兵则在第三线，负责最后的攻击；两翼布置骑兵作为机动力量。

战场上，双方都高声嘶吼以提升士气。就在这时，一声雄鹰的鸣叫从天空传来。日耳曼尼库斯仰望天空，看见八只雄鹰正从罗马军团的头顶掠过，与罗马军团的鹰旗在阳光下相呼应。罗马人顿时兴奋地欢呼起来。日耳曼尼库斯感到一股热血涌上了心头，高呼道："前进，罗马之鹰！诸神与我们同在。"

（在罗马神话里，众神之王朱庇特常常化为雄鹰降临人间。）

伴随着日耳曼尼库斯的怒吼，第一线的辅助军开始稳步前进。同样，日耳曼人也在阿米尼乌斯的军令下朝罗马人的阵地疯狂地冲了过来。两军将士很快就混战在了一起。虽然来自罗马军阵第二线的弓箭不断倾泻在日耳曼人身上，但悍勇的日耳曼人毫无退意，大有突破第一线的趋势。危急时刻，罗马重装步兵的重型标枪从后方齐射而来，穿透了敌人的盾牌和胸甲，钉死了不少日耳曼勇士。接着，罗马军团开始发起冲锋，以整齐的方阵急速向前碾压过去，而日耳曼人的战线乱成一团，毫无秩序地乱砍乱杀，却怎么都打不破罗马军团的防线，反而在不知不觉中被罗马人推到了后方。切鲁西人本来居高临下反击，但安排在两翼的罗马骑兵从侧面反攻了过来。在步、骑结合的反复袭击之下，切鲁西人的阵线也开始崩溃，罗马步兵顺势夺取了高地。阿米尼乌斯见取胜无望，只能带着军队朝森林退却。日耳曼尼库斯获得了决战的首胜。

阿米尼乌斯随后选了一个新的决战地点，那里是一处被森林和河流包围的空地。他效仿罗马人，也修了一道防御工事，同时派骑兵到旁边的森林里埋伏，准备打罗马人一个措手不及。日耳曼尼库斯追击到此处后，发现了森林里的伏兵，干脆将计就计，让骑兵隐藏在后方，而让步兵同时进攻森林和空地的工事。

果不其然，当罗马军团攻入森林后，日耳曼骑兵立即从里面杀了出来，罗马步兵很自然地"败逃"。日耳曼骑兵追杀逃敌，不料罗马骑兵从他们的身后杀了过来，之前败退的罗马步兵也立刻转身反击日耳曼骑兵。日耳曼人前后被围，损失惨重，最终四散而逃。

另一方面，罗马军团强攻日耳曼营寨的行动同样彪悍，打得敌军疲于奔命，但是苦于工事坚固，一时之间还难以突破，于是日耳曼尼库斯将步兵撤了回来，让弓箭手和远程弩炮猛攻土墙上的敌兵，杀伤甚多。日耳曼尼库斯见土墙上的日耳曼人已损伤大半，便亲率精锐军团再次发起强攻，终于袭破了敌军防线，接着又顺势杀入森林，与步兵合力围歼敌军。

双方背靠森林和沼泽展开了生死决战，两军都没有退路，谁退谁就会死。战斗最激烈时，日耳曼尼库斯脱下了头盔，以便每个士兵都能看见他。他以此鼓舞军队奋力厮杀，不留任何俘虏。日耳曼人的工事被彻底攻破，木质构件燃烧和倒塌的巨响此起彼伏。溃兵四处逃散，有的被身后射来的标枪贯穿，有的被驱赶入河后淹死，战场内外满是鲜血和伏尸。罗马军团终于取得了这场勇气之战的胜利。

此战，罗马帝国大获全胜，阿米尼乌斯几乎是只身逃走。数年之后，他失去了对日耳曼人的控制，终被部下刺杀。当年被日耳曼人夺走的三面鹰旗，已经收回了两面，条顿堡森林的耻辱在这一刻被日耳曼尼库斯洗清，罗马人等待这一天已经太久太久了。胜利后的阳光播洒在日耳曼尼库斯的脸上，映得他犹如神灵一般威严，新的日耳曼征服者诞生了。

皇室争端

公元19年，叙利亚海岸边，一位身着黑色素服的贵妇在随从的簇拥下，匆忙地登上了一艘即将驶向意大利的商船。她神色悲伤却没有一滴眼泪，紧紧抱着亡夫的骨灰盒，身后的孩子们紧紧地拉着她的衣裙，似乎非常害怕的样子。悲伤、愤怒、焦急、忧虑的情绪交织在一起，让那名贵妇不容一丝耽搁，急令奴隶划桨开船，好像她知道危险正在接近一样。

海水在船桨的作用下不断翻滚着，海风仿佛也被这种焦急感染，一个劲地推着小船前进。贵妇依旧抱着亡夫的骨灰盒，她坚持站在船头眺望，迫不及待地想看见意大利的海岸。这倒不是她思乡心切，而是她急着报仇，想让民众知道丈夫死亡的真相。

突然，地平线上出现了一艘战舰，那旗帜上的标志正是提比略任命的叙利亚总督皮索的。众人不禁紧张起来，桨手即便没有得到命令也加快了划桨，随从们迅速围在贵妇身旁。剑已经出鞘，盾牌也被高高举起，所有人冷汗直流，好像叙利亚总督的战船不是朋友而是海盗一样。

这艘战船的指挥官名叫多米提乌斯，是总督皮索的心腹，奉命前来捉拿准备前往罗马城的贵妇，但很明显，他晚了一步。海上的追逐对贵妇的小船更有利，因为皮索的战船太过沉重、庞大，远不如小船机动灵活，他只好下令全速前进，企图用一次冲撞击沉贵妇的小船。然而那名贵妇喝退了身旁的众人，故意拉下面纱露出真容，大声地质问道："难道罗马的军人要谋害奥古斯都的外孙女、'恺撒'日耳曼尼库斯的妻子吗？"

这一问让战船上的士兵迟疑起来，桨手们也惊讶地停了下来。多米提乌斯大怒，胡乱鞭笞着不肯听令的桨手，但战船还是没能发动任何进攻。小船在海风的帮助下迅速驶离战船的视线，逐渐消失在远方。这位名叫阿格里皮娜的贵妇最终在意大利安全登陆，沿途围满了人群，无数民众簇拥着她前往罗马城，元老院也派了地位够高的议员前来迎接，只有元首提比略未曾现身。

一则传言随着她的回归迅速传遍了意大利："恺撒"日耳曼尼库斯被毒杀了，凶手正是元首提比略任命的叙利亚总督皮索。

终于，尤里乌斯皇朝的权力之争浮出了水面。

公元16年的胜利为日耳曼尼库斯赢得了又一场宏大的凯旋式。30岁的日耳曼尼库斯在不到3年的征战里赢得了两场凯旋式，民众因其辉煌的战绩和良好的形象更加崇拜和支持他了。然而，元首提比略的真实心情却是嫉妒与不安。作为帝国元首的他一直被民众视为暂代帝位者，因为他根本没有屋大维的血统，他不过是日耳曼尼库斯继位前的过渡，所以帝国高层暗地里分成了两大派：和平派与主战派。前者效忠提比略，主张休养生息、维持秩序；后者拥护日耳曼尼库斯，坚持彻底征服日耳曼人。

随着日耳曼尼库斯不断取得胜利，准元首的威望几乎超过了元首提比略。主战派的壮大让人越发不安，若真让日耳曼尼库斯重新征服日耳曼人，提比略恐怕会被架空，他传位给亲生儿子小德鲁苏斯的计划便再无希望。父母之爱子，则为之计深远。提比略如同每一个父亲一样存有私心，他更中意自己的儿子，而不是侄子。

事实上，提比略的私心也与他的政策有一定关系，因为他自即位起就禁奢限娱，休养生息，而日耳曼尼库斯却一再发动战争，不停地消耗国力，在提比略看来，日耳曼尼库斯的征服与他的国策背道而驰。更重要的是，提比略不能容忍日耳曼尼库斯功高震主，更不能容忍人民对他的支持超过对自己的支持，这恐怕是每一个君主的底线。因此，从日耳曼尼库斯着手洗刷条顿堡森林之耻起，提比略阴谋除掉"罗马之鹰"的计划就已经开始了。

提比略为顺利除掉侄儿可谓机关算尽，他从未表示过对侄儿的不满，反倒用长辈的"关心"一再麻痹年轻的"恺撒"。不知不觉中，提比略仅用3步棋就把"罗马之鹰"射下了神坛。

第一步，举行凯旋式，削夺兵权。提比略借口举行凯旋式，强行召回了日耳曼尼库斯。当凯旋式如期举行后，日耳曼尼库斯的兵权已被悄无声息地收回，日耳曼战争也已经叫停。

第二步，调任东方，明升暗降。提比略随后给了日耳曼尼库斯一个全新的头衔——东方摄政王，名义上是让他节制亚洲行省，实际是为了让他远离莱茵河军团旧部。

第三步，架空掣肘，伺机除之。提比略以心腹皮索为叙利亚总督，明目张胆地限制日耳曼尼库斯的权力。皮索不仅无视日耳曼尼库斯的命令，还将他的部属——罢免，危险就此藏进了日耳曼尼库斯的寝房。

公元19年10月10日，33岁的"日耳曼征服者""罗马之鹰"暴毙身亡。他的死引起了罗马政界的震动，因为他临死前指控皮索下毒谋害他，这就使得罗马上下对其真实死因产生了怀疑。东方军团以森提乌斯为首的将领普遍相信日耳曼尼库斯的遗言，拒不接受皮索的领导。皮索决心夺回权力，更害怕流言如虎，遂集结了一些辅助军和附庸国的援兵，企图在奇里乞亚的凯伦德利斯割据自保，然而失去人心的他很快兵败被俘。东方军团遂把皮索送回罗马城受审。

万万没想到的是，被扭送至罗马城的皮索竟然顶不住压力"自杀"了。如此一来，日耳曼尼库斯死亡的真相便成了悬案。不少议员甚至私下议论，认为日耳曼尼库斯之死尚无确凿证据，皮索犯不着急着自杀，因此他更可能是被人谋杀了。罗马人似乎什么都明白了：提比略为了将亲生儿子扶上皇位不惜毒死亲侄儿，皮索便是这一计划的执行人，而皮索的死，也是为了避免元老院和公民大会查出更多真相而人为制造的。但这些毕竟都是没有证据的推测，人们只能议论议论。

日耳曼尼库斯的死改变了尤里乌斯皇室的继承顺序。如今有资格继承"恺撒"之位的只剩下他与阿格里皮娜的三个儿子，分别是尼禄、德鲁苏斯和盖乌斯，但他们都很年幼，根本不可能成为新的皇储，提比略就此把自己儿子推到了前台（明显是要让克劳狄乌斯家族取代尤里乌斯皇室）。可惜提比略的美梦迅速落空，因为他忘了自己的儿媳是日耳曼尼库斯的亲妹妹克劳迪娅·李维娅。此女也许是出于男女私情，也许是为了给哥哥报仇，居然亲手毒死了丈夫小德鲁苏斯，其死法与日耳曼尼库斯相差无几。

阿格里皮娜性格强势，不会甘于认输，她乘机接过了丈夫生前的威望，成为主战派的新领袖，明面上怨天尤人，暗中却联络莱茵河旧部，准备趁提比略深陷丧子之痛时发动武装政变。不过这一计划并未成功，提比略假装隐居卡普里岛，背后却指使爪牙塞亚努斯把阿格里皮娜等人一网打尽。除了幼子盖乌斯被软禁外，阿格里皮娜、尼禄、德鲁苏斯全数死于非命。事后，塞亚努斯也得到了与皮索如出一辙的结局：兔死狗烹。好一招"借刀杀人"。

王室家族因这样的自相残杀迅速衰落。晚年的提比略一直藏在卡普里岛不肯见人，他的生活越来越不为人所知，但有一点是毋庸置疑的，提比略的统治手段越来越冷酷，任何试图反对他的人都被一一除去，连元老院也噤若寒蝉，不敢有一丝僭越。只可惜提比略并不是这场内斗的赢家，随着身体日渐衰弱，他的继承人除了日耳曼尼库斯的幼子外，竟然没有了其他选择，这真是天大的讽刺。

见风使舵的贵族纷纷改换门庭，禁卫军长官马克罗也因老元首行将就木，干脆倒向盖乌斯，暗中帮助他培植党羽。

关于提比略的死，众说纷纭，有人认为他寿终正寝，但塔西佗却认为马克罗为帮助盖乌斯早日即位，亲手闷死了提比略。公元37年3月16日，即将78岁的提比略于卡普里岛去世，但这不是皇室争端的最后结局。

盖乌斯绰号"卡里古拉"，也继承了父亲"日耳曼尼库斯"的称号，这让不过20多岁的他拥有了比肩其父的威望。可惜，卡里古拉只继承了父亲的名号，却没有继承父亲的才华和品行。"家人横死""软禁孤岛"，这些经历严重影响了卡里古拉的心性，使得他的性格残暴不仁，或者说他早已被提比略逼疯。3年多的统治期里，卡里古拉全面反攻倒算，推翻提比略的所有政策，"清洗"任何他反感的人，甚至连祖母、岳父、堂弟以及表亲毛里塔尼亚国王均被其杀害。穷人的财产被没收，贵族的妻小被掳走，几乎可以这样形容，帝国境内无论是死人还是活人都难逃卡里古拉的残暴。

卡里古拉的残暴性格无疑是皇室内斗的直接后果，曾经热烈拥护尤里乌斯皇室的人倍感失望。元老院、禁卫军、宫廷释奴三股势力迅速纠缠在一起，这些人都想干预皇权的归属。公元41年1月24日中午，卡里古拉途经宫廷长廊时，禁卫军大队长萨宾努斯突然拦住了他，卡里古拉刚想开口询问，侍卫卡瑞亚从背后一剑刺穿了卡里古拉的胸膛，鲜血顿时溅了一地，萨宾努斯旋即上前补了几刀。就这样，卡里古拉当即毙命。

从公元16年起，围绕最高权力的归属，罗马帝国陷入内斗，在整整25年里毫无作为，白白错失了征服日耳曼人的大好良机，也给罗马文明留下了巨大的隐患。如今，提比略与日耳曼尼库斯的血脉都已断绝，由屋大维一手开创的尤里乌斯皇朝血脉凋零，仅剩半痴半傻的克劳狄乌斯在世。禁卫军旋即撞开了克劳狄乌斯紧闭的府门，强行将他挟持进了军营，一袭紫袍就此披在了痴儿的身上。

至此，皇室争端终于暂告一个段落。谁能想到奥古斯都的大位最后交给了最不起眼的痴儿，又有谁能想到作为元首利剑的禁卫军成了擅行废立的核心力量。军人干政的潘多拉魔盒已经开启，尤里乌斯皇朝该何去何从呢？

痴儿执政

克劳狄乌斯，本名提比略·克劳狄乌斯·德鲁苏斯·尼禄·日耳曼尼库斯，是日耳曼尼库斯的弟弟，卡里古拉的亲叔叔。他既是克劳狄乌斯氏族的家主，又是根正苗红的皇室成员。只不过在这之前，罗马政要几乎无人关注他，这不仅是因为他哥哥太过卓越耀眼，更是因为他有后天的残疾，走路和说话都不太利索。他在皇室里也倍受冷落，没人把他当回事儿。

文治武功

克劳狄乌斯虽然形象不佳，却有着高尚的品行。他年轻时就一门心思学习各类知识，特别热爱历史，醉心于著书。正所谓"以史为鉴，可以知兴替"，潜心研究历史的克劳狄乌斯通过阅读浩如烟海的史料，具备了一个统治者应有的常识。初登帝位的他尊重元老院，注重司法公正，废除苛捐杂税，建立官僚制度。人们惊奇地发现，看似不起眼的克劳狄乌斯竟是一位贤明的元首。罗马在他的治理下，逐步从暴君的阴影里走了出来。元老院和罗马人民热烈地拥护他，赞美他。卡里古拉不曾做到的，他都做到了。

如果说克劳狄乌斯还有什么遗憾的话，那恐怕就是不能如同父兄一样征战疆场。虽然屋大维死前留下了"只防不攻"的国策，但在克劳狄乌斯任内，帝国边疆并不太平，北境和南疆都充满了火药味。

在南疆，由于卡里古拉武断地处死了表亲毛里塔尼亚国王，毛里塔尼亚人异常愤怒，曾经亲密无间的盟友立刻变成生死相搏的仇敌。毛里塔尼亚人开始进攻罗马的北非行省，边境的村庄被洗劫，罗马的臣民被屠杀。在北境，由于卡里古拉草率阅兵高卢，激起了不列颠对罗马的仇恨，蛮族试图劫掠沿海地区，而被提比略逐出高卢的德鲁伊教徒盘踞在不列颠西南部，大肆煽动当地人的反罗马情绪，准备借不列颠人之手扰乱高卢大地。

克劳狄乌斯必须将这些隐患扼杀在萌芽阶段。该如何处理南疆和北境的危机呢？克劳狄乌斯深知自己力有未逮，但也不想被动挨打，故而元首没有选择坚守边疆，相反，他打算让善战的罗马军团重新打过边境，征服蛮族。这无疑是日耳曼尼库斯的征服政策的延续。

在南疆战场上，阿非利加总督率部突然杀入了毛里塔尼亚境内。战略上，罗马军团采用又打又拉的策略，成功挑起了毛里塔尼亚的内战；战术上，罗马人实施分割包围，逐步歼灭敌军的有生力量。在不到一年的时间里，罗马军团攻陷了一座又一座毛里塔尼亚城市。最后，这个遥远的王国全境被罗马帝国征服，克劳狄乌斯随后在当地成立了两个行省，北非至此全部并入罗马帝国。

南疆的胜利鼓舞了罗马人，但是北境的情况远比南疆复杂得多。罗马自恺撒时期就入侵过不列颠，可即便是恺撒这样的军事天才也没有在不列颠占到多大的便宜，不列颠人一直游离在罗马统治之外。克劳狄乌斯为了彻底消除北境的隐患，可谓是狠下血本。

公元43年，罗马为出征不列颠集结了第2、第9、第14和第20这4个军团，同时还召集了等量的辅助军，总兵力约4万人。克劳狄乌斯所选择的统兵大将是奥鲁斯·普劳提乌斯，以及新近崛起的韦斯帕芗、霍西迪乌斯·盖塔和萨比努斯，他们都曾在日耳曼尼库斯麾下服役，是主战派的代表人物。

远征军团兵分三批从高卢起航。与恺撒远征不列颠比起来，克劳狄乌斯这次的情况要好很多，这时的不列颠诸国已经有一部分倒向了罗马，而且没有人妨碍罗马军团登陆，这使得罗马三军安然渡过了海峡。

上岸后的罗马军团战斗力不减当年，他们装备精良、训练有素、纪律严明且精力充沛。不列颠人依旧保持着恺撒时期的战术，士兵缺乏精良的铠甲和重型武器，毫无计划地在一条大河边扎营，与罗马军团对峙，以为罗马军团没有桥就无法渡河。如此天真连自保都困难，更不要说击败罗马人了。决战时，日耳曼辅助骑兵率先强渡，击溃了不列颠战车阵，军团重步兵随后跟上，霍西迪乌斯·盖塔率部突入敌阵，如砍瓜切菜般横扫战场。不列颠人被迫退守泰晤士河的一处湖泊，但罗马军团又一次强渡河流，然后从两翼包抄敌军，如同大口袋一样将不列颠人围歼殆尽。罗马军团与不列颠人主力的交战完全是一边倒的局面，骄傲的不列颠诸国相继投降。

罗马军团大胜不列颠人后，克劳狄乌斯才登上不列颠岛，并于卡姆罗杜努姆城（今科尔切斯特）检阅了百战百胜的罗马军团。11个不列颠国王卑微地匍匐在罗马元首的脚下，以此宣布臣服罗马帝国。南不列颠尼亚终于成为罗马的行省，奥鲁斯·普劳提乌斯就此成为第一任不列颠尼亚总督。罗马的文明终于成功传入了孤立的海岛。

为了表彰这次胜利，元老院为克劳狄乌斯举行了凯旋式，并授予其"布列塔尼库斯"（意为不列颠征服者）的称号。罗马城也修建了克劳狄乌斯凯旋门，专门用来纪念征服不列颠的伟大胜利。此时的罗马人似乎又找到了当年横扫地中海的感觉。

毁于"耙耳朵"

然而，正如大多数君王一样，随着不断收到鲜花和赞美，人性的弱点终于还是暴露了出来。晚年的克劳狄乌斯意志薄弱，极容易被身后的女人左右，而他的妻子梅莎里娜正是一个放荡、贪婪的女人。此人打着元首的旗号随意陷害议员、大臣，还四处敛财，后来更是在元首活着时与他人通奸、结婚。这一件又一件荒唐事，克劳狄乌斯均是知情的，但他不敢约束自己的女人，反而放任她为祸一方。

当梅莎里娜坐罪自裁后，克劳狄乌斯本该从中汲取教训，可年迈的元首并没有意识到这辈子将被女人克死的命运，一恢复单身便让人张罗着再找一个夫人。豪门淑女立刻有了争相抢夺的目标，她们通过各种关系给元首送去画像。连元老院也加入了为元首找伴侣的队伍中。最终，公元49年，元首夫人的头衔落到了"小阿格里皮娜"的头上。

小阿格里皮娜，皇室成员，日耳曼尼库斯之女，也就是克劳狄乌斯的亲侄女。这要是放在东方，那不是乱伦了嘛，可是人家罗马人不在意，究其原因，恐怕还是血统观念不同。在罗马人看来，两人都是屋大维的后代，如果能结婚生子，下一代的血统将更加纯洁高贵，毕竟那时的罗马人尚不知道近亲结婚所生后代患病率极高。

与克劳狄乌斯相同的是，小阿格里皮娜也有过一段婚姻，而且还育有一子，取名多米提乌斯。和梅莎里娜相比，新的第一夫人更有智慧，懂得韬光养晦，她虽然也渴望权力和财富，但绝对不会傻到遍树敌人。比起眼前的收益，小阿格里皮娜更看中长远的利益。

她的长远利益就是她唯一的儿子多米提乌斯。看着克劳狄乌斯一天天老去，小阿格里皮娜打起了皇位的主意。她委屈自己嫁给年老的叔叔，可绝对不只是为了几年第一夫人的虚名，她要把多米提乌斯送上皇位。只是染指皇位的计划并不容易实现，克劳狄乌斯已经有了儿子布列塔尼库斯，按说此人将是罗马公认的继承人，但多米提乌斯却有一个优势：年龄。

多米提乌斯已经12岁了，罗马人在这个年龄完全可以参政从军，而布列塔尼库斯仍是个8岁小孩。如果元首在布列塔尼库斯成年之前死掉，那布列塔尼库斯能履行元首的义务吗？显然是不可能的，而元老院也不会同意由一个小孩来继承皇位。

小阿格里皮娜正是看透了老元首的心思，提议他收养多米提乌斯，并坚称布列塔尼库斯需要一个哥哥来庇护他，在其成年前可以由多米提乌斯做一个过渡的元首，等到他成年后，皇位又将回到他的手里。禁不住小阿格里皮娜的反复游说，克劳狄乌斯决定收养多米提乌斯，并将他和布列塔尼库斯共同立为继承人。从此以后，多米提乌斯正式更名"尼禄"，成了下任元首的候选人。

迫使元首收养尼禄只是小阿格里皮娜的第一步，此后，她又开始收拢人心，一方面让尼禄不断出席各类活动，提高曝光率，另一方面不遗余力地拉帮结派，成功将秘书处的要员和禁卫军的将领拉拢到尼禄身边。不知不觉中，元首近臣和禁卫军都加入了小阿格里皮娜的阵营。万事俱备之后，小阿格里皮娜终于露出了险恶的真面目。

　　公元 54 年 10 月 13 日，克劳狄乌斯在家庭宴会上享受着他最爱的蘑菇美食，当日夜里，元首的健康状况急转直下。据塔西佗记载，御医以催吐为名，把一支带毒的羽毛伸入元首喉中。任何治疗都为时已晚，克劳狄乌斯当即毙命，时年 63 岁。克劳狄乌斯执政的 14 年里，罗马帝国一改提比略"只守不攻"的政策，一举征服了北非和不列颠，罗马的北境和南疆基本成型。虽然后宫如此纷乱，但克劳狄乌斯仍然不失为一代明君。

亚美尼亚争夺战

　　公元 54 年，禁卫军长官布鲁斯深夜召集了他最信任的几个将军。

　　"都准备好了吗？"

　　众人皆点头示意。

　　"出发！"

　　1000 名禁卫军迅速离开大营直奔皇宫。此刻的元首克劳狄乌斯已经浑身冰凉，元首夫人小阿格里皮娜正焦急地站在阳台上等待着，快要年满 17 岁的继承人尼禄按照登基仪式的标准穿戴妥当，静静地看着克劳狄乌斯的遗体，一动也不动。

　　小阿格里皮娜突然高兴地叫了起来，因为她等待多时的人已经来了。1000 名禁卫军手持火把正跑步赶往皇宫，远远望去犹如一条火蛇。很快，布鲁斯等人进入皇宫，单膝跪地向尼禄表示效忠。尼禄与小阿格里皮娜赶紧将布鲁斯扶了起来。众人簇拥着尼禄迅速赶往禁卫军大营，那里的近 1 万名士兵早已着甲持剑，列队完毕，只等尼禄到来。随后，在禁卫军的高声欢呼下，尼禄即位，成为初代皇朝的第五位元首。

尼禄，本名卢基乌斯·多米提乌斯·阿赫诺巴尔布斯，因为母亲小阿格里皮娜的操作，他才被前任元首克劳狄乌斯收养，从此更名尼禄·克劳狄乌斯·德鲁苏斯，并冠上了"恺撒"和"日耳曼尼库斯"之名。为了加强尼禄继位的法律依据，小阿格里皮娜让他娶了克劳狄乌斯与前妻所生的克劳狄娅·屋大维娅。

自古主少国疑，每每遇到统治权交接，敌对势力总会乘虚而入。一看到罗马元首如此年轻，远在东方的帕提亚再次躁动起来，此时的帕提亚君主是富有进取心的沃洛加西斯一世。年轻君主往往都热衷于对外扩张，沃洛加西斯也不例外，他所垂涎的土地正是罗马与帕提亚之间的亚美尼亚。

亚美尼亚自古以来就是罗、帕争夺的焦点，该地区西邻小亚细亚，东枕里海海滨，南坐美索不达米亚平原，境内以山地为主，既能克制帕提亚的骑兵，又能伏击罗马的步兵。对罗、帕两国来说，亚美尼亚都是理想的战略缓冲区。可由于两国实力相当，任何一国都没能一口吃下亚美尼亚这块肥肉，反而让亚美尼亚成了两国争相拉拢的对象。

其实，围绕亚美尼亚问题，罗马没少与帕提亚交锋。早在屋大维主政时期，帝国在对外问题上一贯主张用谋略和外交手段处置；提比略执政后推行休养生息政策，所采用的策略依然是"扶植亲罗马政权，从内部扰乱敌国"。罗马之所以能插手他国内政，很大程度上是因为君主制国家的王室内斗，帕提亚、亚美尼亚都有不同程度的王室内战，很多王子或成为人质，或寻求政治庇护，多成了罗马眼中的"奇货"。

罗、帕交锋第一阶段：

公元8年左右，利用帕提亚爆发了严重的内乱，屋大维把长于罗马的帕提亚王子沃诺尼斯扶上了王位，试图扶持一个亲罗马政权。可是，帕提亚素来是贵族当权，亲罗马的君主不可能得到所有贵族的认可。公元12年左右，另一位王子阿尔塔巴努斯便起兵推翻了沃诺尼斯。罗马并不甘心，又把沃诺尼斯扶上了亚美尼亚王位，借此遥控亚美尼亚。可惜沃诺尼斯不堪大用，无法应对来自帕提亚的军事威胁，而罗马又不愿意与帕提亚兵戎相见，只好把他接回叙利亚监管，实际上算是放弃了亚美尼亚。罗马第一阶段的努力付诸东流了。

罗、帕交锋第二阶段：

公元 35 年左右，阿尔塔巴努斯的残暴统治引起了国内亲罗马势力的反扑，帕提亚贵族遣使求立新王。提比略大喜，决心插手帕提亚内政，首先送王子普拉提斯回国夺位，但此人病死于叙利亚，于是提比略转而支持亲罗马的提里达特斯王子。罗马这次依然避免直接与帕提亚交战，通过支持伊比利亚王子米特拉达梯夺取亚美尼亚王位，成功挑起亚美尼亚新王与帕提亚之间的战争。阿尔塔巴努斯战败逃去西徐亚，他的王位就此落入提里达特斯之手。提比略终于同时控制了帕提亚和亚美尼亚。可惜好景不长，流亡西徐亚的阿尔塔巴努斯得到蛮族支持，带着了一支庞大的援军重新杀入帕提亚，提里达特斯不敌，败走叙利亚。帕提亚又成了罗马大敌，这一阶段也白忙活了。

罗、帕交锋第三阶段：

克劳狄乌斯执政时期，帕提亚再次爆发内战，王子哥塔尔吉斯起兵杀了王兄及侄、嫂，国内贵族又一次请罗马送一位王子回国争位。克劳狄乌斯秉承了提比略的政策，派叙利亚总督卡西乌斯护送王子美赫尔达特斯进至幼发拉底河。阿拉伯国王、阿狄亚贝尼王纷纷率兵响应，再加上军阀卡列尼斯支援，叛军攻克了亚述古都尼诺斯，一时间形势大好。

然而，叛军内部各怀鬼胎，王子美赫尔达特斯又安于享乐，致使叛军没有迅速攻入首都，贻误了战机。哥塔尔吉斯暗中收买、分化叛军各派别，阿拉伯国王、阿狄亚贝尼王相继离开，待叛军势力削弱后，他才与叛军决战。卡列尼斯虽然击溃了哥塔尔吉斯的中军，但由于过于深入，反被敌军左右两翼合围。美赫尔达特斯最终落得割耳被囚的下场。

更糟的是，亚美尼亚也出了问题。公元 50 年左右，伊比利亚国王觊觎兄弟的亚美尼亚王位，先派儿子假意投奔叔父，暗中策反亚美尼亚贵族，然后再发兵奇袭，把米特拉达梯包围在戈尔尼埃要塞，最终将其骗出闷死。亚美尼亚一时无主，形势混乱。

叙利亚总督克瓦德拉图斯犹豫不定，没有出兵干预亚美尼亚，反倒是卡帕多西亚总督帕伊里格召集辅助军翻越陶鲁斯山，扬言要恢复亚美尼亚。可惜帕伊里格私心过重，以帮亚美尼亚复国为由，肆意劫掠其他罗马行省和盟国城市，因而大失人望。交战时，军队都抛弃了帕伊里格，他只好投降了伊比利亚王，亚美尼亚局势更加混乱。

从以上三个阶段来看，罗马虽然多次插手帕提亚和亚美尼亚，但都没有与帕提亚公开交战；扶植亲罗马政权的策略能取得短暂成功，却始终不能达成目的。这是否意味着，要真的控制亚美尼亚或帕提亚就必须使用战争手段？两国的博弈依然在继续。

公元52—公元54年，也就是罗马元首新旧交替的敏感时期，情况开始恶化。帕提亚少主沃洛加西斯趁着亚美尼亚混乱之际，驱逐了亚美尼亚国王，大肆劫掠亚美尼亚全境。帕提亚君主之所以如此胆大妄为，很大程度上是因为克劳狄乌斯晚年受制于女人和奴隶，而尼禄又是根基不稳的少年，帕提亚认为罗马不会插手他们与亚美尼亚的战争。无人指挥的亚美尼亚军队根本不能抵挡沃洛加西斯的兵锋，帕提亚王子提里达特斯被兄长任命为新的亚美尼亚国王。这一巨变导致罗马精心构建的东方防线开始坍塌。

亚美尼亚王位易主充分暴露了罗马东方防线的脆弱，当时的叙利亚总督居然连一兵一卒也未动过，这让元老院大为光火，决定换掉东方的统帅。好在当时的罗马并不缺乏能臣猛将，前任元首留下了塞内加、布鲁斯等一帮辅政大臣，纵然尼禄什么也不懂，罗马还是能及时制定应对之策。在塞内加的推荐下，尼禄将莱茵河集团军久负盛名的科尔布罗调到了东方。

格涅乌斯·多米提乌斯·科尔布罗，贵族出身，一家有四五个执政官，其姐妹因嫁给卡里古拉而成为第一夫人，他本人也在公元39年当选为执政官。克劳狄乌斯执政时，公元47年，科尔布罗被调任低地日耳曼统帅，该地区当时正被卡乌奇人袭击。曾在辅助军服役的甘纳斯库斯投敌后，带着卡乌奇人劫掠莱茵河沿岸，而罗马军团军纪败坏、行为散漫，根本不能维持秩序。科尔布罗性格暴烈、手腕强硬，一上任就处决了不守军规的士兵，严格训练军队，然后带着舰队封锁河流，大败卡乌奇人。科尔布罗的强势令人肃然起敬，弗里斯人和卡乌奇人相继投降。

派科尔布罗出征亚美尼亚是尼禄在位期间为数不多的正确决定之一。东方军团长年没作战，军纪败坏、缺乏训练，而新统帅以雷霆手段闻名，任何敢于挑战军规的行为都必将遭到严厉的处罚，他的到任让军队风气大变。

似乎诸神有意助罗马一臂之力，就在帝国准备大举东征之时，帕提亚却突然撤离了亚美尼亚。一是因为当地粮食匮乏，天气转寒，帕提亚军队的补给不足；二是帕提亚王子瓦尔达西在后方掀起了反旗，意图推翻父王沃洛加西斯；三是希尔卡尼亚人正举兵攻打帕提亚边境。亚美尼亚只得独自面对罗马帝国的战略反攻。

公元 58 年，罗马帝国集结了东方大多数的兵力，包括叙利亚及周边行省的军团、各大附庸王国的辅助军，总兵力约 4 个军团和 3 万～4 万盟军，其中一半由科尔布罗指挥，剑指亚美尼亚，另一半由叙利亚总督克瓦德拉图斯节制，负责守备幼发拉底河。经过科尔布罗整顿的军队犹如虎狼，他率领这支虎狼之师突然杀入亚美尼亚，一路上攻城拔寨，势如破竹。

按照科尔布罗的作战计划，罗马军团相继拔除了亚美尼亚首都阿尔塔克萨塔周围的数座堡垒，而亚美尼亚军队屡屡败于科尔布罗之手，提里达特斯只能退守陪都提格拉诺塞塔，任由科尔布罗攻陷了阿尔塔克萨塔。随后，科尔布罗为震慑亚美尼亚人，将这座繁华的城市付之一炬。同时，为逼降亚美尼亚，科尔布罗下令扫荡全境，赦免投降者，追杀抵抗者；连躲在山洞里的人也不能幸免。提里达特斯害怕被孤立在提格拉诺塞塔，只能逃回帕提亚。科尔布罗就此占领了亚美尼亚全境。

尼禄听闻东方大胜，心中大喜，立即提拔科尔布罗为叙利亚总督，负责指挥全部军团。科尔布罗找了一个有卡帕多西亚王室血统的亲罗马贵族担任新王，此人名叫提格拉尼斯。亚美尼亚的老百姓估计都蒙了，短短几年之内，国王一再换人，亚美尼亚如同罗马和帕提亚的玩具，任人把玩，毫无主权。

看到弟弟狼狈的模样，帕提亚"万王之王"沃洛加西斯勃然大怒，当即集结军队准备杀回亚美尼亚。亚美尼亚新王的军队只有 1000 名军团兵、3 个步兵中队和 2 个骑兵中队，加起来约 2500 人。担心亚美尼亚无法抵御帕提亚的反击，科尔布罗派了 2 个军团北上援助盟友，同时征召当地人从军，并在幼发拉底河沿岸布防，封锁帕提亚可能入侵的道路，控制水源，严阵以待。

如今的局面让科尔布罗有些犯难，兼任叙利亚总督的他不能像过去一样只管打仗。帕提亚和罗马的战争一触即发，战场绝非亚美尼亚一处，幼发拉底河与叙利亚相邻，极有可能被突袭，而叙利亚总督的职责是保护罗马行省，所以科尔布罗不能擅自离开大本营。思来想去，他做了一件"傻事"：上书尼禄，请求再派一员大将坐镇亚美尼亚。此举似乎也有自削兵权的意思，以免元首猜忌。

尼禄所派的大将名叫帕伊图斯，有执政官履历，与前任元首私交极好，现下是卡帕多西亚总督，但此人好大喜功、骄傲自负，一心想胜过科尔布罗。他曾私下言道："科尔布罗既没有流过血，又没有战利品，攻打城池更属空谈，所做的不过是安置了一个有名无实的国王，而我要做的是把罗马的税收、律法和统治加到被征服的土地上。"

公元 62 年，帕提亚大军兵临亚美尼亚，帕伊图斯闻报后出兵御敌。他麾下原本包括第 4、第 5、第 12 军团和本都、加拉提亚、卡帕多西亚的辅助军，可是由于过分轻敌，他只带了第 4、第 12 两个军团进入亚美尼亚，而且行事非常草率，并未制订作战计划，连粮草都没有安排妥当。他虽然攻克了一些要塞，但在行军途中却损失了所有的粮食。冬天临近时，他只能率部朝冬营地撤退，而且分散了他的军队，其中第 5 军团远在本都，另外两个军团也分开扎营，不少人甚至被允许休假离开。然而，帕提亚却在这时发动了进攻，帕伊图斯急召第 12 军团与第 4 军团会合。

同一时间，科尔布罗却展现出优秀战略家的本色。他在幼发拉底河东岸修建了很多堡垒用以阻止帕提亚人进入叙利亚。同时，为了驱逐河对岸伺机渡河的帕提亚军队，他命令军团尝试搭建浮桥。为了避免敌军干扰工程进度，他把战船用木板连接起来，在上面修筑了塔楼，用箭矢和投石击退了河流对岸的帕提亚军队，继而顺利攻克了敌军的阵地，做出一副要攻入帕提亚本土的姿态，成功阻止了帕提亚人开辟叙利亚战场的企图。

本已处于劣势的帕伊图斯并未意识到自己的危险处境，专断地反对坚守营地的建议，把军队带出了冬营地。可是当他派出的侦察兵失踪后，他又因害怕而撤回。为阻止帕提亚人追击，帕伊图斯又草率分兵断后，其中 3000 名步兵部署在山上，潘诺尼亚骑兵部署在平原，还有一些军队被放在了后方要塞，目的仅是保护他的妻儿。亚美尼亚素以多山闻名，三路人马隔着大山很难相互支援，帕提亚军队轻松截断了他们的退路，突袭了兵力分散的罗马军团，导致帕伊图斯逃回冬营地时已无力再战。沃洛加西斯见状，痛打落水狗，一路风卷残云，围着帕伊图斯的大营日夜攻打，形势万分危急。

这时，远在叙利亚的科尔布罗才得知前线发生的巨变。等他率军艰难地赶到亚美尼亚边境，迎接他的不是战争，而是已经投降的帕伊图斯。至于亚美尼亚的王冠，自然又拱手让给了帕提亚王子。据说帕伊图斯投降时，科尔布罗的援军离他只有3天的路程，而且帕提亚军队的粮草早已吃完，如果帕伊图斯坚守不战，帕提亚人也只能撤离。亚美尼亚得而复失终于让元老院清醒了许多，公元63年，尼禄再次命科尔布罗节制东方各省和全部军队，自行处置亚美尼亚战争。

科尔布罗一上任就调兵遣将，将折损严重的第4、第12军团调回叙利亚，把第3、第6、第5、第15军团全部集结在幼发拉底河的米利提尼，同时还召集了大量的同盟军队。这支庞大的远征军一路向北，沿途高举鹰旗，大造声势，沿着卢库卢斯当年的路线（指的是公元前69年的提格拉诺塞塔战役）杀进了亚美尼亚。

眼看罗、帕全面战争即将打响，帕提亚人却先怂了。他们知道科尔布罗不好对付，便派使者试探与罗马和谈的可能性。也是真巧，科尔布罗也认为应该与帕提亚议和：一来，不战而屈人之兵自古皆是上上之策；二来，连遭败绩的东方军团还不足以同时击败帕提亚和亚美尼亚；三来，罗马的边境线过于漫长，以骑兵著称的帕提亚可以自由袭击各行省，以步兵为主的罗马势必疲于应付。

从现下的局势来看，帕提亚军队主力完好，亚美尼亚短时间内难以攻克，而叙利亚又兵力空虚，罗马靠武力夺取亚美尼亚的计划同样不切实际。如果罗马执意发动全面战争，帝国就必须把更多的兵力投入东方，而尼禄年幼，并无能力下好这么大的一盘棋，所以元老院支持科尔布罗通过外交手段"得到"亚美尼亚。

经过几轮外交磋商，罗马和帕提亚都表示不会吞并亚美尼亚，至于亚美尼亚的王位，罗马同意交给帕提亚王子，条件是承认亚美尼亚的王位是罗马帝国授予的，新王必须到罗马城接受尼禄的加冕。如此宽大的条件让人怎能反对？沃洛加西斯接受了这种"帕提亚取其实，罗马人求其名"的折中方案。

如此一来，历时8年之久的亚美尼亚战争画上了句号。帕提亚王子提里达特斯如约赶到罗马城接受了尼禄的加冕，亚美尼亚正式承认罗马帝国为其宗主国，罗马与帕提亚再次恢复和平并签订了盟约。这次外交的胜利成功化解了东方的危机，为尼禄赚足了面子，元老院和罗马人民无不歌颂尼禄的丰功伟绩。

必须承认的是，危机的化解很大程度上是一帮能臣良将的功劳，但签订了盟约并不代表罗马根除了隐患。以帕提亚为首的东方王朝雄踞两河流域，其国力并不弱于罗马，如今的罗马军团依然不能真正地挫败帕提亚骑兵，所以罗马的东方防线处于均势的平衡状态，一旦有一方势力增长或衰弱，平衡便会被打破，因此罗马与帕提亚的终极对决早晚都会发生。

不列颠叛乱

克劳狄乌斯在位期间，罗马军团征服了不列颠南部，其范围大致就是今天的英格兰，罗马元首在岛上接受了 11 个不列颠国王的效忠，正式建立了不列颠尼亚行省。在效忠罗马的众多不列颠国家里，位于东南部海岸的爱西尼人至关重要，他们很早就依附于罗马帝国，其国王甚至派军队到辅助军团里服役，为罗马征服不列颠立下了汗马功劳。为此，克劳狄乌斯同意爱西尼人的领地原封不动，另外还将罗马公民权授予爱西尼国王普拉苏塔古斯。

可惜好景不长，随着克劳狄乌斯的去世，他统治不列颠的政策逐渐被当地总督们篡改，他们仗着山高皇帝远，在当地作威作福，肆意掠夺不列颠人的财富。高度的腐败在不列颠人的土地上蔓延开来。

公元 61 年，逃到威尔士的高卢叛军余孽（德鲁伊教徒）越发壮大。为了彻底根除邪教信徒，时任不列颠总督的盖乌斯·苏埃托尼乌斯·保利努斯率领不列颠军团征讨叛军大本营莫纳岛（今安格尔西岛），留在不列颠的驻军非常有限。然而，当时代行不列颠总督权力的行政长官迪西阿努斯为人贪婪，为了搜刮钱财，打起了爱西尼人的主意。

克劳狄乌斯当年为了奖赏爱西尼人在不列颠战争里的贡献，曾重赏爱西尼人。本来这是一件好事，但迪西阿努斯擅自把这笔赏金改成了借款，要求爱西尼人立即偿还。根据史学家狄奥·卡西乌斯的记载，除了要求归还赏金外，首辅大臣塞内加也强行贷给爱西尼人 4000 万塞斯特斯，并要求按他定下的利率偿还贷款。由于罗马对外省的高利贷没有严格的管理制度，因此各地总督便拥有了随意规定利率的权力。

为了偿还强加在身上的"贷款"，爱西尼王普拉苏塔古斯在遗嘱里把元首尼禄和两个女儿立为继承人。老国王相信此举既能够赢得罗马的友谊，又能够偿还贷款，然而他完全想错了。老国王去世之后，迪西阿努斯立刻否定了这份遗嘱，声称国王之位只能由男性继承，所以强行将爱西尼并入罗马行省，还派人肆意搜刮爱西尼。任何敢于反抗的居民，不是被杀就是被贩卖为奴。

爱西尼王后布狄卡此时站出来阻止贪官的暴行，但是迪西阿努斯根本不把王后当回事儿，王后的出现正好让他找到了震慑爱西尼人的方法：他任由罗马士兵强奸了布狄卡的两个女儿，同时还把布狄卡抓起来鞭笞了一顿。此事彻底激怒了一个王后，一个母亲。

受了奇耻大辱的布狄卡痛定思痛，决心向罗马人复仇。为做到一击即中，布狄卡带着两个受辱的女儿躲了起来，暗地里联络爱西尼各部首领，以仇恨凝聚了几乎所有的爱西尼人，人们一致推举布狄卡为新的爱西尼女王。特里诺班提人等部落也有反叛罗马之意，这些同样被迪西阿努斯所压迫的不列颠人相继加入了布狄卡的队伍。慢慢地，不列颠人在暗中形成了一股巨大的反叛势力。

趁不列颠军团随保利努斯远征在外，布狄卡当机立断举起叛旗，不列颠各部群起响应，集结了上万人的叛军，兵锋直逼罗马重镇卡姆罗杜努姆城。一时间是狼烟四起，烽火遍地。

卡姆罗杜努姆是罗马精心修建的军事殖民地，其规模如同城市一般，不仅建有神殿，还有议会和浴场等公共建筑，可谓是荒凉大地上的一颗明珠。唯一的问题就是该城没有城防工事。在遭到叛军进攻后，城内的罗马人向迪西阿努斯求援，但他根本无兵可用，只能派遣不到200人的队伍去支援，结果可想而知。驻守在林杜姆（今林肯）的第9军团虽派兵救援，却遭遇惨败，步兵全军覆灭，指挥官和少量骑兵逃回营地后不敢露面。

布狄卡的叛军脸上涂满了蓝色的颜料，女王本人在一辆马拉战车上挥刀怒吼，上万叛军发疯一样攻破了卡姆罗杜努姆，推倒了罗马人的雕像，在城内大肆烧杀，无论男女老幼、鸡犬牲畜，所见活物一律不留，整座城市被焚毁，唯一能抵抗叛军的神庙最终在2天后沦陷。不列颠大叛乱正式拉开了序幕。

叛军攻陷卡姆罗杜努姆后士气大振，旋即朝行省首府伦迪尼乌姆城（伦敦的前身）推进。行军途中，大量的不列颠人加入了布狄卡的队伍，叛军规模据说有12万人马。迪西阿努斯再也沉不住气了，他一面向远在莫纳岛的保利努斯求救，一面赶紧收拾细软渡海逃去了高卢。

伦迪尼乌姆城人口稠密，集中了大量的商人和店铺，财富堆积如山。这些财宝无疑是罗马商人压榨不列颠人所得，所以布狄卡非常憎恶这座城市，她的第二个祭品就是伦迪尼乌姆。

保利努斯收到消息后，急忙赶了回来，但是他发现手中可以动员的兵力非常有限。据塔西佗记载，邻近的第2军团的统帅波斯图姆斯因怯懦，拒绝派兵增援保利努斯。保利努斯手下能参与作战的罗马军团只有第14、第20军团，总兵力约1万人，而布狄卡的叛军十余倍于他，他只能战略放弃伦迪尼乌姆。纵然当地百姓苦苦哀求，他依然率部朝北面撤退。伦迪尼乌姆就此被叛军攻陷，城内男女老幼一概被杀，其中一些妇女儿童甚至被当成祭品砍下了脑袋。鲜血和烈火是这座城池最后的模样。

首府伦迪尼乌姆一沦陷，不列颠人的士气更加高涨，帝国在不列颠尼亚的统治全面瘫痪。布狄卡的叛军随后追着保利努斯北上。维鲁拉米恩（今圣奥尔本斯）同样被战略放弃，其结果与之前的两座城市没有任何区别，除了废墟和尸骸，别无他物。

布狄卡以一女儿之身，统领着多达12万人的叛军，连克三镇，整个不列颠行省都任由她的叛军践踏，女王的权势一时间无人能及。不过，取得些许战绩的布狄卡并没有意识到战争才刚刚开始。罗马虽然失去了3座城池，但军团主力毫发无伤。保利努斯是个优秀的将军，苦于手中只有1万余人的军团，自然不能一个一个地征服叛乱的城市，所以他试图通过野战来摆脱困境。如此一来，战场的选择就变得尤为重要了，而战略上的撤退正是为了将叛军引入一个适合罗马军团作战的有利位置。

布狄卡的叛军看似规模庞大，但大多数人都是因为仇恨而拿起武器的新兵，整支军队缺乏训练和纪律，最要命的问题是，这么庞大的军队需要大量的粮草。正所谓"兵马未动粮草先行"，而叛军只顾着烧杀抢掠，根本没有意识到补给匮乏所带来的危险。保利努斯则看破了这一点，撤退时坚壁清野，把田里的粮食提前收割或者就地烧掉。这么一来，追赶保利努斯的叛军迅速陷入了补给短缺的境地。布狄卡只能走速战速决这一条路，而这正是保利努斯所期望的。

如今的布狄卡已经失去了主动权：虽然罗马军团数量不多，但粮草充足，保利努斯可以等，可以耗，布狄卡却等不起，耗不起。保利努斯正是利用了这一点，选择了一块适合防御作战的地方。

当地有一处背靠森林的隘口，保利努斯把军团驻扎在高地之上。如此，罗马人便有居高临下的优势，而背后的森林又正好可以避免被不列颠人包围。

不久后，布狄卡的10余万叛军就杀到了保利努斯面前。他们虽然人数众多，但大多数人都没有铠甲，一些士兵甚至连上衣都没有。整支军队士气高昂，队形却非常混乱，毫无秩序可言。

反观罗马军团一方，士兵们铠甲齐备、军容整齐、号令有序、纪律严明。他们被分成左中右三部，军团步兵位于中央，两侧紧挨着轻步兵，最外侧为骑兵部队。每一个作战单元都保证了足够的厚度和强度。保利努斯策马在军团前沿来回奔驰，高声鼓舞道："战士们，不列颠的叛军已经全部集结在我们面前，他们虽然人多势众，却是一群乌合之众，我们及我们的祖先不止一次击败过这些懦夫。现在我们已经无路可退，伦迪尼乌姆的烈火无时无刻不在提醒着我们，要么为同胞报仇，要么就战死在这里。不要害怕，诸神与我们同在。"

"杀！杀！杀！"罗马军团齐声大吼道。

叛军阵营里，满脸蓝色颜料的布狄卡依旧乘坐着那辆马拉战车在军中奔驰，她同样鼓舞不列颠人英勇作战，仇恨染红了她的双眼。为了彻底歼灭罗马军团，布狄卡将所有辎重车列成了一排，围住了整个阵地，如此一来，罗马人将无路可逃。在布狄卡一声怒吼之下，不列颠人疯狂地奔跑起来，全都朝罗马阵地涌了过去，弓箭手边跑边射击，标枪兵也朝罗马人投去一阵阵枪雨。

"稳住！举盾。"罗马军团熟练地举起了方形大盾。密集的箭雨一阵又一阵地倾泻在他们身上，却没有一个士兵被射中，叛军的远程攻击被完全化解了。当叛军进入罗马标枪的射击范围时，罗马军立即反击，将未着甲的不列颠人当场射杀。紧接着是血腥的肉搏，叛军勇士勇猛地撞上了罗马军团的盾牌，短兵相接的兵器撞击声和恐怖的号叫声迅速响彻了整个战场。

虽然叛军的第一次冲锋威力不凡，但毕竟处于下方，仰面进攻所消耗的体力比罗马人多得多。当叛军的攻势稍稍减缓之后，保利努斯立刻下令向山下冲锋。罗马军团按大队、中队等编制结成楔形阵，以中央为"箭头"，以两翼为"刀锋"，步伐稳健地朝山下杀去，犹如移动的铜墙铁壁一般势不可挡。叛军的队伍混乱了起来，慢慢地被罗马军团切成了数段，彼此之间失去了联系和支援，相继被罗马人围歼。

此时，不列颠叛军的士气跌到了冰点，人们开始往回逃跑，但被布狄卡用辎重车围成的车阵困住了，罗马军团乘势把没有翻过车阵的逃兵砍杀殆尽，叛军的妻儿老小也在攻杀之下被屠戮一空。布狄卡见大势已去，服毒自尽，她身旁的叛军却没能逃过罗马人的屠刀。

保利努斯大获全胜，以400人的损失阵斩了8万不列颠叛军，仅凭一战就镇压了整个叛乱。随后，保利努斯开始了大规模的清算，那些参与叛乱的部落不是被屠杀就是被贩卖为奴，其中祸源爱西尼人被保利努斯的"三光"政策消灭殆尽。在血与火的洗礼下，罗马人再次确立了不列颠霸主的地位。

不过可惜的是，再次征服不列颠并不能让罗马高枕无忧，也无法让罗马人安享太平。尤里乌斯皇朝的统治早已千疮百孔，犹如即将坍塌的大楼，布狄卡叛乱只是大楼无数裂痕、漏洞中的一个，平定这场叛乱并不能为罗马粉饰太平，更不能掩盖元首尼禄的荒淫无道。

初代皇朝的终结

公元64年7月，罗马城发生了灾难性的火灾。当日的大风助长了火势的蔓延，大火迅速从竞技场遍及罗马全城，商店、民居、广场、街道都陷入了火海，14个行政区中被大火波及的有近10个，其中3个被完全烧成了白地，另外7个也只剩下一片废墟，不少罗马人被烧死、呛死。恐怖的大火整整烧了6天7夜之久，罗马这座百年名城几乎被焚毁了。

大火之后的罗马城百废待兴，急需重建，无数流离失所的难民也急需安置，然而元首此时根本不关心人民的生死。他发现被大火摧毁的地方已不可能重建，这正是圈地的好机会，于是元首在看中的位置上大兴土木，筑起了一座新的宫殿，取名为"金宫"。金宫富丽堂皇，耗费了大量的金钱。宫殿初具规模时，尼禄甚至感叹道："这才是人该住的地方嘛。"

作为帝国元首，无视黎民百姓又穷奢极欲是典型的昏君所为。和上一个挥霍无度的暴君卡里古拉比起来，尼禄简直是有过之而无不及。此人体态臃肿，自诩为艺术家，实则是披着人皮的魔鬼，在他眼中从来没有"恩情"一词，任何人只要有一丝违逆便会魂归黄泉。

为了杜绝有人分享帝位，尼禄毒死了前任元首的独子布列塔尼库斯；为了与人妻波比娅·萨宾娜通奸，尼禄把卢西塔尼亚总督之位送给了萨宾娜的丈夫奥托；为了随心所欲地"胡闹"，尼禄首先杀死了管教他的母亲小阿格里皮娜；为了和情妇洞房花烛，尼禄将妻子克劳狄娅·屋大维娅丢进高温浴室活活蒸死。他因为诗人的诗歌胜过他而处死诗人，他为了玩乐而假扮强盗袭杀路人，他甚至因厌烦新妇萨宾娜太唠叨就活活踢死了她和她腹中的胎儿。曾经拥立尼禄的禁卫军长官布鲁斯、一直从旁辅政的塞内加、征战亚美尼亚的科尔布罗，以及无数帮助过他的人均落得"兔死狗烹"、身首异处的下场。

罗马大火之后，尼禄依旧我行我素，到处表演、唱歌、作诗，仿佛是巨星一般巡回各地，同时他也不忘组织5年一届的罗马运动会，还创造了一个新的节日：尼禄节。罗马的大小政事在尼禄眼中似乎都不如各种活动重要，元老院常常被尼禄无视，帝国管理在这个阶段逐渐松弛下来，地方总督乘机收揽权力。

为了举办各种艺术活动，尼禄掏空了国库里的钱，但他毫不在乎，因为他的艺术生涯比什么都重要。尼禄相信赢得赛会是比举行凯旋式更荣耀的事情，组织比赛的官员为了讨他欢心，还未比赛便将各种奖项颁给了选手尼禄，金牌、银牌、铜牌都被他一个人包揽了，这一切如同儿戏一样。罗马民众勉强欢呼，但心里都瞧不起尼禄这种自欺欺人的行为。

除此之外，尼禄不仅自我陶醉，还强迫别人也欣赏他的艺术。据说在巡游希腊期间，正在台上尽情表演的尼禄发现身为罗马将军兼观众的韦斯帕芗居然睡着了，盛怒之下，罢免了战功赫赫的韦斯帕芗，还把他流放了。更多的人没有韦斯帕芗这般幸运，那些留在元首身边的人大多难逃屠刀。

除了追求艺术事业，尼禄也追求美色。不过令人侧目的是，尼禄居然喜欢俊美的男童。他阉割了一个名叫斯波鲁斯的男孩，然后把这个孩子打扮成女性的模样供他淫乐，到后来，尼禄甚至公开带着他去希腊参加巡回演出，而且还在大街上公然亲吻他，如同亲吻妻子一般。这些荒淫之事很快就传遍了罗马城的大街小巷，元老院对此恶评不断，但是尼禄控制着禁卫军，贵族和平民因此都不敢轻举妄动。

公元65年，元老院终于忍无可忍，以皮索为首的贵族试图效仿当年的卡瑞亚。然而百密一疏，在行动前，一名成员家中的奴隶得知主人要谋刺的居然是元首，赶紧跑到尼禄那里告密，整个计划就此暴露。

尼禄得知刺杀计划后，勃然大怒，当即出动禁卫军到处抓捕密谋者。皮索自知难逃一死便割腕自杀了，剩余的逆党也相继落网。尼禄把这个阴谋看成是元老院对自己宣战，所以他不管其他贵族是否无辜，大规模地抓捕、审讯、处死元老院议员，很多无辜的人丧命。尼禄趁此机会肃清了元老院的反对派，整个罗马城都陷入恐慌之中。

罗马帝国在尼禄统治后期越来越不稳定，刚刚和平没几年的东方又出事了，这次倒不是帕提亚挑事，而是犹太人叛乱了。时任犹太行省总督的弗洛鲁斯为人贪财好色、暴虐无道，在犹太地区巧取豪夺，引起了当地人的不满。

起初，犹太人向叙利亚行省总督加卢斯告状，以为叙利亚总督能够制约弗洛鲁斯，哪知两人沆瀣一气，变本加厉地迫害犹太人。弗洛鲁斯为报复犹太人，便向犹太人的圣殿征收税金。此举触及了犹太人的底线，人们拒绝缴纳税款并驱逐了罗马官员。随后，弗洛鲁斯以此为借口发兵攻打耶路撒冷。

公元66年，忍无可忍的犹太人终于举起了反旗，犹太战争全面爆发。叛乱的消息一传到叙利亚，总督加卢斯立刻集结了大约3万人马前去平叛，先后攻克了塞佛瑞斯、阿卡、恺撒里亚、雅法（又名约帕）等城市。由于战斗进行得非常顺利，加卢斯以为消灭叛军指日可待，哪知一和叛军主力交战就阵亡了5780名罗马士兵，加卢斯几乎是只身败逃。犹太行省自此独立。

盛怒之下的尼禄免去了加卢斯的职务，此时的他才想起了那个被他流放的韦斯帕芗。公元67年，尼禄任命韦斯帕芗统率3个军团征讨犹太人，只可惜他等不到捷报传来的那一天了。

公元 68 年初，卢格敦高卢行省总督盖乌斯·尤里乌斯·温代克斯聚集了 10 万高卢人，以"拯救罗马"为口号，举兵反叛。温代克斯广发檄文称："昏君尼禄，身为帝国元首，却荒废朝政，整日沉溺于各种娱乐之中，他自诩为艺术家，却曲不成调，荒唐可笑，他大兴土木，不顾人民生死，又大逆不道，弑母杀妻，更大兴冤狱，谋害忠臣良将。这样的人怎么配做罗马元首呢？我们应当趁此国难，讨伐昏君，拯救罗马。"

温代克斯拥有尤里乌斯的氏族姓，虽然是高卢人，但他自称是恺撒的后裔，也拥有罗马皇位的继承权。然而他非常理智，无意自立为帝，毕竟枪打出头鸟，所以他鼓动塔拉科西班牙总督加尔巴自立为帝，声称只要加尔巴加入义军，高卢将拥立加尔巴为帝国新的奥古斯都。不管温代克斯是真心还是假意，已经 72 岁的加尔巴还真就动心了。此人出身古老的罗马贵族世家，自认为比尼禄更有资格出任奥古斯都，见高卢乱起，便想趁此时机招兵买马，准备先拿下另外两个西班牙行省，再进兵意大利。

同时接到温代克斯檄文的还有莱茵河集团军统帅鲁弗斯。他并不认同温代克斯的"义举"，认为温代克斯不过是高卢的小丑，但他也敏锐地发现当下正是建功立业的好时机，于是只留下了少量兵马守卫营地，自率 8 个军团的主力挺进高卢。鲁弗斯判断温代克斯所召集的 10 万高卢人都是未经战阵的乌合之众，绝对不可能抵挡久经战阵的 8 个罗马军团。

很快，鲁弗斯的大军就杀入了高卢行省。当地城市长久未经战乱，毫无防卫意识，鲁弗斯轻而易举地攻克了数座城池。温代克斯本指望坚壁清野拖垮鲁弗斯，却没想到高卢各部、各城都不敢抵抗罗马军团，竟然不经一战就相继投降。无奈之下，温代克斯只能带着 10 万名高卢新兵迎战鲁弗斯。罗马军团犹如砍瓜切菜一般杀得高卢人丢盔弃甲，10 万叛军全军溃败，当场阵亡了 2 万多人，而逆首温代克斯只能引颈就戮。

经此大胜，鲁弗斯乘势控制了大半个高卢行省。胜利激发了鲁弗斯麾下将领的野心和信心，不少人大赞温代克斯的檄文，称尼禄昏庸无道早已经不配为罗马之主了，于是他们联名鼓动鲁弗斯就地称王。可是鲁弗斯不知出于何种担忧，严词拒绝了。

此刻的西班牙行省，加尔巴已经厉兵秣马准备就绪，还派人邀请西班牙另外两个行省的总督入伙。卢西塔尼亚总督奥托与尼禄有夺妻之恨，爽快地答应了加尔巴的邀请；贝提卡总督凯奇纳势单力孤、兵力不足，也非常识趣地选择向加尔巴称臣。就这样，加尔巴控制了西班牙三个行省，手握数万精锐大军，兵锋直逼意大利。

先是不列颠大叛，接着又是犹太人起义，现在连高卢和西班牙也全反了，意大利可谓是四面楚歌。元老院在尼禄的指示下，宣布叛军总督加尔巴为国家公敌，指望其他总督能举义兵平定叛乱。此时罗马城内谣言四起，有说尼禄准备逃离罗马的，有说埃及拒绝运来粮食的，也有说叙利亚同样发生了叛乱的，再加上前线战况不明，尼禄急得犹如热锅上的蚂蚁。当尼禄得知温代克斯拥有10万高卢叛军时，"最伟大的艺术家"以为没人能抵挡叛军的兵锋，绝望地带着4个仆人骑马逃离了皇宫。途中遇上了地震和惊雷，这让尼禄以为上天也抛弃他了，于是躲在郊外的一所别墅里，不敢露面。

元老院得知尼禄逃走后，顿感大势已去，议员们赶紧取消了说加尔巴是国家公敌的宣告，反而宣布尼禄为国家公敌。墙倒众人推，树倒猢狲散，元老院和禁卫军正式抛弃了尼禄，宣布承认加尔巴为罗马帝国新的元首。绝望的尼禄哀叹道："一个伟大的艺术家就要死了！"

躲在郊外的尼禄本想自杀，可折腾了一夜都没有下手的勇气。天快亮时，远处突然传来了骑兵的马蹄声，尼禄知道这是叛变的军队来了。这一刻，他彻底绝望了，命人挖了一个能容纳他身体的土坑，还准备了树枝和石头，然后尼禄鼓起勇气抓起匕首，命令释奴埃帕弗洛迪图斯帮他用力地刺向自己的喉咙。

公元68年6月9日，执政14年的尼禄自杀身亡，终年31岁。由盖乌斯·屋大维所创立的尤里乌斯-克劳狄乌斯皇朝彻底绝嗣，罗马帝国从此进入了一个军阀混战的动乱时代。

第二十二章 四帝逐鹿

首位逐鹿者：加尔巴

初代皇朝的终结开启了群雄逐鹿的新时代。远在西班牙的加尔巴非常幸运，叛军还没攻入意大利，尼禄就自杀身亡，元老院承认加尔巴为帝国新的奥古斯都，禁卫军也表示要拥立加尔巴为帝。至于其他各省的诸侯，莱茵河集团军统帅鲁弗斯拒绝了部下的请愿，远在东方的叙利亚总督穆奇阿努斯、犹太远征军统帅韦斯帕芗、埃及总督亚历山大均向加尔巴送去了效忠的文书。各路诸侯没有一个人反对加尔巴称帝，真是国之大幸。

按说各路诸侯都是有一定实力的，可他们不约而同地接受加尔巴称帝，没有人站出来争一争天命，这是为什么呢？从血统上看，加尔巴与恺撒和屋大维是八竿子也打不着，根本没有资格继承皇位，但偏偏就是这么一个72岁的老头子迅速达成了称帝的目标。事实上，倒不是总督们无意逐鹿，而是都在观望。加尔巴的成功让奥古斯都的大位瞬间贬值了不少——既然非皇室也能称帝，那拥有实力的军阀岂不是都能称王称帝？

加尔巴之所以能够迅速称帝，还得益于很多因素。一来，加尔巴年过七旬，算是长者，其他诸侯都只是小字辈，人们会觉得加尔巴更加稳重靠谱；二来，加尔巴速度最快，他是最先表示要称帝的诸侯，而且很快就得到整个西班牙和高卢的支持，自然在声势上高人一等、快人三分；三来，元老院立刻承认了他的帝国奥古斯都之位，毕竟整个罗马帝国，只有元老院有资格决定谁来担任帝国元首，有了元老院的承认，加尔巴便得到了称帝的合法性，其他人自然不好僭越了。

塞维乌斯·苏尔皮基乌斯·加尔巴出身古罗马贵族世家，祖上在公元前145年就曾出任执政官，也有不少家庭成员担任过总督、法务官。据说，加尔巴之名起源于一次围城战。当时罗马正围攻一座西班牙城池，但久攻不克，加尔巴的祖先以火攻之计破城，故而得到了火攻"加尔巴"的绰号。

加尔巴身材消瘦、光头、鹰钩鼻，有良好的从政履历，累任阿非利加总督、莱茵河军团统帅、西班牙总督等职。在军中任职的他以严厉、冷酷、无情著称，被人们说成不近人情。加尔巴与屋大维的妻子李维娅系属同宗，仅凭这层关系即被屋大维封为执政官，甚至有资料认为加尔巴早已被李维娅收为养子。可见加尔巴虽与皇室没有血缘，但两家的关系非常密切。

别看加尔巴在起兵谋反时先声夺人，当他得知尼禄已死，元老院也拥护他时，他就松了劲儿，失去了如临大敌的紧张感。各省的臣服也增加了他的信心。可能觉得帝位已经稳固，新元首产生了一种错觉，认为自己就是天选之子，好像所有人都不敢反对他一样，所以他并没有以一个德高望重的长者形象出现，反而一再让元老院见识了他的傲慢与专断。

3个月后（9月），罗马人民和元老院贵族站在城门两旁隆重迎接新元首。没想到的是，他们首先看到的不是新元首的恩赐，而是一场可怕的屠杀。一些尼禄生前组建的军团试图拦路邀赏，这本是罗马的传统，但加尔巴固执、专断、吝啬，根本不想打赏任何一个人，居然命令骑兵冲杀人群，不少人当场殒命，鲜血染红了大地。这些无不让罗马人民惊恐难安。

正所谓"一朝天子一朝臣"，元首换人了，政府当然也要跟着换届。眼下最重要的职位无疑是禁卫军长官和莱茵河集团军总司令，前者执掌宫禁，后者坐镇一方。就算新元首得到了元老院的认可，没有禁卫军和莱茵河军团的点头，加尔巴的帝位肯定坐不稳。因此，如何收服这两支军队显得尤为关键。在这一问题上，加尔巴不仅吝啬，而且毫无信誉。

当时，这两大军职都有合适的人选，一个是率先带领禁卫军举事并逼死尼禄的禁卫军将领宁菲迪斯，另一个是攻占高卢、手握8个军团的鲁弗斯。宁菲迪斯此时已经接管了整个禁卫军，还得到了元老院让他代管罗马城的荣誉，而鲁弗斯还在自己的地盘里，麾下猛将如云，实打实的大军阀。加尔巴耍了个小聪明，他以重赏两支军队的承诺换取了士兵的效忠，然后一面召鲁弗斯到罗马城听候任命，一面又暗示宁菲迪斯他将官运亨通。可当人选公布后，所有人都大跌眼镜：禁卫军长官一职给了加尔巴的宠臣拉科，莱茵河集团军总司令又改成了老头弗拉库斯。鲁弗斯和宁菲迪斯都没有得到任何任命，他俩都被解除了职务。真是一招过河拆桥的妙计啊。

最冤屈的恐怕要数鲁弗斯了，他可是手握莱茵河集团军的统帅啊，而且全军上下皆有拥立之心，刚刚还是离帝位最近的人，转瞬之间就成了被软禁在罗马城的囚徒。加尔巴认为这样的安排足以避免莱茵河集团军尾大不掉，但事实证明他完全想错了。

莱茵河集团军分为高地、低地两部，加起来总共有 8 个罗马军团，再加上当地招募的辅助军，整个集团军约有 10 万人马，而且全都是虎狼之师，比起在高卢造反的 10 万乌合之众，莱茵河集团军足以横扫大半个帝国。加尔巴最大的失策就是欺骗了鲁弗斯和莱茵河军团将士。鲁弗斯在军中口碑良好，深得军心，此前曾明确拒绝了将士们拥立的好意，这意味着他反而是最值得加尔巴依靠的人，因为一个没有反心的统帅坐镇莱茵河，自然也会压制军队的反意。

可是加尔巴不仅软禁了鲁弗斯，而且事先答应给军队的赏金也矢口否认了，这让莱茵河军团愤愤不平。新派来的弗拉库斯又是老头一个，腿瘸且性格懦弱，根本不可能和军队打成一片，士兵们在私底下又骚动了起来。一个不想称帝又能制约军队的统帅，远比一个缺乏权威的统帅安全。

宁菲迪斯呢？他率先支持加尔巴，本以为能得到不低于尼禄给他的荣誉，却没想到新元首过河拆桥。愤怒的他立即召集心腹，准备在军中举事。眼看罗马城就要大乱，要不是禁卫军士兵相信加尔巴答应的赏金会如数兑现，宁菲迪斯很可能真的自立为帝。最后的结果是宁菲迪斯伏诛身亡，加尔巴大肆牵连无辜之人，而答应禁卫军的赏金也和莱茵河军团的一样，全部一笔勾销了。

加尔巴并未意识到，自己所依靠的都是最不可靠的东西：元老院的任命和诸侯的支持。这两样东西随人心的变化而变化，没有一个是可靠的。缺乏尤里乌斯血统的加尔巴最需要的恐怕就是军队了，然而直属于他的军队并不多，因为西班牙本来就是和平的地方，当地军团仅用于驻防，而罗马城又是禁卫军的天下，欺骗他们等于是自掘坟墓。

现在，加尔巴亲手推开了禁卫军，又辜负了暂时妥协的莱茵河军团，在这种情况下，要么赶紧用亲信替换禁卫军各级军官，要么就把西班牙军团也调到罗马城驻防，但是加尔巴两件事都没有去做。禁卫军和莱茵河军团正一步一步脱离他的控制。

加尔巴还在罗马推行强势的政策。为了补充国库，他下令追回尼禄在位时分发的赏金，这等于要罗马人把吃到肚子里的肉又吐出来，简直就是不可理喻的政策。加尔巴的过河拆桥，让他错过了拉拢军队和政界的好机会，反而让元老院和罗马人民与之渐行渐远。权力这个东西，来得快，去的时候恐怕会更快。罗马之鹿就要从加尔巴手里溜走了。

加尔巴已经72岁了，却没有男性子嗣，所以他不可能把皇位传给自己的血亲后代，故而元老院建议他尽快敲定下一任元首的人选。在这件事情上，37岁的卢西塔尼亚总督奥托自信是最适合的人选。此人是第一个举兵响应加尔巴的地方总督，在罗马城里的人望很高，不仅元老院里朋友众多，与禁卫军的关系也非常密切。没有得到赏金的禁卫军相信，只要奥托能当上"恺撒"，自己的待遇一定会改善。奥托也相信凭借他的拥立之功，成为继承人是理所当然的事情。

事实上，年迈的加尔巴在很多事情上缺乏主见，而且还很懒散，习惯把复杂的问题交给宠臣去讨论，再根据他们的意见做出决定。故而当加尔巴入主罗马城后，帝国大权实际掌握在执政官维尼乌斯、禁卫军长官拉科以及元首释奴伊凯努斯三人手中。其中维尼乌斯系加尔巴的副将，拉科为前法务官，伊凯努斯是加尔巴的家奴，三人贪财吝啬且相互不和。

拉科和伊凯努斯均反对奥托成为继承人，他们嫉妒奥托在罗马城的人气，担心他上位会让自己大权旁落，为此诋毁奥托是尼禄的走狗，称萨宾娜一直以来都是尼禄的情妇，奥托娶她便是为了掩盖尼禄的私情。维尼乌斯却建议加尔巴收养奥托，不仅因为奥托最先支持加尔巴称帝，而且留用前朝重臣也能起到榜样效应，缓和与禁卫军、元老院的关系。

然而在这件事情上，加尔巴再次任性了，他收养的是名不见经传的皮索。此人30岁，与阴谋刺杀尼禄的皮索系属同宗，据说与庞培和克拉苏也沾亲带故，但是此人在政坛毫无声望，连元老院都惊呼："谁是皮索？他是哪个皮索？"

可想而知，这样的结果让所有支持加尔巴的人都失望了，或者说是绝望了。他们终于看清了加尔巴的真面目，对加尔巴的态度也就从隐忍变成了愤怒。禁卫军决定反了。奥托决定反了。

几乎同时，莱茵河集团军也出现了骚动，军团长、大队长、百夫长正密谋反对加尔巴。由于加尔巴对待莱茵河军团的草率与轻视，全军上下都对一个老头坐享罗马之鹿感到不满，大家都觉得，既然西班牙军团可以拥立自己的总督，那为什么莱茵河军团不能拥立自己人当元首？如果自己的统帅成为奥古斯都,那他一定会奖赏整个军团的拥立之功。莱茵河军团就此达成了共识,一致决定将新上任的维特里乌斯推上帝位。

让人想不到的是,这位由加尔巴亲自挑选的低地日耳曼统帅,对军团的拥立之意居然倍感欢喜。54岁的维特里乌斯满怀壮志,相信得到8个莱茵河军团的拥护后,罗马的皇位将唾手可得。于是,士兵们把维特里乌斯抬在盾牌上,欢呼道:"奥古斯都维特里乌斯万岁!万岁!"

莱茵河集团军反了。

新的逐鹿者:奥托

奥托全名马库斯·萨尔维乌斯·奥托,出身骑士阶级,祖先可以追溯至伊特鲁里亚的国王。其家族虽然长期从政,但多止步于法务官。据说到奥托父亲卢基乌斯·奥托这一代时,其家族才得到元首提比略赏识,卢基乌斯得以出任阿非利加总督等职务。在克劳狄乌斯统治期间,卢基乌斯破获了一起谋杀元首的案件,被克劳狄乌斯敕封为"贵族",而且还获得与皇室联姻的机会,奥托的姐妹便嫁给了日耳曼尼库斯之子。奥托继承家业后,凭借与皇室的友好关系迅速攀升至高位。

奥托在罗马城的口碑可谓两极分化:一部分人认为他是尼禄的走狗,与尼禄一样荒淫无道,为了能跻身高位,不惜迎娶尼禄的情妇;另一部分人则认为奥托平易近人、乐善好施,敢于违逆强权,是不可多得的良将贤臣。之所以会有这样的差异,无非源于高层之间的权力争斗。奥托及其支持者极力谋取储君之位,其政敌拉科等人又坚决反对奥托上位,两派明争暗斗,而加尔巴更倾向于宠臣。

事实上,在苏维托尼乌斯和塔西佗的历史著作中,奥托的人格可能包含以上两个方面,而且笔者仔细研读后发现,奥托笼络人心的手法与恺撒颇为相似。两者都极其尊重下层士兵,可以在阅兵或其他场合准确叫出老兵们的名字,这自然让士兵们倍感亲切,而且奥托与恺撒一样乐善好施,大方帮助别人,经常借钱给别人。此外,奥托的性格颇为坚毅,很像"围城者"德米特里。无论富有或贫穷,奥托皆能忍常人所不能忍,既是生活中挥霍无度的公子哥,又是战场上严谨公正的将军,他在卢西塔尼亚总督任上就倍受当地人好评,实为难得。

在加尔巴收养皮索前,占星术士曾告诉奥托他是天命所归,极有可能成为奥古斯都,这使得奥托对帝位产生了野心。奥托对加尔巴彻底失望后,立即着手争取军队的支持。

一方面,奥托利用每一次机会施恩于军队。据说每当加尔巴到他家中饮宴时,奥托必定赏赐禁卫军士兵每人1个金币,比元首赐予的还要多。而且奥托极为关心将领的私事,当禁卫军将领普洛库路斯与邻居发生土地争端时,他毫不犹豫地用高价购买了邻居的土地,并将其无偿赠予普洛库路斯,因而得到了对方的效忠。

另一方面,奥托极力煽动民众情绪。他大肆抨击加尔巴的"严苛"与"冷酷",称元首明明有足够的金钱,却吝啬赏赐给士兵和人民。此言直入人心,让士兵们以为奥托是同情军队处境的官员。不少人由此加入了奥托的阵营,密谋推翻加尔巴的统治。

公元69年春天,元老院不断接到莱茵河军团准备叛乱的密报,加尔巴心中也极为不安,决定亲自前往阿波罗神庙献祭,祈求诸神庇佑。元老院议员和诸多贵族均受命出席仪式,其中也包括奥托。仪式正在进行时,一个奴隶突然闯入,大声地告诉奥托:"主人,建筑师们已经到了,请您过去。"此言一出,奥托眼底闪过一丝诡异的笑意,当即起身准备离开。加尔巴的亲信慌忙拦住奥托并问他为何离去,奥托辩称要购买一处老旧的别墅,想亲自去看看房产是否还有价值,说罢便匆匆离去。加尔巴正忙于献祭,并未干预奥托。

然而不久之后,加尔巴收到消息称,罗马城内出现了骚乱,不知是从哪里冒出来了很多"刁民",高呼"推翻加尔巴"的口号,聚集在广场上不肯离去,而禁卫军始终不能平息事态。加尔巴的心情非常糟糕——仪式尚未结束,罗马城就先乱了,这恐怕不是吉兆。多年来的政治经验告诉加尔巴,骚乱绝不简单,于是他立即派人去广场一探究竟。

奥托从神庙脱身后,马不停蹄地直奔禁卫军大营,那里已聚集了23员将领，其中包括普洛库路斯，他们正着甲持剑等待着奥托。奥托一入军营便换上了一身戎装，将领们立即把他举在盾牌上，高声宣布拥立他为新的奥古斯都，而奥托也大声宣布要推翻加尔巴的暴政，重赏禁卫军。不久后，更多的士兵加入了队伍，推倒了加尔巴的雕像，并把奥托围在军旗中间。至此，禁卫军反了。

神庙里，加尔巴很快就得知了骚乱的真相：奥托称帝了。贵族们顿时惊慌失措，乱成一团，其中执政官维尼乌斯建议元首立即返回皇宫，封锁宫禁，然后征调附近的军队入城勤王，但拉科等人却反对坐以待毙，鼓励加尔巴亲自前往广场镇压叛乱。

加尔巴再次犹豫起来，迟迟下不了决心。这时，一群士兵请求觐见元首，其中一人称已经刺杀了奥托，并高举一柄带血的剑。加尔巴大喜过望，遂决定亲自前往广场，殊不知引诱他离开神庙也在奥托的计划之中。

加尔巴并不知道，死亡正一步一步朝他靠近。当天，加尔巴一行浩浩荡荡地缓缓行进在街道上。加尔巴太老了，早已骑不了战马，也拉不开弓箭，出行只能乘坐步辇，由士兵们抬着。起初，围观元首的罗马人不在少数，但随着队伍接近罗马广场，街上的行人和商贩都不见了踪影。加尔巴隐约觉得有一丝诡异，可看了看身边护卫的亲兵，他内心又安定了下来。

加尔巴到达罗马广场后，还没来得及落脚，大量手持利刃的禁卫军突然从四面八方冲了出来。这些人毫不迟疑地直奔加尔巴而来，加尔巴大声呵斥道："你们想干什么？"这一声怒吼并没有吓倒任何人，叛军轻而易举地冲过了加尔巴身边的卫兵。还没等加尔巴向士兵呼救，负责抬步辇的亲兵便将他抛下，元首重重地摔倒在地。

加尔巴抬头望去，竟看见自己的亲兵折断了立在军旗上的加尔巴雕像，这是亲卫队也加入叛军的信号。到此刻为止，局势已经非常明朗了。据说，加尔巴因无力起身，倒伏在广场上，当他意识到大势已去的时候，贵族的血性被唤醒，他拉开了衣服，将脖子伸出怒吼道："如果我的死能让罗马重归和平，我愿意接受自己的命运。"说罢，叛军四面围住加尔巴，乱刀捅死了他。广场上顿时大乱，除了元首的贴身家奴坐在地上瑟瑟发抖外，所有人都四散而去，只留下加尔巴被鲜血染红的尸体。

叛军迅速控制了全城，大肆屠杀加尔巴的亲信。执政官维尼乌斯在逃跑时被叛军追上，膝盖被击中，未及起身，便被长剑刺穿了身体。皮索虽然逃到了神庙，但叛军还是把他强行拖出来斩首。其他的加尔巴亲信也相继被杀，而加尔巴本人的首级也被叛军割下，插在长矛上游行。恐怖的气氛笼罩着整座城市。

此时此刻，身着戎装的奥托正坐在禁卫军大营里等待消息。当加尔巴被刺的消息传来后，几个禁卫军将领立刻围着奥托，高声欢呼道："奥古斯都奥托万岁！"随后，奥托换上了元首的冠冕，在禁卫军的簇拥下进入了元老院大厅。议员们非常识趣地山呼万岁，奥托至此正式成为罗马新一任的奥古斯都。

波河之战

新政权有新气象，奥托提拔有从龙之功的普洛库路斯、费尔姆斯为禁卫军长官，以兄弟提特亚努斯为执政官，以萨比鲁斯为罗马市政官。他还得到了名将保利努斯等人的效忠。新元首即位的通报被紧急分送各行省，各省的态度各异，其中莱茵河周边行省被逼得立即站队，远离意大利的地方却还搞不清楚发生了什么。

此时，北面称帝的维特里乌斯也向诸省发布了即位的消息。若要名正言顺地占有元首大位，攻占罗马城乃是当下第一要务。为此，维特里乌斯动员了整个莱茵河集团军，兵分三路南下意大利。

第一路由维特里乌斯最钟爱的将军凯奇纳统率，共3万人马，从阿尔卑斯山横穿而下，目标是波河平原；第二路由新近崛起的将军费边·瓦伦斯统率，共4万人马，绕道纳尔波高卢，东渡罗讷河，从西面攻入意大利；第三路由维特里乌斯本人统率，但他并未出征，而是留在后方静观局势发展。三路大军计划在波河会师，横扫意大利。

莱茵河大军来势汹汹，奥托当然不会束手就擒。在确保了1万禁卫军对他的支持后，奥托利用控制了罗马城这一优势，获得了挟元老院而令诸侯的资格。在名义上，元老院通过了奥托称帝的表决，所以奥托在法理上更能站住脚，故而拥有 7 个军团的多瑙河集团军支持奥托,西班牙、叙利亚、阿非利加等地的军团也支持奥托。这么一来,罗马帝国大半都支持元老院所承认的元首。

不过,奥托的处境依然不乐观。意大利除了 1 万禁卫军就没有多余的军队了,而多瑙河集团军还在赶来的路上,远水解不了近渴,这是奥托最大的劣势。

至于维特里乌斯,形势相对较好:巴塔维亚、不列颠等地相继臣服;两路人马也行动迅速。瓦伦斯那路的行军路线较长,负有收服高卢行省的任务,所以他以恐怖政策威逼高卢人合作,突袭了梅斯城,将手无寸铁的 4000 个居民全数屠杀。这让高卢各地惊恐万分,各地居民不得不匍匐在道路旁祈求瓦伦斯手下留情,还送上财物和美女,这才逃过一劫。而凯奇纳的残暴更胜瓦伦斯,沿途烧杀抢掠,无恶不作,成千上万的居民死于屠刀之下,无数"战利品"落入军队的腰包。

随着莱茵河军团逐渐逼近阿尔卑斯山,镇守波河一带的西里乌斯骑兵团竟然倒戈加入了维特里乌斯一方,莱茵河军团几乎不受阻碍地占领了阿尔卑斯山各处隘口。两个元首都明白时间是制胜的关键,维特里乌斯要在多瑙河集团军赶到意大利前渡过波河,而奥托必须尽可能拖延莱茵河大军,直到多瑙河军团主力赶到意大利。奥托为了拖延对手,主动拉低姿态写信和解,但维特里乌斯一眼就识破了奥托的缓兵之计,根本不接受任何谈判。双方血战已经不可避免。

奥托手里兵力不足,不得不让那不勒斯的米诺斯舰队由海军变陆军,从海上直插入高卢。这一路连同城市卫队和部分禁卫军,共计 6000 人马。另外,奥托将 2000 名角斗士也投入战场,再加上禁卫军,共计 1.2 万人马,由奥托本人率领赶赴波河战线,麾下包括剿灭布狄卡的名将保利努斯,以及禁卫军长官普洛库路斯。多瑙河集团军知道时间紧迫,当即从各军团中抽出了 2000 人马,组成了约 8000 人的先锋部队,紧急驰援波河战线。

奥托的 6000 名海军在纳尔波高卢登陆时,瓦伦斯的军队也攻入了该地区并占领了部分城市。利用海军优势,奥托的军队很快就封锁了海岸线,并大肆攻略当地城镇。一些人企图把奥托的军队赶出去,但最终被击败。瓦伦斯在得到求援信后,不得不率领大军南下海岸,迎战奥托的海军。

奥托海军布阵于海岸地带，当地有一座小山，海军将战斗力较弱的军队布置在山上，山下则是装备精良的禁卫军，另有战舰游弋于海上。瓦伦斯看不起海军组成的奥托军团，嘲笑他们只能在海上打鱼，随后便以骑兵为先锋，步兵殿后，从平原和高山两个方向猛攻奥托海军的阵地。

然而过于自信的骑兵当即遭到奥托海军的迎头痛击，不少人被石头砸落马下，损失惨重。更糟糕的是，当瓦伦斯的军队深入敌军阵地后，海军舰队突然从其后方发起猛攻，使得步兵也惊慌失措。在前后围攻下，瓦伦斯的军团全军溃败，逃离了战场。看来骄兵必败，古之常理。第一轮交锋以奥托海军获胜而告终。

瓦伦斯并不甘心，立即召来了辅助军团。这一次，他不打算强攻海军的营寨，而是利用夜色突袭了奥托军队的哨塔，成功杀入敌营。可惜此举所造成的骚乱很短暂，奥托军团很快就镇定了下来，并占据一处高地反击瓦伦斯。一阵血战过后，奥托海军击退了敌军，顺势下山掩杀，但他们没有骑兵，长距离的奔跑使得他们精疲力竭，瓦伦斯的骑兵乘机反攻，又杀败了奥托海军。最终，双方打成平局，各自退走。

另一边，凯奇纳的莱茵河军团行动神速。在西里乌斯骑兵团的支援下，这一路人马很快就穿越了阿尔卑斯山，并轻易攻陷了米兰、诺瓦拉、伊夫雷亚、维切利等城。接着，凯奇纳直取位于皮亚琴察和帕维亚之间的克雷莫纳，犹如一把尖刀斩断了奥托的波河战线，波河以北的城池几乎全部被莱茵河大军攻陷。

奥托虽然初战失利，但他和多瑙河军团先锋还是在波河顺利会师了，军力勉强超过了 2 万人马。莱茵河军团方面，凯奇纳如果能在瓦伦斯之前突破波河，将获得此战的头功。故而凯奇纳未等瓦伦斯抵达战场，便集结所部渡河攻打皮亚琴察。负责镇守皮亚琴察的是悍将斯普林纳，此人善于守城，在凯奇纳抵达前加固了城墙，也加高了箭楼，故而守军虽未得到增援且兵力稀少，仍旧杀退了一拨又一拨敌军。当奥托主力逼近时，凯奇纳只能率军北撤，回到了克雷莫纳。

奥托受皮亚琴察守卫战的鼓舞，决定主动出击，亲自领兵搭桥渡河，同时派遣 2000 名角斗士游击于敌军四周。这些角斗士都是单兵作战的精锐，分散出击取得了不小的战果，斩杀了不少外出征粮的莱茵河军团士兵，重创了敌军的辅助军团。

凯奇纳不愿受制于人，当即引军而出，强攻奥托，但交战不多时，凯奇纳就朝森林里撤退，企图待奥托追入森林里后伏击对方。久经战阵的保利努斯发现败退的凯奇纳军秩序井然，故而识破了他的诈败之计，下令放缓了追击速度。果然，凯奇纳的伏兵过于浮躁，竟在保利努斯进入伏击圈前就草率冲了出来，保利努斯趁势反包围了对方，凯奇纳就此陷入了绝境。

本来这是一片大好的形势，可关键时刻，保利努斯却犹豫了，迟迟不肯下达进攻的命令。凯奇纳见敌军犹豫，赶紧集中力量突破了包围，绝尘而去。此时的保利努斯才想起追击，可惜为时已晚。奥托军虽然错过了歼灭凯奇纳军队的良机，但也使其损失了1万~2万人，总算扳回了一局，稳住了波河战线。

从维特里乌斯的角度看，无论是凯奇纳那路还是瓦伦斯那路，都称不上行动顺利。当奥托海军逐渐控制纳尔波高卢，凯奇纳又败于奥托主力后，瓦伦斯不得不放弃了夺回纳尔波高卢的计划，转而急速向东，准备尽快进入波河主战场。4月6日，由高卢而来的瓦伦斯也抵达了波河，与凯奇纳合兵一处，共计接近6万人马。

在奥托军团的作战会议上，将军们发生了严重的分歧。以保利努斯为首的老将主张坚守波河一线，等多瑙河军团主力抵达、莱茵河大军补给不足时，再发动全面进攻。这是极为稳妥的上上之策，然而禁卫军长官普洛库路斯和奥托的兄长提特亚努斯主张挟大胜之势尽快决战。奥托本人倾向于决战，因为他的谋臣告诉他，敌军因大败而士气大减，奥托错误地以为能一战成功，他不想像保利努斯那样错失良机，于是最终拍板——决战。

贝德里亚库姆战役草草开场。

奥托决定开战后，便独自返回了后方大营，将指挥权委托给了几个将军，而没有亲自指挥整场战役，这被认为是最大的败笔。每一个将领都有自己的作战计划，因此他们相互掣肘，这直接导致禁卫军和多瑙河军各自为战。莱茵河军团一方因凯奇纳之败而倍感羞耻，就怕敌军坚守不出，却没想到奥托以寡击众，于是瓦伦斯和凯奇纳指挥大军全线出击。

第一阶段，两军围绕波河展开厮杀。双方都在河岸上修建了塔楼，用弓箭和弩炮远距离射杀对手。为了争夺河流的控制权，奥托一方派遣2000名角斗士强渡，企图占领河流中央的小岛，但莱茵河军团抢先登岛，用弓箭射击角斗士。角斗士因不习水性，无法准确射击对方，结果被杀得大败，其指挥官马凯尔身负重伤，被迫退出战场。

第二阶段，奥托大军发现无法强渡波河后，便决定转移战场，然而这一举动反而暴露了自己，让大军在狭窄的地形上艰难行军。维特里乌斯的军队自然不会错失如此战机。这场大战的高潮突然降临，两军都来不及进行战前演讲，就厮杀在了一起。

两方士兵都穿着相同的甲胄，举着类似的鹰旗，红色的斗篷有时让人难分敌我，但是战斗依然非常血腥。这些罗马军人毫无怜悯，相互撞击、刺砍，以完全一样的重型标枪投掷对方。由于奥托没有亲临战线，即便他那方士兵战斗力不弱，士气上也输给了力图雪耻的莱茵河军团。

这场战斗特别考验耐力，野战军团自然能够坚持，处于劣势的奥托军左翼竟然一举打垮了敌军右翼，可是位于中央的禁卫军却坚持不住了。这些贵公子长期在罗马城里养尊处优，如此苦战是他们长年不曾经历的。很快，莱茵河大军就突破了奥托的中央战线。随着禁卫军的溃败，两翼的奥托军也支持不住了。为避免遭到围歼，奥托残部只能向后退却，莱茵河大军旋即追杀，连斩数员大将，奥托的主力至此非死即逃。

奥托此时追悔莫及，恨自己不听从保利努斯的建议。所有人都建议奥托率领残部撤退，等与多瑙河军团主力会师之后，再图决战。可奥托心灰意冷，不想再挣扎什么了。为了不牵连支持他的人，他下令烧掉各方寄来的效忠信，并让元老院议员们各自逃命。随后，他独自返回营帐。随着一声哀号，称帝3个月的奥托自刎而死，时年37岁。罗马之鹿就此落入了维特里乌斯之手。

54岁的奥鲁斯·维特里乌斯出身骑士阶级，祖孙三代全靠尤里乌斯皇室提携才能步入政坛，但骨子里，他们依然是眼光短浅的暴发户。所以当眼前的胜利来得如此容易时，维特里乌斯迅速膨胀起来，认为天下已定，开始讲排场、摆宴席、办比赛、收钱粮，俨然一副征服者的模样。

这位新元首不懂"得民心者得天下"的道理，放纵军队欺压百姓，践踏庄稼，甚至在罗马城内奸淫掳掠；他也没有"得饶人处且饶人"的气量，肆意羞辱曾经效忠奥托的多瑙河军团，还全数赶走了世代为官的禁卫军。人们惊讶地发现，新元首竟然是比尼禄还要恶毒的暴君，难道这就是命运的安排吗？

罗马城内的胜利者们夜夜笙歌，意大利之外的局势却风起云涌。同一时间，提图斯怀揣着父亲韦斯帕芗给加尔巴的效忠信，刚刚抵达希腊，可局势发展得太快了，效忠信明显用不上了。罗马的帝位在短短数月之间就换了3个主人，既然帝位能够通过战争取得，那为什么东方军团不能拥立自己的统帅呢？提图斯烧掉了效忠信，转身返回了东方。

血战约塔帕塔

午后的阳光播洒在金色的麦田上，伴着轻轻吹拂的微风，金色的麦穗来回舞蹈着，仿佛是在欢迎来自远方的客人。这时，远处的田间小道上，一队罗马骑兵正风驰电掣地朝农庄而来。领头的是一个30来岁的年轻人，从铠甲、斗篷以及红色的缨盔来看，此人就是罗马将军提图斯·弗拉维斯。他此行的目的是要把元首的委任状交到父亲手里，而他的父亲不是别人，正是在日耳曼和不列颠战场上屡立战功的韦斯帕芗。

韦斯帕芗全名提图斯·弗拉维斯·韦斯帕芗，出身骑士阶级，在家中排行第二，还有一个哥哥名叫萨宾努斯，时任罗马市政官。与萨宾努斯在官场上如鱼得水相反，韦斯帕芗对政治游戏相当迟钝。据说韦斯帕芗曾被邀请欣赏尼禄的诗歌演出，结果在尼禄诗意大发时，韦斯帕芗竟然睡着了，这让自视甚高的尼禄大为愤怒，当即解除了韦斯帕芗的职务并将他流放。无所事事的韦斯帕芗只能在乡下当起了农场主。

可是人算不如天算，尼禄流放韦斯帕芗还没过多久，犹太人就爆发了大规模的起义，叛军不但杀死了罗马官员，还击败了叙利亚总督，犹太地区混乱不堪，尼禄只能把韦斯帕芗又请了回来，委任他为犹太行省的总督，并赋予他指挥3个军团的权力。接到委任后，韦斯帕芗立刻来了精神，犹如龙入深海，虎奔高山。韦斯帕芗一到任就征调了叙利亚的第5和第10军团，以及埃及的第15军团，各地的物资钱粮源源不断地运往驻地，武器装备也被紧急打造完毕，东方远征军就此成立。

此时的犹太战事风起云涌，整个犹太地区，连同叙利亚和埃及的犹太人都起来造反了。他们受到公元66年贝思霍隆大捷的鼓舞，成群结队地攻击罗马人。

当时，叛军聚集了上万人马，欲夺取还在罗马手中的亚实基伦（又译作阿什凯隆）。当地守将安东尼为避免遭到围困，便集结了全部的骑兵，在敌军还未抵达城池前主动出击。由于犹太叛军都是一些临时聚集起来的乌合之众，既没有统帅，又缺乏训练，在罗马骑兵的突袭之下，叛军居然被斩杀了1万人之多。

恼羞成怒的犹太人很快又聚集了一支军队，这些人无比狂热，气势汹汹地再次朝亚实基伦杀来。这次，安东尼没有正面迎战，而是在叛军的必经之路上设下埋伏，再次歼灭了乌合之众。叛军入侵叙利亚的势头由此被制止。

公元67年，亚实基伦之战爆发的同时，韦斯帕芗已率部从安条克出征，其麾下包括东方名将普拉西度斯、图拉真、维图列努斯以及长子提图斯。除了抽调的3个罗马军团外，他还招募了同等数量的辅助军，而东方各国包括犹太国王都给韦斯帕芗派来了援军。这支大军光正规战斗人员就多达6万人，再加上能够使用武器的随军仆从，韦斯帕芗自豪地号称有10万大军。那些畏惧罗马军团的城市纷纷投降罗马人。

在军事会议上，韦斯帕芗麾下的高级将领们齐聚一堂，反复争论着该如何对付数十万犹太叛军。很多将领都建议韦斯帕芗直捣黄龙，在犹太人做好准备前，直接攻陷圣城耶路撒冷。

韦斯帕芗却摇头反对道："耶路撒冷是犹太人的圣地，那里可以聚集上百万犹太人，而且墙高城坚，粮草充足，如果我们不能在短时间内攻下耶路撒冷，势必陷入腹背受敌的险境，而且一旦后方的犹太叛军截断了我们的补给线，纵然我们有10万大军，也将难以持久。所以我们应该稳扎稳打，毁灭那些背叛罗马的城池，烧掉他们的村庄，把成年男人都处死，把女人和孩子都变成奴隶，用恐怖迫使犹太人屈服。"

以上就是韦斯帕芗的犹太战略。不得不说，韦斯帕芗的犹太战略非常毒辣，战场是犹太人的家园，任何叛军都不得不顾及家人的安全，任何百姓都不能置身事外。

从地图上看，犹太地区并不大，罗马帝国控制了北面的叙利亚和西南面的埃及，帝国完全可以南北两路夹击犹太人，而且拥有地中海制海权的罗马人，还可以从西面直扑犹太人的沿海城市。不过，韦斯帕芗无意大范围铺开战场，在他看来，犹太人有上百万人之多，如果打击面过大，犹太人的反抗会更激烈，就算有10万人马也未必能速胜，所以韦斯帕芗制订了"重点打击、聚而歼之"的计划。什么意思呢？

简单地说，就是先选出一些地区作为重点打击对象，将那里的犹太人尽数屠杀，一来可以起到杀一儆百的效果，逼其他地区就范，二来可以驱赶幸存的犹太人逃到非重点打击的地区，然后再集中兵力围攻难民聚集的城市。这样既省时又省力，与庞培剿灭地中海海盗的策略如出一辙。而第一个要承受恐怖侵袭的便是加利利地区，当地城市几乎全都脱离了罗马人的控制，是阻挡韦斯帕芗进攻耶路撒冷的绊脚石。

首先受命出征加利利的是韦斯帕芗麾下大将普拉西度斯，按照部署，他将作为远征军的先锋实施第一阶段的恐怖战略。韦斯帕芗特地为其配备了足够的骑兵，所以一进入战场，普拉西度斯犹如猎豹一样迅速席卷各地。其军队野战勇猛、势不可挡，但他们缺乏攻坚能力，以至于烧毁了村庄，却夺不下加利利的城池。可是，随着罗马军团在加利利烧杀抢掠，当地的犹太人分裂成了两派，一部分人因害怕而主张与罗马人和解，另一部人因狂热而坚持与罗马人死战到底。这一局面正是韦斯帕芗想看到的。

加利利的军事压力骤然增加，耶路撒冷方面立即意识到加利利的战略价值。犹太祭司们经过讨论，任命了一个叫约瑟夫的叛军首领总督加利利的军事。然而，加利利的各路叛军如同一盘散沙，各立山头，约瑟夫的任命几乎遭到了所有人的抵制。令人意外的是，这个叫约瑟夫的年轻将军是个天才数学家，一到加利利就展现出智慧与谋略，将一盘散沙的当地叛军逐个收服，坐稳了加利利总督之位。

约瑟夫的到任暂时整合了混乱的加利利，罗马在该地区实施作战计划的难度倍增，这引起了韦斯帕芗的重视。为此，韦斯帕芗进一步加强了攻势，攻陷了加利斯和加巴拉两大要塞，还四处搜捕叛军首脑约瑟夫。无数犹太人因此背井离乡，田野和村庄里躺满了上万具僵硬的尸体，无数农田被烧成了白地，真可谓尸横遍野、比屋不存。幸存的犹太人四处躲避，不约而同地逃向加利利重镇——约塔帕塔城（又译作尤塔帕塔）。

约塔帕塔是一座三面临谷的城池，军队只能从北面进攻，但是约瑟夫在该处修建了坚固的城墙。普拉西度斯曾试图突袭这座城池，却被坚固的城墙挡在了外面。约塔帕塔本不算大，人口也不多，放在当时的东方可谓毫不起眼，然而约瑟夫亲自镇守该城，该地便成了加利利叛军的中枢与心脏。韦斯帕芗立即意识到，看似不起眼的约塔帕塔实际成了加利利叛军的命门，如果围死该城，不仅叛军首脑无处可逃，聚集到此的难民也将被悉数围歼。

公元67年6月左右，6万罗马军云集约塔帕塔城外，血腥的约塔帕塔攻城战开幕了。

第一阶段的进攻按照传统的攻城战术进行。韦斯帕芗让弓箭手和轻装步兵在远处攻击城墙上的士兵，让步兵通过一个斜坡朝城墙进攻，但陡峭的墙壁犹如天梯一样难以攀登。约瑟夫率领英勇的犹太士兵奋起反击，一次又一次将罗马人赶下了城墙。双方就这样一直血战到天黑。接下来的5天，双方都持续着这样的血战。韦斯帕芗见伤亡较大，只好停止了强攻。

第二阶段的战斗，韦斯帕芗决定在城墙最薄弱的位置修建一个比墙更高的堤防，这样就能从上方压制城墙。为此，韦斯帕芗调动了整支军队去收集材料，砍光了周围山上的树木，也搬走了能找到的全部石头，还在修建的工事前搭起了很多纵横交错的藤蔓编织物，用来抵挡犹太人射来的箭矢和石头。

犹太人看穿了罗马人的计划，不断朝罗马的工事发动攻击。为了压制犹太军队的反攻，韦斯帕芗调集了大量的重型攻城器械，包括投石车、重弩炮等。这些武器向犹太城墙投去了密集的弹雨，一度打得犹太人不敢抬头。

为了破坏罗马人的工程，约瑟夫令敢死队冲到城外，掀翻了藤蔓编织物，并放火焚烧还未完成的工事，但很快就被罗马军团给赶了回去。双方围绕工事展开血战，只可惜犹太人的努力还是没能阻止韦斯帕芗的计划，罗马军团最终搭起了一个高于城墙的堤防。

作为回应，约瑟夫命人在城墙上支了很多木桩，然后在木桩上搭上了牛皮。柔软的牛皮能够抵挡罗马人射来的箭矢，而其中的水分也能避免敌军的火攻。之后，约瑟夫让工匠在木桩后面施工，把城墙的高度加到与罗马堤防等高。这样一来，韦斯帕芗期望通过高空压制来攻取城墙的计划落空了，强攻又一次破产。

当时正值夏季，天气炎热且降雨稀少，约塔帕塔城内缺少水井，所以守军必须从城外取水。第三阶段的战斗便围绕饮水展开。韦斯帕芗派兵严密防守各处要道，企图通过围困，渴死约瑟夫的犹太叛军。这一招正中犹太叛军的软肋。

虽然不能完全掌握城内的情况，罗马人却在一个高坡上看到犹太人聚在一起领取饮水。这证实了韦斯帕芗的判断：城内开始缺水了，策略已经奏效。实际上，城内的供水早就出现了短缺，约瑟夫不得不每天按量供水，可是随着时间的推移，城内的存水总有用完的一天。

为了摆脱困境，约瑟夫和韦斯帕芗打起了心理战。约瑟夫故意找来了很多衣服，然后用仅剩不多的水将衣服打湿，再把这些湿衣服全部晾晒在城墙上，弄得整个城墙都湿漉漉的，他还让士兵装出一副很不在意的样子，以此来迷惑韦斯帕芗。

这一幕让罗马人心生疑窦。韦斯帕芗开始怀疑自己的判断，认为城内的水源可能还非常充足。这动摇了他企图长期围困的决心，围困因此出现了松懈。约瑟夫利用这个机会，派人通过一条韦斯帕芗都没有发现的小溪谷，外出带回了很多补给。第三阶段的围困依然毫无进展。

第四阶段的战斗，韦斯帕芗恢复了强攻，命人抬来了巨大的攻城锤。这种武器的头部装备了很大的铁质公羊头，看起来非常骇人，每当它撞击城墙的时候，城墙上的犹太人都感到仿佛地震了一样。

约瑟夫不敢任由攻城锤如此破坏城墙，否则城墙早晚都要坍塌。犹太人想了很多办法来阻止攻城锤，比如朝攻城锤投下易燃物，甚至让人抱着木柴出城放火，还让人用巨石砸断攻城锤的羊头，但都没有起到决定性的作用，城墙逐渐被砸出了一个缺口。

为尽快突破缺口，韦斯帕芗命人四面搭起云梯佯攻城墙，实际上是为了分散防御缺口的犹太士兵，然而约瑟夫不为所动，只让老弱残兵去防御其他地方,最精锐的士兵依然挡在缺口后面。约瑟夫告诉犹太人:"不要害怕,不要后退。想一想你们的妻儿父母吧,他们马上就要被屠杀了,想一想那种恐怖的场景吧。我们的亲人就在身后,我们退无可退,用你们的愤怒去保护他们吧,去报复那些杀害你们同胞的罗马人吧。"

当城墙倒塌后,无数罗马士兵冲了上来,犹太人抱着必死的决心也冲了上去,双方在缺口处舍命搏杀,人与人挤在一起几乎不能动弹,而城墙上的犹太人乘机把滚烫的热油浇到罗马士兵的身上,大量的罗马人哀号着满地翻滚。双方的远程步兵都在后方不断射箭,箭矢漫天飞舞,难以判断是击中了敌人还是战友。战斗一直持续到夜幕降临,罗马军团始终没能突破城墙缺口,韦斯帕芗不得不撤回了伤亡惨重的罗马士兵。

约塔帕塔攻坚战陷入了僵局,韦斯帕芗的军团和约瑟夫的叛军都筋疲力尽,双方隔着城墙相互对峙着。韦斯帕芗开始有些佩服这位犹太将军了,提图斯也从咒骂约瑟夫变成了钦佩他。

该如何瓦解约塔帕塔守军的斗志?韦斯帕芗决定先扫荡约塔帕塔周边的城市,从而孤立守军,于是韦斯帕芗命大将图拉真率部攻打约法城。图拉真屠杀了出城反击的1.2万叛军,随后,提图斯率部登上了城墙,于城中大肆屠戮。接着,韦斯帕芗又命维图列努斯攻取了撒玛利亚,杀死了1.1万人。这么一来,约塔帕塔彻底成了战争里的孤岛,而韦斯帕芗继续加高了堤防,这极大地挫伤了守军的士气。

围城已经到了第47天,约瑟夫还在坚持,但是一些犹太人却受不了了,其中一个叛徒投降了韦斯帕芗并透露了城内的虚实。罗马军团在天亮前秘密地接近了城池,提图斯带着一队士兵悄悄地爬上了城墙,杀死了熟睡的哨兵,然后在浓雾的掩护下,迅速来到了城门旁。守卫的士兵还没来得及预警就被全部杀死,城门轰然打开,韦斯帕芗的军团就此鼓噪而入,约塔帕塔沦陷了。

罗马士兵因长期的围困变得异常愤怒,他们残忍地杀死了每一个成年的男人,一些妇女和小孩同样没能逃过复仇的屠刀,超过4万犹太人死在了巷战里。此后,韦斯帕芗下令摧毁整座城市,却没有找到犹太指挥官约瑟夫。所有人都明白,如果让约瑟夫逃出生天,那此战的目的便没有达成,故而韦斯帕芗严令搜捕加利利总督约瑟夫。

犹太人的预言与命运

叛军总督约瑟夫在破城之时，意外跌落深坑。这个坑的侧壁有一个大洞，里面很深，约瑟夫进去后发现里面居然躲了40来个犹太显贵。洞内空间足够，还有很多补给，里面的人白天在洞内休息，晚上就出去尝试逃走，然而罗马军团守备森严，他们屡屡无功而返。

韦斯帕芗命人到处搜寻约瑟夫的尸体，却一无所获，因此他相信约瑟夫还躲在城内某处，故而让士兵严加搜查每一个地方。起初的两天，约瑟夫和洞内的幸存者都躲过了搜查，但是到了第三天，一个曾藏在洞内的妇女被捉住了，罗马人使尽手段才撬开了她的嘴，知道了约瑟夫等人极为隐蔽的藏身之处。

韦斯帕芗派约瑟夫的好友尼卡诺尔去劝降，尼卡诺尔便告诉约瑟夫，韦斯帕芗并非要处死他，而是欣赏他的智慧和勇气，如若投降，必定委以重任。这动摇了约瑟夫，可是洞内的其他犹太人都拒绝投降，他们声称"不自由，宁勿死"，甚至威胁要杀死准备投降的约瑟夫。情急之下，约瑟夫说道："如果我们必须死，那么我们不能死在自己手上，自杀是亵渎神灵的行为，我们应该死在彼此的手上。"

约瑟夫提议抽签，凡是抽到"三"的人就要被抽到"二"的人杀死，以此类推。这是一个饱含智慧的数学游戏。约瑟夫从自己的旁边开始数数，犹太人就一个接一个地被杀死，直到只剩下约瑟夫和另一个犹太人。约瑟夫依然从那个犹太人开始数数，轮到自己时依然是"二"，而对方却是"三"，这么一来，最后剩下的一定是约瑟夫自己。另一个犹太人并不愿意就此被杀，约瑟夫看出了他的想法，最终说服对方一起投降了。就这样，约瑟夫巧妙地杀掉了狂热的同胞，顺利投降了韦斯帕芗。

韦斯帕芗质问约瑟夫："犹太人的叛乱究竟有什么意义？你们换来的只是死亡而已。"

约瑟夫回答道："我们在履行犹太人的天命。"

"荒唐！你们的天命是效忠罗马。我要把你送到元首那里去，天知道他会怎么对付你。"韦斯帕芗威胁道。

约瑟夫却笑道:"不必那么麻烦,你根本用不着把我送到罗马,因为你即将成为新的元首,就在这里。"

韦斯帕芗大为惊讶——一个犹太人居然用这样的方式来奉承自己,他觉得非常荒谬,认为约瑟夫故弄玄虚,但是提图斯却不这么想,他告诉韦斯帕芗,在围城之前,约瑟夫就曾预言约塔帕塔只能坚守47天,而且这个预言成真了。韦斯帕芗将信将疑,命人就此事询问犹太人俘虏,结果证实了提图斯的话。韦斯帕芗对约瑟夫本来就没有杀意,干脆以此为借口赦免了约瑟夫的死罪,但依然囚禁着他,韦斯帕芗要看一看,尼禄之后的元首到底是不是自己。

攻取约塔帕塔后,韦斯帕芗继续南征,重新占领了恺撒里亚,并把这里当作大本营。

加利利地区的犹太叛军继续战斗着,他们逃回了先前加卢斯平叛时毁掉的雅法城,将那里建成了要塞,还组建了一支舰队,沿着海岸线袭击罗马人的船只,罗马的海上交通线几乎被切断了。事实证明,加利利叛军已成困兽,韦斯帕芗轻易就攻进了要塞,叛军只能逃到船上,但由于恶劣的海上天气,这些犹太人既不能登岸,又不能航向大海,最后不是被杀死在岸边,就是喂了鲨鱼。

韦斯帕芗继续执行他的恐怖政策,不久后又攻克了提比里亚,犹太人能躲藏的城市越来越少,叛军只能逃向塔里齐亚,威胁韦斯帕芗的补给线。韦斯帕芗把攻克塔里齐亚的任务交给了提图斯。提图斯作为新一代的年轻将领,是帝国重点培养的对象,韦斯帕芗任命他为攻城指挥官,明显有锻炼、考验提图斯之意。

塔里齐亚是一座非常普通的城市,唯一的特点就是临近一个大湖,有着天然的防御优势。犹太叛军起初非常轻敌,主动到平原上列阵挑衅罗马人,哪知提图斯只带着几百人便击溃了他们。犹太叛军虽然在陆战里被击败,但他们却跑到湖边乘坐早就准备好的船只又逃了回去。罗马人没有船,只能在岸边干着急。犹太人发现提图斯无法追击他们,于是反复骚扰、挑衅提图斯,只要罗马人追击,他们马上就乘船逃走。

真是"天作孽,犹可违;自作孽,不可活"。正当提图斯一筹莫展之际,城内的犹太人发生了分裂,一些人主张投降,另一些人则坚决反对,他们为此大声争吵，使得城内一片大乱。提图斯注意到了这场骚乱，敏锐地意识到这是绝佳的进攻时机，于是他大声喊道："进攻的时刻到了！"然后率领骑兵跳到水里朝城内进攻。这一幕吓坏了犹太人，他们竟然不战而逃。提图斯乘胜占领了塔里齐亚，还杀死了其他乘船逃走的犹太人。

随着塔里齐亚的陷落，加利利的绝大多数城市都被韦斯帕芗控制了，只有加马拉、吉斯喀拉和塔伯山还在抵抗。在两年的征战里，韦斯帕芗集中力量，围绕以上三地展开攻略。他的意图非常明确，要在南下讨伐耶路撒冷前，拔掉挡在路上的最后几颗钉子。

加马拉修建在一座险要的山岭之上，四面皆是斜坡，很适合防守，整座城市的房屋都建在斜坡之上，看起来就像要滑下来一样。约瑟夫曾在这里修筑了城墙和壕沟，增强了城池的防御能力。因为仰攻的劣势，犹太国王已经在这里攻打了7个月之久，但依然不能攻入城池。

罗马军团决定先攻下加马拉城，韦斯帕芗亲率主力兵临城下。当地人见韦斯帕芗亲临，大有末日来临的恐惧感。罗马军团效仿攻打约塔帕塔的方式，使用大量的重型攻城器攻打城墙。当城墙被击破之后，罗马士兵呐喊着朝城内冲去。即便处于仰面进攻的不利境地，百人队凭借数量上的绝对优势，依然把犹太人逼退到山上。

万万没想到的是，罗马士兵一股脑地涌了上去，一些人甚至跳到房顶上，从上面进攻敌人。随着人员的聚集，重量的增加，这些房子承受不住，相继倒塌，结果砸死了大量的罗马士兵。罗马人顿时大乱，犹太人又成群结队地杀了回来，一时之间，罗马军团陷入了各自为战的窘境，不少人被迫退下山去。

韦斯帕芗因为过于深入，被孤立在了山上。他回头一看，四面都是犹太士兵，身边的近卫也已所剩无几。不得不承认，此时的韦斯帕芗虽然身处险境，但依旧镇定。他聚集起所剩不多的士兵，厉声喝道："龟甲阵。"

几个罗马士兵立刻高举着盾牌围在韦斯帕芗四周。这时，上百个犹太士兵围了过来，奋力挥剑砍向罗马大盾，其他犹太士兵又是射箭，又是投标枪，但皆不能攻破阵形，而罗马士兵则趁着敌人攻击的间隙，从缝隙中突然刺出一剑，招招致命，以至于犹太士兵一时半会儿不敢进攻。韦斯帕芗等人且战且退。当山下的罗马士兵发现韦斯帕芗正处于险境后，赶紧列队又杀了回去，这才把韦斯帕芗从鬼门关前拉了回来，好不惊险。

战况陷入僵持，直到提图斯从塔里齐亚回来后，战争才变得有利于罗马。提图斯率领200精骑和一队步兵再次攻入了加马拉，守军又被逼退到山上。韦斯帕芗见机，立刻率领主力也杀入加马拉。罗马军团这一次吸取了上回攻城的教训，没有立刻朝山上冲锋，而是就地列队，结成密集阵形一齐进攻。

守军本来利用投射武器压制着罗马军，可惜天公不作美，突然吹起的暴风改变了一切。由于风是朝山上吹，叛军的武器都失去了威力，无论是标枪还是弓箭，通通变得软绵绵的，大风还吹得犹太人睁不开眼，反而让罗马军团的攻击变得难以抵挡。罗马军御风急攻，一路杀上山去。最终，加马拉被提图斯攻陷了，超过4000人被屠杀，另有5000人选择跳崖自尽。

另一边，大将普拉西度斯正率领600精骑攻打塔伯山。由于该地地势险要，普拉西度斯又兵力匮乏，根本不能强攻此山，于是他向叛军提出了停火的建议，实际上是要诱使对方下山，而叛军居然自作聪明，表面上答应与普拉西度斯议和，实际上想下山突袭罗马人。普拉西度斯干脆将计就计，佯装败退，将犹太叛军引入了平原地带，然后再率领骑兵突然杀了一个回马枪。要知道在平原上，步兵是不可能战胜骑兵的。普拉西度斯完成了一次漂亮的反杀，当即歼灭了叛军的主力，并顺势占领了塔伯山。

塔伯山和加马拉相继失守，让守卫在吉斯喀拉的叛军沉不住气了，不少人建议投降。韦斯帕芗便派提图斯去招降该城。守将约翰以当日是安息日为由，承诺在次日答复罗马人，提图斯听后欣然应允。当夜，约翰等人就逃离了吉斯喀拉。次日，提图斯顺利接管了吉斯喀拉，同时派骑兵追击约翰，斩杀了6000名叛军。

到此为止，加利利基本被韦斯帕芗平定，大量的村庄被烧成了废墟，无数犹太人变成了白骨，残存的叛军和难民都逃到了最后的堡垒：耶路撒冷。一切都按照韦斯帕芗的计划在进行，他就是要把叛军全都赶到耶路撒冷后，一网打尽，而且大量的难民也会增加城内的粮食消耗，只要韦斯帕芗彻底围住耶路撒冷，犹太叛军的灭亡不过是时间问题。

危机已经如此之近，犹太人反而在自相残杀，争权夺利。吉斯喀拉的约翰率领了一部分叛军逃到耶路撒冷后，把自己的失败吹嘘成胜利，刻意贬低罗马军团的战斗力，以煽动更多的犹太青年加入反罗马的队伍。耶路撒冷的祭司们对这种不切实际的狂热感到忧心，他们主张和平停战，并打算投降韦斯帕芗，但这遭到了狂热派叛军的坚决反对，城内立刻形成了对立的两派阵营。

狂热派又名奋锐党，他们在耶路撒冷横行霸道，抢劫商铺，随意杀人，可谓是无法无天。这些人还擅自扶立自己的首领担任大祭司，强行霸占了圣殿，并把圣殿修建成了大本营。奋锐党还任意捕杀倾向和平的犹太人。其种种行为激怒了以哈南为首的祭司们，双方终于爆发战争。

哈南振臂一呼，召集了一支军队，与约翰的狂热派展开搏杀。起初，哈南取得了胜利，并将叛军逼入圣殿，然而在最后关头，哈南觉得攻入圣殿是不虔诚的行为，竟然放弃了追击，只留下6000名士兵监视叛军。这个愚蠢的决定改变了耶路撒冷的命运。

狂热派叛军势单力孤，为打败对手，他们不顾引狼入室的危险，向以东人求援。以东人早就对耶路撒冷垂涎三尺，竟集结了2万大军围攻耶路撒冷。趁哈南一时疏忽，约翰的叛军悄悄地打开了城门，2万虎狼就此杀入了城市，哈南及其党派被屠杀一空。

以东人占领耶路撒冷后，在城内烧杀抢掠，不仅强入民宅抢劫财物，还在光天化日之下强奸妇女，而狂热派叛军也趁此机会在城内肆意妄为，只为多抢一些值钱的东西就滥杀无辜：耶路撒冷混乱不堪。

罗马方面，韦斯帕芗已经做好了攻取耶路撒冷的准备，但就在此时，他收到了元首尼禄已死的消息。韦斯帕芗大为吃惊，也不敢贸然进兵耶路撒冷城了，因为一旦战事开始，他就不能轻易脱身，而下一任的奥古斯都花落谁家还不明朗，他必须在这个敏感的时刻保存自己的军事力量。耶路撒冷暂时安全了。

然而后来加尔巴被杀，奥托称帝，维特里乌斯又攻入罗马城。这一场又一场的内战引燃了韦斯帕芗深藏的野心，他看到了"问鼎中原"的机会，突然想起了犹太人约瑟夫当年的预言。韦斯帕芗顿感自己是天命所归，不打算再效忠任何人了，他要去实现那个犹太人的预言，成为罗马帝国的奥古斯都。

逐鹿总冠军：韦斯帕芗

公元69年6月，罗马时局纷乱不堪，各地诸侯称霸一方。叙利亚总督穆奇阿努斯、犹太总督韦斯帕芗、埃及总督亚历山大以及东方诸国的君主和国王，还有来自多瑙河军团和前禁卫军的代表，齐聚在叙利亚的贝利特斯，史称"贝利特斯会盟"。这座名不见经传的小城顿时变得拥挤不堪、热闹非凡。从阵容来看，会盟的各路首领以东方诸侯为主，其目的自然是要推选一位新的奥古斯都，一位符合东部帝国利益的新元首。

贝利特斯会盟参会者众多，但真正的主导者只有东方行省的三个总督，其中地位最高的叙利亚总督穆奇阿努斯缺乏足够的军事实力，主动放弃了皇位竞选，犹太总督韦斯帕芗自然成了新元首的最佳人选，至于埃及总督亚历山大，虽然他有2个军团的兵力以及富庶的埃及，但亚历山大的犹太裔罗马人身份注定了他无法角逐帝位。最终，与会的众人都支持韦斯帕芗称帝，于是东方各省正式宣布独立，韦斯帕芗意外地穿上了紫袍，戴上了金色的帝冠。

韦斯帕芗正式称帝后，东部帝国的6个军团全部宣誓效忠，加上多瑙河的7个军团，韦斯帕芗集团的军、政、财实力足以横扫整个地中海。新元首决定兵分三路：第一路由长子提图斯接掌远征军总司令，以埃及总督亚历山大为副手，领4个军团全力攻打耶路撒冷；第二路由叙利亚总督穆奇阿努斯会同7个多瑙河军团，从正面讨伐意大利；第三路由元首韦斯帕芗亲自指挥，直接进驻埃及，控制粮草和航路，随时准备从海路攻入意大利。

三路大军各自出发，一切都进行得非常顺利。不过有一点超出了韦斯帕芗的预期：多瑙河军团一听说韦斯帕芗称帝，当即出兵意大利。这些人并非急于在新元首面前立功，而是为了报波河之仇。多瑙河集团军在安东尼·普利姆斯的率领下，等不及穆奇阿努斯的大军到来，就径直杀奔波河战线。

普利姆斯作战勇猛、用兵神速，大军几乎毫无阻碍地翻越了阿尔卑斯山的布伦纳隘口，迅速出现在意大利平原。多瑙河军团先取维琴察，后克维罗纳，兵锋凌厉，足见其复仇之心的强烈。维特里乌斯一方得知韦斯帕芗大兵压境后，立即派心腹大将凯奇纳率领8个军团北上迎敌。虽然多瑙河集团军的兵力少于凯奇纳，但他们都是为了报仇雪恨而来，战斗力如狼似虎。

本来，凯奇纳企图布阵于意大利东海岸的罗马大道，那里的拉文纳海军舰队可以协助他作战，如此便能以逸待劳，但让人惊讶的是，普利姆斯根本没有走最近的罗马大道，反而一路西进，重新抵达了第一次波河之战的地方。凯奇纳这才发现自己判断失误，当即兵分两路赶赴维罗纳。然而凯奇纳前脚一走，海军舰队后脚就发生了哗变。他们大多是出生在多瑙河流域的行省士兵，对维特里乌斯没有任何感情，反而认为应该支持韦斯帕芗，于是整支海军都倒戈到多瑙河军团一方。

多瑙河军团倒不是因为看穿了凯奇纳的部署而移师贝德里亚库姆，而是因为贝德里亚库姆一带有适合大军展开的平原，利于多瑙河骑兵作战。另外，抢先控制该处北面的隘口就能阻止将从日耳曼南下的莱茵河援军，所以普利姆斯以雷霆攻势袭破了维罗纳城，兵锋直逼贝德里亚库姆。

此时，凯奇纳突然胆小了起来，因为他发现自己腹背受敌，故而踌躇不前。凯奇纳私下联系普利姆斯，打算投降。在商谈好投降条件后，凯奇纳召集军团的将领们，奉劝大家一起投降多瑙河军团。

总司令暗中通敌？这让各级将领愤怒异常。要知道，有了上次对多瑙河军团的羞辱，两军已经不可能和解，如果不战而降，莱茵河军团肯定会遭到更加严厉的报复。将军们干脆发动兵变，绑了意志薄弱的凯奇纳，然后推举费边（不是前文的费边·瓦伦斯，而是另外一个人）和卡西乌斯为新的统帅，同样进兵贝德里亚库姆。

对普利姆斯来说，此乃天赐良机：凯奇纳刚刚抵达维罗纳时，多瑙河的另外3个军团还未抵达战场，如果那时爆发决战，普利姆斯必败，但现在的多瑙河集团军已经集结了6个军团的兵力，而且两军主力尚未交战，敌军自己先发生了内讧，这绝对是影响士气的变故。多瑙河军团当然不会错过这个机会，全军上下厉兵秣马、严阵以待，随时准备与敌军决一死战。

莱茵河军团也知道临阵换将是犯了兵家大忌，如果此时遭到敌军突袭，大军士气必然崩溃，所以他们抢先发难，气势汹汹地杀奔多瑙河军团。

普利姆斯本打算列阵完毕再出击，可是大将弗鲁斯立功心切，不等命令便带着本部人马攻杀过去。起初，弗鲁斯的攻势很顺利，杀退了一些敌军，可当莱茵河军团主力抵达后，战局骤然改变，这位立功心切的将军旋即大败。逃回来的士兵伤的伤，残的残，这让多瑙河军团的士兵非常惊恐，刚刚还跃跃欲试的他们，现在都踌躇不前了。

夜色黑暗而可怕，多瑙河军团陷入了恐惧之中，一些人转身逃跑，甚至连手握军旗的掌旗官也跟着后撤。军旗作为罗马军团的灵魂，一旦后撤势必令军心大跌。关键时刻，普利姆斯勃然大怒，一枪刺穿了掌旗官的身体，夺过军旗，仅率百余骑便杀入了敌阵。看着向前冲锋的军旗，士兵们这才稳定了下来，相继追随主帅冲杀入阵，连破敌军两个军团，还追杀了很远。

然而就在此时，约6个莱茵河军团抵达了战场。他们不顾行军的疲惫，猛攻多瑙河军团，双方在黑夜中展开血腥的搏杀。夜色让人难以分辨敌我，再加上敌军布置了弩炮，多瑙河军团被大量射杀，不得不退到树林里躲避攻击，局势再度危急。

普利姆斯知道现在已是生死存亡的关键时刻，他简短地对士兵们吼道："你们在干什么？一场小的战斗就让你们都失去了勇气吗？想想我们为什么要到这里来，我们是来雪耻的，如果你们今天退缩了，这辈子都只能在耻辱里活着。至于禁卫军，你们除了在这里赢得胜利，别无他路，因为你们都被剥夺了军职，如果只想在田地里当一个农民，那你们就逃走吧。今天，我将和我勇敢的战士们一起赢得胜利。"

说罢，普利姆斯策马而出，毫不犹豫地朝莱茵河军团杀了过去。那些正在逃跑的士兵被这一幕激发出了军人的血性，一些士兵在百夫长的呼喊下，转身列阵，也追了上去。渐渐地，多瑙河军团爆发出了罗马人天生的狼性，没有人再犹豫了。"多瑙河军团，全军出击！"

多瑙河集团军的冲锋挑起了决战。公元69年10月24日，第二次贝德里亚库姆之战打响。同样的战场，同样的军旗，时间仿佛回到了上次决战的那一刻，只是攻守双方发生了改变，这次轮到多瑙河军团发起猛攻了。

两军依然按照罗马军团的传统布阵，前卫是手持标枪的轻步兵，中央为三列重步兵，两翼布置了一些骑兵。唯一不同的是，两军士气相去甚远。战斗伊始，多瑙河军团人人狂呼求战，而莱茵河军团应者寥寥。两军一经接战便相互冲杀，先是可怕的重标枪相互射击，接着便是勇士们怒吼着短兵相接。不过，多瑙河军团的吼叫声起到了很大的作用，此刻的他们士气激昂，一边高声呵斥对方，一边急速向前推进，其攻势如山洪暴发。

没过多久，从两翼到中央的搏杀就分出了胜负。莱茵河军团全线溃败，阵形被多瑙河军团彻底冲垮，不少百人队都陷入了各自为战的困境，最后不得不狼狈逃跑，因为只要再慢一点，多瑙河军团就会将其围歼。决战在一天之内就分出了胜负。

莱茵河残军一路丢盔弃甲，好不容易才逃回了克雷莫纳，可还没来得及喘口气，多瑙河军团就围住了城池。他们就地取材，砍伐树木，打造了不少攻城器械。夜晚的时候，多瑙河军团故意在营中高声欢呼，以此来瓦解敌军士气。当一切准备就绪后，普利姆斯下达了攻城的命令，大军如滔天巨浪淹没了小小的克雷莫纳城。

城破之后，多瑙河军团开始了复仇的屠杀，无论是老弱妇孺，还是投降的士兵，一概杀无赦。大火在克雷莫纳城肆虐，哭喊声响彻了云霄，超过4万人在这场屠杀里丧命，克雷莫纳城就此化为了废墟。

克雷莫纳城的沦陷极大地刺激了维特里乌斯集团。刚刚病愈的瓦伦斯本打算接管凯奇纳的军团，但当他听说军团已经被歼灭后，便立即乘船出海，企图到纳尔波高卢召集军队，然后再驰援意大利战场。然而，留在高卢的保利努斯举兵响应了韦斯帕芗，俘获了刚刚登岸的瓦伦斯。至此，维特里乌斯的两员大将均落入敌手，莱茵河阵营已无人能挑起大梁了。

多瑙河军团不久即渡过波河，沿罗马大道南下，轻易攻克了里米尼，控制了北意大利，一路上几乎没有遇到任何抵抗。维特里乌斯感到大事不妙——禁卫军已经所剩无几，将军们都毫无战心，这个只知道饮酒暴食的元首终于陷入了恐惧之中。他想投降，可又担心遭到多瑙河军团的报复，于是只好厚着脸皮去求韦斯帕芗的哥哥萨宾努斯。此时的萨宾努斯仍在罗马城担任市政官。

维特里乌斯希望萨宾努斯能看在往日的情面上从中斡旋。萨宾努斯当然不好意思拒绝，毕竟不战而屈人之兵是上佳之策。可是维特里乌斯马上就后悔了，因为他的将军们都反对他让位给韦斯帕芗，这动摇了维特里乌斯的决心。他有些犹豫不决，既没有试着说服自己的将军，又没有立刻执行让位的计划。

将军们见元首如此懦弱，干脆把他撇在一边，突然袭击萨宾努斯。萨宾努斯仓促应战，一路败退至卡比托利欧山的朱庇特神庙。萨宾努斯以为对方是不会进攻神庙的，因为罗马人都比较虔诚，断然不会做出亵渎神灵的事情。然而他想错了，维特里乌斯的士兵丝毫没有停止进攻的意思，竟围住神庙，纵火焚烧。最后，萨宾努斯和他的士兵都死于大火，而恢宏的朱庇特神庙也被付之一炬。和解的可能性彻底不存在了。

公元 69 年 12 月，多瑙河军团在普利姆斯的率领下，攻陷了罗马城。莱茵河军团的士兵和党羽均遭到屠杀，而元首维特里乌斯也在混乱中被俘。这次轮到多瑙河的军人羞辱维特里乌斯了：士兵们扒下了维特里乌斯的衣服，将其双手反绑着，用剑抵着他的下巴，使他无法低头，然后驱赶着曾经不可一世的元首在城中游行。经过长时间的折磨后，士兵们最终处死了维特里乌斯，还把尸体丢进了台伯河。这距维特里乌斯称帝才仅仅 8 个月时间，现在韦斯帕芗是唯一的元首了。

与此同时，本应该尽快与普利姆斯会合的穆奇阿努斯却迟迟没有出现。这倒不是他故意延宕，而是叙利亚军团的脚步被新的威胁绊住了，穆奇阿努斯分身乏术，只好放弃了支援普利姆斯的计划，转身迎战新的敌人。

第二十三章 逐鹿余波

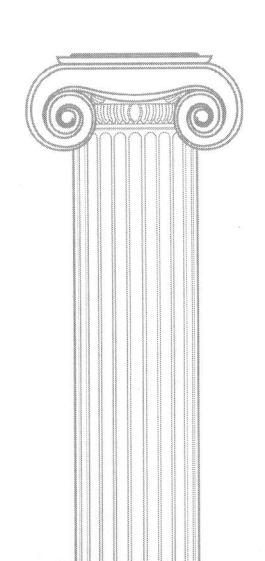

巴塔维亚之乱

罗马帝国皇位更迭，内战连连，帝国最强的两大作战集团——莱茵河军团和多瑙河军团都拥护自己中意的元首，鏖战意大利。这让人不禁想问：莱茵河、多瑙河之外的蛮族都哪里去了？难道他们就这么善解人意，在罗马大乱时，坚决不给这份纷乱再添一砖一瓦？

事实上，这么善解人意的蛮族还真没有。就在安东尼·普利姆斯率领多瑙河军团攻入波河平原时，居住在多瑙河以北的达契亚人就发现了帝国防线的松动。在试探性地进攻后，达契亚人判断多瑙河军团的主力已经离开，旋即集结人马，大举南下，沿途烧杀抢掠，并打算深入色雷斯行省。达契亚人的运气并不好，多瑙河军团前脚一走，叙利亚军团后脚就来了。

叙利亚总督穆奇阿努斯本打算与多瑙河军团会师后南下意大利，可达契亚人的入侵改变了他的计划。穆奇阿努斯意识到，帝国内乱未平，外患又至，如果不在达契亚人深入帝国腹地前将其击溃，那帝国势必陷入更大的困境，所以穆奇阿努斯决定留在多瑙河的三个行省阻截南下的达契亚人。

这场反攻达契亚的战争在帝国境内展开，由于指挥得当，穆奇阿努斯成功分割包围了达契亚人。为了不留后患，穆奇阿努斯故意虚张声势，吓得达契亚人不敢突围，结果被人数处于劣势的罗马军团歼灭。此战令达契亚人心生畏惧，摸不清罗马人的虚实，其南下劫掠的计划就此中止。

多瑙河的入侵才刚刚结束，莱茵河的危机立刻就来了。与多瑙河不同的是，莱茵河倒不是被入侵了，而是盟友叛变。要知道，罗马帝国沿着莱茵河建立了一系列的殖民城市，罗马军团通过这些如要塞一般的城市，守卫着帝国的边疆，而莱茵河沿岸的蛮族，在罗马人又打又拉的分化政策下，一些直接并入罗马行省，另一些则与罗马结为同盟。巴塔维亚人就是罗马帝国重要的盟友之一，他们居住在今天的荷兰一带，临近海洋。

说到巴塔维亚人，罗马人与他们的渊源很深，早在日耳曼尼库斯为罗马军团兵败条顿堡森林复仇时，巴塔维亚人就崭露头角。当时决战在即，为了保证主力军团渡河，巴塔维亚骑兵主动渡河佯攻，结果中了阿米尼乌斯的伏击，连同首领在内的诸多贵族集体阵亡。巴塔维亚人的牺牲赢得了罗马人的友谊。后来，巴塔维亚人继续为罗马效力，在征战不列颠等重要战役里，都作为辅助军立下了汗马功劳。

可是尼禄统治末年，温代克斯领导的高卢叛乱却连累了他们。当时的低地日耳曼统帅卡皮托认为巴塔维亚王族也参与了叛乱，便把王族出身的保路斯兄弟给抓了起来，不仅判定他们也参与了叛军，还处死了保路斯。

不知道是因为证据不足，还是为了邀功，卡皮托将保路斯的弟弟奇维里斯送到了尼禄那里，奇维里斯便苟活了下来。帝国不久后发生了内乱，尼禄被取而代之，奇维里斯在加尔巴的特赦下被释放了。虽然奇维里斯死里逃生，可心里的伤痕却难以抚平，他发誓要报复罗马人，为死去的哥哥报仇。

等到维特里乌斯与韦斯帕芗争夺帝位时，尤里乌斯·奇维里斯已经是统率8000辅助军的高级将领了，而且他还拥有尤里乌斯的姓氏——不用怀疑，他已经得到罗马公民权——自然也有一定的号召力。此时的莱茵河军团在巴塔维亚征募军队，而执行命令的官员因为贪婪，随意拘捕老弱索要赎金，又抢掠小孩供他们淫乐，这改变了巴塔维亚人对罗马的态度。不久之后，莱茵河军团南下攻取了罗马城，留在各殖民地的都是些老弱残兵，奇维里斯看到了谋反的机会。

奇维里斯以宴会为名，将巴塔维亚的主要贵族都召集到了隐秘的森林。在宴会进入高潮后，他突然正襟危坐，郑重说道："虽然我们曾是罗马人的同盟，但罗马人早已把我们当成奴隶了。一个罗马长官上任后，他就会在我们这里搜刮财富，我们要费尽心思地满足他的贪欲，等到好不容易满足了他的要求，这个人就会离开，可是新来的长官又会重复上一个人的行为，我们又要继续费尽心思地满足他的贪欲。此外，罗马人年年征兵，让我们父子分离，兄弟失散。这样的日子何时才是个头啊？"

这番话戳中了巴塔维亚人的痛处。奇维里斯继续说道："没有比现在更好的时候了，罗马军团的主力已经南下，留在要塞里的都是老弱残兵，除了战利品，那里什么都不剩了。我们不必害怕罗马军团的虚名，因为我们的战斗力并不输给他们，而且高卢人长期被罗马人奴役，他们和我们一样渴望自由，如果我们举起义旗，高卢人都会响应我们。就算战事不利也不用担心，我们可以辩称是为了韦斯帕芗而战；如果我们胜利了，那就更不用担心什么了。"

奇维里斯的话赢得了各部首领的认同，巴塔维亚人团结在他麾下，准备造反了。奇维里斯知道罗马帝国的强大，虽然他很有信心，但依然试图组建一个日耳曼-高卢联盟。所以，他派遣使者拜访了东面的弗里斯人和西面的卡尼法提人，将这两个日耳曼国家首先拉入了阵营。同时，奇维里斯还派人四处策反为罗马帝国服役的巴塔维亚辅助军，其中位于不列颠的8个步兵中队立即加入了奇维里斯的联盟。

渐渐地，奇维里斯的联盟已初具规模，而罗马帝国还全然不知这一反叛力量。卡尼法提人按计划率先举起反旗，驻守在莱茵河上游的罗马军团误以为卡尼法提人是反叛力量的核心，丝毫没有察觉奇维里斯所部的异常。

由于大多数罗马军团已经随维特里乌斯南下，驻守巴塔维亚的兵力严重不足，因此当地的罗马人放弃了分散驻守的营地，把各小队集中到巴塔维亚境内的岛屿上，该处有海洋和沼泽保护，足以坚守待援。

奇维里斯的首要目标就是将罗马人赶出巴塔维亚的地盘。此刻的他尚未暴露，于是他以辅助军团指挥官的军阶，命令集结在岛上的罗马军团立即返回原来的营地。实际上，奇维里斯打算把他们各个击破。

本来是一步好棋，只可惜他麾下的蛮族军队没有罗马人那样的纪律，这些人七嘴八舌聊天的时候暴露了奇维里斯的身份，罗马的密探由此得知了这一惊天秘密，坚守在岛上的罗马人自然拒绝听令。奇维里斯见身份已然暴露，也不管那么多了，立即举起了叛旗，打着为韦斯帕芗而战的幌子，围攻岛屿，企图通过强攻围歼这支罗马军队，彻底控制莱茵河上游地区。

论兵力，叛军确实占有优势，但罗马人却拥有一支海军舰队，足以将叛军歼灭在登岛之前。交战当日，罗马军团把战舰部署在海上，正面迎战奇维里斯，然而，正当两军于水上短兵相接时，罗马舰队的一个中队突然倒戈，令军团阵脚大乱。同时，操控舰船的巴塔维亚人桨手也突然起事，强行将战舰划向奇维里斯的营地。船上的百夫长和罗马士兵均被屠杀。巴塔维亚全境脱离了罗马帝国。

接着，奇维里斯秘密派人把布鲁克特人、滕克特里人、佟古累人、涅尔维人也拉入了联盟。他还派密使联络摩功提亚库姆（今美因茨）军团中的辅助兵。这些辅助兵本奉命南下支援意大利战场，听闻各族叛乱后，便以罗马拖欠军饷为由，全部叛逃了。

叛乱的消息很快传到了留守下莱茵河的弗拉库斯军中。老迈的弗拉库斯性格懦弱、体弱多病，很长时间都拿不出对策，于是只好命第15军团长卢佩库斯带领2个不满员的军团征讨叛军，并征调乌比伊人、特雷维利人、巴塔维亚人辅助骑兵增援。显然，弗拉库斯还不知道巴塔维亚各部全反了。

率部北上的卢佩库斯兵力不足万人，但加上三族辅助骑兵，还是足以镇压叛乱的。两军决战时，被布置在左翼的巴塔维亚辅助骑兵突然倒戈，而乌比伊人和特雷维利人辅助军又自行溃散，这使得罗马军团四面被围。奇维里斯率领叛军大肆屠杀罗马的士兵，若不是他们忙于追杀逃散的辅助兵，卢佩库斯所部极可能被全歼。狼狈的溃兵逃去了维提拉（今克桑滕）。至此，莱茵河下游的罗马军团基本被叛军肃清。

巴塔维亚叛乱的第一阶段以叛军出其不意的偷袭拉开了序幕。奇维里斯利用日耳曼人仇视罗马人的情绪，聚集起的叛军已小有规模，而且让罗马人没想到的是，奇维里斯的叛军不只是要让巴塔维亚独立那么简单，他们还有着更大的野心。

第一高卢帝国

在莱茵河西岸，罗马人修建了4座堪称要塞的殖民城市，由北向南依次是维提拉、诺瓦伊西乌姆（今诺伊斯）、波纳（今波恩）和摩功提亚库姆。其中维提拉驻扎着第5和第15军团，诺瓦伊西乌姆驻扎着第16军团，波纳驻扎着第1军团，摩功提亚库姆驻扎着第4和第22军团。这些殖民城市是罗马军团的主要驻地，按照罗马的习惯建设得如城市一般繁荣，加上军团自身修建的防御工事，它们实际上成了罗马控制莱茵河的军事基地。

在一连串胜利后，更多的蛮族辅助军集结到奇维里斯的麾下。公元69年9月，实力雄厚的叛军终于决定朝最近的维提拉发动攻击。当地只有不到5000

人的军团，而且粮食也极为匮乏，若无援军，落城只是时间问题。

维提拉被围困的消息很快就传到了摩功提亚库姆，统帅弗拉库斯理应北上镇压叛乱，但他却相信了奇维里斯是为韦斯帕芗而战的谎言，可能弗拉库斯内心深处是支持韦斯帕芗的，所以摩功提亚库姆军团的行动非常缓慢。等到军团出征后，士兵们又发现弗拉库斯根本没和他们一起行军，而是独自乘船悠闲北上。一路上天气恶劣，粮草不足，道路难行，士兵们倍受折磨。行军至波纳时，不满的情绪终于爆发，士兵们发动兵变，剥夺了弗拉库斯的兵权，推举副将迪利乌斯·沃库拉为代理指挥官。在迪利乌斯的领导下，第4、第22军团艰难行军至诺瓦伊西乌姆，加上驻扎在该处的第16军团，罗马人总算凑齐了3个军团驰援维提拉。他们在距目的地只有1天路程的盖尔勃扎下大营。

叛军此时正在围攻维提拉，局势很不明朗。奇维里斯手里有数万叛军，兵力远远多于维提拉的守军和迪利乌斯的罗马军团，但维提拉城池坚固，迪利乌斯又单独驻兵于盖尔勃，大有前后夹击奇维里斯的架势，罗马人并非没有胜算。

意识到处境日渐不利的奇维里斯决定冒险。他让人在大营里增添营帐和锅灶，却只留下少量兵力继续围城。太阳落山后，奇维里斯让叛军主力衔枚疾进，悄悄接近了迪利乌斯的大营。夜幕降临，罗马人除了哨兵外，大多已经入睡，叛军突然号叫着猛攻罗马大营。哨兵立即被杀，数不清的蛮族士兵越过营门，杀入营内。从大帐篷里冲出来的迪利乌斯慌忙披上战甲，可眼前的一幕让他不禁冷汗直流：营地内到处都是奔跑的人，不少地方已经起火。杂乱的喊叫声淹没了迪利乌斯的军令，辅助军完全失去了控制，分散在大营四周各自为战，只有罗马军团还坚守在营地中央。

人们在黑夜里相互攻击，有些人甚至无法分清敌我双方，只能见人就砍，让人弄不清楚他们是叛变了还是纯属误伤，不少人因此死于同袍手中。越来越多的人战死，眼看罗马军就要被叛军围歼了，突然，号角声从大营外传来。仔细一听，竟然是罗马军团的号角声。被围的罗马军精神为之一振，纷纷高呼："援军来了！援军来了！"

叛军也被身后的号角声给弄蒙了。哪里来的罗马军团？还没等他们弄清楚，一支生力军立即冲杀至叛军身后，砍倒了后方的叛军。叛军大惊失色，疑惑道："难道是诺瓦伊西乌姆和摩功提亚库姆的援兵来了？"叛军此时斗志全无，生怕被罗马军团前后包围，再无退路，于是他们顾不上围歼迪利乌斯所部，急忙朝后方突围，勉强杀了出去。

战斗结束后，满地都是断臂残肢，罗马人和蛮族人都损失惨重。迪利乌斯非常庆幸，要不是瓦斯科尼斯辅助军刚好抵达营地外，恐怕摩功提亚库姆军团就要全部交待在盖尔勃了。

虽然奇维里斯大败而归，但维提拉的守军却不知道夜战的实际情况，于是奇维里斯把一个俘虏拉到城墙下，让他欺骗守军称"援军已经全数被歼"。这个俘兵爽快地答应了，可当他来到城下时，却突然吼道："援军已经抵达盖尔勃，他们刚刚击退了叛军的夜袭，大家千万要坚持住啊！"

维提拉守军听闻援兵已至，士气大振。奇维里斯骗开城门的计划非但没能成功，反而促使守军抵抗得更激烈了。同一时间，血战险胜的迪利乌斯继续朝维提拉挺进。当他们看到城池后，立即将军旗全部竖起，深挖壕沟，建立营寨，与守军形成犄角之势。

当前的形势利于罗马人，守军和援军都士气高昂，特别是援军士兵急于出战，竟然不顾疲惫强行发动进攻，而城墙上的守军看到援军发动总攻后，也赶紧集结人马出城支援。两方夹击之下，奇维里斯的叛军再次溃败，不得不紧急撤离战场以保存实力。然而迪利乌斯却禁止军队乘胜追击，可能他害怕叛军的溃败是诱敌深入的诡计，故而坚持加固营地，就是不出兵追击。真不知道这是谨慎呢，还是胆小呢？迪利乌斯的决定错过了迅速结束战争的机会，他忘记了自己的粮草有限，是不足以长期对峙的。维提拉之围暂时得以解除，但大战还将继续。

随着战事迁延时日，周围部落相继叛变，没有人愿意给罗马军团提供粮草，迪利乌斯只能派人从诺瓦伊西乌姆运粮，这导致罗马人的补给线过于漫长。叛军见状，旋即伏击了运输粮草的队伍，算是截断了罗马人的补给线。处境艰难的罗马军团越发急躁，眼见粮食即将告罄，迪利乌斯只好挑选了1000人马去支援运粮队，结果剩下的士兵们不愿意苦守维提拉，更多的人在没有军令的情况下也逃去了诺瓦伊西乌姆，留下的士兵以为他们被迪利乌斯抛弃了，军中又一次哗变。

奇维里斯此时恢复了元气，再次率部杀回维提拉。迪利乌斯军团混乱不堪，先是败退盖尔勃，后又退守诺瓦伊西乌姆，接连的失败让军团进退失据。更糟的是，维特里乌斯战败的消息也传到了罗马军中，全军上下士气大跌，因为他们所拥立的元首垮台了，继续冒险似乎毫无意义。围绕是否效忠韦斯帕芗的问题，仅剩的罗马军团又发生哗变，忠于维特里乌斯的士兵以弗拉库斯暗通韦斯帕芗为由杀掉了他，迪利乌斯被迫化装成奴隶逃走。

经过多次哗变的罗马军团损兵折将，狼狈撤回了诺瓦伊西乌姆，但不久后，罗马城落入韦斯帕芗之手的消息传来，士兵们赶紧改换门庭，又请回了迪利乌斯，哗变算是勉强平息了。凭借坚固的城防，罗马人暂时松了一口气，但事情没有这么简单。

弗拉库斯死后，名义上的莱茵河总司令出缺，军团犹如一盘散沙。各辅助军对罗马的忠诚也逐渐动摇，其中作为罗马重要盟友的特雷维利人骑兵长官克拉西库斯私下接触奇维里斯，意欲投敌。迪利乌斯虽然得知了这一消息，但他已无力约束辅助军，只能睁一只眼闭一只眼。不久之后，克拉西库斯的辅助军公开脱离罗马军团，独自扎营，这与叛乱无异。

巴塔维亚叛乱大获成功，高卢地区的特雷维利人和林贡内斯人也相继加入了奇维里斯的阵营。参与叛乱的各部领袖在奇维里斯的邀请下，齐聚科隆尼亚·阿格里皮内西姆（今科隆；后文简称为科隆尼亚）。他们以巴塔维亚的奇维里斯、特雷维利的克拉西库斯和图托尔、林贡内斯的萨比努斯四人为核心，建立了一个名为"高卢帝国"的新国家，正式宣布独立。新国家旨在联合日耳曼人和高卢人，将罗马的势力驱逐到阿尔卑斯山和比利牛斯山以外。

迪利乌斯的境况越来越糟糕：军团内部离心离德，辅助军相继倒戈，连曾经的高卢盟友也公然欺骗罗马人，险些将迪利乌斯诱骗至危险的战场，一部分罗马军团甚至在叛军的诱惑下，宣布效忠高卢帝国。迪利乌斯的军团分崩离析，不少人劝他赶紧逃离军营，可迪利乌斯不愿放弃。哪知叛军早就派了一个名叫隆古努斯的逃兵混入军营，此人趁迪利乌斯在演讲台上鼓舞士兵时，突然冲上讲台将其乱刀捅死。失去指挥官的罗马军团再无战心。

随着弗拉库斯和迪利乌斯相继死去，罗马军团群龙无首，各军团再无团结作战的可能，叛军乘机逼迫科隆尼亚城加入了高卢帝国。其他分散的罗马军团，一部分被叛军歼灭，一部分被诱降。不久后，维提拉、波纳和摩功提亚库姆也相继落入了奇维里斯之手，罗马的莱茵河防线完全崩溃了。

平定莱茵河

"高卢帝国"建立的同时，罗马城已经被多瑙河军团攻陷，达契亚人也被叙利亚军团击退。穆奇阿努斯赶到罗马城后，以韦斯帕芗副手的身份接管了政权，削弱了普利姆斯的权力。因为韦斯帕芗还远在埃及，所以穆奇阿努斯实际上如同帝国摄政王。

为了避免叛军势力深入高卢行省，穆奇阿努斯决定倾举国之力镇压辅助军的叛变。他以韦斯帕芗的名义诏令西班牙的第1、第6军团，不列颠的第14军团，意大利的第2、第8、第11、第13、第21军团，以及莱茵河仅剩的第22军团，合计9个罗马军团围攻奇维里斯的叛军，而统帅就是曾在莱茵河担任总督的凯利亚里斯。

佩提里乌斯·凯利亚里斯本是韦斯帕芗任命的不列颠总督，正奉命前去不列颠赴任，但莱茵河的叛乱改变了他的行程。穆奇阿努斯令其节制即将赶赴莱茵河的9个军团，全力平定叛乱。

凯利亚里斯很有将略，为了让摇摆不定的高卢人感到安心，故意拒绝了高卢辅助兵参战的请求，声称"不需要任何援军，帝国将轻松击溃日耳曼人叛军"。这种自信如定心丸一样坚定了盟国的立场。

当罗马开始集中兵力后，那些三心二意的高卢国家发生了分裂，高卢各部在雷米人的邀请下召开了高卢大会。中、西部地区的高卢人本来就没有加入奇维里斯的意愿，当听闻凯利亚里斯如此自信的宣言后，他们认为罗马获胜的可能性远大于奇维里斯，再加上高卢人对日耳曼人天生有敌意，所以大多数高卢国家选择站在罗马帝国一边，至于什么虚无缥缈的高卢帝国，权当是一个笑话吧。

公元70年，自我感觉良好的叛军开始向高卢地区扩张领土。第一个被叛军盯上的就是塞卡尼人，他们是罗马忠实的盟友，领土紧邻林贡内斯人，战略位置极为重要。作为高卢帝国四大领头人之一的萨比努斯集结了近 10 万林贡内斯人,大举入侵塞卡尼。意外的是,塞卡尼人以寡击众,一举击溃了所谓的 10 万大军,仅俘虏就多达 7 万余人,这极大地鼓舞了与罗马联盟的国家。至于叛军首领萨比努斯,据说他被迫四处流亡,为了躲避追杀还制造了自焚的假象,直到 9 年后被罗马人擒获处斩。

另一方面,叛军领袖依然沉浸在胜利的美梦里,克拉西库斯安于享乐,图托尔也止步不前。由于叛军没有及时南下封锁阿尔卑斯山的隘口,凯利亚里斯轻松翻越了阿尔卑斯山,攻克了摩功提亚库姆,并收编了投降叛军的第 4 和第 22 军团。而驻扎在温多尼撒的第 21 军团独自北上讨伐叛军,竟击败了图托尔率领的 1 万叛军,还招降了大部分人。周围几个部落见罗马军团卷土重来后,纷纷投降帝国,一部分特雷维利人甚至吓得赶紧烧掉了家园和桥梁,被迫向北转移。

不久后,罗马军团在凯利亚里斯的率领下,猛攻特雷维利人,仅 3 天就兵临重镇利果杜鲁姆。当时的叛军在一座高山下扎营,以为背靠高地就能安然无恙,所以只在营地正面修建了一道壁垒和几道壕沟。可惜凯利亚里斯是作战的老手,他选了数千精骑,命其翻越山岭,从叛军营寨背后的山上奇袭叛军,而他本人则率领步兵猛攻敌寨正面的工事,以吸引叛军注意。果然,一轮到罗马正规军团出战,那形势就是一边倒。叛军在两面夹击下大败,不少特雷维利和林贡内斯贵族被俘,连特雷维利人的首都特里尔都被攻陷了。

特雷维利人本以为会沦为奴隶,但凯利亚里斯完全赦免了他们,没有追究任何人,更没有惩罚这些败军,他重申了罗马和高卢数百年的友谊,半劝慰半威胁地"邀请"他们回到罗马联盟的大家庭里。这种宽容的态度打动了特雷维利人,于是特雷维利人和林贡内斯人都重返罗马阵营,奇维里斯的高卢帝国开始崩塌。

奇维里斯发现新的罗马统帅绝非一般将领可比,于是他故意给凯利亚里斯写了一封信,称韦斯帕芗已经死了,如果凯利亚里斯承认高卢帝国,叛军绝不染指更多的罗马行省,如若不然,必定死战到底。接着,奇维里斯又写了一封信,内容是拥立凯利亚里斯为高卢君主,而且他故意让信落入韦斯帕芗次子图密善手中,意图用离间之计除掉凯利亚里斯。

可惜，凯利亚里斯并无野心，直接把信使和信一起送到了罗马城。坐镇罗马城的穆奇阿努斯只瞟了一眼，就把两封信烧掉了。离间罗马统帅的计划没有成功，奇维里斯意识到，血战已不可避免。

为此，奇维里斯集结了叛军主力，趁凯利亚里斯疏于防范时，夜袭了扎在特里尔城外的罗马大营。此时的凯利亚里斯恰好没在营中休息，据说他当夜在特里尔城内留宿，城池与营地间隔着一条河流，仅有一座桥能联系两地。叛军从两个方向发动进攻，一部分人攻打罗马大营，另一部分人占领了桥梁，阻断了特里尔与罗马大营的联系。凯利亚里斯得知战况后，立刻披甲上马，不顾危险，独自朝桥梁冲了过去。那些慌乱无措的罗马士兵，看见主帅独自去夺桥后，也跟着冲了过去。凭借着罗马人世代相传的勇气，凯利亚里斯不仅夺回了桥梁，还顺利杀回了大营。

叛军并没有发现凯利亚里斯的到来，以为胜券在握了，便分散开来，各自抢夺营寨内的战利品。这给了凯利亚里斯反攻的大好机会，于是罗马军团列阵反击，很快就击溃了那些各自为战的日耳曼人。叛军四处逃跑，凯利亚里斯不顾士卒疲惫，仍下令追击，居然在同一天内攻陷了叛军的大营。

凯利亚里斯的反败为胜又一次动摇了奇维里斯的阵营。科隆尼亚也决定投降罗马帝国。科隆人摆了一场鸿门宴，邀请驻扎在城外的叛军主力入城赴宴，在日耳曼人醉得不省人事后，科隆人关上门烧死了他们。连奇维里斯留在科隆尼亚的妻子和姊妹也被送到了凯利亚里斯手里。

叛军一路败退维提拉，局势越发不利。奇维里斯明白，若是硬碰硬，巴塔维亚人根本打不过罗马军团，所以他必须设法削弱对手的优势，于是他将罗马军团诱入一片天然的沼泽地。奇维里斯特地在莱茵河上修了一道河堤，把河水引到了战场，这使得两军之间出现了一个大湖泊。日耳曼人非常熟悉地形，知道哪里深，哪里浅，可罗马士兵却一无所知，而且他们都身穿重甲，一旦陷入沼泽就会难以动弹。

奇维里斯首先发起进攻，迫使罗马军团下水迎战，结果正如日耳曼人所料，不少罗马士兵陷入了沼泽地，阵形大乱。日耳曼人利用熟悉地形的优势，在水上跳来跳去，还试图从两翼包抄。好在罗马军团有着铁一般的纪律，顶住了进攻，各大队有序地缓缓撤了回来。

次日，双方再战。这次，凯利亚里斯改变了阵形，让骑兵和辅助步兵排列在第一线，把主力军团留在第二线，自己则亲率精锐士兵组成预备队应付突发情况。双方都进行了简短的动员，决战就这么开始了。

奇维里斯的叛军首先用石头、铅弹和其他投射物攻击，试图通过远程打击激怒罗马军团，引诱罗马人迎战。不过，罗马军团并未中计，士兵们耐心地等待着敌军箭矢用尽的时候。随着远程打击的结束，日耳曼人只能主动发起近身攻击，双方在岸边血战，日耳曼人时进时退，故意引得罗马军前排的辅助兵跌落水中。日耳曼人的投枪很长，这使得他们可以从远处戳死不幸滑入水中的敌兵，罗马人只能严令各大队坚守在岸边，不得深入。

见罗马人不肯下水，奇维里斯便派布鲁克特人游到罗马军团的侧翼，猛攻第一线的辅助步兵，迫使辅助兵让出了阵地。位于第二线的罗马主力兵团赶紧补了上去，凭借重装铠甲，士兵们成功挡住了日耳曼人的攻势。

此时，凯利亚里斯听从了一个巴塔维亚逃兵的建议，调集了两队罗马骑兵，趁敌军专注正面攻势时，急速向敌军后方迂回。这些骑兵顺利杀至沼泽尽头，那里是一片干燥的土地，骑兵当即发挥了自己优势，顺利击溃了该处的叛军。

罗马骑兵通过高声欢呼的方式向友军传达了得手的消息。听见同伴取得胜利后，军团步兵开始了冲锋。日耳曼人这才发现自己前后都是敌人。没过多久，叛军的士气就崩溃了，溃兵四散而逃，到处都是日耳曼人的尸体，河水也被染成了赤色。如果凯利亚里斯有足够的力量追击，那奇维里斯将在这一役里殒命，可惜凯利亚里斯没有舰队，只能任由败军逃走了。

溃败的日耳曼人被迫放弃首都，退守巴塔维亚岛，凯利亚里斯顺势将岛屿四面围了起来。奇维里斯已是穷途末路，却困兽犹斗。在他的部署下，叛军兵分四路突袭各地的罗马军团，企图让凯利亚里斯疲于奔命，以便在罗马人的必经之路上伏击他们。

不得不承认，奇维里斯之计相当毒辣，而且还真的取得了不错的战绩，击溃了好几处的罗马军团，后来更是突袭了凯利亚里斯的营地，夺走了统帅的旗舰。好在凯利亚里斯没有睡在船上，不然必定被叛军俘虏。然而这些胜利无法扭转战局，叛军的损失越来越大，粮草物资也消耗殆尽。日耳曼各部领袖都失去了信心，士兵们也厌倦了战争，他们纷纷指责奇维里斯把他们拖入了战争的泥潭，非但没有击败罗马人，反而还引来了更多的罗马军团。战争让人们失去了家园和亲人，弱小的巴塔维亚人根本不可能击败统领地中海的罗马帝国。纵有万般不甘，日耳曼人还是选择了投降。

意外的是，罗马帝国宽恕了巴塔维亚人，所有巴塔维亚贵族都被赦免了，他们重新获得了罗马同盟者的身份，既没有赔款，也没有被奴役，一切又回到了当初。如此宽大的结局得益于罗马人的自我反思，他们好战但不嗜血，在镇压叛乱的同时，也会思考叛乱的原因。凯利亚里斯等罗马人都明白，问题的根源在于帝国对异族统治的严苛，如果没有繁重的剥削，巴塔维亚人断然不可能跟随奇维里斯起义。

帝国随后重建了莱茵河防线。没有惩罚，只有宽恕，罗马帝国恢复了当地的秩序，以公正的原则统治莱茵河两岸。得益于罗马人的宽容大度，日耳曼和高卢各族再次团结在帝国周围，莱茵河防线恢复了平静。为祸一年的巴塔维亚叛乱就此结束了，然而远在犹太的耶路撒冷却还在战火摇曳，那里依然有数十万人等待着命运的降临。

耶路撒冷陷落

帝国的西部大战连连，东部也是波涛汹涌。和巴塔维亚叛乱相同的是，东方战争的起因也是罗马统治过于霸道，封疆大吏过于贪婪。他们在犹太人的土地上横征暴敛，甚至侮辱犹太人的信仰。

公元66年，罗马总督大肆洗劫耶路撒冷的第二圣殿。里面的东西都是犹太人奉献给神灵的，罗马人擅自把它们拿来抵偿债务，终于引发了犹太大起义。

罗马的平叛非常不顺利，叙利亚总督所率领的军队非但没有攻陷耶路撒冷，反而损失了近6000人马，第12军团几乎全军覆没，连鹰旗也丢了。如此大胜鼓励了更多的犹太人，他们争相举兵，不断攻击罗马人的驻军。虽然罗马扶持的犹太国王并没有叛变，但整个犹太行省已经不属于罗马了。

韦斯帕芗受命于尼禄，负责平定犹太人的叛乱。他在犹太地区烧杀掠夺，推行可怕的"三光"政策，以强势的作风和稳扎稳打的战略，终于将加利利的犹太势力一扫而空。转眼之间，声势浩大的犹太起义军就只剩下圣城耶路撒冷了。不过，韦斯帕芗并不打算由自己摘下胜利的果实，他让长子提图斯接掌了远征军，并把埃及总督亚历山大也派给提图斯当副手，目的就是让提图斯独自享受最后的胜利和荣耀。

为了让提图斯稳赢，韦斯帕芗在原来的基础上，又多派了一个军团的兵力，这使得罗马军团围攻耶路撒冷的兵力达到了4个军团，加上庞大的辅助军团，这支军队光正规战斗人员就有7万之众，再加上一些能够用剑的仆从和后勤，提图斯同样手握10万雄兵。韦斯帕芗明白，只要平定了犹太人的叛乱，提图斯就有资格凯旋罗马，而战争所带来的威望和荣誉，能在他百年之后将提图斯顺利送上帝位，所以韦斯帕芗这么安排实际上是为弗拉维斯王朝的延续打基础。

公元70年，韦斯帕芗君临罗马的同时，耶路撒冷决战也打响了。提图斯军团沿着大道倾巢南下，一路上声势浩大，旌旗招展，这似乎是在告诉犹太人，凛冬将至。此时的犹太人还在内斗，他们分成三个派系相互厮杀。犹太平民即便脱离了罗马人的统治，生活境况依然没有好转，反而还处于各大派系轮番掠夺之下。

耶路撒冷城的传奇始于神话，但不终于神话。该城是犹太地区最大的城市，传说能容纳上百万人，同时它也是一座堡垒，在几代犹太王的努力下，该城拥有三道城墙，每道城墙上都有密集的塔楼，加起来大概有上百座之多，这些塔楼构成了城池复杂的防御体系。

耶路撒冷的核心无疑是位于城东的圣殿，它是犹太人信仰的圣域。圣殿的外层覆盖着大量的镀金片，在阳光下金光闪闪，其余地方则是纯白色的，看起来圣洁高贵。圣殿和耶路撒冷一样具有很强的防御力，它的西北角修建了一座很大的塔楼式堡垒，名叫"安东尼塔"，据说是为了纪念马克·安东尼而建。这座塔楼易守难攻，常年由罗马士兵驻扎，但现在却是叛军的大本营。

4月，提图斯军团兵临耶路撒冷后，军队分为东、西两部驻扎：主力第5、第12、第15军团与提图斯进至城西位置，其中第12、第15两个军团合并扎营在靠近城墙的位置，后面则是第5军团的营地；第10军团被派往城东位置，打算在橄榄山上修建大营，抢占有利地势。

罗马军团部署完毕后，犹太叛军才发现局势的危险，于是叛军内部暂时达成了和解，携手抵御罗马军团。起初，犹太叛军见第10军团刚刚抵达橄榄山立足未稳，遂决定主动出击，打对方一个措手不及。叛军拿着武器高声呐喊着冲上了橄榄山，而罗马军团正忙着修建营地，被这突如其来的攻击打得晕头转向，很快就被逼出了营地。前方的胜利鼓舞了后方的叛军，犹太人接连不断地攻上山。

提图斯见第10军团遭到急攻，赶紧率领骑兵绕过城墙北面，攻打犹太叛军的侧翼。他的攻击同样让犹太叛军猝不及防，一度杀得对方连滚带爬，败退至城墙和营地之间的山沟，但犹太叛军很快就发现提图斯的军队人数较少，于是他们停止了撤退，重新整队集结后，再次杀了回来。

罗马军团在又一波次的打击下混乱起来，大多数士兵以为战败了，便向山腰撤退。提图斯陷入险境，身边又只剩下几个亲兵，随从们建议提图斯也一起撤退，但他却用更加勇敢的进攻回应了这种请求。那些逃跑的士兵看着主帅苦战的身影，为自己差点抛弃主帅而感到羞愧，荣誉感和责任感再次发挥了决定性的作用，人们高声呼喊着："快去救援统帅！"士兵们又转身杀回了山上。犹太叛军耐力不足，再次败退，竟被提图斯等人逼退至山谷，罗马人这才重新占领橄榄山并修好了营地。

虽然第10军团的营地修好了，但对犹太叛军来说，这又是一次鼓舞人心的胜利。微不足道的胜利让叛军们骄傲起来，三大派系的争斗又开始了。时至除酵节，控制圣殿的叛军决定开放圣殿迎接市民的礼拜，而吉斯喀拉的约翰领导的另一派叛军却化装成平民混进了圣殿，他们在人们毫无防备时突然举刀砍杀，兼并了圣殿里的军队，成了圣殿的新主人。三派就此变成了两派。

城外的提图斯可没打算给叛军相互争斗的时间。他下令军团清除挡在营地与城墙之间的一切障碍，包括房屋和果园，这样叛军就失去了藏身之所，无法伏击罗马人了。随后，提图斯率军朝第一道城墙进攻，耶路撒冷攻城战终于开始了。

为了掩护攻到城下的士兵，罗马军团出动了大量攻城器械。弩炮和投石车不断把巨石射向守军，3座攻城锤和3座攻城塔也顺利抵达了城墙，杀伤了不少叛军。一些犹太勇士为了扭转不利局势，主动出城突袭罗马军队，但提图斯及时派骑兵和重步兵支援工兵，叛军的尝试没能成功。攻城器械成功在城墙上凿出了一个缺口，犹太人被迫放弃了第一道城墙，退守第二道城墙。

提图斯乘胜追击，又将攻城器械推至第二道城墙下。5天之后，凭借凌厉的攻势，第二道城墙也被提图斯攻破，士兵们勇敢地冲进了缺口。然而，城内非但没有激烈的巷战，反而静悄悄的。提图斯忽然意识到了什么，说道："不好，有埋伏，快让他们退回来。"可惜为时已晚。

隐藏在房屋里的叛军突然杀出，利用熟悉地形的优势，用弓箭和石头攻击罗马士兵。密集的矢石让罗马人不敢抬头。由于道路狭窄，罗马人一度陷入覆灭的险境，好在提图斯紧急调来了弓箭手，他们用同样密集的箭雨反击叛军，使得犹太人不能近身虐杀罗马人，这才让陷入包围的士兵退了回来。

随后，提图斯重振了军队，再次杀入了第二道城墙。4天之后，叛军终于抵挡不住攻势，被迫放弃了第二道城墙。提图斯担心叛军卷土重来，便摧毁了罗马人占领的全部地区，烧掉了可能隐藏敌军的房子，推倒了每一堵城墙。这么一来，耶路撒冷就只剩下第三道城墙了。

短暂地休整了几天后，提图斯兵分两路进攻第三道城墙。可是要攻陷第三道城墙并不容易，这里不但有密集的塔楼，而且安东尼塔也矗立在罗马人面前。用攻城梯来接近要塞显然是非常困难的，提图斯便一边让士兵攻打城墙来吸引敌军注意，一边试图在安东尼塔外修一个土坡，准备利用这个土坡拉近要塞与地面的高度差，这样一来，罗马的攻城武器就可以推上土坡攻击要塞。

叛军当然明白罗马人的意图，为阻止罗马士兵修建工事，他们决定挖地道。叛军从要塞内部开始作业，挖了一条通往土坡的地道，等到地道完全抵达土坡下方后，叛军便一把火烧掉了支撑地道的支柱，地道因而发生了坍塌，土坡也因此塌陷，罗马的攻城武器全部倒塌，叛军趁此机会纵火焚烧。提图斯的攻势被暂时化解了。

连续受挫后，提图斯召开了军事会议。将领们有的建议重新修建工事，有的提议出动全部军团突袭城墙，提图斯则说道："叛军困守孤城，如同已入死地。若我们攻打他们过急，他们必定誓死反击；若重修工事，又会迁延日久。

我看，攻城不如攻心。"

提图斯的攻心之术就两个字：封锁。罗马军团除了能打硬仗外，还有一项非常强的技能：工程技术。在这一点上，恺撒可算是鼻祖了。提图斯让罗马人再次发挥他们卓越的建造技术，仅仅用了3天时间，就围着耶路撒冷建起了一道8千米长的城墙，沿途配置了13座塔楼，夜里还有士兵负责巡逻。这让耶路撒冷与外界的联系彻底断绝了，叛军士兵不仅不能逃跑，连外出觅食也不可能了。

封锁很快就取得了效果。本来耶路撒冷的粮食是非常充裕的，但由于叛军各大派系相互攻伐，城内主要的粮仓被毁，加上不断挤进城市的大量难民，城内的食物储备很快就亮了红灯。提图斯这一封锁，让犹太人的信心彻底垮了，不少人感到绝望，而失去希望是比身处险境更恐怖的东西。

随着饥荒的来临，大量的犹太人被饿死，大街小巷到处都是堆积的尸体，再加上处理不够及时，不少人因此生病。不久后，城内的叛军因饥荒而发生分裂，一些人主张投降，另一些人仍旧顽固不化，城内因此发生了内斗。形势正朝着有利于罗马人的方向发展。

在叛军士气大跌、战斗力大减之后，提图斯组织兵力再次尝试攻打安东尼塔。此时连上天都在帮助罗马人，天气骤然改变，大雨倾盆，此前为摧毁土坡而挖的地道在大雨的浇灌下，地基松动不稳，在夜里发生了坍塌。罗马军团乘势杀入了要塞，当夜就突破了防线。担心叛军集中力量回来争夺要塞，提图斯干脆毁掉了安东尼塔。罗马军团至此兵临圣殿墙下。

终于，8月，罗马军团发起了最后的攻击。叛军为了捍卫圣殿拼死抵抗，他们从圣殿西侧的廊柱开始，在房子的各处缝隙里塞满了易燃物，然后佯装撤退。一些急于立功的罗马士兵顺势杀了过去，结果被引燃的大火给包围了，不少罗马人被活活烧死。

提图斯把攻城器械也调到了圣殿外，利用这些武器，反复攻击圣殿的叛军。提图斯甚至下令放火焚烧圣殿的院门。大火很快就蔓延到了廊柱附近，但叛军却无意扑灭大火，反倒是提图斯觉得应该保留圣殿，又让罗马士兵立即扑灭大火。叛军见罗马人正试图灭火，便又杀了出去，双方因此发生血战。

这时，一个罗马士兵将手里的火把扔向了小金门，立即引燃了内部的房屋，大火迅速蔓延开来，很快就烧到了第二圣殿。此时的犹太人才想到灭火，但为时已晚。烈焰熊熊燃烧，罗马军团顺势击溃了犹太叛军，血洗了整个圣殿山，而犹太人的圣地——第二圣殿也在大火中被毁，里面的财物则成了罗马士兵抢掠的战利品。犹太人的起义始于保护圣殿，最终却彻底毁掉了这座建筑。

叛军现在已经无险可守，只能困在城内，他们的首领这才打算投降，但提图斯拒绝了他们。要不是这些叛军头目的野心作祟，耶路撒冷绝不会陷入如此悲惨的境地，不但罗马人不想饶恕这些叛军，连犹太祭司和平民也希望叛军头目得到应有的惩罚。

最终，耶路撒冷沦陷了。罗马军团不仅处死了敢于反抗帝国的犹太人，还放火烧掉了能烧毁的所有建筑。9月25日，希律王宫沦陷。数十万人在这场屠杀里丧生，震动帝国的犹太大起义终于画上了句号。然而，这并不是犹太人的最终结局，一神教与多神教的较量还会在未来的日子里继续搅动帝国的乾坤。

第二十四章 「家天下」的尝试

弗拉维斯王朝

公元71年，平定犹太叛乱的提图斯凯旋罗马城。盛大的凯旋式让人眼花缭乱，各式金银宝器、珍珠翡翠、钻石冠冕，还有精美的巴比伦地毯、昂贵的诸神像，以及亚洲的珍禽野兽，无数战利品堆积如山，人民为此疯狂欢呼。元首韦斯帕芗与儿子一起分享了这个无比荣耀的时刻，这场凯旋式也正式宣布了弗拉维斯王朝的建立。

韦斯帕芗起自行伍，其家族毫无背景可言。他的父亲仅做到军团大队长一职，后来全靠承包行省税和经商才得以发家，而他的母亲是前法务官之女，也未见有执政官头衔的亲戚。韦斯帕芗全靠作战勇猛，得以在色雷斯担任军团长，后历任市政官、法务官等职务，在公元51年时终于当选执政官，后获任阿非利加总督，在任上清正廉洁，以至于离开行省时，腰包空瘪，令债权人大失所望。

在起兵之前，韦斯帕芗可能从未想过自己会成为帝国的元首，也不会想到奥古斯都的称号会加在自己的名字后面。作为一个骑士阶级出身的元首，韦斯帕芗在血统上远没有尼禄高贵，在大多数旧贵族眼中，韦斯帕芗家族顶多算是暴发户、乡巴佬。这么一家子人也敢觊居帝位？很多旧贵族不服。

夜深人静之时，韦斯帕芗恐怕会被某个军阀谋反的噩梦惊醒。是否有朝一日弗拉维斯王朝也会被推翻呢？元首之位越是来之不易，韦斯帕芗要捍卫皇权的心就越发强烈。因此，他毫不犹豫地撕下了屋大维挂起的遮羞布，通过立法的方式强化皇权，把元首推到了高于法律的位置，而且还明确了"家天下"制度，将"恺撒"称号授予长子提图斯、次子图密善。换言之，奥古斯都之位只属于弗拉维斯家族。

当然，一味拔高皇权势必引起旧贵族的反感，如何才能赢得贵族的合作呢？若是换成他人，要么发钱，要么分权，总之就是要让步。可惜韦斯帕芗武夫出身，连看尼禄演出都能睡着的人，怎么可能搞这些弯弯绕？在他看来，元老院就是因为自己是传承了数百年的豪门而自命不凡，瞧不起血统低微的弗拉维斯，既然这样，那就干脆把更多的行省公民封为贵族，不管他们是高卢人也好，西班牙人也罢，反正就一句话："摒弃门第，提拔精英"。

为此，韦斯帕芗广开政门，把行省的精英提拔到元老院，还授予部分骑士"贵族"称号，让他们与传统的豪门贵族平起平坐。此举进一步稀释了元老院的世家大族，让骑士阶级的地位再次提高，同时也掩盖了弗拉维斯家族出身不高的事实。

值得一提的是，正是得益于韦斯帕芗的这种政策，在犹太战争里崭露头角的大图拉真、出征不列颠的阿古利克拉，以及新人阿尼厄斯·维勒斯、埃利乌斯·哈德良，均得以跻身贵族行列。这些人都是韦斯帕芗开放元老院资格的受益人，行省出身的他们成了新王朝的忠实捍卫者，弗拉维斯王朝便有了自己的"家臣"，自然也不需要看元老院的脸色了。

公元79年6月24日，69岁的韦斯帕芗驾崩，"恺撒"提图斯·弗拉维斯·韦斯帕芗即位。"家天下"第一次在罗马变成现实，屋大维、提比略都不曾做到的事情，韦斯帕芗做到了。

提图斯体格健壮，相貌英俊，骑术精湛，武艺出类拔萃，而且记忆力超群，有过目不忘的本领。与前任元首一样，提图斯出身行伍，战功赫赫，对待朋友仁慈、宽容，对待敌人心狠手辣、绝不留情，他既可以是和蔼可亲的"第一公民"，也可以是杀伐决断的"凯旋大将军"。因此，提图斯颇有威信，没有人敢出言不逊，这时的罗马元首越来越接近东方的君主。

若照这个趋势发展，不出数代，"元首"的称号就该改成"皇帝"了。然而人力有限，天意难违，上天似乎不打算让弗拉维斯王朝长享天命。公元81年，即位才2年多的提图斯驾崩，年仅41岁，而且更糟的是，提图斯没有子嗣。罗马又一次走到了相同的岔路口。难道家天下就要终止了吗？元老院又能重掌大权了吗？

当然不会。韦斯帕芗生前就封次子图密善为"恺撒"，所以弗拉维斯王朝还有一个备选方案：兄终弟及。

公元81年，图密善即位，是为弗拉维斯王朝的第三任君主。作为帝国元首，图密善在文化修养上远超其父兄，自幼有就名师指点，朋友里也不乏帝国的精英，但他从未上过战场，不懂刀兵之事成了他唯一的软肋。我们都知道，罗马以武立国，罗马史就是一部战争史。作为帝国元首，图密善的首要职责是保卫帝国，而缺乏军事知识将对他带来怎样的影响，帝国公民们心里都七上八下的。

即位初期，图密善延续了历代君主的"面包与马戏"政策，在罗马举办了各种体育比赛、角斗、赛车等娱乐竞技活动，丰富了罗马公民的业余生活，赢得了普通民众的好感。同时，图密善刻意拉拢军队，想方设法地犒赏他们。据狄奥·卡西乌斯记载，图密善会让军队进攻那些早已臣服罗马的小部落，轻松获得胜利和战利品，也会以远征日耳曼的名义赏赐并未打仗的军队，他还将军饷提高了近2倍，改善了野战军团的待遇。这一切使得他成了军队最爱戴的元首。

然而，这些并不能让图密善得到元老院的好感，因为他没有军功，而没有军功就意味着配不上"凯旋大将军"的称号，就意味着压不住元老院贵族的"声音"，再加上弗拉维斯家族本就出身低微，旧贵族就等着看图密善出洋相。因此，要让弗拉维斯的"家天下"制度延续下去，图密善终究要在战争中证明自己，如此一来，罗马帝国的军事政策便显得尤为重要。所有人都瞪大了眼睛，要看图密善在对外战争上的表现。

奇怪的是，公元84年，图密善突然叫停了历时7年的不列颠战事，召回了正在征服喀里多尼亚（苏格兰）的阿古利克拉。这让元老院一片哗然，因为对喀里多尼亚的战争已经接近尾声，罗马军团连战连捷，眼看就要统一不列颠岛了。图密善突然放弃已得到的战争果实，这究竟是什么原因呢？

喀里多尼亚战争

自克劳狄乌斯远征不列颠以来，罗马帝国已在岛上统治了近40年。不列颠岛是罗马人所知世界的最北方，帝国不断在此地征服与同化，既修建了大量的殖民地，又消灭了很多不服从的凯尔特国家，但罗马人依然没能一窥不列颠的全貌。因为他们征服的只是南部地区，也就是今天的英格兰，而不列颠的北境是神秘莫测的喀里多尼亚，那里群山环绕，当地人同样野蛮好战、崇尚自由。

罗马的边境线并不稳固，常常有一些南下掠夺的自由人试图在罗马的土地上碰一碰运气。这无疑是帝国潜在的威胁。虽然北境的民族看似并不强大，但如果不把鹰旗插到北不列颠，那南境的和平便不可能真正得到保障，北方民族会否在某一天挥师南下，每个罗马人心中都没有底，所以最明智的做法就是彻底征服喀里多尼亚，统一不列颠全境。

公元78年，韦斯帕芗派亲信大将阿古利克拉率军进入不列颠行省，全权负责征服喀里多尼亚的战事。阿古利克拉，行省公民出身，骑士阶级，本是毫不起眼的普通将领，但韦斯帕芗深谙用将之道，看人的眼光很准、很毒，他相信阿古利克拉是一个具有很大潜力的统帅，所以封其为"贵族"，命其征服危险而又未知的喀里多尼亚。

阿古利克拉刚一抵达不列颠就嗅到了战争的味道。威尔士的奥陶维斯人对罗马的统治早就不满了，他们趁罗马人防备松懈时，突袭了一支辅助军的巡逻队，几乎杀死了所有人。对即将深入北境的阿古利克拉来说，威尔士的反叛将威胁罗马人的大后方，所以他没有立即出兵北伐，而是花了两年时间平定了威尔士，保证了西线的安全。对不列颠人而言，威尔士的平定意味着喀里多尼亚战争的开始。

喀里多尼亚战争的策划人韦斯帕芗驾崩后，新元首提图斯没有改变阿古利克拉的任命，依然让他继续完成前任元首交代的任务。这打消了阿古利克拉"一朝天子一朝臣"的担忧。他觉得不能辜负元首的信任，公元80年，终于率领准备多时的罗马军团北伐。

因为对北境的地理环境缺乏了解，罗马军团采用了稳扎稳打的策略，沿着喀里多尼亚的东部海岸北进，一边砍伐森林，铺设道路，一边消灭沿途的部落城邦。然而消灭所有的凯尔特部落显然不切实际，故而阿古利克拉灵活地采用大棒加蜜糖的策略，既拉拢亲罗马的势力，让他们充当向导，又对抵抗罗马的国家执行"三光"政策，以遍地焦土震慑这些野蛮的民族。战争的初期还算比较顺利，大军推进至塔淖斯河口，并在沿途修建了大量的堡垒加以巩固。

公元81年，阿古利克拉开始朝喀罗多尼亚的中部山区推进，他依然采用稳扎稳打的策略，沿途修建道路和堡垒。这一年，罗马军团进抵克莱德湾，并在海军的配合下，截断了喀里多尼亚通往爱尔兰的航路。如此一来，阿古利克拉要包围喀里多尼亚的意图已经非常明显了，喀里多尼亚人不得不联合起来反击罗马的入侵。

公元83年，喀里多尼亚人兵分数路南下，意在绕过罗马军的主力，奇袭军团后方的要塞。巧的是，阿古利克拉也兵分三路北上。狡猾的凯尔特人立即改变战术，直趋兵力最弱的第9军团。原来，这只是凯尔特人的疑兵之计，他们知道与敌军主力正面对抗难有胜算，所以用计诱使阿古利克拉分兵，然后再击破最容易的敌人，从而突围南下。

凯尔特军队衔枚而进，在夜里悄悄接近了第9军团。当夜，第9军团完全没料到会有人奇袭，疏于防范，哨兵被凯尔特士兵全部杀死，寨门就此被敌军突破。营内一片混乱，不少人刚刚从床上爬起来，就不得不面对近在眼前的凯尔特人。好在罗马军团训练有素，恢复秩序并非难事。罗马军团的高纪律、高素质成功挽救了他们自己，凯尔特人的奇袭并未取得预想的效果，反而陷入了僵持。

远在他处的阿古利克拉心神不宁，虽未判断出凯尔特人的真实意图，但他仍然习惯性地派斥候搜寻敌军所在。当斥候们发现第9军团已陷入苦战后，阿古利克拉恍然大悟，旋即率部驰援第9军团。

由于事态紧迫，阿古利克拉领骑兵先行，步兵紧随其后。援军赶到战场时，天已破晓，而第9军团经过一夜的血战，非但没有溃败，反而杀死了不少敌人。随着一声号角的响起，阿古利克拉的帅旗被高高举起，阳光下显得格外耀眼。第9军团立刻欢呼起来，他们与援军形成内外夹击之势，士气格外高昂。

反观凯尔特军，经历了一夜的恶战，早已经疲惫不堪，当罗马的援军突然杀到他们身后时，士气旋即崩溃，蛮族勇士们被罗马军团杀得丢盔弃甲，大败而逃。阿古利克拉乘胜追击，一路追杀到沼泽和森林才停下。经此一战，凯尔特人的奇袭之策完全失败，他们已别无选择，只能召集全部青壮年背水一战。

公元84年，厉兵秣马的凯尔特各国再次联合起来，推举久负盛名的卡尔加库斯为统帅，集结了多达3万人的军队，计划在格劳皮乌斯山前与阿古利克拉决一死战。论兵力，罗马军团远不如凯尔特人，但论士气，罗马人屡获大胜，气势如虹，阿古利克拉自信能取得战争的胜利。

卡尔加库斯的凯尔特军采用了一个如同口袋的弧形阵，最精锐的凯尔特士兵被布置在军队的最前面，颇具特色的凯尔特战车则布置在战场中央。卡尔加库斯企图通过正面的冲锋，首先打乱罗马军团的阵形，然后再拉长两翼包围罗马军团。再则，联军占据着高地，即便进攻不利，也可以就地防守。

阿古利克拉的作战意图与卡尔加库斯几乎相同，但他没有把最强的罗马军团布置在第一线，而是把 8000 名辅助军派到了最前面，以 3000 名骑兵守护两翼，另外还留下了 4 个骑兵队作为后备力量。阿古利克拉见敌众我寡，命前锋拉开两翼作战，意图用辅助军挡住敌军的第一次冲锋，为军团展开争取时间。

大战在弓箭和石头的对射下拉开了帷幕，双方都想先用远程打击削弱对方士气。不过要论远程打击能力，罗马军团更胜一筹，他们特意带来了弩炮等重型武器，凯尔特人远不能与之匹敌。在这些大武器的打击下，一部分勇敢的凯尔特士兵首先倒毙在战场中央，这极大地动摇了凯尔特人。

很快，罗马军团的辅助军就和凯尔特勇士厮杀在一起，两军将士都很勇猛，相互之间你来我往，毫无怜悯之情，阵形都有些混乱。由于喀里多尼亚人的冶铁技术还不成熟，因此他们的剑普遍不锋利，而辅助军擅长近身肉搏，一边拉近彼此距离，一边用盾牌撞击敌军头部，时间越久优势越明显。联军被杀得连连后退，辅助军见状一拥而上，战场上一片混乱，战马、战车、步兵混战在一起。

联军见局势越发不利，驻守在山上的军队也利用高地势能冲杀而下，又一窝蜂地推了回来，并试图包抄罗马军团的两翼。不少人建议阿古利克拉投入正规军团，但他并不惊慌，而是送走了自己的战马，举着战旗示意 4 个骑兵队行动。

这支机动力量立即朝两翼杀去，恰好堵住了联军的攻势，而且还一路追逐敌军步兵，反倒包抄了联军的两翼，逐渐杀向后方。不多时，凯尔特人的后方突然响起了罗马骑兵的铁蹄声，4 个骑兵队呐喊着撞向凯尔特人的后背，犹如一把尖刀直插敌军腹心，顷刻间便杀得敌军一片混乱。不久之后，凯尔特的战车溃败逃散，侧翼已然暴露，阿古利克拉旋即从两翼围歼凯尔特人。

看来同样是包围战术，罗马人明显技高一筹。随着包围网的缩小，凯尔特人死伤惨重，前后两面的打击令他们崩溃败逃，罗马军团见状立即拔剑追击，斩杀了不少逃兵。若不是天色已晚，罗马人不熟悉战场外的地形，阿古利克拉定然全歼凯尔特人。

战后，罗马人清点伤亡时发现仅损失了 360 人，而战场上留下了上万具凯尔特人的尸体。格劳皮乌斯山之战以罗马军团的辉煌胜利告终，凯尔特人主力已失，领土也只剩下北方山区，罗马征服喀里多尼亚似乎指日可待。阿古利克拉踌躇满志，打算来年继续北伐，预计不出 2 年时间即可为帝国再增加一个新的行省。

公元 85 年，正当阿古利克拉准备对凯尔特人做最后一击时，元首图密善的使者却突然来到了大营。使者出示了一份图密善的诏令，上面满是对阿古利克拉的赞美之词，但在最后却解除了阿古利克拉的职务，命他立刻返回罗马接受新的任命。

得命如此，军团上下莫不唉声叹气，阿古利克拉也失望至极，但他依旧感激弗拉维斯家族的提携，丝毫没有抗命的想法。正所谓"一朝天子一朝臣"，看来图密善还是没有违背这个可笑的游戏规则。也许正是阿古利克拉的辉煌战绩，让不懂军事的图密善感到了危险，他担心这个远离意大利的将军会拥兵自重，威胁自己的皇位，故而叫停了这场眼看就要全胜的战争。

对元老院来说，这是个荒唐的决定。对帝国来说，这让罗马人永远失去了统一不列颠的机会。当年提比略就是在日耳曼尼库斯大获全胜时，突然叫停了征服日耳曼的战争，罗马由此失去了统治日耳曼的机会，结果日耳曼人成了帝国永远的心腹大患。现在，同样的事情又发生了。不列颠会不会成为帝国不能预知的噩梦呢？这恐怕只有后世的统治者才能解答了。

达契亚的考卷

图密善召回阿古利克拉之后似乎选择性失忆了，非但没有加以重用，反而不闻也不问，阿古利克拉从此过上提前退休的"安逸"生活。新上任的不列颠总督们难以再现阿古利克拉的辉煌战绩，虽然也有人试图北进，却没能取得成功，加之喀里多尼亚土地贫瘠，这些地方大员便上表称：北不列颠环境恶劣，实在没有征服的必要。喀里多尼亚战争就这么草草落幕。

图密善是害怕打仗吗？当然不是。他也是将门之后，按理说是没有必要畏惧战争的，反而他最需要的就是军事上的胜利，因为这样才能提高他的威望，才能将那些质疑他军事才能的声音压下去。可惜图密善还未准备好。不过，历史总是不按套路出牌，它可不管图密善是否准备好，一张新的战争考卷马上就摆在了他的面前：达契亚人再度南下了。

达契亚大致位于多瑙河与喀尔巴阡山之间，当地盛产黄金、白银，也富有肥沃的土地。比起喀里多尼亚，达契亚更有征服的价值。达契亚人的祖上应该是色雷斯人的分支，因靠近希腊地区，当地人很早就受到先进文明的影响，发展得很快，也曾统一成一个国家。早在恺撒与庞培内战期间，达契亚就出现了一个强大的首领：布勒比斯塔。此人转战南北，把分裂的达契亚人统一了起来，从此自称达契亚国王。据传，布勒比斯塔最鼎盛时控制着从蒂西亚河（今蒂萨河）到下麦西亚（后来的多布罗加）的辽阔土地，拥有多达20万人的军队。

达契亚战士凶狠善战，擅长使用名为"达契亚法克斯"（意为"达契亚战刀"）的大镰刀。这种镰刀分为单、双手两种，短的单手镰总长约55厘米（含14厘米左右的手柄），长的双手镰总长约180厘米（含90厘米左右的手柄），刀尖微曲，内侧锋利，挥舞起来呼啸生风，能破甲裂盾，是达契亚战士的独门利器。

有些国家只要强大起来，首先想到的便是对外扩张，比如达契亚人。他们趁罗马内战之际，积极介入战争。遗憾的是，达契亚的统一并不稳固，它更像是一个松散的政治联盟，没过多久，布勒比斯塔国王就被部下所杀，统一的达契亚一度分裂为5个割据的小国。然而罗马也没能彻底征服他们，这主要是因为达契亚地域辽阔、人口众多，绝非一次两次入侵就能征服的，而且随着屋大维转攻为守，多瑙河防线便成了帝国的边境，罗马人从此注重守护疆界而不是征服。

等到弗拉维斯王朝建立前夕，达契亚再次统一了起来。这个时候的达契亚更加强盛，不仅能开垦良田、建城修路，而且还擅长冶铁，组建了一支装备不俗的军队，再加上广泛地征募骑兵，达契亚已经强大到成为罗马帝国的又一个心腹大患。

公元85年冬，数万达契亚人在新生代霸主德凯巴鲁斯的率领下南下多瑙河。悍将出手果然不同凡响，这支军队与当年穆奇阿努斯所遇到的达契亚军队不可同日而语。德凯巴鲁斯以闪电般的攻势，突袭了麦西亚总督的第1、第5军团，阵斩了4000名罗马士兵，俘杀了难以计数的辅助军和随军仆从，总督萨比努斯的首级也成了达契亚酒宴上的艺术品。

图密善听闻败报，震怒异常。不过这对他来说倒也是个机会，因为缺乏军功的他正好可以借达契亚战争树立威望，于是他决定像历代罗马元首那样，御驾亲征。为此，图密善集结了5个军团和等数量的辅助大队、同盟军，总计约6万人马。可以猜想，图密善打算用强大的兵力狠狠教训下跳梁的达契亚人。

公元86年，罗马-达契亚战争正式开启。图密善的行辕和指挥部设在潘诺尼亚，以大将弗斯库斯为前线总指挥官。此人曾任努米底亚总督，在北非纳撒摩勒斯人起兵造反时先败后胜，以少量兵力全歼了叛军，被图密善赞扬为帝国的首席大将。在他的指挥下，强大的罗马军团横扫多瑙河南岸，一度击退了德凯巴鲁斯，迫使达契亚人退回多瑙河以北。

可是，这并不是真正的胜利。德凯巴鲁斯之所以会撤离，主要是因为兵力不足和环境陌生，毕竟罗马人是在本土作战，优势更大，所以达契亚人决定暂时撤退以换取战略上的主动。然而图密善受初战胜利的鼓舞，拒绝了达契亚的求和。

初尝胜利滋味的图密善犯了大多数年轻人都会犯的错误，仅凭一点胜利就骄傲起来，错误地以为战争已经取得了决定性胜利，竟然命令弗斯库斯深入达契亚追击德凯巴鲁斯。须知此时的达契亚正集结力量准备反击罗马，不少人已经埋伏在森林、河流、沼泽深处。虽然弗斯库斯也是行伍出身，但让他赢得光辉战绩的对象却是不谙战事的北非人。对阵像达契亚这样的强大对手，常年任职于多瑙河野战军的将军才是合适的人选，可惜图密善并不信任他们。

第二年，弗斯库斯率军渡过多瑙河，意图劫掠达契亚腹地。面对罗马军团的强大攻势，德凯巴鲁斯一点都不惊慌，他早就想好了对敌之策：诱敌深入。达契亚军队故意让罗马军团长驱直入，沿途几乎不进行任何抵抗，弗斯库斯以为达契亚人不堪一击，便打算彻底消灭这个民族。然而轻率挺进的他忘了事先侦察敌情，结果遭到达契亚伏兵的合围。弗斯库斯当场战死，鹰旗也在此战里丢失。这成了继条顿堡森林之战后，罗马人又一次耻辱性的战败。

图密善听闻败报，痛心疾首。不知道是意识到了问题所在，还是他被战争吓倒了，他没有亲自接过指挥权，而是赶紧让麦西亚总督尤利安努斯总领各路兵马。尤利安努斯常年在多瑙河前线任职，多次与达契亚人交手，有非常丰富的战争经验，是最适合收拾残局的人。他一上任就制定了许多新军规，比如士兵应该在盾牌上刻上自己的名字和百人队的番号，作战时更容易辨认自己的队伍，即便被森林打乱了队形，也能快速找到所属队伍，既能避免混乱，又能识别混入辅助军中的间谍。

尤利安努斯带兵以快著称，他趁达契亚人还沉浸在击败弗斯库斯的喜悦里，突然率部杀过了多瑙河，沿途一路急行，不顾补给的缺乏，击溃了挡在路上的所有军队，直击达契亚首都萨米泽杰图萨。负责镇守大本营的是达契亚大贵族维奇纳斯，此人被称为仅次于国王的二号人物。然而在尤利安努斯的快攻下，维奇纳斯的军队几乎被全歼于平原，他本人全靠装死才躲过一劫。

眼看罗马军团即将攻打首都，达契亚国王德凯巴鲁斯却没有带兵出城决战。按照狄奥·卡西乌斯的说法，达契亚国王"深谙用兵之道，善于判断出兵的时机；明白何时进攻，何时撤退；他是伏击的专家，也是激战的高手；他不仅知道如何利用胜利，更知道如何化解失败"。达契亚王很快想到了应对之策：草木皆兵。他让人从首都附近的森林里砍来了很多树，然后把这些树截成与人等高的长度，并披上战甲，戴上皮帽，全部堆放在城墙和森林高处，远远望去满是"兵马"。

尤利安努斯的军团见后，毫不迟疑地原路返回，同样以快著称，顷刻间又撤离了达契亚。其实，尤利安努斯本就无意攻城，他的兵力远没有达契亚人多，补给也消耗得很快，攻城作战是难以取胜的，所以他的目标只是通过一次奇袭挫挫达契亚人的傲气，避免他们大规模南下。当他看到达契亚人的"草木皆兵"之计后，便断定达契亚人不知道罗马军团的虚实，于是又急速撤离，结束了这一年的战事。

险胜一场的尤利安努斯挽回了图密善的颜面，远征军的目的已经达到。经此一战，罗马帝国得以雪耻，更向世人表明：罗马帝国有仇必报，绝不认输。德凯巴鲁斯也意识到了罗马恐怖的战争潜力，看来要击败罗马帝国还需要更多的时间和盟友，于是达契亚人把目光投向了日耳曼各国。

图密善的答卷

罗马–达契亚战争的开启，让沉睡多时的日耳曼人又蠢蠢欲动了。莱茵河与多瑙河防线的连锁效应已经成为帝国必定经受的考验，不仅日耳曼人有想法，一些拥兵自重的地方大员也有想法。时任高地日耳曼统帅的萨图尼努斯凭借多年的经营，已经与河东岸的日耳曼人私下建立了友谊。眼见图密善深陷达契亚战争的泥潭，萨图尼努斯立刻派密使联络日耳曼人，准备趁莱茵河冬天结冰时杀入高卢，南下意大利，直取罗马城。

公元 89 年，萨图尼努斯举兵谋反，帝国内战再起。远在罗马城的图密善决定再次御驾亲征，同时诏令图拉真率领西班牙第 7 军团东进，合击叛军。说来叛将萨图尼努斯虽然野心很大，但能力怕是不怎么样，他匆忙起兵，却忽略了最重要的问题——莱茵河。

彼时的莱茵河不知是怎么的，就是不配合萨图尼努斯，往年莱茵河会在这个季节结冰，但偏偏在萨图尼努斯起兵时又化了。这下可好，说好的日耳曼大军现在全都跑到莱茵河岸边"钓鱼"了。他们望着湍急的河水，只好朝着对岸的萨图尼努斯喊道："朋友，水太凉了，我们就不过来咯。"这可把萨图尼努斯气得够呛，但他又有什么办法呢？

没有了援军，叛军只能孤军作战。与萨图尼努斯近在咫尺的低地日耳曼统帅马克西姆斯火速率军南下，趁日耳曼人被挡在河对岸时，巧妙地设伏于要道之上，成功袭杀了叛将萨图尼努斯。整场内战仅用了 13 天就见分晓了。本来指望当一次男主角的图密善和图拉真都还没抵达战场，内战"大秀"就匆匆结束了。

虽说图密善没来得及"表演"，但结果还是让他欣慰的，毕竟叛乱没有得到任何总督的响应，至少这证明了绝大多数的罗马军团和行省还是忠于弗拉维斯王朝的。对青年将领图拉真来说，这个结果多少有点遗憾，因为他失去了展示军事才华的好机会，不过幸运的是，及时赶到前线的他证明了自己的忠诚，不仅得到了召见，还博得了元首图密善的赏识，成了图密善心中合适的高地日耳曼统帅，所以这场叛乱中收获最大的还是图拉真。

说起来，图拉真还真是个合适人选。其父大图拉真本就是前任元首韦斯帕芗的心腹，曾先后担任叙利亚、亚细亚行省的总督，图拉真一族的贵族身份也是由韦斯帕芗恩赐的，弗拉维斯王室便成了提携图拉真一族的恩主。在罗马社会里，报答并追随恩主是理所应当的，背叛恩主是整个罗马社会所不能容忍的，所以图拉真一族与图密善有先天的羁绊。

那为什么同样由韦斯帕芗提拔的阿古利克拉就没有得到信任呢？这恐怕与资历有关。要知道阿古利克拉在图密善即位前就已经是独当一面的封疆大吏，图密善能给他的赏赐不多了，所以图密善没有信心能获得阿古利克拉的感激，于是干脆弃之不用。

图拉真则不同。年轻的图拉真还只是第7军团的军团长，没有担任过任何要职，只能算是政坛的入门级选手。元首图密善掌握着图拉真的前途和命运，只要他能一再提拔图拉真，那自然能收获图拉真的感恩和效忠，所以图拉真是最合适的人选。

没过多久，图拉真升迁的机会就来了。公元90年，元首图密善提名图拉真就任执政官一职，38岁的图拉真于次年荣升执政官。有了执政官资历，图密善马上就封图拉真为高地日耳曼统帅，把最具战斗力的莱茵河军团交给了他。图拉真从此扶摇直上，成了罗马帝国炙手可热的新贵。

图密善交给图拉真的第一个任务就是修建日耳曼长城，这是经过达契亚战争后深思熟虑的结果。整座长城从波纳开始，终止于卡斯特拉·雷吉纳（今雷根斯堡），能将莱茵河与多瑙河连接在一起，正好把日耳曼人经常伏击罗马军团的"黑森林"包括在内。长城每隔400~700米就会修建一个边长40米的四方形堡垒，堡垒外是一些栅栏和陷阱，每个堡垒都设有烽火台，一旦有外敌入侵，马上就能够相互预警。而且长城各处还修建有大道，连接了各军的驻地，方便罗马军团相互驰援。

日耳曼长城的构想是图密善最值得称道的地方，显然他已经在为反击达契亚做准备了。这个思路后来也影响到罗马在不列颠的防御体系。

看着帝国声势浩大的工程，日耳曼人很害怕被长城孤立在外。曾经降服于帝国的马科曼尼、夸地两部，在达契亚的挑唆下对罗马掀起了叛旗，而图密善草率干预日耳曼人内部战争的决策，又把雅兹盖斯人也卷入了战争。这意味着，莱茵河与多瑙河防线同时面临战争。图密善虽然急于建立武功，但也讲求实际，他判断帝国难以应付两线作战，所以趁尤利安努斯大胜达契亚之际，先和达契亚人停战，腾出手来再消灭敢于反叛的马科曼尼三国。

思路虽然没有什么问题，但元老院闻之却一片哗然。因为图密善所承诺的和解条件太宽大了，他认为能用钱解决的问题就不是问题，所以同意为每个被俘的罗马人出 2 阿斯铜币的赎金，而且是每年支付。达契亚人对这个条件相当满意，因为他们刚刚吃了一场败仗，也希望能尽快议和。

据说图密善所需支付的赎金多达上百万阿斯。阿斯是什么？其实就是共和时期的铜币，并不值钱。对辽阔的罗马帝国来说，百万阿斯微不足道，然而对重视荣誉的贵族来说，这就不是钱多钱少的问题了，而是荣誉和尊严的问题。（特别提一句，也有资料认为两国协议里约定的不是铜币，而是银币。如果确实如此的话，每年支付数百万银币在当时也是笔不小的数目。）所以元老院对图密善大加鞭挞，认为他损害了罗马的尊严。

从务实的角度看，图密善的政策避免了两线作战的危险，并无不妥，但普通民众却不这么想，毕竟当"愤青"和"键盘侠"很容易，当"管家婆"却非常难。纵然图密善一直努力在前线作战御敌，元老院依然不满意图密善花钱买和平的答卷，不但不满意，甚至有些愤怒。人心的变化会给图密善带来怎样的影响呢？

元老院的反扑

随着统治地位的稳固，元首内心深处的专制思想也日益强烈。虽说他也算是有志之君，但人终究是有私欲的。图密善认为作为帝国的元首，生活和理政的地方不能太寒酸，否则怎么能彰显地中海第一大国的气魄呢？于是他修建了一座崭新的皇宫。像修建新宫这样的大事，数代元首都敬而远之，记得上一个大兴土木的人还是尼禄，这自然让一些崇尚节俭的元老院贵族颇有微词。

堂堂帝国元首，地中海最有权势的人，怎么能容忍别人指指点点？图密善认为有必要进一步强化皇权，让元老院弄清楚尊卑。于是图密善自封为终身监察官，专门负责整肃罗马人的生活和道德问题，这意味着他能随时通过告密者的"揭发"清除反对他的罗马贵族。

"告密制度"是贵族阶级最害怕的事情，是屋大维为元老院量身设计的制度，是元首威吓元老院的利器。具体来说，任何人都可以向元首"告密"，包括奴隶、妻子、儿女，告密的内容可以是任何事情，既可以是生活作风不端正，也可以是密谋推翻现政府，无论内容是什么，元首都能以此为由宣布他人叛国，而处罚的方式，下起流放，上至处死，都是有可能的。

至于如何判断告发内容的真实性，不用说，也全都由元首自己来判断。这就非常可怕了，一些捕风捉影的事情很可能被添油加醋，成为某个贵族"谋反"的证据。特别是经过萨图尼努斯的叛乱，图密善有理由相信，元老院内存在一股反对他的势力，这些人秘密支持了萨图尼努斯的叛乱。

据狄奥·卡西乌斯记载，图密善有着狡诈、冷酷两大特质，他一方面通过告密者的揭发打压政敌、贵族，另一方面也反过来处死告密者，因为这些人毫无信义。也就是说，图密善不信任任何人，他在意的只是皇权和私欲，这让远离罗马多年的恐怖气氛再次降临。元老院对图密善的评价越来越坏，他们表面上恭恭敬敬，私底下对他恶语相向，两者之间的关系越发恶劣。不少意图谋反的贵族遭到了流放和处死，元老院明显感觉到一个东方式的君主正在出现。

"第一公民如果像东方国王那样统治，那罗马还是共和国吗？"一些贵族议员私下议论道。看来元老院还不打算接受专制君主的统治，"共和"的虚名是他们所不能放弃的东西。事实上，图密善的所作所为也是大势所趋，罗马的"共和"早就不存在了，帝国走向专制是早晚的事情，只是图密善不像他的父兄那样，他更加激进、粗暴，连表面上的和谐共处也不想维护，他就是要让元老院明白，他，图密善，是罗马帝国的主人，也是元老院的主人。

让人想不到的是，别看图密善担任了终身监察官，专门整肃社会的不良风气，而他的妻子却不以为然，淫乱之风就在元首的身边。图密善的妻子出身名门，是尼禄时期的叙利亚总督科尔布罗之女，名叫多米提娅，是罗马男人梦寐以求的妻子。但不知怎么了，多米提娅居然与一个演员帕里斯传出了"绯闻"。

图密善勃然大怒，当即赶走了多米提娅。很快，图密善便投入了另一个女人的怀抱，这个女人名叫尤里娅·弗拉维娅。从名字上看，弗拉维娅不就是弗拉维斯王朝的公主吗？没错，图密善的新欢正是哥哥提图斯的女儿。这不是叔侄乱伦是什么？于是罗马城的街头巷尾出现了另一种流言：多米提娅并没有与演员通奸，而是为了给弗拉维娅腾出一间卧室，被丈夫图密善给设计了。不过，多米提娅不久便与图密善复合了，她和弗拉维娅"同侍"一夫，一时间成了罗马最大的丑闻。

身为元首和监察官的图密善居然自己干出了乱伦之事，备受打压的元老院怎么还能乖乖伏低做小？他们对图密善的评价自然就更坏了，加上图密善处死并流放了好些议员，这种对立情绪几乎到了爆发点。然而图密善有军队的绝对支持，不但各地总督和野战军团支持他，禁卫军也坚决唯他马首是瞻。指望像废掉卡里古拉一样，靠禁卫军废除图密善是不可能的事情。更让人糟心的是，图密善通过"面包与马戏"的老办法，博得了罗马民众的好评。换言之，除了元老院，军队和人民都绝对支持图密善。

公元96年9月18日夜，元首图密善如往常一样回到卧室休息，日理万机的元首很快就入睡了。夜深人静时，几个手持利刃的奴隶悄悄溜了进去，轻轻锁上了房间的大门。不久之后，房内传来激烈的搏斗声。响动很快就停止了，手无寸铁的图密善被刺身亡，年仅44岁。紧急赶来的禁卫军冲进了卧室，麻利地杀掉了全部刺客，一个活口也没留下。

令人意外的是，刺客们不是图密善的宫廷内侍，就是皇宫的管事。元首夫人多米提娅、禁卫军将领似乎也知道阴谋，却刻意隐瞒了。到底谁是幕后主使？更奇怪的是元老院，他们似乎早就知道了这起刺杀，就在图密善被刺当天，议员们立刻召开了紧急会议，以迅雷不及掩耳之势选出了新的帝国元首：资深元老院议员、前执政官涅尔瓦。年逾70岁的涅尔瓦已经淡出政坛多年，对突然降临的大位既不意外也不惶恐，立刻接受了元老院的推戴。

事情发生得太快，太巧了。元老院抢在所有人反应过来之前，仅用1天时间就完成了权力的交接，甚至连大多数禁卫军将领都还没搞清楚怎么回事，元老院就要求军队向涅尔瓦效忠了。地方总督和军团就更不用说了，他们马上就收到了涅尔瓦登基的官方通知。元老院做得很绝，为了不让人追查图密善被刺的真相，还通过了对图密善的记录抹杀刑。

记录抹杀刑，日本作家盐野七生有过详细的论述。简单来说，就是要消除一个人存在过的全部影响和证据，不管是书籍，还是雕像，甚至是名字也不能例外。元老院对图密善的憎恨竟然是如此强烈。一切关于图密善的书籍、雕像全都被销毁了，以"图密善"命名的建筑也全部更名。总之，元老院试图通过记录抹杀刑把图密善从历史上彻底抹去（虽然这并不可能）。既然图密善压根就不被承认，那刺杀图密善的事情自然也就不用追究了，因为从这个意义上讲，它也是"不存在"的。

弗拉维斯王朝的统治就这么戛然而止了，加强皇权的尝试也失败了，元老院通过老议员涅尔瓦重新掌握了权力，被图密善流放的贵族又能重新回到罗马城。元老院对图密善大加鞭挞，把他描述成一个暴君、昏君，从此，图密善被钉在了罗马暴君的耻辱柱上，与卡里古拉、尼禄之流齐名。

纵观图密善的一生，他之所以会落下暴君之名，其实还是因为早期皇权和元老院博弈失败。图密善虽然得到了军队和人民的支持，却没有处理好和元老院的关系，以至于被元老院中的反对势力阴谋杀害。拥有数百年传统的元老院显然不会任由图密善如此强化皇权，旧贵族依然幻想着恢复元老院的权威，因此这些人冒险除掉了图密善，把共和派的议员扶上了皇位。然而历史的车轮滚滚向前，帝国元首与元老院的博弈胜负几何，仍然是个未知之数。

"逼宫"涅尔瓦

新元首涅尔瓦全名马库斯·科克乌斯·涅尔瓦，出自古老名门科克乌斯，其家族与帝国皇室的关系一直非常融洽。涅尔瓦的祖父和父亲均担任过执政官，涅尔瓦年轻时也多与贵族豪门交好，特别是与尼禄建立了良好的私人关系。能博得尼禄的赏识，涅尔瓦必定懂得人情世故，至少不会在诗会上打瞌睡。据说他凭借在文学方面的造诣成了尼禄的诗友，后来又为尼禄政权的巩固立下了汗马功劳。

时过境迁，尼禄死后，罗马政坛迅速洗牌，加尔巴、奥托、维特里乌斯走马灯式地来来去去，但涅尔瓦却不在洗牌的名单内。他眼光很独到，及时站到了韦斯帕芗的阵营里，很快就与新王朝建立了相互信任的关系，继续在新政权里担任要职。公元71年，韦斯帕芗特别提携涅尔瓦为执政官，这表明涅尔瓦已经进入弗拉维斯王朝核心政治圈了。

不过，涅尔瓦日渐老迈，据说因卷入宫廷的政治斗争而逐渐淡出。到图密善在位晚期，涅尔瓦已退居幕后，但由于此前积累的好名声，再加上古老的贵族血统，他依然很有影响力。图密善被刺后，元老院立即推举涅尔瓦担任新的帝国元首。可能表面淡出政坛的他依然野心勃勃，所以他没有推辞这血迹未干的宝座。这让一些人怀疑涅尔瓦与图密善之死有着某种关联，只是没有确实的证据。

涅尔瓦的即位标志着立国27年的弗拉维斯王朝终结。

新元首能够即位首先得益于旧贵族出身，再加上年过70岁，统治必定短暂，而更重要的原因是，他没有男性子嗣，换言之，新元首不可能建立一个世袭王朝。这一点必定是元老院最看中的，他们意图利用涅尔瓦重振元老院的权势，淡化皇权。

果然，涅尔瓦执政后所推行的政策与图密善截然不同，特别是在处理与元老院的关系上，涅尔瓦非常像元老院的代言人，所有重大国政均交付元老院讨论。为了讨好罗马公民和元老院，他把价值6000万塞斯特斯的土地分给了贫民，还把图密善的私人财产全部拿来低价拍卖，以充实国库。

涅尔瓦忠实地执行着元老院的各项政策，皇权首次向元老院低头。执政一年之后，如同元老院傀儡的涅尔瓦终于引起了禁卫军的不满。他们本指望涅尔瓦能够查出图密善之死的幕后黑手，或者用真金白银打赏军队，然而涅尔瓦两件事都不想做。要知道，军队是相当怀念图密善的，毕竟前任元首赏功罚罪、亲临前线，从未薄待过他们。因此，以前任禁卫军长官埃利安努斯为首的禁卫军，公然提出要处死真凶。这个要求被涅尔瓦一口回绝，这让双方关系急转直下。禁卫军遂团结在埃利安努斯周围，而亲元老院的现任禁卫军长官塞肯德斯反而被自己的军队孤立。

为了稳住军心，涅尔瓦只好解除了塞肯德斯的长官一职，转而任命埃利安努斯为长官，但这依然不能缓解双方紧张的关系，反而让反对派完全掌握了首都兵权。

公元97年10月的某夜，皇宫内凉意阵阵，四下悄然，年迈的元首还在处理政务，身边的卫士却不知所踪。贴身仆从对此一无所知，涅尔瓦突然有种不祥的预感。果然，深夜时分，皇宫外突然人声鼎沸，涅尔瓦来到阳台查看时，发现有人擅自调动了禁卫军，大量手持火把的士兵围在皇宫四周。

"逼宫了？"涅尔瓦顿时冷汗直流。

手持利刃的禁卫军立刻解除了元首护卫的武装，破门闯宫，迅速接管了皇宫各处庭院。涅尔瓦虽然浑身冒汗，但依然十分镇定地等待着。禁卫军长官埃利安努斯率领几个士兵大步闯进了涅尔瓦的卧室，他们一身戎装，手里的短剑透出阴冷的寒光。埃利安努斯不慌不忙地说道："尊敬的奥古斯都，禁卫军急需您下令保卫罗马。"

随后，埃利安努斯的士兵便推开了元首的贴身仆从，将元首左右架起，出了皇宫。涅尔瓦无力抵抗，只能任由禁卫军把他挟持到了大营。营地内的气氛令人窒息，禁卫军根本不听涅尔瓦的任何讲话，逼迫他签署了处死前任禁卫军长官塞肯德斯的命令。不仅如此，禁卫军还处死了图密善在位时的多个大臣，罪名是"刺杀前元首图密善"。至此，图密善之死的真相隐约浮出水面。

图密善之死一直是疑点重重，表面上是图密善的夫人多米提娅和侄女弗拉维娅的后宫之争，但实际上，女人只是幕后主使的障眼法，真正的操纵者是元老院的反图密善势力。我们从以下几点就能看出几分端倪。

分析一桩案件首先要看谁获益最大。按照这个原则，图密善之死的最大获益者无疑是涅尔瓦。涅尔瓦血统高贵，却不受图密善待见，早已被逐出核心领导层，说白了就是无权无势，而罗马的皇位从来都不会轻易许人，为了帝位，多少枭雄点燃了战火，又葬身火海，70岁的涅尔瓦为什么能意外夺魁？

那涅尔瓦就是幕后主使吗？也不尽然。以涅尔瓦的势力还不足以引发如此惊天大案，他只不过是幕后集团推出的代言人，真正搅动乾坤的，是涅尔瓦俯首听命的元老院。从图密善被刺到重组政府，元老院的反应之快，决议之迅速，真是闻所未闻。能有这么快的处置速度，恐怕是早就拟订好了方案，而之后施行的记录抹杀刑，就是为了避免日后有人追查此事，从而让主谋永远藏匿。

这个密谋集团参与者众多，绝非几个议员。从事情的经过来看，能够迅速将行刺奴隶全部灭口，避免留下可能出现的"口供"，禁卫军的"功劳"不可谓不大。结合禁卫军内部发生的分裂来看，塞肯德斯便是密谋集团的重要一环，就是他下令处决所有的行刺奴隶。相信这没能逃过忠于图密善的埃利安努斯的眼睛。

涅尔瓦有意袒护密谋集团，势必引发禁卫军的分裂，毕竟忠于图密善的禁卫军占绝大多数，于是他们逼迫涅尔瓦解除了塞肯德斯的职务，让效忠图密善的埃利安努斯掌握了兵权，接着再起兵逼宫，处死了密谋事件的几个核心成员。

然而，禁卫军的目的只是为图密善报仇而已，在杀掉了背叛主人的塞肯德斯后，埃利安努斯依然选择效忠新元首，毕竟图密善已死，禁卫军别无选择。可是这次逼宫深深震撼了涅尔瓦，他意识到，只有制衡禁卫军才能真正巩固自己的权力和地位，否则这种反扑随时都可能再次发生。

公元 97 年 10 月，刚刚获得自由没几天的涅尔瓦，突然在祭祀时宣布收养高地日耳曼统帅图拉真，同时提名他为下一年的执政官。这一决定极其突然，连元老院事先都不知情。

涅尔瓦没有子嗣，收养图拉真就意味着元首之位将由图拉真继承。至于为什么收养的是图拉真，而不是别的豪门贵族，相信听到图拉真的"高地日耳曼统帅"头衔后，谁都会明白个中缘由。有了莱茵河集团军充当后盾，禁卫军想必也不敢造次了，手握虎狼之师的图拉真，足以威慑整个罗马帝国。

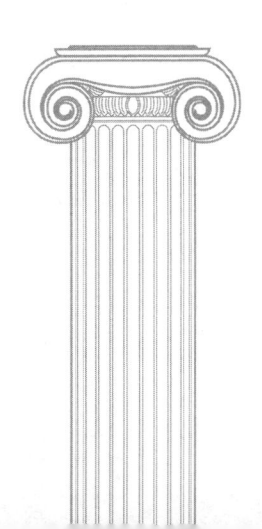

第二十五章 『武皇帝』战记

"武皇帝"图拉真登场

公元98年1月27日，元首涅尔瓦病逝。涅尔瓦的统治虽然还不到2年，也没有什么政绩可言，但老元首选择了正确的继承人，开启了罗马帝国择贤而立的新时代，因此他死后依然被追封为神，其短暂的政权亦被后世称为通往盛世的"阶梯"。

新元首全名为马库斯·乌尔皮乌斯·图拉真，于公元53年9月18日出生于西班牙贝提卡行省，向来性格冷静、行事谨慎、多谋善断、不畏艰险。根据留存的雕像来看，他的身高超过普通罗马人，体型非常强壮却没有一丝赘肉，面容沧桑消瘦，这些无一不是职业军人的特征。得益于韦斯帕芗的提携，图拉真一族早早就得到了"贵族"称号，图拉真也在公元91年就任执政官。

图拉真对继承帝位一事并未过分激动，在得知涅尔瓦去世的消息后，他完全没有南下罗马城的意思。若是换了别人，恐怕早就马不停蹄地赶往罗马城即位了。

在图拉真看来，即位虽然令人欢喜，但同样也充满了危险：远在罗马城的禁卫军刚刚才做出了胁迫涅尔瓦的叛行，如果自己贸然孤身前去，可能会落得与涅尔瓦相同的处境。图拉真知道，他得以问鼎帝位，不是靠"贵族"头衔和良好的名声，而是他手握8个如狼似虎的莱茵河军团，这是他的资本，也是无人敢质疑他的原因。

禁卫军此刻似乎非常不安，他们不熟悉图拉真，也不知道新主子的想法，但他们控制着罗马城，心想着只要图拉真一回到罗马城，那还不得马上落入自己的掌中。可是万万没想到，禁卫军左等右等就是等不来图拉真，反而等到了图拉真的敕令。

敕令要求埃利安努斯等禁卫军高级将领立刻到科隆尼亚觐见新任元首，不得延误。这可真是釜底抽薪之策，图拉真万不会离开自己的大本营，而禁卫军将领们却不得不听命。等将军们到了科隆尼亚后，迎接他们的不是美酒佳肴，而是寒光闪闪的利刃。图拉真以禁卫军逼宫为由，尽数罢免了这些高级将领，同时委任亲信利维亚努斯为新的禁卫军长官，接过了禁卫军的兵权。

罗马城内剩下的禁卫军士兵不敢抗命，他们早就听过了图拉真的赫赫威名，此刻也庆幸新任元首没有清算自己，平静地接受了图拉真的安排。有心腹执掌禁卫军，图拉真更不急于回到罗马城了。此刻的他，日思夜想的不是罗马城的繁华美景，而是远在多瑙河北岸的达契亚王国。图拉真是否认可图密善花钱买和平的权宜之计，我们已不得而知，但我们可以确定，图拉真认为此刻帝国最重要的事情是向达契亚复仇。

从公元 98 年冬到公元 99 年夏，图拉真调动了帝国的全部力量，在多瑙河沿岸修建石头要塞、粮食仓库和罗马大道，还向帝国各行省征集粮草物资，打造铠甲兵器、攻城器械，并就近征募了 2 个新军团。多瑙河、莱茵河前线的基地在图拉真的调度下，热火朝天地忙碌着。

如此规模的动员表明图拉真并不只是要打一场复仇之战。他深知达契亚的战略价值，那里富有金银矿产、人口稠密，如果能征服达契亚人，帝国将获得一个富饶的行省，所以图拉真的战略目标是彻底灭亡达契亚王国。

公元 99 年夏末，前线事务安排妥当后，图拉真才南下罗马城，这是新元首第一次踏入帝国的首都。这一天，元老院议员和市民早早地恭候在街道两旁，准备一睹新任元首的英姿。随着军号的响起，罗马军团缓缓出现在人们眼前，为首的正是图拉真本人。他身着罗马式战甲，肩披红色的统帅斗篷，冷峻的面庞透出领袖的威严。忽然，人们一阵惊呼——图拉真竟然翻身下马，以步行的方式进入罗马城。他声称作为第一公民，不应该在马上接见元老院议员。此举当即获得了市民和议员们的阵阵掌声，也表明了新元首尊重元老院的态度。从此以后，图拉真在罗马城几乎全是步行，在帝国历史上还没有哪个元首这么坚持过。

不仅如此，据狄奥·卡西乌斯记载，图拉真懂得如何讨好元老院和人民，他承诺不会处死任何"好人"，也不会听取任何人的告密，这让贵族们心喜无比；同时，图拉真还给意大利居民提供了大量捐赠，扩大了粮食补助，大力举办竞技赛事。

元首夫人普罗蒂娜也为图拉真赢得不少加分。她待人接物极为和善，与前元首夫人多米提娅的傲慢形成鲜明对比，她还从不与人攀比，经常资助慈善事业，甚至在第一次踏进皇宫前谦卑地说道："希望我们永远不会改变，离开时就像进去时一样。"这更让人民对图拉真一家充满好感。

图拉真只用如此简单的行为就俘获了罗马人民的心。不得不承认，每一位贤明之君都有他过人之处，每一个成功男人的背后也有一个精明的女人。

图拉真此行的目的，不仅是要在首都亮一亮相，更重要的是要把远征达契亚的想法交付元老院讨论。不用怀疑，元老院深以与达契亚媾和为耻，他们早就盼望能有一个统帅去教训下达契亚人，图拉真的想法与元老院不谋而合。有了元老院的支持，图拉真的远征便没了后顾之忧。

公元 101 年 3 月，罗马军团陈兵边境，鹰旗招展遍插江河。新元首调集了 7 个多瑙河军团、2 个莱茵河军团、2 个新征募军团和 1 个禁卫军军团，合计 12 个罗马军团。另外，帝国各条防线的精锐辅助军一并集结在此，包括叙利亚弓箭手、日耳曼刀斧兵、巴塔维亚轻骑兵和毛里塔尼亚重骑兵。远征军光战斗人员就有 15 万人，再加上一些协助后勤的奴隶和持剑仆从，远征军号称 20 万之众。

如此庞大的多民族集团军在罗马战争史上前所未见，对达契亚来说，这不单是与罗马的战争，而是与罗马所领导的地中海联盟的战争。

除了军力鼎盛外，图拉真的麾下可谓猛将如云，指挥官队伍也是群星荟萃，其中有 5 人可以称为图拉真时代的"五虎上将"：

首席上将：哈维迪乌斯·尼格里努斯，性格沉稳、经验丰富、不动如山。他有丰富的军团指挥经验，能够深入突击，直插敌阵，也能在险境里稳住阵脚，反败为胜。他是鹰旗的守护者，也是图拉真的盾牌。

骑兵上将：卢西乌斯·昆图斯，北非王子，性格豪迈、不受约束、擅长速战、攻略如风。他拥有强大的毛里塔尼亚骑兵，相当于罗马军团的重型坦克，其兵锋所过之处，敌军无不溃散，他就如同罗马的"古德里安"。此刻的他正处于事业上升期。

步兵上将：拉比利乌斯·马克西姆斯，果敢勇毅、仪容不俗、雷厉风行、大胆不屈。他是图拉真的尖刀利刃，在战场上重视荣誉，强大气场犹如秋风扫落叶。往往哪里最危险，他的军团就会挡在哪里，是极可靠的铜墙铁壁。

后勤总长：科尔涅乌斯·帕尔马，独当一面、熟知兵事、战略能力绝佳。他虽未参与达契亚战争，却受命担任叙利亚总督一职，负责防卫帕提亚人的入侵，保卫远征军侧翼的安全。

工兵团长：普布里乌斯·塞尔苏斯，"攻击之虎"、擅长工程，带兵以稳健著称。他既有阵前斩杀敌军大将的勇武，也有不战而屈人之兵的战绩，是修建多瑙河大桥的主要指挥官。

与此同时，图拉真还有一位等同于军师的首席智囊。此人名叫李锡尼·苏拉，贵族出身，图拉真的副手，性格冷静、足智多谋、长于应变，更兼具组织协调能力，是绝佳的参谋总长，堪称图拉真的阿格里帕，其作用如同贝尔蒂埃之于拿破仑，是整场战争的幕后策划与组织者。

图拉真的"五虎上将"和"首席军师"都是身经百战的将军。除了北非王子昆图斯外，其余 5 位都是元老院议员，有从政的履历。这些贤臣良将即将在"武皇帝"的征程里，各自闪光。

图拉真大兵压境立刻引起了达契亚上下的恐慌，达契亚国王德凯巴鲁斯发布了全国动员令，各地领主纷纷带兵集结。德凯巴鲁斯以为，如此规模的罗马军团很难在短时间内渡过水流湍急的多瑙河，因为这个季节的河水水位还很高，而罗马人又携带着沉重的装备和攻城器械，绝不会轻易攻入达契亚腹地；然而他完全想错了。正如尼禄时期的叙利亚总督科尔布罗所言："罗马人靠工程镐取胜。"图拉真即将在达契亚的土地上打一场标准的罗马式战争，一场凭借先进工程技术获胜的战争。

同年 4 月，罗马军团在多瑙河沿岸的筑城、修路工作基本完成，粮草、武器也相继准备完毕。图拉真用征集来的物资制造了大量的木船，并效仿恺撒首次渡过莱茵河时那样，命人在多瑙河上搭建了两座简易的罗马式桥梁。这种桥以木船作为桥墩，用木板作为桥身，每条木船拉开了一定距离，用以减缓水流的冲击。桥的全长超过了 1 千米，并设置有木制的护栏。不过月余，两座横跨多瑙河的大桥即建成了。

任前方水流如何湍急，也挡不住罗马人前进的脚步。20 万罗马将士踏着木桥横渡多瑙河，顷刻间，北岸的达契亚城镇相继陷落，火光将天空染成了赤色，鲜血让大地呼啸着腥风。图拉真一身戎装眺望着达契亚大地上的"美景"，满怀豪情地说道："我们抵达了贝尔佐宾，正向埃兹前进。"

强取塔帕伊，逼降达契亚

不同于尤利安努斯这样的骁将，图拉真无意突袭敌军腹地，那样的战法必须速胜，否则将进退维谷。从顺利渡过多瑙河起，图拉真便让各军团一边伐林开路，一边修筑营垒。和临时搭建的营地不同，图拉真所修建的是永久性的要塞。正如后世所言："罗马人的征服，以筑城为锁，以开路为链。"图拉真通过步步为营的方式，一点一点蚕食辽阔的达契亚。这些新修建的大道和要塞，便是罗马人的后勤补给线，保证了军团的战斗力。

图拉真的大军一路推进，沿途攻城拔寨，伐林修路，进行得热火朝天，按说德凯巴鲁斯早该出现了，可达契亚主力始终不愿现身，这让图拉真行事更加谨慎起来，说不定达契亚人即将来一场伏击战。正在图拉真疑惑的时候，罗马军团俘获了一些试图破坏道路、营垒的达契亚人。图拉真大喜过望，亲自审问了这些达契亚士兵，从他们口中，元首终于得知了德凯巴鲁斯的主力所在地。原来，达契亚大军集结在距离其首都50千米的塔帕伊，那里修建了坚固的城防工事。很明显，达契亚人试图凭城固守、以逸待劳。

塔帕伊所处的位置让它如同一把门锁，牢牢锁住了通往达契亚首都的通道。它的南面是茂密的森林，地势由南向北逐渐升高，加上新修的城墙、箭塔，可谓易守难攻。德凯巴鲁斯很清楚，罗马人只有穿过森林才能抵达塔帕伊，而森林复杂的地形势必打乱罗马人的阵形，只要在森林尽头伏击图拉真，罗马人将陷入一场混战。

图拉真已探明了敌军所在，当即召开作战会议，故意面露难色地分析敌情，探问诸将到底要不要冒险攻打塔帕伊。然而诸将皆无绕道之意，群情激愤地说道："达契亚人掠我疆土，杀我士卒，大军伐罪雪耻正在今日，岂能畏敌不前，贻笑天下？"图拉真笑了，他欣慰地笑了：虽然塔帕伊之战必是一场恶战，但全军上下士气高昂，军心可用，此战可打。

图拉真当即下令："兵发塔帕伊。"

罗马军团正式向敌军伏击圈前进，一路砍伐森林，开山筑路。虽然阵形已乱，但大军依然按照编制结伴而行、相互支援。德凯巴鲁斯派出大量散兵袭击图拉真，然而皆是有去无回。经过一番艰难跋涉，罗马军团抵达了森林尽头。果不其然，德凯巴鲁斯亲率主力大军列阵于塔帕伊，他们凭借坚固的城防，居高临下、虎视眈眈。图拉真见塔帕伊与森林间尚有一片平地，赶紧令军团急速开出森林，于此处列阵。德凯巴鲁斯当然不会让图拉真如愿。随着一声令下，达契亚勇士手持"达契亚法克斯"呼啸着奔袭下山，如鬼魅降临一般可怖骇人。

此时的罗马军团尚未全部开出森林，各军团立足未稳，左右两翼的防御极为薄弱。若换成普通军队，崩溃就在此时。好在罗马军团号称地中海第一步兵，虽然前面战况恐怖，但各百人队、中队、大队依然能快速靠拢组成阵形，战士们高举着罗马大盾，于缝隙之间猛刺达契亚士兵。远程辅助军团亦从后方投出标枪、射出利箭，直击达契亚人的胸膛。战况惨烈异常。

由于罗马军团的数量很多，而森林外的平地又很小，达契亚人有足够的兵力包抄图拉真的两翼，德凯巴鲁斯便加大了对图拉真两翼的攻势，意图将罗马人围歼在森林前。虽然图拉真一再下达列阵的命令，但罗马军团依然混乱不堪，因为按照罗马人的传统，军团通常以步兵为中央，骑兵为两翼，方阵间还留出一定间隙，以保证三列线阵的轮换，然而现在的情况非常不利于罗马军团，不仅步兵无法列阵，两翼的骑兵也根本挤不出森林，步兵与骑兵拥挤在一起。

列阵，必须要列阵。图拉真明白罗马军团靠纪律与组织赢得胜利，乱哄哄地战斗很难取胜，因此他必须想办法让军团"展开翅膀"。图拉真当即撤回了原本要到两翼布阵的骑兵，换上了最精锐的步兵，让这些步兵结阵慢慢推进，一点一点地向两翼方向展开。这一过程虽然缓慢，但高举大盾的步兵始终保持着攻势。

两军将士各有千秋，杀声震天，互不相让。罗马军团凭借优良的装备和严格的纪律，一点一点地向前方推进，而达契亚士兵普遍没有铠甲护身，又不善于用盾，被各处刺来的短剑所伤，鲜血直流。不过，疯狂的达契亚战士勇猛依然，他们用力挥舞着达契亚镰刀，力道之大，甚至能劈开一些盾牌，反伤罗马士兵。

战场之上，血肉横飞、鲜血淋漓。两军统帅都知道，罗马军团能否开出森林将成为此战胜败的关键。这时，德凯巴鲁斯终于出动了达契亚的王牌：萨尔马提亚重骑兵。不同于达契亚步兵，这些骑兵连人带马披有鱼鳞战甲，一经两翼杀出，迅速遏制了罗马两翼的反攻。眼见两翼再次溃败，图拉真亦亲临一线，拔剑迎敌。战况陷入胶着。

据狄奥记载，罗马军团的伤亡非常大，行军所带的医用棉布都已经全部用完，而伤员依然在不断增加。为此，图拉真都不得不把披风撕成碎布，用来包扎士兵的伤口。

罗马人苦战着，受伤的人越来越多，却始终没有人愿意后退，每一个人都咬牙坚持着，包括图拉真。随着两翼的不断展开，罗马军团已经在森林前方挤出了一片空地。图拉真让前排的士兵列成龟甲阵坚守阵地，阻止敌军骑兵，后面的步兵立即回撤，让出空地给己方骑兵，好让他们能发起冲锋。憋了一肚子气的骑兵终于有了用武之地。萨尔马提亚骑兵固然勇猛，罗马军团带来的毛里塔尼亚骑兵也不是吃素的，他们在悍将卢西乌斯·昆图斯的率领下，反冲萨尔马提亚骑兵，试图将两翼的战线重新推回去。萨尔马提亚骑兵被罗马步兵阻挡、纠缠，很难回转再次冲锋，犹如强弩之末，反倒是昆图斯的骑兵像刚离弦的箭，势不可挡。双方都凭毅力坚持着，但随着时间的流逝，猛打猛冲的达契亚人越发疲惫，他们不像罗马军团那样轮换上阵，而单兵作战极费体力，达契亚人尤是如此。

万不得已之下，首席上将尼格里努斯抓过鹰旗，只身冲进敌军阵地。罗马军团为保护鹰旗，全都发疯似的猛打猛冲，一个人倒下了，更多的人又跟上，闪亮的鹰旗立在战斗的最前方，鼓舞着全体将士用命推进。罗马人渐渐掌握了战场的主动权，成功逼退了达契亚人。终于，罗马军团开始仰面攻打塔帕伊，德凯巴鲁斯只好坚守在城墙下，凭借城墙、箭塔不断将石头和利箭投向罗马士兵，罗马军团上下皆苦战支撑着。

德凯巴鲁斯这边的情况很不乐观。达契亚人本想依靠地形优势在塔帕伊歼灭罗马军团，但罗马人强大的战斗力居然反逼着达契亚人后退，蛮族的士气已然跌落了大半，现在就看谁的毅力更强。图拉真咬牙坚持着，他知道不能退，不能撤，一旦攻势停下，就会变成一场大溃败，罗马军团只有一鼓作气攻破塔帕伊城，方能解困。

终于，战斗迎来了惊变。

战场之上忽然号角齐鸣、火云压城，随着一声轰鸣，塔帕伊的城墙坍塌了，无数燃烧着的巨石从天而降，砸死、烧死了不少达契亚勇士，昏暗的天空被烈火照得通红。原来，图拉真一路伐林开路正是为了早就准备好的重型弩炮和投石车，这些大杀器沉重、缓慢，所以迟迟未能抵达战场，随着军团两翼的展开，攻城器械终于得以部署在平地上。

这场毅力的较量，最终还是罗马人胜出了。在见识了"飞火巨石"后，达契亚人士气大跌，而巨石砸中城墙的轰鸣声，几乎震碎了他们的心脏，各部将领都失去了战心，不少人开始逃跑。德凯巴鲁斯知道坚持不住了，看着被不断砸死的士兵，达契亚国王不得不提出停战，由于找不到笔纸，他只好让人把停战协议写在从战场附近找的大蘑菇上。可惜图拉真断然拒绝了，罗马元首要的是"投降"，而不是"中场休息"。无奈之下，德凯巴鲁斯只好下令撤退，快速地撤退。就这样，罗马军团攻陷了塔帕伊，达契亚人一路溃败至首都。

战后的战场遍地血红，有的罗马将士割下了敌人的首级，有的砍下了敌人的右臂，纷纷送至图拉真处报功。塔帕伊血战以罗马人的胜利告终，达契亚首都前已无险可守。罗马军团旋即扫荡敌城，大量的乡村和城镇沦为一片焦土，男人皆被处死，女人和小孩则被卖为奴隶。图拉真的兵锋所指，如炼狱一般，强大的罗马军团再难被阻挡。

自塔帕伊战败后，达契亚已经失去了战场的主动权，罗马军团在达契亚土地上制造各种恐怖，极大地震撼了德凯巴鲁斯，连遭败绩的达契亚人举国丧胆。公元102年开春，图拉真再次挺进达契亚腹地，扫荡达契亚首都周边的城池、乡镇。达契亚人无力抵抗，城焚村灭，可谓是比屋不存、尸横遍野，连国王的妹妹都被步兵上将马克西姆斯俘虏，举国上下一片哀号。

德凯巴鲁斯终于支撑不住了，不得不遣使求和。看来在图拉真凌厉的兵锋下，一代霸主也只能低下高傲的头颅。双方签订了和平条约：

一、罗马将留下一支军队驻扎在达契亚境内；

二、销毁包括"达契亚法克斯"在内的所有达契亚的兵器；

三、拆除达契亚在多瑙河北岸的所有城堡要塞；

四、达契亚不得接收罗马逃兵，不得雇佣罗马的敌人；

五、达契亚不得侵犯任何罗马友邦。

"武皇帝"就是能征善战，图拉真政权重现了罗马人的尚武精神。虽然这违背了屋大维制定的防御战略，但可以看出，罗马军团这部强大的战争机器一旦开动起来，势难抵挡，只有主动打出去，罗马帝国的边疆才能稳如泰山。

公元102年，49岁的图拉真站在四匹白马拉拽的战车上凯旋罗马城，威严如诸神之子。这是元首在罗马城内首次没有步行，不过在罗马人看来，这是他应得的荣耀。第一次达契亚战争宣告结束，可是达契亚王德凯巴鲁斯的雄心并没有被浇灭，达契亚仍然是东欧强国，首都萨米泽杰图萨还完好无损，王国还拥有巨大的财富。

事实上，和平条约并不平等，驻扎在达契亚境内的罗马军团控制了达契亚的主要交通线，而且图拉真命他们就地修建大道，加固沿途建立的罗马要塞。战争虽停，但罗马的工程建设却没有终止，如此发展，不出一年，达契亚便会成为罗马的殖民地。

德凯巴鲁斯看着热火朝天干工程的罗马军团，既痛心又焦虑。他深知图拉真的意图所在，一旦让罗马人在达契亚的土地上修建了贯穿全境的罗马大道，那将来的罗马人只需数日便可直达萨米泽杰图萨，达契亚王国名为独立实则亡国。德凯巴鲁斯不想坐以待毙，他一面悄悄修复堡垒要塞，打造兵器铠甲，一面广寻盟友，试图分担压力。这一切均表明德凯巴鲁斯不会久居人下，早晚要与图拉真做最后一搏。

雄赳赳气昂昂，再跨多瑙河

从公元103年起，图拉真试图通过罗马大道和要塞逐步控制达契亚王国，虽未征服但胜似征服。不过图拉真也知道，与达契亚人的和平只是暂时的，强大的达契亚王国不会甘心沦为帝国的附庸。为了军团能在战争到来时迅速攻入达契亚腹地，图拉真特意请来了希腊著名的建筑设计师阿波罗多罗斯，目的就是修建一条横跨多瑙河的大型桥梁。

公元105年春，战争结束后的第3年，德凯巴鲁斯经过长时间的蛰伏与准备，再次躁动起来。达契亚的军队和居民多有异动，他们长时间在东欧称王称霸，自然难以适应有罗马人在土地上颐指气使的日子。

随着春天的到来，大地万物开始苏醒，皑皑白雪此刻已经消失了踪影，凛冽的寒风也变得和颜悦色，这些无一不让达契亚人冰冻三年的心再次沸腾起来。图拉真为了监视和控制达契亚王国，特地留下了第7军团驻守在达契亚境内，此刻的他们也已经习惯了达契亚的气候和生活，闲暇时间也会到附近的城镇里采买物资，或与当地人切磋武艺，看似相处融洽，其实都是口蜜腹剑。

今年的春天来得特别早，眼见霜雪化水、风和日暖，第7军团按照惯例派出数个小队采购物资。军团长朗基努斯也带着军团主力巡视达契亚各地，一来彰显罗马人的军威，二来侦察达契亚人的动向。不过说来奇怪，达契亚今年的物资似乎非常匮乏，外出采买的小队迟迟买不到足够的东西，只能朝着更远的城镇前进。更奇怪的是，德凯巴鲁斯突然写信邀请朗基努斯前去"做客"。

达契亚国王亲自相邀，军团长自然不好拒绝，于是他带着军队赴宴，途中却发现达契亚集结了很多青年壮力，不知打的什么算盘。朗基努斯本要一查究竟，但达契亚人又是送礼又是赔笑脸的，还说这些年轻人是为了开荒屯田而召集起来的，这才打消了大多数罗马人的疑虑。

黄昏时分，军团寻到一处靠近道路和水源的地方扎营。夜幕降临后，朗基努斯命令几个骑兵到最近的达契亚城镇外查看。

没过多久，侦察兵就回禀道："达契亚城镇的灯火已经全部熄灭，也没有看到炊烟，好像已经入睡了。"

朗基努斯听后，心里的石头落了下来，问道："除了城镇，沿途的森林可有异动？"

士兵回禀道："并未发现战马的声音。"

朗基努斯这次彻底放下了心。

军团长朗基努斯在第一次达契亚战争前被提拔为法务官，因而有资格随元首图拉真远征，他因战功卓著被任命为军团长，对达契亚的情况已经非常熟悉了。图拉真临行前，曾叮嘱他要时刻保持警惕，和平不会持续太久。朗基努斯也算恪尽职守，然而3年时间似乎也太久了，他虽然时刻保持着警惕，但达契亚贵族总是主动前来交好，慢慢地，他和不少达契亚人成了朋友，警惕性因而下降了许多。

侦察兵离开帅帐后,边走边说道:"军团长也太谨慎了,连森林的情况都要询问,别说伏兵了,林子里连鸟叫都听不见一声。"

可惜,"森林里安静到连鸟叫都没有"这么重要的情报,侦察兵恰恰没有报告给朗基努斯。此刻,达契亚人正埋伏在森林里,静静地等待着深夜的来临。

夜深了,第7军团除了站岗放哨的士兵外,大多数人都已经入睡了,营地里也异常安静。月亮被乌云遮蔽,营外一片漆黑,仿佛整个世界只有第7军团存在一样。突然,一支火箭从林中蹿出,正中塔楼上的罗马哨兵,他还来不及呼喊便从楼上坠亡……很快,大营内人声鼎沸、火光冲天。

正在熟睡的朗基努斯突然从床上惊起,见帐门前有个罗马士兵倒在地上,似乎刚想来报告什么,就断了气。朗基努斯当即拔剑出帐,只见到处都是来回驰骋的达契亚骑兵,营地大门已被攻破,他的近卫大多阵亡,身上还插着达契亚人的箭,一些罗马士兵还在抵抗,到处都是砍杀声和呼救声。

朗基努斯来不及穿上铠甲,只能戴上罗马式缨盔来表明身份。他大声呼喊道:"百人队,列阵!"然而大营里已经乱成了一锅粥,很多人连武器都没找齐,以至于只能举起盾牌防御,能集结到朗基努斯身边的不过十来个人。

火光照亮了天空,军团长这时才看清楚大营的情况。大多数罗马士兵都按照编制就近集结,但他们缺乏武器,只能被达契亚人屠杀,而存放标枪、弩箭的帐篷早已被达契亚骑兵占领,罗马人丧失了远程反击能力。将达契亚人赶出营地已经不可能了,朗基努斯下令道:"突围!"十来人立刻朝营门口快速移动,竟杀退了近百人的袭击,眼看着就要突围成功了。这时,一队全身装备着扎甲的骑兵挡住了他们,为首的不是别人,正是达契亚国王德凯巴鲁斯本人。

一阵血战之后,朗基努斯和另外十来个士兵力竭被俘。同一天,远在各地采买的罗马小队也全数被杀,而第7军团的主营地也被达契亚人攻破。图拉真留在达契亚的尖刀竟在一天之内被拔除。

德凯巴鲁斯反了。达契亚人反了。

朗基努斯等人被俘后并未遭到虐待,德凯巴鲁斯只是软禁了他们,因为他打算以俘兵为筹码,逼图拉真承认多瑙河以北的土地属于达契亚,还要罗马赔偿达契亚的损失。这不是痴人说梦吗?单凭几个俘虏就能让伟大的罗马"武帝"屈服?这显然不可能。也许德凯巴鲁斯不是真的指望图拉真能同意,只是通过这种方式向罗马宣战。

图拉真当然不可能同意这样的条件。被俘的朗基努斯倒也硬气,据说德凯巴鲁斯要求他亲手给图拉真写一封恳求信,他宁死不从。堂堂帝国的军团长怎么可能去当卖国贼?朗基努斯最终服毒自尽了。第二次罗马-达契亚战争爆发。

图拉真得知达契亚掀起叛旗后,当即赶赴多瑙河前线。各地军团早已集结完毕,随着图拉真一声令下,帝国10万大军兵发达契亚。不过,图拉真这次的作战方略大有改变,他决定以骑兵快速推进,一举击垮对方的防御部署。这非常像二战时古德里安的坦克战术,目的就是以闪电般的攻势打断敌军部署。

此次,图拉真不用再命军团临时架桥筑路了,10万大军雄赳赳气昂昂地跨过了早已完工的"图拉真大桥"。据盐野七生考证,该桥于公元103年开始修建,全长1135米,高27米,宽12米,每33米就有一个石墩,坚固无比。罗马军团的各种重型攻城器械,如投石车、蝎弩,均能从桥上通行。10万大军仅用了2~4天就全数过了多瑙河。

图拉真沿着早已修建好的罗马大道向达契亚腹地推进,相继攻陷沿途各城镇,兵锋直指萨米泽杰图萨。为了遏制罗马军团的快速推进,德凯巴鲁斯也改变了战术。他不再集结重兵死守城池,而是在罗马人修建的大道上布阵。他明白图拉真不可能绕路,一定会沿着大道推进,所以只要将罗马军团挡在大道上就能避免城池被包围。

可惜,这一战远比塔帕伊之战更险恶、更艰难,因为罗马军团有着超重装备,军纪严明,战术也很先进,而达契亚人尚不具备在野战中击败地中海第一步兵的实力。图拉真纪功柱充分展示了这些肉搏战的残酷,城市前、桥梁边、道路旁,每一个地方都是达契亚人抵抗的阵地,但这些抵抗并不能阻止图拉真,达契亚战士身后的城镇最终被罗马军团屠杀一空,百姓都和保护自己的战士一起魂归天国,何其悲壮!

难道德凯巴鲁斯只能选择这种悲壮的战术吗?

事实上,比起野战,袭扰战确实更符合实际,也是达契亚人在绝对劣势下的唯一选择。罗马军团对这种"放一箭就跑"的战术非常头疼,但图拉真并不忧虑。他通过修建的大道和要塞牢牢地控制着补给线,达契亚士兵虽然能在一些小袭击里取得战果，但主动权却在罗马人手里，所以德凯巴鲁斯没有选择。无论是用袭扰战、守城战，还是肉搏血战，达契亚人的结局都是一样的。

图拉真反制达契亚人的方法也非常冷酷，他下令烧掉达契亚人的良田，踏平达契亚人的村寨，罗马军团所过之处，无论男女老幼，一概不留。每一座城池的城墙上都插满了长矛，上面全是血淋淋的人头。图拉真不是要征服达契亚人，而是要彻底屠灭达契亚人。

按照过去的战史来看，执行焦土政策的一方很容易自断补给，但图拉真却没有后顾之忧。他根本不在乎达契亚的粮食，因为帝国正从后方源源不断运来补给。达契亚人不同，他们只能依靠自己的粮食，可罗马人见人就杀，见城就毁，短时间内，达契亚人在各地的补给都被焚毁，现在反而轮到德凯巴鲁斯头疼了。

图拉真一边扫荡达契亚，一边向达契亚首都推进。不多时，罗马军团已经将萨米泽杰图萨城里三层外三层围得水泄不通。困住德凯巴鲁斯之后，图拉真令骑兵上将昆图斯和步兵上将马克西姆斯各率本部人马，攻取萨米泽杰图萨外围的堡垒、城池。两员骁将以雷霆之势，将达契亚最后的壁垒通通攻陷，彻底断绝了德凯巴鲁斯的外援之望。

随着包围网的缩紧，萨米泽杰图萨已成孤岛，可谓外无援兵，内乏粮草。图拉真大剑一挥，上百门攻城重器皆朝城墙投去巨石，石弹呼啸着贯穿了一座又一座塔楼，紧跟着的是蝎弩射出的数千支重枪，压得达契亚士兵完全抬不起头来，不少人在远程打击下永远地闭上了眼睛。随着城墙被巨石击垮，罗马军团列成龟甲阵缓缓朝缺口靠近。达契亚守军也毫不相让，射箭、落石、泼油，死死地挡住罗马军团前进的道路。

持续的伤亡和可怕的攻击一点一点地击垮了达契亚人的意志。萨米泽杰图萨终于沦陷了。

罗马士兵成群结队地杀入城中。达契亚居民和士兵依靠着街道、房屋继续和罗马士兵搏斗。随着罗马人放火焚城，最后的巷战也不可能了。达契亚人为避免受辱，最终选择了集体自杀。据部分资料显示，罗马人从达契亚的国库里找到了200吨～300吨的黄金白银。这一数字虽然是杜撰的，却充分反映出后世作家对此战的期许。

万分危急的时刻，德凯巴鲁斯带着亲卫杀出了重围，一路向东方逃奔。德凯巴鲁斯企图再拉起一支队伍与图拉真周旋，可图拉真不会给达契亚国王时间和机会，旋即令骑兵一路向东追击。据图拉真纪功柱描绘，死战力尽的德凯巴鲁斯被围在一棵大树下，他浑身鲜血、气喘吁吁，但依然不肯投降，最终，骄傲的达契亚国王拔剑自裁。回想他这一生的征战，宛若梦幻。

随着德凯巴鲁斯自杀，达契亚再也无力反抗帝国的统治。图拉真处置达契亚人的手段远比恺撒对待高卢人血腥，除了及时投降的达契亚人，剩下的人不是被杀掉，就是被驱赶到更北方的极寒之地。

罗马帝国将达契亚纳入行省统治，在当地修建了大量的殖民地，以首席上将尼格里努斯为第一任达契亚总督。自此，富饶的达契亚行省每年都会上贡无数金银和粮食，帝国因此国力大增。沧海横流，王朝更迭，时至今日，罗马帝国的传奇依然在这里回响，罗马和达契亚人的后代把这里称作"罗马尼亚"。

饮马波斯湾

"武帝"图拉真凭借征服达契亚的伟业凯旋罗马城，帝国陷入了一片欢腾之中。雄壮的凯旋队伍贯城而行，市民们兴奋地载歌载舞，不断向帝国的英雄们送上鲜花和祝福。罗马已经很久没见过如此之多的黄金和白银，也很久没有举行过如此盛大的凯旋式了。元老院同样兴奋，当即授予图拉真"达契亚库斯"（意为达契亚征服者）的称号。

元首图拉真站在4匹白马所拉的战车上傲然而行，其英武的面庞下既有骄傲，亦有雄心。为了纪念帝国征服达契亚的伟大胜利，图拉真下令举行长达123天的庆祝活动，出动了1万名角斗士和1.5万头斗兽，赛马、角斗、表演、宴会样样都由政府买单。之后，图拉真修筑了专门纪念两次达契亚战争的"图拉真纪功柱"，意在将这场伟大的胜利永远镌刻在罗马的历史里。

伟大的胜利、巨大的荣耀无不是图拉真通过征服得来的，看着帝国公民对这场战争的歌颂与崇拜，图拉真相信罗马人依然是崇尚战争的。这是数百年的传统,岂能因为屋大维的遗命就永远放弃?

看着地图上的世界,图拉真的雄心再次沸腾起来。自达契亚被击败后,帝国的西部防线发生了巨大改变,多瑙河不再是帝国的边疆。日耳曼人的生存空间被进一步压缩,如果再给图拉真一些时间,他就可以再次饮马易北河,将整个日耳曼民族都征服下来,届时帝国的北疆会以北海之外的蛮荒之地为边界。不过,日耳曼的土地贫瘠却是不争的事实,征服那里并不能带来多大的财富,除了消除潜在的威胁外,对帝国毫无吸引力。

可是东方则不同,强大的帕提亚帝国一直酣睡在罗马的东方。克拉苏、安东尼两征帕提亚都以失败告终,帕提亚始终是罗马未曾征服的对手,只要帕提亚一日不灭,帝国的东方依然难有真正的安宁。故而在消灭达契亚后,图拉真越发地关心帝国东方的事务。

图拉真时期的帕提亚保持着与罗马的同盟关系,两国已经很久没有交战了,在达契亚向帕提亚求援时,帕提亚人也算是保持了相当的克制。

众所周知,罗、帕之间一直以亚美尼亚作为缓冲区,两国为了争夺亚美尼亚曾多次交手。到了尼禄时期,罗马与帕提亚暂时找到了和解的方式,那就是帕提亚王室成员出任亚美尼亚国王,但是必须向罗马称臣,接受罗马元首的加冕,这就是"帕提亚取其实,罗马求其名"的折中方案。对亚美尼亚来说,它的主人不仅是帕提亚,也是罗马。所以东方的平衡非常微妙,也非常难以维持。

等到图拉真远征达契亚时,原来的帕提亚君主沃洛加西斯已经驾崩,新君帕克鲁即位。帕克鲁与他的前辈一样野心勃勃,对亚美尼亚也是垂涎三尺,所以亚美尼亚老国王一死,他就赶紧把自己的儿子阿克西达瑞斯扶上了王位,只等图拉真亲自为他加冕就算礼成了,所以罗马帝国也认可了新的亚美尼亚王。可是当帕克鲁驾崩后,一切就改变了。

新的"万王之王"不是帕克鲁的儿子,而是他的兄弟奥斯罗埃斯。新王即位自然是要巩固权力的。为了牢牢掌控亚美尼亚,奥斯罗埃斯以亚美尼亚王"无能"为由,擅自废黜了他,转立忠于自己的侄子帕尔塔马西里斯为新的亚美尼亚王。

亚美尼亚王位易主的背后其实有着深刻的政治原因。彼时帕提亚帝国已进入了大分裂时期，各地诸侯割据自立，王室内部也各自称王，泰西封与塞琉西亚似乎有两个朝廷。为接替王兄帕克鲁，奥斯罗埃斯用亚美尼亚王位换取了侄儿的支持。不过，王位更替并没有通知图拉真，也许内战让他们根本顾不上通知罗马，"罗马求其名"的一层薄纱也荡然无存了。

如果是一位平庸的罗马帝王，可能也会接受亚美尼亚王位的更替，毕竟帕提亚并未否定亚美尼亚向罗马称臣的事实，而且帕提亚事后也主动去信告知了图拉真。然而，图拉真不是一位安于现状的奥古斯都，他是"武皇帝"，任何敢于挑战他威严的行为都必将引来战争和毁灭，而且图拉真早就对帕提亚的和平不感兴趣了。"活着就是为了征服。"此乃图拉真的人生哲理。

图拉真有很多理由对帕提亚帝国用兵。一是帕提亚擅自插手亚美尼亚国王废立。这已经敲响了警钟，万一下次帕提亚从背后捅刀子该怎么办？二是帕提亚多次击败过罗马军团，是帝国的心腹大患，不击败帕提亚，就不算雪耻。罗马人注重报仇雪恨，帕提亚显然是他们心里的隐痛，不除不快。三是帕提亚王室内斗不已，正是罗马分化瓦解他们的最好时机。这第四嘛，当然是帕提亚帝国富饶的土地和巨大的财富。图拉真清楚征服两河流域的价值，巨大的利益就是巨大的诱惑。

图拉真的勃勃雄心驱使着他去实现亚历山大大帝的伟业。每一个统帅都向往追随亚历山大的脚步，征服到世界的尽头。只有征服帕提亚，图拉真才能够打通去往印度的道路，而且他年事已高，再不出兵帕提亚，怕是没有时间了。帕提亚擅自废黜亚美尼亚王的行为，终于让图拉真等到了宣战的借口。

其实，图拉真早在公元106年左右就已经出兵亚洲，目标是大致位于今天埃及与巴勒斯坦交界区域的纳巴泰王国。这个国家长期垄断红海贸易，经常充当强盗打劫往来亚非的商队。当年继业者安提柯两次讨伐纳巴泰未果，结果弄得塞琉古乘机占领了巴比伦。如今的纳巴泰同样威胁着罗马的东方行省，而且与帕提亚多有交往，正是罗马帝国开刀的对象。叙利亚总督帕尔马善于用兵，也是图拉真的上将，他仅率一个军团就攻陷了王国全境，这与安提柯数次兵败纳巴泰城下形成鲜明对比。

对帝国来说，灭亡纳巴泰不仅是要向帕提亚展示罗马人的实力，更重要的是通过此战的扩张，图拉真将红海北岸的出海口控制在手。这样一来，帝国既通过掌控红海贸易得到了新的财源，又实现了对帕提亚从北至南的战略包围。图拉真要干什么？这恐怕是每一个帕提亚人都该思考的问题。

公元113年，图拉真进驻叙利亚行省首府安条克，在这里集结帝国的精锐军团。他从多瑙河集团军调来了3个老兵军团，这些人全部都参加过达契亚战争，是图拉真的嫡系精锐，同时他还命令7个东方军团、1个埃及军团和等数量的辅助军集结起来，远征帕提亚的兵力达到了8万~10万人马。

公元114年春，"武帝"图拉真提兵10万讨伐亚美尼亚。大军从卡帕多西亚向东行军，直抵两国边境城市阿尔萨莫萨塔。图拉真在萨塔拉城召集了东方各国的君主和国王，凡是臣服于罗马的国王都屁颠颠地跑来朝见元首，包括科尔基斯、伊比利亚、博斯普鲁斯等国王，当然他们也带来了自己的贡品和军队，一支联合国军就此组成。然而，作为罗马附庸的亚美尼亚王却没有出现，这正中图拉真下怀，也坐实了亚美尼亚的背叛。罗马联军正式越过边境，杀入亚美尼亚境内。

罗马军团兵锋极盛，一路势如破竹，各地城市、乡村无不望风而降。亚美尼亚王帕尔塔马西里斯这才感到了害怕，赶紧跑到艾雷盖亚（又译作埃雷吉亚）等待图拉真，极力辩解其取代阿克西达瑞斯的行为，同时表示愿意向罗马称臣，并接受图拉真的加冕。

惶恐不安的帕尔塔马西里斯将头上的王冠取下，毕恭毕敬地放到图拉真的脚下，以为罗马元首会再次为他戴上。图拉真看着匍匐在地的亚美尼亚王，觉得既滑稽又可笑，地上的国王看来根本不懂征服者的心理。难道我提兵10万就是跑来给你个小国王加冕的吗？图拉真要的可不是称臣的虚名，他追求的是如同亚历山大大帝的伟大征服。于是，图拉真罢免并流放了帕尔塔马西里斯，然后挥师攻克了艾雷盖亚。

废黜亚美尼亚伪王以后，图拉真兵分三路，从北、东、南三个方向讨伐亚美尼亚。到公元114年底，旧都提格拉诺塞塔、新都阿尔塔克萨塔相继沦陷，整个亚美尼亚并入罗马帝国。据载，第一任亚美尼亚总督名叫卡提利乌斯·塞维鲁。

罗马军团在悍将卢西乌斯·昆图斯的率领下继续南征，几乎不费吹灰之力就占领了亚美尼亚剩下的土地，兵临帕提亚帝国。罗马与帕提亚彻底撕破了脸皮，大战开始了。

公元115年，图拉真亲率大军攻入帕提亚帝国。奇怪的是，曾经不可一世的帕提亚军队却不见了踪影，曾经的天才骑兵统帅苏雷纳也无后继之人。图拉真沿着幼发拉底河与底格里斯河大举南下，一路攻城略地，竟无一人能挡，兵锋所过之处，可谓是哀鸿遍野、火光冲天。罗马军团在帕提亚的土地上尽情踩踬、肆掠，在达契亚发生的可怕景象在帕提亚帝国重现。

其实，帕提亚帝国在美索不达米亚一带的统治早已名存实亡。按照同时代的历史作者记载，图拉真在公元115年的讨伐对象均是美索不达米亚的诸侯，其中西部为奥斯洛尼，东部为阿狄亚贝尼，这两个诸侯都已自称国王，实力雄厚。图拉真将军队分成两部，分别讨伐两大诸侯，其中卢西乌斯·昆图斯所向披靡，连克两河重镇尼西比斯、辛加拉，打通了前往巴比伦尼亚的道路，另一路的马克西姆斯则攻破了奥斯洛尼首都巴特奈，又接管了埃德萨。埃德萨国王阿布加鲁斯、阿拉伯诸侯曼努斯、安特穆西亚总督斯泊瑞瑟斯均匍匐在图拉真脚下。这一年，图拉真把军团留在底格里斯河畔过冬，宣布美索不达米亚行省的成立。

元老院对图拉真的征服战争欣喜若狂，当即授予图拉真"帕提亚库斯"的称号。然而在安条克过冬的图拉真并不开心，因为这一年的12月13日突然发生了地震，不少人被埋在废墟下窒息身亡，更多的人被砸得遍体鳞伤。是上天的警示，还是纯属偶然？这给图拉真的征服战争蒙上了一层阴影。

公元116年春，帕提亚有实力的地方诸侯只剩下阿狄亚贝尼国王梅巴萨佩斯。该王国位于奥斯洛尼以东，实力雄厚，曾数次干预帕提亚王位继承战争，用"造王者"来称呼该国也毫不为过。虽然图拉真能攻克不少位于底格里斯河西岸的城池，但由于河流附近缺乏森林树木，阿狄亚贝尼人以为罗马军团无法修桥渡河，坚决不肯屈服。哪知图拉真将远在尼西比斯的树木砍下后用货车运到底格里斯河畔，前后辗转百里，强行在阿狄亚贝尼人眼前造船搭桥，渡过了底格里斯河。这充分证明了罗马强大的后勤和动员能力，阿狄亚贝尼终于吓得举手投降了。

这之后，图拉真指挥大军朝帕提亚的核心地带挺进，几乎是沿着亚历山大大帝走过的道路，一步一步地逼近帕提亚首都泰西封。此时的帕提亚帝国一盘散沙，君主如惊弓之鸟，各地诸侯自顾保命，投降的投降，卖国的卖国，罗马军团几乎没有遇到任何阻碍。

随后，图拉真在幼发拉底河组建了一支包含50艘巨舰的大型舰队。各地征集的粮草物资均通过舰队运输，而罗马军团也顺着河流南下，攻克了沿途的城市。

在即将抵达泰西封时，罗马军团通过开凿古运河的办法，强行连通了幼发拉底河与底格里斯河，舰队便奇迹般地出现在泰西封城下。随着图拉真一声令下，投石车、弩炮、蝎弩同时朝泰西封发起致命的攻击。

墙毁兵死的恐怖景象吓坏了帕提亚君主奥斯罗埃斯，他来不及带上家眷便弃城逃跑了。没了君主的首都危若累卵，还在守城的士兵一见只剩下自己和老百姓了，也只能高举双手向图拉真投降。帕提亚首都泰西封陷落了，这座传奇的城市第一次落入罗马人之手，克拉苏、安东尼、恺撒毕生未能完成的伟业终于被图拉真实现了。

图拉真率领骄傲的罗马军团大踏步地进驻泰西封城。奥斯罗埃斯的公主也被罗马人俘虏，国库里的金银让人目眩，帕提亚最辉煌的城市就此臣服在图拉真的脚下。图拉真造访了已成遗迹的古巴比伦城，想起当年亚历山大大帝征服这里的场景，不禁感叹马其顿帝国昔日的辉煌与功业。

罗马军团在图拉真的率领下，以秋风扫落叶之势荡平了两河流域，自美索不达米亚之后，罗马的亚述行省也宣告建立。北灭达契亚，东平帕提亚，罗马在图拉真的带领下走向了鼎盛。元老院和罗马公民兴奋异常，他们决定授予图拉真"至高皇帝"的称号。可是谁能想到，在巨大的喜悦背后却是巨大隐忧。

帕提亚帝国曾经强大无比，但这仅限于英主领导下。这个帝国是个非常松散的联盟，各地诸侯拥兵自重、割据一方、彼此倾轧，毫无团结可言，纵然皇帝号召抵抗，各路诸侯却都观望不前，故而图拉真采用各个击破的策略，一路荡平了辽阔的两河流域。然而，帕提亚人口众多，一旦他们团结起来还是可以集结超过10万人的军队，绝不是仅靠攻占泰西封就能完成征服的。

公元116年夏，帕提亚各地爆发了反抗罗马的起义，其中帕提亚王子萨纳特鲁西斯领导的美索不达米亚叛乱最为严重。帕提亚的正规军虽然在正面对决里不能战胜罗马军团，但他们化整为零，利用伏击、游击的方式不断消耗罗马军团的力量。

在罗马大踏步地征服帕提亚的时候，远在昔兰尼加的犹太人再次掀起了反旗，叛乱波及面巨大，连埃及和塞浦路斯也陷入了混乱之中。更令人糟心的是，叛乱蔓延到帝国东方，而没有图拉真坐镇的东方，竟然无人能够恢复和平，倘若继续放任不管，不仅远征军可能陷入孤立，连帝国东方也可能沦陷。

"武帝"图拉真带着罗马军团第一次来到了波斯湾，身后是一片血与火的帕提亚，东方行省叛乱的加急文书一封接一封地传到了他的手里。图拉真横刀立马，眺望着波涛汹涌的海洋，陷入沉思：是继续东征兵临印度河，还是撤兵归国平定叛乱？前者能实现他的夙愿，但帝国必定陷入混乱；后者能恢复帝国的和平，但他将永远不能完成亚历山大的伟业。无奈与遗憾缠绕在图拉真心头，如今的他大有曹操"东临碣石以观沧海"时的豪迈与无奈。

雄主陨落

公元113年10月，正当图拉真远征东方之际，昔兰尼加的犹太人趁着东方军团倾巢出动，再次掀起叛乱。犹太人复叛的起因是与希腊人不和。两族的仇恨由来已久，屡次互相攻杀，代代为敌，罗马对此似乎已经习以为常。由于很多激进的犹太人士一再挑战罗马权威，帝国总体上偏向于希腊人，这进一步导致犹太人不服罗马帝国的统治。但从根本上讲，犹太人的遭遇并不是因为罗马人不公正，也不是罗马人不宽容，而是信仰一神教的犹太人不能接受信仰多神教的希腊、罗马统治。

犹太叛军并不满足于杀几个希腊人了事，他们要推翻罗马帝国的统治，占地为王、割据一方。叛军推举了一个名叫卢库亚斯的人为领袖，集中力量突袭了当地守军，杀死了毫无防备的罗马官员，然后就地屠杀希腊人和罗马人，抢劫村庄，占领要道，攻陷城镇，所过之处无不狼烟滚滚、血流成河，死难者多达22万人。

占领昔兰尼加之后，叛军人数急剧增加，贫瘠的昔兰尼加已经不能满足他们的欲望。为了养活如此庞大的军队，卢库亚斯率军杀入了元首直辖领埃及，那里人口众多、钱粮充足，是极为理想的根据地。

卢库亚斯的叛军如蝗虫一样冲破了守卫空虚的城池、堡垒，一路杀入了埃及腹地。当地总督虽然还有2个不满员的军团，但是不断逃到亚历山大里亚的难民吓坏了他。总督见敌军势大，便固守于亚历山大里亚城内，这等于是把整个埃及都送到了叛军的刀下。

叛军如秋风扫落叶般转战南北，各地的犹太人群起响应，他们杀死当地官员，驱逐非犹太居民，偌大的埃及就此落入了卢库亚斯之手。富饶的尼罗河被犹太叛军肆意踩躏，图拉真远征的粮草也就此断绝。叛军占领埃及后毫无收手的迹象，成功驱使着他们继续向北推进，攻陷了耶路撒冷，卢库亚斯于是自立为王，宣布犹太人独立了。

埃及、耶路撒冷的易主鼓舞了整个犹太民族，塞浦路斯、巴勒斯坦等地的犹太人也各自起兵，攻杀当地官员和非犹太人。这些犹太叛军格外残暴，骨子里的疯狂基因就像被激活了一样，手段之残忍，令人发指。其中塞浦路斯的犹太人最为残暴，他们不分男女老幼，把所有非犹太人或是就地屠杀，或是驱逐到竞技场内，逼其自相残杀到一个不剩。历史名城萨拉米斯就遭遇了屠城的厄运，整座城市都被付之一炬，废墟之下满是死者的遗骸，其中还有不少儿童和老人，据说有24万人被屠杀。

犹太叛乱彻底断绝了图拉真继续远征的可能。美索不达米亚的帕提亚人同样被犹太叛乱所鼓动，他们利用图拉真南下波斯湾之机，占据城池，驱逐官员，还杀死了投降罗马的贵族，罗马人刚刚征服下来的土地又易手了。

图拉真此时已经攻取了泰西封，灭亡帕提亚似乎近在眼前，可是叛乱的烽烟燃遍了图拉真身后的土地，别说来自埃及的粮草被断绝，连回国的退路都失守了。任谁都看得出，继续远征已经不可能了。

图拉真忧愤交加，健康状况急转直下，他自感时日无多，纵然有千般不舍，也不得不放弃灭亡帕提亚的计划。元首决定北还罗马，任命骑兵上将卢西乌斯·昆图斯为先锋，统率2个军团的兵力讨伐美索不达米亚的叛军，另外诏令步兵上将马克西姆斯北上亚美尼亚，镇压试图重新独立的亚美尼亚。

平叛大军兵分两路出征，所过之地均有帕提亚军队的抵抗，连不少老百姓也暗中攻击罗马军团。马克西姆斯因此兵败战死，亚美尼亚基本脱离了图拉真的掌控。消息传到图拉真处，所有人都明白局势的险恶程度远超之前的判断。作为"五虎上将"之一的马克西姆斯有丰富的带兵经验，在达契亚的森林里尚且杀进杀出，如今却被一群乌合之众杀死，可见叛乱的规模已经相当庞大。如果昆图斯无法打通美索不达米亚，图拉真将难以撤回叙利亚。

昆图斯自追随图拉真以来，北伐达契亚，东征帕提亚，屡立战功，他麾下的毛里塔尼亚骑兵可谓是帝国骑兵的尖刀利刃，连全身具装的萨尔马提亚骑兵和帕提亚骑兵都不是对手。他这一路遇上的叛军比起马克西姆斯有过之而无不及，但他没有让图拉真失望。

公元116年，昆图斯率部攻入美索不达米亚，如雷霆之势一扫美索不达米亚的叛军，重新攻陷了重镇尼西比斯和埃德萨两城，斩杀了叛军王子萨纳特鲁西斯，再次打通了返回叙利亚的通道。随后，图拉真命昆图斯继续挂帅，领犹太总督衔南下巴勒斯坦，继续镇压犹太人的叛乱。

卢库亚斯的乌合之众遇到真正的罗马军团后，瞬间变成了瓜果蔬菜，被昆图斯一顿砍杀，接连溃败。卢库亚斯一战而死，被枭首示众，犹太叛乱的核心力量被彻底击垮了。

图拉真返回泰西封后，册封帕塔玛斯帕特斯为新的帕提亚国王，扶植了一个傀儡政权暂时稳定局势，随后率领大军北还，同时命海军上将图尔波用海军舰队将第7军团及辅助军运送到塞浦路斯。第7军团同样以雷霆之势剿杀了当地的犹太叛军，一举光复了萨拉米斯城。罗马人以其人之道还治其人之身，得胜后同样虐杀犹太人，几乎将当地犹太人灭族。紧接着，统帅图尔波又率军渡海直扑埃及和昔兰尼加。当地叛军群龙无首、一盘散沙，在居民的配合下，罗马军团展开大反攻。双方于孟菲斯展开决战，犹太叛军大败亏输，埃及、昔兰尼加至此重新回到帝国的怀抱。

至于图拉真自己，他依旧不甘心就此撤离，在离开美索不达米亚时包围了降而复叛的哈特拉。这是一座位于荒漠之中的阿拉伯城市，狄奥记载道："这座城市不大，也不繁华，周边的乡村多为沙漠，无水、无木材、无草料。然而，正是这些缺点保护了它，使得它不可能被大量军队围攻。"

图拉真偏不信邪，毕竟梅特路斯、马略都有攻克沙漠堡垒的战例，他相信自己也能做到，然而天意难违，图拉真终于遇到了一块最难啃的骨头。罗马军团不仅要顶着烈日进攻，还要提防沙漠里的蛇虫蝎蚁。他们虽然一度摧毁了城墙，但发起冲锋的骑兵均被歼灭在城墙缺口前。突然，天空电闪雷鸣，暴雨和冰雹砸得罗马士兵鼻青脸肿，仿佛是上天也在帮助哈特拉。惊险的时候，密集的箭雨差点击中图拉真，而他身边的护卫当场阵亡。

难道罗马的征服战争真的有违天意？图拉真失望了，或者说绝望了。他第一次承认了失败，带着军团撤回了安条克，不久便病倒了。

图拉真的功业令人惋惜。帕提亚帝国已经被打得稀碎，只要罗马来年重整旗鼓，自然可以重新平定东方。如果元首的身体能够恢复健康，东征似乎还有希望。然而，元首的健康情况极不乐观，御医们束手无措，甚至军中谣传元首已经瘫痪，不能带兵了。

事实上，图拉真大限将至，但他依然像往常一样下达命令，以此来安定军心。可是军中的高级将领们却发现，他们屡次请命面见元首，却屡次被拒之门外。除了禁卫军长官和元首夫人普罗蒂娜，几乎无人知晓图拉真的状况如何，而元首继承人迟迟没有公布，帝国的政局突然阴云密布。

图拉真支撑不住了，在妻子普罗蒂娜一再劝说之下，元首不得不返回罗马城养病。禁卫军护送着图拉真从海路返回罗马城，然而还没等回到意大利，他的病情就进一步恶化，军队只好停在奇里乞亚的塞利努斯休整，以免舟车劳顿再次击垮元首的身体。可惜，图拉真是真的坚持不住了。

公元117年8月9日，时年63岁的罗马帝国"武皇帝"图拉真·奥古斯都驾崩于小亚细亚，在位19年6个月零15天。

公元117年，世界明珠罗马城迎来了一支盛大的凯旋队伍。这支队伍由东征帕提亚的罗马军团组成，他们高举着闪亮的银鹰旗，在鲜花和鼓乐声中踏步而行。无论是平民还是贵族，妇女还是小孩，几乎所有人都聚集在街道两旁，翘首以盼地等待着这支军队的最高统帅：帝国元首图拉真。不过，这不是一般的凯旋队伍。无论民众多么兴奋，当这支队伍的主人出现后，所有人都沉默了，甚至热泪盈眶。

随着军号声的响起，4匹白马拉拽的战车缓缓出现在人们视野里。白马身上套着华丽的金甲和殷红色的羽饰,然而后面拉着的战车看起来空空荡荡,车上没有站着任何人,只躺着一口装饰精致的棺木,里面沉睡的正是元首图拉真的骨灰。马车周围是衣着华丽的罗马将军,他们扶着马车徐徐而行,口中喃喃道:"图拉真·奥古斯都,万岁。"

围观的人群不知从何时起被这庄严、悲伤的一幕感染,也开始喃喃自语道:"图拉真·奥古斯都万岁,万岁。"慢慢地,越来越多的人跟着喊了起来,整座罗马城陷入了一片哀痛之中,不少人都哭了出来。元老院议员全部素服迎接图拉真的灵柩,他们不敢平视英雄的棺木,因为这样是对英雄的不敬。

这是一场特殊的凯旋式,也是罗马数百年来唯一一次扶棺凯旋的凯旋式。纵然图拉真已经离世了,但他却依然活在罗马人民的心中。只要有图拉真横刀立马的地方,就有罗马军团获胜的消息,只有最恢宏的凯旋式才配得上英雄的归来。图拉真无疑是帝政春秋里最闪耀的雄主,当之无愧的"武皇帝",真正的战神。

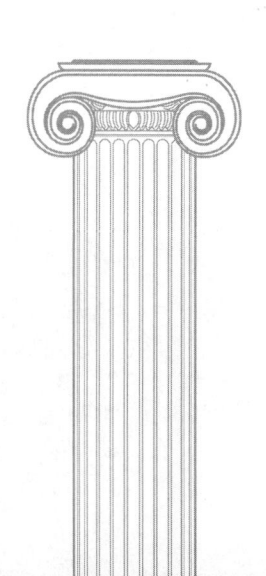

第二十六章 贤帝盛世

继承人疑云

东方的夜晚宁静而诡秘，波涛汹涌的海面上，海风不时将浪花推倒在岸边，远远望去犹如抢滩登陆的勇士。一队罗马骑兵正沿着临海大道奔驰着，为首的是几个身披红色斗篷的将军。带头的统帅皮肤黝黑、身材魁梧，满是沧桑的脸上透着领袖的威严，他的佩剑看上去很旧，但剑中的寒气足以让人退避三舍，似乎历经了上百场大战一样。这柄剑的主人名叫卢西乌斯·昆图斯，正是图拉真的骑兵上将，现任犹太总督。

昆图斯一行人日夜兼程赶往叙利亚首府安条克城。当他们入城时，已经入夜，但是昆图斯等人来不及通报就直奔元首的行宫。负责守卫行宫的是帝国禁卫军，长官名叫阿奇利乌斯·阿提安。

作为禁卫军长官，阿提安有责任护卫元首的安全。对犹太总督昆图斯的突然造访，他有些吃惊，但他没有让士兵放昆图斯入内，反而拒绝道："奥古斯都身体抱恙，他需要休息，而不是深夜的叨扰。"

昆图斯疑惑地问道："奥古斯都到底怎么了？为什么突然放弃了远征前的部署？他曾告诉我，平定犹太后就南下埃及，可为什么出征埃及的是图尔波？我要见元首，请你放我进去，或者通报一声。"

阿提安不容置疑地回复道："够了。身为帝国的军人，你需要做的是服从命令。奥古斯都无意见你，他需要休息。至于埃及，图尔波已经取得了决定性胜利，你也无须担心，好好看着犹太人就足够了。"

"我再问一遍，"昆图斯有些被激怒了，"我能否立刻见到元首？"

阿提安瞪着双眼，同样愤怒地回复道："我已经说过了，元首不见任何人。如果你再不返回驻地，那你就是擅离职守。作为军人，你应该知道后果，摩尔人。"

昆图斯几乎要拔剑而起，可当剑即将出鞘的时候，他突然收住了手，眼睛里的愤怒忽然变成了失望，甚至是绝望。昆图斯忽然想到了什么，他不再争辩了，一行人当夜就离开了安条克，连休息一刻的时间都没有。一出安条克城，昆图斯立即策马狂奔，直奔恺撒里亚。副将疑惑地问道："总督阁下为什么不等明天再问问呢？也许奥古斯都会接见你。"

昆图斯怅然若失，仿佛被击中了痛处。他知道图拉真是怎样的君王。"武皇帝"戎马一生，时刻保持着充沛的精力，他不会拒绝一个总督的深夜到访，更不会拒绝爱将昆图斯，哪怕是彻夜商讨军情，图拉真也不会有丝毫的疲倦。可是现在的元首居然连见一面都不同意，难道真如传言所说，图拉真已经瘫痪了吗？如果是，这是多么可怕的灾难。可如果不是，那为什么图拉真不见任何人？难道在行宫里的不是图拉真？或者不是自由的图拉真？如果是这样，那谁在操纵着帝国的政令？

想到此处，昆图斯感到了危险的临近，他下令道："快点，立刻回到我们的行省。"

卢西乌斯·昆图斯，出身北非毛里塔尼亚，祖上是柏柏尔人的酋长，算是异国王侯。在罗马扩张的征程中，他的家族明智地选择为罗马服役，故而昆图斯的祖辈获得了罗马公民权，到昆图斯投身行伍时，他已经拥有统率辅助军的资格。

昆图斯身强力壮、熟悉兵事，带着彪悍的毛里塔尼亚骑兵加入了罗马军团。在图密善时期，他凭军功获得了骑士资格，并正式统领一支辅助军部队。可是没过多久，特立独行的北非王子就因为行为散漫被解除了军职，离开了罗马军团。虽然昆图斯被迫离开了，但是他的才能早就被图拉真所知，等到图拉真即位后，昆图斯和他的毛里塔尼亚骑兵被起用，昆图斯逐渐升任罗马骑兵指挥官。

在图拉真对外征战期间，昆图斯率领麾下的北非骑兵转战南北，是当之无愧的帝国第一骑将。凭借着卓越的战功，昆图斯被图拉真倚为心腹大将，后来不仅让他指挥辅助军，连罗马军团的兵权也放心地交给了他。

在帕提亚战争里，昆图斯表现出了一个统帅应有的智慧和军略，一举击败了亚美尼亚东部的割据势力，后来更是在两河流域风卷残云地扫荡敌军，可谓攻无不克。其攻击泼辣、冷酷，为图拉真立下了赫赫战功，因而在图拉真的提名下，昆图斯被任命为公元117年的执政官。

犹太大起义后，美索不达米亚叛军截断了远征军的归路，图拉真思前想后，除了爱将昆图斯，没有更合适的统帅了。昆图斯没有让人失望，轻而易举就击败了造反的帕提亚人，打通了图拉真返回叙利亚的道路。随后，图拉真封昆图斯为犹太行省总督，让他全面负责镇压犹太人叛乱。

作为"五虎上将"之一的昆图斯不负"上将"之名，不但击败数十万犹太叛军主力，还阵斩了自立为王的卢库亚斯，从此成了坐镇犹太行省的一方诸侯。再加上帝国首席名将的声誉，他在东方军团的威望已经盖过了所有罗马将军，更掩盖了叙利亚总督哈德良的存在。

哈德良全名普布利乌斯·埃利乌斯·哈德良，公元76年1月24日出生，其祖上是罗马的骑士阶级，其父老哈德良在韦斯帕芗的提携下，被授予了"贵族"称号，从此成了元老院的新贵。值得一提的是，老哈德良的母亲来自图拉真家族，是元首图拉真的亲姑姑，也就是说老哈德良与图拉真是表兄弟关系。据说两人的关系非常要好。

老哈德良的身体不佳，年纪轻轻就告别了人世。临终前，他找了两个最信任的人担任幼子哈德良的监护人，图拉真自然是其中之一，而另一个就是日后的禁卫军长官阿奇利乌斯·阿提安。不得不说，老哈德良的眼光很准，在他死的时候，图拉真和阿提安都还没有进入帝国的核心领导层，但就凭着一种信任，抑或是赌博的直觉，老哈德良完成了毕生最成功的投资。

不久之后，图拉真和阿提安都飞黄腾达了，前者登上了奥古斯都的大位，统领整个帝国，而后者当上了禁卫军长官，执掌宫禁。有这样两个监护人照顾，小哈德良得到了超过同龄孩子的政治资源，不仅能在罗马城学习，还能到理想的军团服役。

20岁的哈德良一进入军团就被授予了大队长的职位，而且是军团长的副手。5年后，哈德良被选举为财务官，进入了元老院。公元105年，图拉真大举攻伐达契亚，年轻的哈德良又被任命为第1军团的军团长，从此成为30个帝国军团长之一，算是步入了帝国高级武官的行列，这个时候的他才30岁而已。

战争结束后，图拉真论功行赏，推荐哈德良担任法务官一职。只有当过法务官的人才有资格成为一个行省的总督。1年任期结束后，图拉真正式任命哈德良为远潘诺尼亚总督。哈德良就此成为坐镇一方的诸侯，为图拉真守卫着多瑙河防线。然而，担任潘诺尼亚总督只是为了给哈德良"镀金"，32岁的他很快就被召回罗马城，获封执政官。就这样，年轻的哈德良超过了亡父，成了帝国内阁成员、罗马最高行政长官。

帕提亚战争爆发后，哈德良的地位进一步拔高，受封叙利亚总督。这一职位通常高于所有东方总督，有节制各省的权力，然而图拉真所倚重的大将并非哈德良，而是卢西乌斯·昆图斯，所以哈德良没有机会到前线指挥军团，但也足见元首对他的信任。

不过可惜的是，图拉真虽然一再提携哈德良，却从未收养哈德良，也从未表示过有收养的计划。图拉真和涅尔瓦一样没有男性继承人，所以能被图拉真收养就意味着能够继承帝国的皇位。图拉真对此非常谨慎，从不轻易透露自己的想法，这个问题就这么一直搁置着。

令人遗憾的是，在帕提亚即将被征服时，远在后方的犹太人又起来造反了，帝国至少有4个行省脱离了控制。最致命的是，被叛军占领的埃及是帝国的粮仓，没有埃及的粮食，远征军的补给将有随时断绝的危险，故而这场叛乱击碎了图拉真再现亚历山大伟业的美梦。难怪犹太人最终被罗马帝国流放，耶路撒冷也被彻底破坏，这种愤怒，只要你能站在罗马人的角度思考，就能体会他们对犹太人的恨有多么深刻。最终，图拉真忧愤成疾，从未病倒的"武皇帝"也招架不住死神的召唤，不得不返回叙利亚首府安条克城。为此，图拉真选择了最善战的昆图斯总领平叛军务，实际上有意让他暂代远征军统帅一职。

作为帝国的元首，图拉真可能更中意一个能征善战的继承人，比起哈德良这种能力平庸的"二代贵族"，图拉真更欣赏昆图斯。从远征军的人事任命就可以看出，昆图斯实际上是军团中仅次于图拉真的二号人物，不仅拥有远征军中最精锐的两个军团，还是图拉真返回叙利亚的开路先锋，后来更是平犹总司令。

如果大家还记得的话，上一个负责平定犹太人叛乱的正是韦斯帕芗和提图斯。这个位置是容易诞生元首的，所以也有传言道："等到昆图斯完成使命后，图拉真将正式收养昆图斯，并封他为'恺撒'。"

然而，当图拉真回到安条克后，将军们要见到元首本人越来越困难，禁卫军长官阿提安、叙利亚总督哈德良成了元首的传话人，处于行宫深处的图拉真变得越来越神秘。昆图斯也没有按图拉真之前的安排，在平定犹太行省后南下埃及完成最后一击，南下埃及的人选改成了图尔波一个人。

这不禁让人感到疑惑。图拉真到底怎么样了？他是恢复了健康还是病得更重了？图拉真已经瘫痪的流言突然在安条克城内甚嚣尘上。难道元首早就不能言语了？如果真的是这样，那图拉真的印章是谁在使用？

不久之后，安条克行宫里传来了一项重大的人事任命：元首因身染重病难以继续领导远征军，特命叙利亚总督哈德良暂代远征军最高统帅一职，全面节制东方各行省总督，并负责对帕提亚帝国的后续战争。

夺位与肃清

哈德良接掌兵权的任命让东方各总督吃惊不小。哈德良虽然是叙利亚总督，但他连前线都没有去过，怎么就突然被任命为远征军总司令了？要论战功，论对前线战事的熟悉程度，最高统帅一职怎么说也该是犹太总督昆图斯的，而哈德良的军职履历无非是一个军团的军团长，现在的远征军可是10万大军啊！图拉真怎么会这么草率呢？

猜疑终究只是猜疑，毕竟没有任何证据表明这不是元首的敕令，而且哈德良的监护人是图拉真，不少人怀疑图拉真是在为哈德良继位做铺垫。但也有些人不这么想，他们凭借自己对图拉真的了解，并不相信元首会传位给哈德良。

理由非常简单：如果图拉真有意传位哈德良，他早就可以收养哈德良了。可时至今日图拉真也没有这么表示过，而且图拉真并没有带哈德良上帕提亚战场，要是有意培养他的话，那肯定要让他参与战争，这样才能获得战功和威望，就像提图斯登基前那样，可是哈德良却一直被排除在远征军领导层之外。更何况最新的敕令没有任何总督见证。

随着图拉真病情加重，围绕帝位的继承问题，帝国高层分成三派。

一派是拥护哈德良的，包括元首夫人普罗蒂娜、禁卫军长官阿提安、海军统帅图尔波等等。其中普罗蒂娜算是看着哈德良长大的，自然有种母亲看孩子的感觉,而阿提安又是哈德良的另一个监护人。

第二派拥护卢西乌斯·昆图斯,以远征军将领为主,但中下层军官较多。昆图斯在元老院缺乏支持者,而且地方总督也不看好他,因为他是摩尔人,没有罗马人血统。

第三派则是元老院,他们主张选举一个德高望重的贵族担任下一任的奥古斯都。一部分人倾向于议员奈拉提乌斯·布里库斯,据传图拉真曾经对他说过:"万一我不幸死去,帝国就拜托给你了。"

完成这项重大的人事任命后,图拉真在妻子普罗蒂娜和禁卫军的护送下,乘船返回罗马城,结果死在了小亚细亚。临死时,图拉真身边只有3个人,分别是元首夫人普罗蒂娜、哈德良的岳母马提蒂娅、禁卫军长官阿提安。他们全是哈德良的支持者,皇位的归属似乎已经明朗。

果不其然,图拉真一死,普罗蒂娜便以图拉真妻子的身份,传达了元首的临终遗言:收养哈德良,赐予其"恺撒"称号。这意味着哈德良将即位。消息快马加鞭地送到了安条克,哈德良既不惊讶也不犹豫,他马上召集了军队的高级将领,公布了图拉真的遗命,那些倾向于哈德良的人马上就宣誓效忠。很快,叙利亚的军团就公开称呼哈德良为"凯旋大将军",率先表示了对哈德良的拥护。一切都发生得非常迅速,简直是无缝衔接,让人眼花缭乱。

紧接着,刚刚光复了埃及的海军统帅图尔波也收到了哈德良的紧急信件。作为哈德良的支持者,图尔波马上就宣布拥护哈德良,还调动军团控制埃及各处要道,并将兵力集中到紧挨着犹太行省的地方,截断了送往犹太的粮食,明显是在防备昆图斯的军团。

哈德良手握图拉真的"遗命",法理上更能站住脚,再加上禁卫军也力挺哈德良,这使得哈德良派获得了压倒性的优势。可是元老院和昆图斯两派严重怀疑遗命的真实性。一是因为被称为元首遗嘱的文件上根本没有图拉真的签名,反倒列着普罗蒂娜的名字;二是因为他们刚刚得知,负责治疗图拉真的御医就在元首驾崩几天后突然暴毙而亡(这一招是典型的杀人灭口),据说有人指控他按照普罗蒂娜的命令假扮图拉真口述遗嘱。现在,除了哈德良派的人,没有人知道图拉真死前的真相。

哈德良为避免夜长梦多,还来不及回到罗马城就在叙利亚草草登基。不过他并不放心，因为威望与实力具在的昆图斯还坐镇犹太，图拉真的心腹大将们还对"遗命"颇有微词。眼下，哈德良最大的对手就是昆图斯无疑。

犹太行省的军营里，主帅帐营灯火通明，总督昆图斯和众多将领正聚在这里议事。他们都非常焦急，将军们争吵个不停，而昆图斯手里拿着一份元首敕令，一言不发地盯着身边的烛火。

这份敕令写道："解除卢西乌斯·昆图斯的犹太总督一职，保留执政官头衔。解除全部毛里塔尼亚骑兵的辅助军身份，遣返北非。昆图斯立刻到罗马城为前任元首图拉真送葬并参加凯旋式。"署名是"凯旋大将军、元首哈德良·奥古斯都"。

"这是要解除您的兵权。我们不会同意的，总督阁下。"一个将军对着昆图斯说道，"如果您愿意，我们也可以拥护您称帝，立刻发兵叙利亚，擒杀哈德良。"

不少将军都点头表示同意。可是昆图斯没有点头，他摇头说道："不行，那是背叛罗马，背叛伟大的图拉真，况且叛乱还未完全镇压，帕提亚也会卷土重来，我不能这么做。不能。"

将军们见昆图斯没有争夺帝位的野心，都像没气的气球一样，顿时沮丧无言。毛里塔尼亚将军们则打破沉默，安慰昆图斯道："殿下，您要是不愿起兵夺位，那么我们就护送您回到非洲故乡吧。在毛里塔尼亚，您也是王子啊。我们离开北非已经很多年了，是该回去见见我们的家人了。至于罗马城，您不能回去。那里太危险了，阿提安的禁卫军控制着意大利，他对您充满了嫉妒与敌意。"

"哈哈，我正有此意。此处不留人，自有留人处。"昆图斯如释重负地说道。

毕竟性格豪迈、不受约束的昆图斯是不能忍受排挤与慢待的。就这样，卢西乌斯·昆图斯放弃了他的地盘和军团，带着忠于自己的北非亲卫离开了犹太行省，启程朝着故乡毛里塔尼亚进发。

哈德良赶走昆图斯后，立刻派心腹图尔波接管了犹太行省和当地军队，同时把支持他即位的卡提利乌斯·塞维鲁提拔为叙利亚总督，全面控制了东方行省。

安排好这些后，哈德良终于启程前往罗马城。他给元老院写了一封措辞恭顺的信件，里面辩解了自己抢先称帝是为了稳住东方的局势，毕竟国不可一日无君，军不可一日无将，同时他话锋一转，恳请元老院尊奉"先父"图拉真为神。元老院出于对图拉真的敬意，当然不能拒绝将图拉真封神的请求，这么一来，也变相承认了哈德良即位的既成事实。

哈德良登上帝位后依然面临着内忧外患的窘境。首先，图拉真时代的各路将领依然保持着对图拉真的忠诚，他们对前任元首之死有刨根问底的想法，不少人质疑哈德良继位的合法性，而且这些人控制着远征军的大多数军队。其次，东边帕提亚的战事还没有结束，两国依然处于战争状态，美索不达米亚、亚述两个新建立的行省该怎么办？是重新出兵巩固统治，还是放弃它们？战争该如何收场？最后，西边也乱了起来，多瑙河北岸的萨尔马提亚人反叛了，他们趁罗马集中兵力攻打帕提亚的时候，再次向帝国发起攻击。

对哈德良来说，以上三个问题中最棘手的无疑是第一个问题。称帝的合法性是他的心病，流言如虎，如果任由其发展，后果难以预料，而且这些人都是图拉真的心腹武将，手握兵权，如果他们另立一个奥古斯都，哈德良也没有信心能击败这些悍将。为此，哈德良决定夺下悍将们的兵权，来一场大规模的洗牌和肃清。

哈德良首先向远征军的将军们表示了感谢，然后以先帝葬礼和凯旋式为由，让将军们都返回罗马城。这个理由非常充分，让人看不出问题。将军们不好拒绝，也不打算拒绝为图拉真送葬的命令。其实，他们都想去送图拉真最后一程，于是相继赶赴罗马城。哈德良乘机任命自己的心腹接替了这些将军的职位，兵不血刃地夺取了兵权。葬礼结束后，哈德良也没有让他们重新返回自己的军团，悍将们都成了手无一兵的光杆司令，自然也不能再威胁哈德良了。

紧接着，哈德良以多瑙河防线告急为由，下令远征军团转向萨尔马提亚。待远征军赶到多瑙河后，哈德良马上任命心腹图尔波为统帅，负责对萨尔马提亚的战争，但同一时间，哈德良却主动与蛮族和谈，和平解决了问题，远征军等于白跑了一趟。之后，哈德良没有让远征军回到东方，而是就地解散。

细心的人们发现，哈德良完全没有安排帕提亚战争的后续事宜，他利用萨尔马提亚战争转移了人们的视线，东方的远征就这么不了了之了。美索不达米亚、亚述两个行省再次被帕提亚帝国占领，泰西封再次成了帕提亚帝国的首都，远征的成果全部丢失了。

赶走最强竞争者，解除远征军兵权，悄无声息地结束帕提亚战争，完成了这三件事情后，哈德良依然没有返回罗马城，因为他仍然不安心。

不久后，监护人、禁卫军长官阿提安送来了一封密信，声称图拉真仅剩的"四虎"上将均打算谋反，他们意图拥立上将尼格里努斯称帝，准备在哈德良献祭时发动政变。哈德良看后心领神会，马上就下达了肃清叛乱者的命令。几乎是在同一天，被派往各地的禁卫军突然袭击了四位上将。达契亚总督尼格里努斯、纳巴泰总督帕尔马、前执政官塞尔苏斯，均于家中被杀，而前执政官、犹太总督、骑兵长官卢西乌斯·昆图斯则在返乡途中被杀。

没有证据，没有申辩，更无审判，哈德良就这么冷酷地除掉了有能力抗衡他的高级将领们，彻底肃清了先帝图拉真的所有心腹大将。到此时为止，哈德良才算真的安下心来。纵观整个帝国，图拉真时代的将领们几乎都不在任上了，兵权也落入哈德良之手。

四位"资深老将"被杀引起了轰动，特别是昆图斯被杀，动摇了罗马的统治。当北非王子被刺的消息传到毛里塔尼亚后，他所属的柏柏尔人部落震怒异常，所有毛里塔尼亚骑兵都宣布不再效忠罗马帝国，他们决定为冤死的昆图斯王子讨个说法。于是毛里塔尼亚掀起了叛旗，攻击并驱逐罗马的官员，打算把罗马势力赶出自己的国家。

哈德良令图尔波再领大军征讨叛军。经过残酷的战争后，柏柏尔人的叛乱最终被平息了，但帝国最强骑兵从此再没有成建制地出现在罗马辅助军中，这无疑是帝国最大的损失，只是哈德良并不在乎。

公元118年7月，42岁的哈德良终于回到了罗马城，不过迎接他的是冷漠与愤怒。元老院对这种光天化日下刺杀前朝功臣的行为感到震惊与愤怒，哈德良的肃清比图密善用告密制度流放元老院议员更残忍、更可怕，哈德良的私心明显大于公心，绝对不是明君所为。涅尔瓦、图拉真一生都没有杀过一个议员，更不可能在没有证据的前提下就草率处死"前朝重臣"，但哈德良却这么做了，人们不禁要问："又一个暴君的时代来临了吗？"

哈德良：贤君，还是暴君

身处皇宫的元首哈德良俯瞰着熟悉的罗马城，心中不免激情澎湃，想当年他还只是一个在此求学的少年，如今帝国内外皆入掌中。不过，哈德良知道元老院和罗马人民对他敬而远之，于是他声称自己并没有下令处死四大"前执政官"，而是禁卫军长官阿提安误解了他的命令，草率行事，把一口黑锅推给了阿提安。

为了获得罗马人民的谅解，哈德良一方面举行各种娱乐活动来丰富人们的业余生活，一方面着力拉近与平民之间的距离，他效仿图拉真，救援穷人，改善经济，援助教育，大发赏赐，不但如此，他还推陈出新，主动到罗马城的大浴场里洗浴，和诸多罗马市民"坦诚相见"，拉家常、摆龙门阵也是轮番上阵。然而，这些并不足以掩盖哈德良夺位与肃清的血腥。

既然元老院不待见自己，哈德良干脆抛下罗马城，开始了一段历时长达10年的全国巡察。

从公元121—公元134年，哈德良遍巡帝国各大行省。不同于隋炀帝那样的巡游，哈德良的巡察是风餐露宿、日晒雨淋的，他每到一处地方就会大搞基础建设，修建了很多要塞、大道，最著名的便是修建在泰恩河口的"不列颠长城"。虽然它不如秦始皇的万里长城，但将敌人挡在国境之外的想法还是一致的。

当然，元首长期远离罗马城必定导致元老院的权威增长。万一哪天元老院突然立法选举一个新元首该怎么办呢？哈德良借编撰法律的名义，颁布了一项永久谕令："有且只有奥古斯都一人能制定和修改罗马的法律。"这意味着，立法权将完全掌握在元首一人手里，君主的意志就是国家法律。这等于是剥夺了元老院和公民大会几百年的权力，又扒下了一层"共和"的遮羞布，也为罗马帝国的衰亡埋下了伏笔。

随着权力的加强、统治地位的巩固，哈德良越发独断专行，越发残暴冷酷，也越发无惧他人的眼光。据说他因为阿波罗多罗斯嘲讽他不懂艺术，便找理由处死了图拉真大桥的设计者。他还爱上了一个名叫安提诺乌斯的美少年，两人出双入对，完全不顾元首的形象和元首夫人的感受。各种流言蜚语在帝国传得满天飞。哈德良后来还把这个男孩带在身边一起巡察各行省，并在少年死的地方修建了一座以他名字命名的城市，还声称看到了少年的灵魂幻化的星宿，这更是让绯闻得到了证实。记得上一个有如此荒唐行径的人，正是尼禄。

除了同性的"艳遇"，哈德良在巡察犹太行省时，决定在耶路撒冷的废墟上修建一座罗马式的新城，而且还要把犹太神殿改建成多神教的神庙。不过这都不算什么，最让犹太人不能接受的便是禁止他们行割礼。这又一次触及了犹太人的底线，犹太人再次起来反叛了。

一个名叫西蒙的大卫家族后裔带着支持者们揭竿而起，还自称巴尔·科赫巴，意为"星辰之子"。叛乱聚集了大量的犹太人，他们击败了大意轻敌的罗马总督，迫使镇守耶路撒冷的1个军团放弃了圣城。不久后，西蒙自立为王，又一个犹太国王出现了。

哈德良是经历过一次犹太大叛乱的，所以对犹太人深恶痛绝。他调来了不列颠总督塞维鲁平叛，集结了7~12个军团，同样采用韦斯帕芗惯用的恐怖手段，杀死成千上万个男人、女人和小孩。据记载，50个要塞和985个乡村被夷为平地，58万人战死，更多的人死于饥饿、疾病和大火，而沦为奴隶的犹太人的价格还不如一只家禽。

公元135年，哈德良下令流放所有的犹太人，将他们完全从耶路撒冷驱逐出去，不允许这个民族重新回到自己的家园，还把犹太更名为巴勒斯坦。"犹太"这个名字从此消失。这个民族也从此踏上了近千年的流亡之旅，犹如无根之萍永远漂着，永远无家可归，而死于流放的犹太人何止十万、百万。

哈德良，一个集合了谦逊与残忍的矛盾体，人们越来越看不透他了。他有时仁慈、宽容，有时又冷酷、暴烈，他对待弱者如父亲般慈爱，对待敌人又如同饿狼一样残忍。他可以为一个男孩的死痛哭流涕，也可以让一个民族流亡，屠杀数十万人。哈德良至今也没有让元老院看明白，他到底是贤君还是暴君。

继承人的选择

晚年的哈德良更加专断、多疑。由于他没有男性子嗣，帝位的传承问题便成了帝国的头等大事。不知道是不是因为他"喜爱"像安提诺乌斯这样的少年，才后代凋零。如果哈德良真如坊间传闻那样有龙阳之癖，那没有后代倒也不足为奇。

随着死神的临近，帝位传承问题成了哈德良的又一块心病。也许是太执着于权力，又或许是因为得位不正，哈德良惧怕出现第二个"哈德良"，更惧怕自己成为图拉真。对帝位的贪恋与执着，让哈德良内心深处的残暴再次爆发。他以图谋帝位为由，从公元136年起，大肆"清洗"那些手握大权的罗马显贵，这些人大多都是当年支持他即位的功勋元老。阿提安、图尔波等诸多哈德良的旧支持者被逐，被杀，被剥夺财产。哈德良对他们毫无怜悯之情，因为对元首来说，这些人手握帝国大权，如果他日拥立另一个元首，哈德良将无力反击，所以他要在危险到来前抢先动手。

完成"清洗"后，哈德良开始考虑下一任奥古斯都的人选。由于没有男性血亲，哈德良看中的是人品、形象、忠诚三大要素。另外，他无意把权力完全交给一个家族，所以他给继承人也指定了继承人，具体操作就是让第二任元首收养第三任元首，而每一任元首都由他提前选好。基于这一原则，哈德良挑出了三个人，分别是年仅7岁的卢基乌斯·维鲁斯、16岁的马克·阿尼厄斯·维勒斯、51岁的安敦尼。这三人分别来自不同的家族，也没有任何亲缘关系，继位顺序按照年龄排列，哈德良让安敦尼收养了马克和卢基乌斯。

公元138年7月10日，时年62岁的哈德良驾崩，52岁的安敦尼即位为帝。本来，元老院打算剥夺哈德良的全部荣衔，但安敦尼坚决不同意。毕竟哈德良如果被否定了，安敦尼的合法性也就站不住了，所以安敦尼坚持追封哈德良为神。不过历史依然真实地记录了哈德良的一生，看来暴君和贤君往往只有一步之遥。

安敦尼因这种不忘先恩的高尚行为，被元老院冠名为"庇护"，意为孝顺。安敦尼·庇护的统治时间是五贤帝中最长的，足足有23年之久，故而五贤帝时期也被称为安敦尼王朝。

安敦尼·庇护完全继承了先辈的政策，不轻易改革，用两个词语来形容就是"萧规曹随""无为而治"，如同西汉初期的皇帝。他统治时期的罗马帝国是罗马2000年来最繁荣与幸福的时期，内无叛乱，外无强敌，看起来很太平，实际却是在"开倒车"。

公元161年，74岁的安敦尼·庇护病逝，马克和卢基乌斯登上了帝位。

盛世下的危机

马克·阿尼厄斯·维勒斯生于公元121年4月26日，祖上也是在韦斯帕芗时期被提拔起来的"新贵"。哈德良看中了马克的出身和修养，将他立为潜在的元首继承人，从此马克更名为马克·奥勒留。

公元161年，自称"共和国"的罗马帝国第一次迎来了两个奥古斯都，马克·奥勒留与卢基乌斯·维鲁斯。按照安敦尼生前的安排，马克收养了卢基乌斯，并把女儿露西拉嫁给了卢基乌斯，还授予她"奥古斯塔"称号，两人便成了老丈人和女婿的关系。正副元首相处融洽，政局也未见动荡，帝国的辉煌强盛看似还会继续下去，然而盛极必衰是世间常理。

在安敦尼和平的23年背后，罗马已经开始出现衰落的征兆。那个时代的罗马人，早已不似祖先般谦逊与朴实，也缺少了先辈开疆拓土的雄心，凡是拥有罗马公民权的人，几乎都沉溺于物质享受。他们前呼后拥、奴隶成群，安逸享乐磨灭了他们的斗志。

罗马军团呢，虽然战斗力依然强大，但是不主动作战的军团正如一柄慢慢生锈的剑，逐渐失去它的光芒。而传统的意大利籍罗马人不再愿意加入军团，大量的行省人民成了军团的主要兵员，这些人对祖辈的罗马城并没有归属感，反倒成了不忠的隐患。

至于传统的"共和"，更是神、形俱无。公民大会、元老院不能掌握兵权和政权，所谓的精英聚集地不过是花架子，他们的作用逐渐被骑士和释奴所取代，前者掌握了禁卫军，后者组成了"军机处"。罗马公职也不再具有吸引力，人们争相谋取一方诸侯之位，大肆敛财以满足豪华酒会和宴乐。

如今的元首虽有才华，但他的才华并非在于治国和治军，而在于治学。马克·奥勒留是斯多葛学派最具代表性的人物，有"哲学家皇帝"的美誉，著有《沉思录》一书。一国领袖对军事、政治、历史等君王的"专业"兴趣索然，却深陷在哲学研究里不能自拔，怎么能是国家之福？随着帝国的边境再次变得动荡，"罗马和平"在这一时期被再次打破，马克注定要在现实与理想之间做出抉择。

危机初现

被图拉真攻伐得几乎要亡国的帕提亚，趁安敦尼驾崩再次兴兵来犯。公元 161 年，帕提亚大军轻易攻陷了亚美尼亚全境，废黜了亲罗马的国王。时任卡帕多西亚总督的塞维利安努斯率部迎战，结果全军覆灭，总督本人也自杀殉国。帕提亚随后侵入叙利亚，战火竟然烧到了帝国本土。

马克·奥勒留为此集结了大约 6 个军团的兵力，以副元首卢基乌斯为总指挥，普利斯库斯、卡西乌斯、马尔奇乌斯为副手，兵分两路攻打帕提亚帝国。北路战线的目标是亚美尼亚王国；南路则从叙利亚直插美索不达米亚。两路军团南北夹击，先克亚美尼亚，后陷两河流域，不过 4 年时间，罗马军团再次攻占并焚毁了泰西封，沿途摧毁了大量的城镇和乡村，帕提亚被迫求和认怂。

从两次帕提亚战争来看，帕提亚和罗马的实力已是天壤之别了。大量的帕提亚精英死于战争，繁华的泰西封早已沦为废墟，大量的城镇和村庄被付之一炬。帕提亚君主所依赖的帝国已然式微，而各地诸侯却在两次战争里拥兵自重，日渐坐大，俨然超过了王室。帕提亚从此一蹶不振，最终于大约 60 年后被更东方的萨珊波斯所取代。

帕提亚战争虽然胜利了，但若以为此事值得罗马人欢欣鼓舞，那就大错特错了。因为真正的危机并不是战争本身，而是战争所带来的连锁效应。公元 165 年底，凯旋罗马城的东方将士将一种危险的疾病带回了国。这种病应该是某种瘟疫，可能是天花，也可能是鼠疫，反正罗马束手无策，史称"安敦尼瘟疫"。

安敦尼瘟疫的可怕程度远超罗马人的想象，疾病传播极快，整个意大利，甚至是高卢都被瘟疫波及。大量的村庄成了无人区，土地日渐荒芜，一些底层的民众为了求生背井离乡，逐渐变成了流民、盗贼。他们跑到一些没有城市的深山聚集，自称"巴高达"，意为"勇士"，后来逐渐变成了"法外之徒"打家劫舍、为祸一方。

其后，瘟疫更是波及了莱茵河与多瑙河两条防线。大量的军团士兵被瘟疫夺走了生命，据传部分军团减员高达 80%，算是成建制地覆灭了。两条防线的兵力大为缩减，马克·奥勒留的帝国正发生一场可能终结帝国生命的大危机，这让日耳曼人看到了攻打罗马的良机。

面对日耳曼人的南下，马克与卢基乌斯准备一起赶赴多瑙河前线，可是 39 岁的卢基乌斯却意外染上瘟疫病逝。这么一来，原先由哈德良制定的传位顺序被打断了，马克成了帝国唯一的元首，而他要应对的却是严重的内忧外患。

此时的日耳曼人也不能用从前的眼光来看了。不知道是不是气候变差所致，远在极北之地的日耳曼蛮族开始南下攻打他们的同胞，一些诸如法兰克、汪达尔、哥特的远日耳曼部落声名鹊起，而常年与罗马为敌的近日耳曼国家被打得丢盔弃甲，被迫攻击罗马帝国以夺取新的生存空间。虽然罗马多次对日耳曼人用兵，但日耳曼人犹如被烈火焚烧后的野草，一待春风袭来便又重焕生机，日耳曼人依然是罗马的头号大敌。

卢基乌斯死后，为了强化统治并填补权力的空缺，马克立刻把守寡的女儿露西拉嫁给了远潘诺尼亚总督庞培亚努斯，以此加强自己与多瑙河集团军的关系。因为卢基乌斯虽死，但远征日耳曼人的计划并未改变，马克需要多瑙河集团军的支持。

日耳曼人当然也不会因为罗马死了一个元首就停止战争。公元 167 年，一个强大的日耳曼联盟成立，他们兵分三路南下：马科曼尼人绕过文多波纳（今维也纳），从雷蒂亚一路杀到了阿奎莱亚城；夸地人通过攻打阿昆库姆（今布达佩斯）牵制罗马军团，以掩护马科曼尼人的意大利远征；雅兹盖斯人的骑兵四处劫掠达契亚行省，掳掠了 10 万人口北归。而负责驱逐蛮族的罗马统帅战败身死，本就因瘟疫减员的军团进一步损耗，多瑙河防线已然全线动摇。更糟的是，日耳曼人发现罗马军团严重缺员后，不再执着于坚固的城市要塞，而是派骑兵轻装简行，绕开了多瑙河防线的营垒和大道，沿着上游的密林悄悄前进，突然侵入色雷斯。当地没有军团驻守，日耳曼骑兵一路烧杀抢掠，深入上百千米外的希腊地区，抢掠了大量的财物和牲口，让久不知兵的内陆居民惊慌失措，犹如末日来临一般。

日耳曼联盟攻入敌后的作战计划无疑是成功了。多瑙河防线被突破尚属首次，虽然他们最终被逐出帝国，但是他们沿途破坏城镇、屠杀居民已经严重影响到帝国的稳定，无论是意大利还是希腊、色雷斯，都吓得草木皆兵。

连锁效应

表面上看，帕提亚战争、安敦尼瘟疫、日耳曼入侵似乎只是帝国的阶段性问题，只要战争结束，一切都会迎刃而解；但实际上，表面问题下是更深刻的危机，它们间接导致了罗马帝国的衰亡。

首先，安敦尼瘟疫造成了城乡人口的大量减少，不分贵族和平民，使得原先的社会结构发生了崩裂。农村无人种田，作坊无人做工，经济恶化，就业率大幅度降低，不法之徒乘机打家劫舍，越来越多的人为了生存加入了他们，地方治安一片混乱。

其次，卢基乌斯因瘟疫而死，择贤而立的继位顺序被破坏了，这意味着马克·奥勒留之后的元首人选空了出来，他可以根据自己的意志选择继承人。如果马克依然选择与之没有血缘的贤者，那倒也罢，可如果他不论优劣，只立血亲，不立贤者，帝国又会怎么样呢？

最后，罗马军团因瘟疫和战争大量减员，多瑙河与莱茵河防线的兵力明显不足，而罗马军团兵员的选拔很严格，每一个老兵都经过了数年甚至数十年的历练，资深百夫长不是短时间能重新培养的。可是边境随时都有被入侵的可能，这么一来，缺编的军团该怎么守护帝国呢？

对帝国来说，前两个问题的影响还不明显，但最后一个问题却迫在眉睫。

军团变质

公元171年，亲赴多瑙河前线的马克·奥勒留开始认真处理与日耳曼人的战争。

面对松散且部落林立的日耳曼人，马克所采用的第一项政策是"分化瓦解"。他首先与夸地人和谈，允许恢复双边贸易来争取对方脱离日耳曼联盟。夸地人攻打罗马就是为了财富，当他们发现罗马帝国认真起来后，心里有些打鼓，也同意暂时和解以观其变。同时，马克向那些弱小的日耳曼部落伸出橄榄枝，允许他们到罗马帝国的行省定居。这些弱小的日耳曼部落本就是为了逃离远日耳曼人的侵袭，显然加入罗马帝国能让他们得到宜居的土地，于是不少小部落迁到富饶的罗马土地上。

马克的第二项政策是"以蛮制蛮"。他将迁入罗马的日耳曼人招入辅助军，专用来对抗更强大的日耳曼部落。这个政策并非马克独创，罗马一直有招募辅助军的传统，比如西庇阿的努米底亚人、恺撒的埃杜伊人、日耳曼尼库斯的巴塔维亚人。不过此一时彼一时，那时的目的是征服，蛮族只是助手，但现在却是帝国缺兵少将，蛮族军队成了主力，军团反而成了"观众"，想要同化日耳曼人绝不像当年那样容易了。

马克的第三项政策是"以量代质"。这是因为仅凭蛮族辅助军不足以补充军团巨大的缺编，所以还需要进一步招募士兵，但是瘟疫造成的死亡太大了，适龄男子不足，所以马克不再只从罗马公民中招兵，而是直接把公民权授予辅助军、角斗士、奴隶，这么一来，他们就可以加入罗马军团。不仅缺编的问题解决了，而且新赐予的公民权也会让他们更加忠诚。

"分化瓦解""以蛮制蛮""以量代质"的政策在早期确实卓有成效，有了这些强悍的帮手，罗马帝国再次赶走了蛮族，但这也开启了罗马军团"蛮族化"的进程。大量的奴隶、蛮族人进入了帝国军团，他们与传统的罗马人士兵非常不同，不重视荣誉和信仰，更像一群乱砍乱冲的乌合之众，以至于蛮族的习惯影响了军团的传统，固执的蛮人士兵非但没被罗马士兵同化，反而还蛮化了一些罗马士兵，使得军团战斗力更加下降，后来他们日渐登上了军队的高位，开始左右帝国的政治，当然这是后话了。

"哲学家"的东征西讨

公元172年，马克·奥勒留兵分两路，一路攻打祸首马科曼尼人，另一路攻打以骑兵见长的雅兹盖斯人。元首计划通过两线同时作战让结为同盟的马科曼尼人和雅兹盖斯人难以相互支援，实际上等同于各个击破。

可惜马克的计划虽好，但混杂有流寇、蛮夷的军团不堪大用。他们缺乏纪律和战术养成，即便人多势众，却依然遭到了日耳曼人的迎头痛击，其中禁卫军被全歼，长官维狄克斯当场阵亡。深入敌境的罗马军团被打得晕头转向，不得不赶紧从前线往回撤，因为首战失利的他们大有被包围的危险，而且补给线也难以为继。

本就首鼠两端的夸地人发现罗马军团实力不济、徒有虚名，马上就撕毁了停战协议，重新加入了日耳曼联盟。随后，夸地人倾巢出动，准备在罗马军团回撤的途中截击他们。如果计划得逞，此次远征的罗马军团就会再遭受条顿堡森林的耻辱。

在夸地人的大举进攻下，罗马军团且战且退，逐渐被四面合围。此时的形势非常不利于罗马军，夸地人占据着战场四周的高地，他们猛冲罗马军团的阵地，疯狂地挥舞着自己手里的大刀和战斧，一个个犹如飞驰的炮弹砸向罗马士兵。激烈的砍杀在每一个罗马士兵的前方上演，濒临绝境的罗马军团终于爆发了，一再将蛮族勇士刺死在阵前。就像一个无底洞，无论夸地人投入多少士兵都不能撼动罗马人的阵形。

夸地人见硬拼不能奏效，便把士兵全部撤了回来，然后让弓箭兵和投石手不断射击罗马军团。不过，罗马人并不害怕远程攻击，他们将盾牌举过头顶组成了龟甲阵。夸地人攻击多时依然不能杀伤罗马士兵，然而，罗马军团同样也不能突破包围，双方就这么僵持着。

当时的天气异常炎热，炽热的阳光晒得人难以抬头。夸地人决定就这么耗着，让烈日灼烧罗马人的身体与心灵。被包围的地方缺乏饮水和树木，罗马军团在这样的环境下倍受饥渴和炎热的折磨，夸地人相信时间一久，罗马军团势必出现破绽，到时候便可一举歼灭他们。

在阳光的灼烧下，罗马人的汗水啪嗒啪嗒地往下掉，身上的甲胄也被烈日晒得滚烫，一些人只能暂时解下头盔呼吸新鲜空气，士兵们低落地盯着地面或是前方。突然，耀眼的阳光暗了下去，罗马人激动地抬头望天，只见大片的乌云已经在他们头顶聚集，不多时，一声闷雷惊吼于战场之上，大雨旋即倾盆而下。罗马军团顿时爆发出激动的欢呼声，士兵们高喊着战神马尔斯的名字，纷纷面朝天空大口大口地喝着雨水。

夸地人大为惊讶，突然而至的暴雨有如神助，他们不得不再次朝罗马的阵地发起进攻。罗马军团的士气与刚才不可同日而语，先是将冲锋在前的夸地勇士尽数杀死，然后又组成攻击队形朝夸地人的阵地发起冲锋。这次轮到夸地人阵脚不稳了，他们被杀得七零八落、丢盔弃甲，最后连营寨也被攻陷了。

马克总算在这一年的冬季打退了敌军，回到了自己的地盘。元老院为了鼓励他，授予了他"日耳曼尼库斯"的称号，但此时的马克远远当不起这样的称号。日耳曼人也无意停战，正在集结更多的兵力，意图来年再战。

同年年底，元首私人领地埃及发生了暴乱，当地驻军难以平息事态。马克身处多瑙河前线，根本无暇顾及东方的叛乱，他思前想后，决定任命在美索不达米亚战场上所向无敌的盖乌斯·亚维狄乌斯·卡西乌斯去平定叛乱。卡西乌斯之前凭借攻陷泰西封的成功被提拔为叙利亚总督，马克旋即命卡西乌斯节制东方所有的行省，全力征讨叛乱的埃及人。

卡西乌斯一接到命令，立刻率领麾下的两个军团和辅助军南下埃及。埃及的叛军根本不是卡西乌斯的对手，没过多久，卡西乌斯军就攻占了埃及全境。他采用比较温和的手段收拢人心，严惩引发叛乱的勋贵和富人，重整了秩序，恢复了往日的和平，得到了埃及人的热烈拥护。

马克得知叛乱被轻松平定，非常高兴，当即将总督埃及的荣誉授予了卡西乌斯，命他全权代理东方各行省的事务，犹如副元首一般。卡西乌斯成了罗马帝国的亚洲摄政王，堪称帝国的第二号人物。

公元173年，休整多时的罗马军团再次跨过多瑙河。马克吸取了上一年失败的教训，不再试图组织全线进攻，而是把兵力集中起来重点打击敌人。这次，他所选择的攻击对象，不是强大的马科曼尼人、夸地人和雅兹盖斯人，而是他们的附庸国，那些弱小的日耳曼部落。马克意图分化瓦解日耳曼联盟，首先剪除马、夸两国的羽翼。

罗马军团分兵进击，分散成诸多大队，突袭了一个又一个的日耳曼小国。这些国家兵力稀少，在没有集结成强大的联军前，根本不能有效抵御罗马军团的攻击。很快，大量的日耳曼小国向马克投降。还没等马科曼尼人反应过来，他们的两翼已经暴露在了罗马军团的兵锋之下。

迫于形势上的压力，马科曼尼人和夸地人只得迎战罗马军团，但他们此次所面对的不只是罗马军团，还有曾经的附庸国，那些同样强悍的日耳曼人。

经过一年的征战，马克总算将主动权牢牢地抓在了手上。马科曼尼人和夸地人损兵折将，大量的城池和营寨被攻陷，虽然还未到亡国的境地，但还是遣使求和，以便恢复实力。如此一来，就只剩下雅兹盖斯人还在抵抗罗马帝国了。

公元174年初，马克·奥勒留设行辕于西尔米乌姆，全力组织对雅兹盖斯人的战争，著名的多瑙河冰封之战打响。雅兹盖斯人不同于马科曼尼人，他们是萨尔马提亚人的一支，以铁甲骑兵闻名于世。罗马军团已经不是第一次和铁甲骑兵交锋了，可惜毛里塔尼亚骑兵不再为帝国效力，否则双方势必再次谱写一篇骑兵对决的乐章。

这场决战并不精彩，罗马军团稳步推进，先于冰面击退了萨尔马提亚骑兵，又于森林合围了雅兹盖斯残部。罗马军团借此杀入了雅兹盖斯人的领地，失去主力的他们被罗马人追亡逐北，损失惨重。最终，蛮族国王只身跪在元首马克面前祈求和平，还为罗马的不列颠行省提供了5500人的辅助军，算是臣服的表示。

连续击败了马科曼尼、夸地和雅兹盖斯三国，多瑙河再次掌握在罗马帝国手里，马克打算趁此机会征服整个萨尔马提亚。然而就在此时，卡帕多西亚总督派人送来了一封急信，马克打开一看，冷汗直流。

东方摄政王卡西乌斯自立为帝了。

贤帝盛世的终结

五贤帝之中，马克·奥勒留是最特别的一个，他既是君王，也是哲学家。更重要的是，不同于其他四位贤帝没有子嗣，马克·奥勒留可谓是子嗣无忧，先后生下了13个孩子，其中就有一个成年男性，康茂德。

康茂德从小就倍受宠爱，不仅有最好的教师悉心辅导，而且从小就被马克带到全国各地锻炼，攒威望。各种资源全都用在他的身上，可谓是应有尽有。人一旦有了自己的孩子，往往都想把自己最好的东西留给他。正所谓"父母之爱子，则为之计深远"，纵然是马克这样的哲学家也不能例外。看着日渐长大的康茂德，马克将皇位传给儿子的想法越发坚定了。

涅尔瓦、图拉真、哈德良、安敦尼四人，无一例外地选择收养继承人，这被看成是罗马帝政时代的择贤而立。有了他们做榜样，自然不少罗马精英也幻想着有一天被马克选中，成为下一任奥古斯都。可是马克并没有这样的打算，他认为儿子是天定的元首，无论别人有多大功勋，也不能越过康茂德。马克的私心自然让那些野心家感到不满，这等于断了他们成为罗马第一公民的机会。

马克晚年身体一再变差，特别是日耳曼战争期间，每天都必须服用药物方能入睡。元首圣体微恙的事情不胫而走，再加上前线的恶劣环境，安敦尼瘟疫迟迟不见好转，年过半百的马克随时都可能一命呜呼，而卡西乌斯对此就坚信不疑。

45岁的叙利亚总督亚维狄乌斯·卡西乌斯出身贵族，有东方摄政王之称，在帝国的诸多总督中，他无疑是最合适的继承人。此人一生南征北战，军功赫赫，既有攻占泰西封的战绩，又有平定埃及的大功。在帝国东方，他是仅次于元首的罗马将军，手握数个军团，节制着几乎整个帝国东部。如此看来，如果卡西乌斯不能荣登帝位，那他的政治生涯几乎到头了。

事实上，卡西乌斯的威望足以让他继承元首之位。当马克明确了要传位血亲后，作为元首夫人的福斯蒂娜便开始为儿子扫除障碍，而眼下最大的障碍无疑是东方摄政王卡西乌斯。福斯蒂娜曾多次劝说马克撤下卡西乌斯，但马克不相信卡西乌斯会威胁皇位，因而屡屡拒绝。女人有时宁可制造更大的麻烦也要达成目的，就如同马克·安东尼的福尔维娅。福斯蒂娜决定设法"帮"卡西乌斯自行揭发野心。

不知是哪里传出了消息，说马克·奥勒留驾崩了。卡西乌斯深知马克疾病缠身，对这样的谣言并未加以甄别，信以为真，全然不知这只是一个圈套，是元首夫人的阴谋。卡西乌斯对马克的治国方式早就不满了，对世袭制更是颇有微词，他认为这是拯救罗马的最好时机，当即召集麾下将军说道：

"马克·奥勒留沉迷于追求美德、智慧、正义，全然不知国家治理为何物。他消极的散漫，让战争迁延时日，劳师费饷；他虚伪的宽容，让无数贪婪之徒大行其道。腐朽与享乐取代了先辈恪守的美德，和平已经与罗马渐行渐远。现在，他又要把整个共和国交给一个只知道玩乐的竖子，这是在毁掉整个国家。可悲啊！如同布鲁图斯、卡瑞亚等甘冒一死的人还有多少？恐怕唯有我卡西乌斯还愿意带领罗马人革除弊政，横扫寰宇。"

在场的将领无不激愤，当即表示要拥立卡西乌斯称帝。就这样，卡西乌斯正式称帝。整个东方，除了卡帕多西亚总督拒绝承认卡西乌斯外，叙利亚、巴勒斯坦、纳巴泰、埃及等地全都站到了卡西乌斯一方。

卡帕多西亚位于小亚细亚中部，刚好挡在叙利亚通往色雷斯的路上，卡西乌斯要杀入意大利，就必须经过这里。然而当地总督维尔斯对卡西乌斯的橄榄枝嗤之以鼻，不但把卡西乌斯自立的消息以最快的速度报告给了马克，还封锁了各处关隘要道，就是不让卡西乌斯通过。

卡西乌斯盛怒之下，亲率东方军团进攻卡帕多西亚。由于要先穿过奇里乞亚山区，速度自然慢了点。维尔斯则趁着叙利亚军团还未抵达，积极争取比提尼亚和亚细亚，意图将通往欧洲的这两个行省抢入手。此时，卡西乌斯已经得知马克还活着，他非常懊恼，但箭已离弦，只能硬着头皮把战争继续下去。

比提尼亚和亚细亚行省位于小亚细亚的西部，和叙利亚之间隔着卡帕多西亚，卡帕多西亚如同一柄利剑将卡西乌斯的帝国拦腰斩断。那里的卡西乌斯支持者缺兵少将，不敢贸然举事，何况远水解不了近渴，维尔斯的军团近在咫尺，卡西乌斯则远在天边。没过多久，维尔斯得到了两省总督的支持，将整个小亚细亚收入囊中。

卡西乌斯军团的军心此刻已经发生了动摇。在得知元首未死，且卡帕多西亚军团正全速杀来的消息后，卡西乌斯麾下的部将们同样萌生了反心。他们突然发动了兵变，杀掉了卡西乌斯和他的妻儿，宣布反正。决战竟然还没开始就结束了。

维尔斯得知后迅速进入了叙利亚，接管了卡西乌斯的全部军队，烧掉了所有暗投卡西乌斯官员的书信，然后把卡西乌斯的首级送往马克处报功。叛乱在短短3个月的时间内草草结束。

马克·奥勒留得知叛乱平息后，亲自到东方巡视。他将维尔斯提拔为叙利亚总督，取代了卡西乌斯。同时，因为通敌书信被烧，马克宽恕了几乎所有人。除了卡西乌斯一家外，帝国并未处罚更多的人。元老院也对其仁慈感到满意。

卡西乌斯之乱其实已经暴露了马克·奥勒留统治的缺陷。正如卡西乌斯所说，马克沉溺于哲学研究，为人宽厚，对贪婪之徒放任不管，一些官员乘机中饱私囊、贪污受贿。帝国的风气日渐下衰，传统的美德荡然无存，然而马克却丝毫没有改变现状的打算，他认为什么事情都应该顺其自然，这等于助长了不良风气，再加上马克任人唯亲，执意要把自己的儿子扶上帝位，巨大的危机已经近在眼前了。

公元177年1月1日，马克·奥勒留在儿子康茂德荣登执政官的仪式上，宣布与康茂德共享皇权。这算是正式指定了下任元首。马克借此告诉所有人，皇位只能是我儿子的，否则就是卡西乌斯那样的下场。

公元178年，马克再次亲临前线，计划彻底结束与马科曼尼人断断续续的战争，将整个伊斯特河地区纳入行省统治。罗马与日耳曼的战争再次爆发，不过诸神此次没有再给马克机会。

公元180年3月17日，马克的健康状况急转直下，倍受煎熬，已经无法自理。元首自感时日无多，于是把康茂德和将领们召集到病榻前，告诫他们要把与日耳曼的战争继续下去，并要求诸将宣誓效忠康茂德。在得到了所有人庄严的承诺后，58岁的马克·奥勒留驾崩了。

随后，在军团将领的欢呼下，康茂德登基称帝，五贤帝时代结束。

马克·奥勒留是五贤帝的最后一位，算是优秀的哲学家，但不见得是优秀的君王。纵观五贤帝的统治，他们得到贤名并不是因为才能有多么杰出，或者为罗马做了多大的贡献。实际上，元老院授予五人贤君之名，仅仅以是否尊重元老院为标准，而这样的标准恐怕有失公允。

马克·奥勒留勤于政务，但处事消极、散漫、随波逐流，他的确宽容仁慈，妄想以善良感化所有人，但他却不懂依法治国、赏罚分明才是罪恶最畏惧的东西。在他的任内，没人担心会受到真正的处罚，贪腐之风盛行。马克对罗马最大的改革，恐怕就是"以蛮制蛮"的政策，以及将地痞流氓招入军团。这种政策的初衷是以土地为代价，换取蛮兵服役，其目的是补充因瘟疫而减员的军团兵。但马克太低估蛮族的野心和野性，再加上流寇、奴隶加入军队，罗马军团的成分逐渐发生改变，传统的军团荣誉感正在消失，对罗马的归属感也逐渐消散。罗马的未来将何去何从，天下之人恐未可知。

第二十七章 罗马帝国衰亡『始』

角斗士皇帝：康茂德

马克·奥勒留临终前曾一再告诫康茂德要把日耳曼战争继续下去，毕竟罗马军团历经数年血战方才取得了对日耳曼人的优势，夸地人和马科曼尼人精锐大损，雅兹盖斯骑兵已不复存在，值此大胜之际，正是罗马吞并波西米亚的大好良机。可是康茂德不这样认为。新帝即位国势不稳，缺乏战争经验的康茂德对军旅之事并无兴趣，而且对一个刚刚登基的年轻人来说，内心最想做的，无非是荣归罗马城而已，所以康茂德坚决反对继续对日耳曼人用兵。

康茂德停止用兵的想法也得到了一些人的支持，他们认为马克·奥勒留所发动的战争劳师费饷，而且日耳曼人太过难缠，如果还要继续打下去，帝国有兵败的危险。那些随军的将军也不打算违抗新帝的意愿，于是统帅们就这么达成了一致。

罗马与日耳曼人再次议和了。康茂德为了尽快回到罗马城，自然将和平协议定得非常宽松，而日耳曼人也不想继续打下去，正是一拍即合。康茂德按照马克生前的政策，同意 1.2 万人的蛮族迁居达契亚行省，同时要求马科曼尼和夸地两族为罗马军团提供 2.6 万人的辅助兵，朝贡一定量的小麦，而罗马则恢复互市贸易，拆毁设置在边境的哨塔。至此，双方握手言和，日耳曼战争终于告一段落。

如果说马克·奥勒留的称号是哲学家元首，那康茂德就是角斗士元首。康茂德即位时还不到 20 岁，正是年少轻狂之时，他对治国理政没有兴趣，对带兵打仗也没有兴趣，唯一感兴趣的便是角斗。康茂德不仅喜欢看别人角斗，更喜欢亲自上阵厮杀，日夜携裹着亲信玩乐，全然不管国家政事。

康茂德回到罗马城后，政务全都交给了禁卫军长官佩德尼斯。此人并非纨绔子弟，而是从多瑙河军团一步一步奋斗到今天的高位，有丰富的带兵经验，最难得的是，他非常厌恶腐朽堕落的贵族生活，自律且理性，是个非常合适的摄政者。不过也正是因为他反感贵族的奢靡生活，所以与元老院的关系并不融洽。

康茂德执政的前 3 年几乎就没有什么新闻可听，虽然元首本人藏在皇宫里玩乐，但外面的政务都被佩德尼斯处理得妥妥当当。皇宫外没有什么事情能够烦扰康茂德，皇宫内就不同了。

公元182年的一天，康茂德如往常一样去看表演，在演出散场时，贵族昆提亚努斯突然从街道里冲出，高喊道："以元老院之名。"旋即拔出一把匕首捅向康茂德。眼见刺客就要冲到康茂德面前，佩德尼斯的禁卫军眼疾手快，抬手一击就把刺客打翻在地，士兵们随后一拥而上按住了昆提亚努斯。康茂德一看，刺客居然是姐姐露西拉的情夫，便要禁卫军留刺客一命以便审问。这个叫昆提亚努斯的家伙既没有胆识又害怕刑罚，轻易就交代了幕后主使：露西拉。

露西拉是康茂德的亲姐姐。她的第一任丈夫是与马克一同登基称帝的卢基乌斯·维鲁斯，露西拉也因此很早就被授予了"奥古斯塔"的尊贵称号。然而好景不长，卢基乌斯死后，马克把她嫁给了行省将军庞培亚努斯。庞培亚努斯出身骑士阶级，从军团最底层一刀一剑杀到了远潘诺尼亚总督的位置，可谓是不靠关系的实力派。可是露西拉看不到丈夫的好，反觉得自己下嫁庞培亚努斯是受了天大的委屈，毕竟一个是将军夫人，一个是元首夫人，这差别太大了。所以露西拉对康茂德的即位感到不满，便萌生刺杀康茂德，让丈夫即位的想法。

恰在此时，有人传出康茂德的妻子克丽斯皮娜已经怀孕了，这进一步刺激了露西拉的神经。她认为一旦克丽斯皮娜生下孩子，那"奥古斯塔"的称号势必要授予对方，这是露西拉所不能接受的。她在自己的情夫里面选中了昆提亚努斯，承诺要和他结婚并让他当元首，昆提亚努斯傻乎乎的就答应了。整个行刺计划毫无智谋可言，简直就是一场闹剧。

事情虽然清楚了，但康茂德却郁郁寡欢。他没想到亲姐姐居然要杀死他，越想越愤怒，当即流放露西拉到卡普里岛，褫夺她的一切头衔。事后，康茂德依然没有从这起刺杀的阴影里走出来，越想越害怕，觉得行刺元首这么大的事情不可能就一个情夫参与而已，为什么刺客要高呼"为了元老院"？康茂德忽然感到了一阵凉意，他认定了幕后还有人，那就是元老院。

康茂德由此变得猜忌、多疑，不久就派人前往卡普里岛处决了姐姐露西拉，然后又从元老院里揪出了6个可疑的议员，处死了4个，流放了2个，理由自然是阴谋叛乱。康茂德的残暴已经初现端倪。

宠信奸佞、擅杀良臣，说的正是康茂德。康茂德尝过鲜血的味道后，越来越专断、残暴。鉴于佩德尼斯的权力过大，康茂德对他也越来越不满。佩德尼斯性格高傲，做事难免有些独断，忽略了康茂德的想法，再加上他本来就看不上元老院，以至于元老院也群起构陷，所以康茂德越来越觉得佩德尼斯会危及自己的皇位。

这个时候，一个名叫克利安德的侍臣对康茂德说："尊敬的奥古斯都，请您赐我一死吧。"

康茂德疑惑不解："为何？"

克利安德故作忧虑地回禀道："禁卫军长官佩德尼斯手握重兵，独断专行，已然不把元首放在眼里。他是行伍出身，素来野心勃勃，连元老院都被他呼来喝去。长此以往，佩德尼斯定然会重现露西拉之祸。与其到那时被杀，不如今日痛快地死在您的手里。"

康茂德一听克利安德居然和自己想的一样，更加坚信佩德尼斯会谋害他。他找来几个谄媚的元老院议员询问他们对佩德尼斯的想法，这些人都对佩德尼斯一手遮天感到不满，纷纷劝康茂德早做决断。终于，在以克利安德为首的佞臣反复游说下，康茂德决心除掉权臣。

可是要公开抓捕佩德尼斯谈何容易，要知道如今的1万禁卫军都听命于佩德尼斯一人，如果他狗急跳墙，局面将难以收拾。为此，康茂德问计于克利安德，克利安德胸有成竹，只要求康茂德把贴身护卫交与他指挥即可。

一日深夜，克利安德披甲执剑，带着康茂德的贴身卫士突然冲入了佩德尼斯的府邸。他们无视奴隶、仆从，直奔佩德尼斯的卧室，将毫无防备的他当场砍死。随后克利安德等人在其家中乱砍乱杀，不分老幼，终于将佩德尼斯全家屠戮一空。

翌日，元老院听闻佩德尼斯一家惨死，大为震惊。他们深知佩德尼斯死得冤枉，虽然他桀骜不驯，但并未谋反。可康茂德却在元老院大会上称杀死佩德尼斯是为了及时制止变乱，还对此做出一副非常庆幸的样子。元老院看着克利安德手里带血的利刃，无不噤若寒蝉。康茂德随后任命克利安德担任禁卫军长官。从此，这个释奴出身的佞臣成了康茂德的代言人。

克利安德贪婪、猥琐，本是出身弗里吉亚的奴隶，全靠着钻营获得了自由之身，服侍在康茂德左右。此人毫无廉耻之心，只知道谄媚迎合康茂德的想法，没日没夜地为康茂德举行角斗表演，还到处寻找美丽的女奴送到康茂德的床上。当时被处死的露西拉家中有一个名叫马尔西娅的侍女被康茂德看上了，克利安德立刻从中穿针引线，让这个放荡的女人成了康茂德的情妇。康茂德欢喜之余，把国家大事全部托付给了克利安德。

如果克利安德只是一味满足康茂德的欲望也就罢了，可他还试图挑拨康茂德与家人的关系，这直接导致康茂德处死了两个德高望重的姐夫，而露西拉的第二任丈夫庞培亚努斯也不得不隐退避祸。此时的罗马城可谓是妖人横行，良臣隐归。

流氓起义

隐藏在盛世之下的危机已经开始浮出水面。随着马克·奥勒留将大量的流寇、盗贼、蛮族纳入罗马军团，军团的纪律日渐废弛，士兵们不再安于军团的职业生涯。一些出身低下的士兵受不了军团的艰苦生活，经常逃离军营，会合那些藏在深山里的"巴高达"，一起到大道上公开抢劫。这些人还会把抢到的财富分一些给贪婪的地方官员和总督，以至于他们的势力越来越大，为祸一方。

公元186年，一个名叫马特努斯（又译作梅特纳斯）的逃兵试图推翻现有政权。他将一帮土匪、流寇集结起来，组成了一支小规模的军队，攻打附近的城镇，还捣毁监狱，释放囚徒扩大军队的规模。由于各地总督或多或少与马特努斯有私下交易，起义军很快就席卷了高卢大部分地区，其势力范围一度远达西班牙，如同独立建国了一样。

康茂德下令各地镇压起义运动，起义军抵抗不了强大的罗马军团，只能化整为零，分成数个小队战斗。马特努斯还萌发了一个更大胆的想法，他让所有义军乔装打扮进入意大利，等到了罗马城后再突然杀出，控制首都并取代康茂德。可惜这个计划过于天真，叛党根本不可能安全抵达罗马城。虽然没能杀掉康茂德，但如此规模的叛乱极大地破坏了帝国的秩序，危机已经来了。

奸臣当道

克利安德治国一塌糊涂，但敛财倒是一把好手。为了搜刮财富，他不惜卖官鬻爵，任何参选公职的人不给他送礼都不能当选。不少元老院议员想到富裕的元老院行省担任总督，但没有执政官经历的人只能去险恶的元首行省，所以他们都想当选执政官，可每年只能选出2个执政官，这远远跟不上元老院贵族的需求。为此，克利安德给他们大开方便之门，公开出售议员、执政官、法务官、财务官等公职。这导致1年之内，罗马竟然出现了25个执政官。神圣的执政官在克利安德手里居然成了可以讨价还价的商品，悲哀至极。

短短3年时间，克利安德从一个释奴迅速当上罗马帝国的二号人物，手里堆积的财富难以计数。康茂德对此不闻不问，因为克利安德总是会分一些赃款给康茂德，故而康茂德非常满意。克利安德的贪婪已经不可救药，为了获得更多的财富，他盯上了分给平民的救济粮。

罗马一直以来都有给平民分发救济粮的传统，国家为此还明文立法。可是克利安德居然私自将本应该分给市民的粮食拿到市场上贱卖，这终于激起了民愤。罗马人民可不管你克利安德权势滔天，他们要吃饭，要粮食，于是成千上万的平民在一场马戏表演中发起暴动，高呼"交出克利安德"的口号，一路冲向了皇宫。

克利安德见状，马上派骑兵去镇压暴民。哪知道禁卫军的步兵也对克利安德不满，反加入了暴民，还一起击退了骑兵小队。民众声势滔天，很快就包围了康茂德的皇宫。康茂德被这恐怖的景象吓坏了，他担心为数不多的禁卫军不足以击退这些暴民，更害怕暴民会把怨恨发泄到自己身上，只好丢车保帅。不管克利安德怎么求饶，康茂德还是把他推出门外，任由暴民把他撕成了碎片。

康茂德之后又任命了一个叫埃米里乌斯的人担任禁卫军长官，而他自己一如既往地过着荒淫无度的生活。据说康茂德花费巨资从各地搜刮了300个美女和300个男孩，整日与他们淫乱享乐。后来他又自称罗马的赫拉克勒斯，沉迷于和各种野兽的角斗里，不仅自己玩得开心，还让全罗马城的人都来看他的角斗演出，更让官方宣称自己获得了735次角斗比赛的胜利，是当之无愧的神之子。

罗马在康茂德荒淫无道的统治下日渐衰弱。各地总督独霸一方，不把奥古斯都的命令当一回事。元老院表面上做出一副谦恭愉快的模样，背地里都盼着康茂德早日归天。

公元192年12月31日，正在沐浴的康茂德突然被他的摔跤教练扼住脖颈，无论康茂德如何挣扎都无济于事，而他的侍卫们似乎都成了聋子，一个也没有出现。就这样，统治罗马12年的康茂德身亡，瞪大的眼睛中充满了恐惧。

31岁的康茂德死得突然，死得蹊跷。据说这起暗杀系康茂德的情妇马尔西娅联合侍臣艾克雷科图斯、摔跤教练所为。至于真实原因，到底是康茂德过于残暴，以至于他们不堪忍受，还是如同图密善之死，也有一双看不见的手在背后操纵，恐怕已经无人能够解答了。

杀掉康茂德后，马尔西娅三人立刻找来了禁卫军长官埃米里乌斯。不知四人秘密交谈了些什么，总之，马尔西娅三人从此销声匿迹，埃米里乌斯则在当夜派人把康茂德的尸体草草掩埋，并紧急拜访了一些元老院议员。新任奥古斯都的人选马上就敲定了。

帝位"大拍卖"

康茂德一死，禁卫军长官埃米里乌斯成了左右罗马政局的核心人物，拥有1万禁卫军无疑是他最大的资本。不过，受宠于康茂德的埃米里乌斯连元老院的议员资格都没有，自己当元首明显是不切实际的，所以最好的办法是拥立一个傀儡元首。

当时在罗马城里还真有一个威望与资历俱佳的人选。此人名叫佩蒂纳克斯，行省公民出身，资深元老院议员，拥有丰富的军团带兵经验，曾随马克·奥勒留出征帕提亚、马科曼尼，先后担任麦西亚、达契亚、叙利亚、不列颠总督，后获封执政官。他有很高的人气，却没有属于自己的武装力量，可谓是名声显赫的光杆司令，这正是埃米里乌斯心中的最佳傀儡人选。

就这样，66岁的佩蒂纳克斯在禁卫军和元老院的拥护下登上了帝位。仓促登基的佩蒂纳克斯是一个传统的罗马人，对前朝弊政深恶痛绝，一上位就迫不及待地取消了康茂德制定的苛捐杂税，大力打击贪污腐败，为蒙冤的人民平反。其所有政策的初衷都是恢复罗马的秩序与稳定，大有延续贤帝盛世的趋势。

禁卫军很快发现新元首严于律己的同时也严格要求军纪，兵痞们再也无法像过去那样为所欲为，每天被军纪约束得喘不过气来。埃米里乌斯开始不高兴了。他本想立一个傀儡，却不幸选出了一位贤君。禁卫军拥立佩蒂纳克斯无非是为了权力和金钱，可是佩蒂纳克斯要求禁卫军履行职责，又迟迟不肯兑现全部赏金。埃米里乌斯有点失去耐心了，其他将军和士兵也失去了耐心，他们试图再找一两个人出来担任奥古斯都，但都没有成功，佩蒂纳克斯已经得到了元老院和罗马人民的认可。

"看来这个傀儡所选非人啊。"埃米里乌斯与手下将领商量道，"那就只能除掉他了。"

于是一个可怕的计划开始形成。

新帝即位才3个月，禁卫军就叛乱了。300名士兵气势汹汹地包围了皇宫，宫卫们"明智"地打开了宫门，这伙乱兵立刻冲到了佩蒂纳克斯面前。年迈的元首并没有一丝畏惧，他挺直了身躯，傲然立于寒光闪闪的利刃之前，义正词严地问道："你们要干什么？作为元首，我有什么罪？难道不是你们拥护我登上了皇位？难道不是你们在我面前宣誓效忠吗？看看你们现在的所作所为，还对得起这一身庄严的禁卫军戎装吗？"

佩蒂纳克斯的诘问如同一道惊雷，击蒙了大多数禁卫军士兵，可那些贪婪的日耳曼籍士兵则没有迟疑，赶紧大跨步来到元首近前，不容元首张嘴便一枪刺入了他的胸膛。就这样，刚刚登上帝位几个月的佩蒂纳克斯惨死于禁卫军之手。

佩蒂纳克斯之死，充分说明了没有兵权的在手的奥古斯都必将受制于人。佩蒂纳克斯太过于依赖禁卫军的拥护，没有私人武装的他就只能担当一个傀儡的角色，即便他获得了元老院和人民的拥护，也不能真正掌握国家的大权。禁卫军干政的历史由此开始了。

杀掉佩蒂纳克斯后，禁卫军并没有更好的新帝人选，很多人都拒绝了登基称帝的推戴。在这种情况下，谁敢接受帝位就等于是一只脚提前迈进了棺材。禁卫军被拒绝后，居然厚颜无耻地想到了一个极为卑劣的主意：帝位大拍卖。

一日，禁卫军爬到高塔和城墙上，拉上横幅，大声吆喝道："帝位大拍卖啦——竞价高者将荣登帝位。"

如此荒唐的行为让罗马市民大跌眼镜，不少人对此嗤之以鼻，少年们义愤填膺，老人们悲伤落泪。建国数百年的罗马居然出现了拍卖帝位的荒诞景象，想想不久前大奸臣克利安德还公开出售"执政官""法务官"等公职，禁卫军可谓是有过之而无不及。

稍微有点头脑的人都知道，拍卖帝位的行为就如同小孩子的游戏一样当不得真，通过这种方式登上帝位的人如何能够获得整个罗马帝国的认可？更不要说万一哪天禁卫军再次翻脸，恐怕连小命都难保。

即便荒唐如斯，依然有两个资深议员对拍卖产生了兴趣。其中一个是佩蒂纳克斯的岳父提尔皮西阿努斯，此人似乎对女婿的死没有清醒的认识，反而觉得理所当然，而另一个便是刚从阿非利加回国述职的前总督，尤利安努斯。

尤利安努斯无论父系还是母系都是罗马帝国的显赫世家，他的仕途非常顺利，年轻时就出任总督坐镇一方。到公元175年，屡获功勋的尤利安努斯终于当选为执政官，后历任比提尼亚、阿非利加总督。除了履历丰富，尤利安努斯还是罗马为数不多的大富翁之一，地位直逼曾经的克拉苏。按说像尤利安努斯这样的资深议员，应该不会天真地以为通过金钱就能买到帝国的皇位，但他却真的这么做了，实在是无知啊。

在亲人和朋友的鼓励、怂恿下，尤利安努斯和提尔皮西阿努斯都出价竞争元首大位。提尔皮西阿努斯给出了5000万银第纳尔的报价，而财大气粗的尤利安努斯干脆给出了6250万银第纳尔的天价。在禁卫军的欢呼下，尤利安努斯成了这场拍卖的大赢家。随后他披上了紫袍，在禁卫军的簇拥下赶到了元老院。

尤利安努斯说道："尊敬的各位议员，我已获得禁卫军的拥戴，请你们即刻批准我登基称帝。"元老院是又生气又觉得荒唐，但畏于寒光闪闪的利刃，这些懦夫还是通过了尤利安努斯称帝的决议。公元193年3月28日，大富翁尤利安努斯登上了罗马帝国的皇位，这成了罗马建国以来从未有过的奇观，更成了帝国最大的笑话。

佩蒂纳克斯被杀、尤利安努斯登基的消息很快就传遍了帝国内外。各地总督义愤填膺，先不说他们刚刚才承认了佩蒂纳克斯的即位，就是让他们接受帝位拍卖都不可能，更别说让这些桀骜不驯的军阀向新元首效忠了。佩蒂纳克斯之死让各地诸侯看到了军人干政的可能性。既然毫无威望的尤利安努斯都能登基称帝，那行省军阀们又何尝不可呢？

四帝逐鹿的历史难道要再现了吗？

三雄并起，罗马易主

尤利安努斯拍得皇位数日之后，各地诸侯终于拥兵自立了。潘诺尼亚总督塞普蒂米乌斯·塞维鲁在多瑙河军团的拥护下称帝；叙利亚总督佩希尼乌斯·尼格尔在东方军团的拥护下登基；远在不列颠的总督克洛狄乌斯·阿尔比努斯在不列颠军团的拥护下宣布即位。至此，皇位角逐烽烟再起，堪称四帝逐鹿的2.0版。

各方势力对比如下：

尤利安努斯，领地不超过意大利，手中只有1万禁卫军且支持度不高，另有意大利的两支海军舰队，总兵力不到2万人；

塞维鲁，统辖整个多瑙河防线，包括雷蒂亚、潘诺尼亚、麦西亚、达契亚，拥有12个罗马军团，加上等数量的辅助军，兵力近乎15万人；

尼格尔，统辖整个东方防线，包括叙利亚、卡帕多西亚、巴勒斯坦、纳巴泰、埃及，拥有8个军团的兵力，加上辅助军，总兵力约10万；

阿尔比努斯，统辖整个不列颠、部分高卢，拥有半数的莱茵河军团支持，合计9个军团，兵力约9万人。

可以看出，暂控罗马城的尤利安努斯除了就近控制着元老院外，并没有真正的优势可言，2万人的战力恐怕只有账面上的数字，而且禁卫军贪婪、不忠诚，难保不会背叛尤利安努斯。尤利安努斯此时方才明白，靠竞拍得来的帝国皇位是多么脆弱不堪，犹如风中残烛一般。

最先行动起来的是潘诺尼亚总督塞维鲁。此人于公元145年4月11日出生于阿非利加行省的大雷普提斯城，祖上是到北非殖民的意大利公民，骑士阶级出身。塞维鲁17岁时就到罗马城留学，天资卓越，初入政坛便获得了阿非利加总督的赏识，先后在西班牙、北非任职。

在那时，塞维鲁效仿恺撒年轻时探问自己的命运，拜访了一个有名的占星术士，并出示了自己的生辰，但占星术士看后严肃地说道："请出示自己的生辰，而不是别人的。"塞维鲁惶恐之下发誓，这就是他的生辰。那个占星术士惊呼道："这是奥古斯都才该有的生辰啊。"从此，塞维鲁自命不凡，立志要干出一番事业。

后来，31岁的塞维鲁当选为法务官，步入了帝国高级官僚的行列，还被任命为西班牙军团的军团长。到康茂德即位时，塞维鲁一度赋闲在家，他利用这段闲暇到雅典留学深造，不久之后再获重用，被委任为高卢地区的总督。

塞维鲁的发妻死后，他从占卜师那里得知，有一个叙利亚出生的东方女子拥有嫁入王族的命运，于是塞维鲁迎娶了这个女子，她便是卡拉卡拉的母亲，尤里娅·多姆娜。塞维鲁笃信占卜预言，得到了有利于自己的预言后，他变得积极主动、英勇无畏。在军旅生涯里，塞维鲁的豪迈与无畏让敌人生畏，也让军团士兵们崇拜，他为人严肃、冷峻，颇有提比略之风。

塞维鲁称帝后，北方总督阿尔比努斯和东方总督尼格尔称帝的消息也相继传来。塞维鲁冷静地分析了当下局势，认为不能同时多线作战，他的首要目标是近在咫尺的罗马城。只要控制了元老院，就能够名正言顺地获得"奥古斯都"之名，所以他决定排除万难，首先击败势力最弱的尤利安努斯。

塞维鲁判断，尼格尔的实力与自己不相上下，且拥有富饶的东方行省，如果不立刻将他击败，等到他实力进一步壮大后，自己的胜算将大为降低；西方行省普遍贫穷，如果先去歼灭阿尔比努斯的军团，对自己实力的提升也没有多大的益处，所以最好先稳住阿尔比努斯。为了达成这个目标，塞维鲁向阿尔比努斯派去使者，称愿意与阿尔比努斯同享皇权，并承诺授予他"恺撒"称号，共同治理整个帝国，还愿意死后传位给阿尔比努斯。

阿尔比努斯手里只有9万人的兵力，且需要渡过英吉利海峡，穿越整个高卢，才能抵达意大利。他思索后居然相信了塞维鲁的承诺，接受了塞维鲁授予他的"恺撒"称号。

塞维鲁大喜：整个帝国西部暂时安全了，不必害怕不列颠军团威胁自己的侧翼，也不用担心尼格尔的东方军团，因为他们实在是离得太远了。这样一来，塞维鲁便能长驱直入意大利，抢在所有人之前控制元老院。

公元193年5月，塞维鲁钦点了2个精锐军团和日耳曼辅助军，提兵2万杀奔罗马城。

听闻塞维鲁大军压境，尤利安努斯焦虑不安。他首先让元老院宣布塞维鲁为国家公敌，派刺客去刺杀塞维鲁，接着急调米塞诺和拉文纳的海军进入罗马城布防，然后到处招募士兵、奴隶，还把角斗所用的大象也编入军队，以便对抗日耳曼骑兵。这种紧张气氛让不少罗马市民忧心忡忡，禁卫军和元老院均难以掩饰自己的动摇。在这种情况下，尤利安努斯倒是表现出了一个军人该有的勇气，他突然袭杀了禁卫军长官埃米里乌斯，以争取罗马市民的支持。尤利安努斯决心在罗马城打一场守城之战，与塞维鲁一较高下。

塞维鲁方面则行动迅速，他深知时间是制胜的关键，命军团只携带15天的军粮，沿着大道全速推进，不执着于沿途的任何城池。2万精兵在塞维鲁的统率下，人不卸甲，马不解鞍，如倾泻而下的洪水向意大利奔腾而来。

首当其冲的便是拉文纳的海军。他们毫无战心，一看到塞维鲁的军旗便缴械投降了。如此，罗马城的门户便向塞维鲁敞开了。而尤利安努斯派去刺杀塞维鲁的刺客，非常聪明地投降了塞维鲁，还供出了尤利安努斯在罗马城的部署。尤利安努斯听闻后，心中好不容易才鼓起的勇气几乎都要泄光了。他赶紧找到元老院，提出要与塞维鲁共享皇权。可是塞维鲁根本不作任何回应，依然马不停蹄地直奔罗马城。

6月，惶恐不安的禁卫军得知塞维鲁提出"只惩恶首，余罪不问"的口号，于是他们决定抛弃这个靠巨款登上帝位的奥古斯都。当时的尤利安努斯众叛亲离，只能一个人躲在皇宫深处瑟瑟发抖，禁卫军突然闯入了他的房间，手起刀落，结果了尤利安努斯的性命。禁卫军可谓是元首终结者，打仗不行，搞刺杀倒是精通得很。

尤利安努斯一死，元老院也马上取消了说塞维鲁是国家公敌的宣告，并派了100人的代表团去朝见新的奥古斯都。塞维鲁就此兵不血刃地进入了罗马城。

在罗马城内，禁卫军被要求先交出武器再朝见新帝。就在他们跪拜在塞维鲁面前时，手持利刃的多瑙河士兵突然包围了这些纨绔子弟。塞维鲁说道："你们已经不再是禁卫军了，不得出现在离首都100罗马里以内的地方，否则格杀勿论。"

诚然，禁卫军已经通过这一年的拙劣表现，证明了他们是罗马帝国最没有廉耻和忠诚的军队，自然也没有任何价值。塞维鲁解散了意大利人组成的禁卫军，把行省军团提升为新的禁卫军，完全控制了罗马城。

大局已定，塞维鲁以元老院议员的装束步入了元老院大厅，身后尽是冷峻逼人的军团卫士。新帝声称起兵的目的是给惨死的佩蒂纳克斯报仇雪恨，同时要求元老院把佩蒂纳克斯"神化"，并宣布自己将冠以马克·奥勒留和佩蒂纳克斯的姓氏，以马克之子、康茂德之兄的名义统治帝国。塞维鲁没有忘记履行对阿尔比努斯的承诺，当即要求元老院承认阿尔比努斯为共治"恺撒"，与他共同出任第二年的执政官。至此，塞维鲁在不到1个月的时间里，实现了"挟元老院以令诸侯"的战略目标，也实现了占星术士当年的预言。

两雄鏖战，决胜亚洲

坐拥罗马城的塞维鲁只在城内待了十余天，在得到元老院承认后，他便再次提兵东进。这倒不是塞维鲁不喜欢繁华的罗马城，而是来自东方的对手已经越来越近了。此刻，东方军团拥立的尼格尔正率军杀奔意大利。

佩希尼乌斯·尼格尔，出生于意大利，骑士阶级，早年从军，担任过百夫长、大队长，从军团底层一步一步打拼出来时已经40岁了，因表现突出被马克·奥勒留看中，推荐进入元老院，快50岁时才获选为"候补执政官"。康茂德在位时，尼格尔平步青云，被任命为达契亚总督。不久后，高卢爆发了"巴高达"起义，正是尼格尔负责剿匪平叛，用2年时间彻底镇压了这些法外之徒，因功被提拔为叙利亚总督，从此成为帝国东部的最高负责人。

尼格尔身材高大，仪表堂堂，头发微卷，声音低沉而浑厚，面色红润，皮肤白皙，但脖子处的皮肤黝黑，以至于很多人说尼格尔之名正是由此而来（"尼格尔"意为黝黑）。

尼格尔虽然不是贵族出身，却是意大利公民。在罗马，意大利公民总比行省公民升迁得更快。尼格尔本可以去禁卫军，但他却选择到条件恶劣的行省军团任职，这似乎反映出他不是一个安于享乐的军人。事实上，尼格尔的品行和口碑非常好，几乎是罗马人尽皆知的"传统"罗马人。他重视荣誉，追求朴素，战时与士兵同甘共苦，行军打仗从来秋毫不犯。尼格尔所带之兵是罗马军纪最严格的兵，士兵即使是偷了农民几只家禽也会被判斧斩，但士兵们并不反感尼格尔，反而因为他的公正无私而敬畏他，尼格尔麾下的军团是最"传统"的罗马军团。

当尤利安努斯僭越称帝后，东方军团无不义愤填膺，他们觉得在整个罗马帝国，唯有尼格尔才是最符合奥古斯都条件的男人，也只有尼格尔的品行才能把罗马重新带回正轨。就连元老院也第一时间想到了尼格尔，而不是塞维鲁。故而在全体官兵的一致拥戴下，佩希尼乌斯·尼格尔在叙利亚登基称帝。

尼格尔称帝时已年逾六旬，但他依然充满了激情。当时三雄并起，唯有尼格尔是离罗马城最远的。在比提尼亚、亚细亚还未被他控制之前，尼格尔有两条路线可以选择：一是从埃及西征，夺取北非粮仓阿非利加，然后走海路北上意大利；二是穿过小亚细亚，横渡爱琴海，从巴尔干半岛直接杀进意大利。

如果选第一条从非洲攻打意大利，叙利亚大本营很可能被攻击，而且塞维鲁也担心阿非利加失守会导致意大利出现饥荒，已提前派了几个军团进入北非，所以尼格尔决定稳扎稳打，走第二条路线，先统一整个小亚细亚，再杀进巴尔干半岛。起兵后，尼格尔出兵卡帕多西亚，一路攻陷了比提尼亚全境，兵临拜占庭城。

此刻的塞维鲁已经杀入了意大利，抢先挟持了元老院。在得知尼格尔的大军进入欧洲后，他顾不得享受罗马城的皇位，也率全部精锐之师向东推进，意图将尼格尔的兵势挡在拜占庭。同时，塞维鲁耍了一个阴招，派人挟持了尚未逃到东方的尼格尔家眷，准备在战事不利时用来威胁尼格尔。

尼格尔出兵攻取了色雷斯，企图穿过希腊地区渡海攻打意大利，但塞维鲁突然穿插至色雷斯后方，切断了东方军团的补给线。为了保证补给线的安全，尼格尔不得不回师色雷斯，双方终于在拜占庭以西的培林托斯迎头撞上。尼格尔的东方军团整体战斗力不如潘诺尼亚军，因为他们处于常年和平的环境里，没有仗打的军队自然疏于战事。但此战,尼格尔却展现出雷霆之势,抢先击败了塞维鲁的先锋部队,致使塞维鲁不得不全线后撤。尼格尔挟此大胜,斩杀了塞维鲁军团的数员大将,声威大震,一度攻占了马其顿和希腊。

大胜之下的尼格尔派人给塞维鲁送去了一封书信,称愿意与他共享皇权,但塞维鲁当场拒绝,他知道尼格尔的声望足以淹没自己的声音,他可不愿意当个副元首。

不久后,塞维鲁的全部精锐终于抵达了战场。他不计较马其顿及希腊的得失,亲率主力军团向东挺进,直接杀向尼格尔身后的拜占庭。拜占庭靠近欧洲和亚洲交界处的博斯普鲁斯海峡,三面环海,易守难攻,占领该城便扼住了尼格尔联系东方的咽喉。尼格尔看出塞维鲁的意图后,不得不后撤至拜占庭。双方在城下展开激战。凭借坚固的城防,塞维鲁损兵折将也没能攻破城墙,战事陷入僵持。

深夜里,塞维鲁的大帐灯火通明,所有高级将领都聚集在此商议作战计划。将军们七嘴八舌地相互辩论着,有人主张砍伐木材制造攻城器械,有人主张诈败诱敌出城,直到有人提出干脆绕过拜占庭城时,塞维鲁顿时眼前一亮。他立刻拿着烛火仔细地在地图上寻找着什么,突然抽出匕首,狠狠地插在了地图上,诸将随着匕首的方向一看,那里正是拜占庭西南方的赫勒斯滂海峡。

"我们派一支精锐从这里横渡过海,直奔叙利亚。"

塞维鲁从大军中抽调了2个精锐军团交给了大将阿努利努斯。为了不让尼格尔察觉,塞维鲁下令,营寨均维持原状,炉灶和夜间的篝火也只增不减。直到潘诺尼亚军团迅速渡过了赫勒斯滂海峡,尼格尔才发现塞维鲁的疑兵之计。

"塞维鲁居然拿自己当诱饵。埃米里亚努斯,我也把最精锐的军团交给你,去截杀这支军队。"

尼格尔派出的也是自己的大将,经验同样非常丰富,此人也是东方行省的总督,东方军团的二号人物。埃米里亚努斯率兵横渡马尔马拉海,在赫勒斯滂东侧的西齐库斯拦住了潘诺尼亚军团。该处是天然的战场,北侧是海洋,东西两头都是高山,只有中间是平原,如同一个赛场。

埃米里亚努斯仗着人多势众,把军队摆在平原中间,两翼布置了东方骑兵，中间是亚洲重步兵，后方是来自帕提亚的弓箭手，看起来很难对付。不过，阿努利努斯并不担心，他特地带了一些观战的"客人"，将他们摆在战场中央。埃米里亚努斯定睛一看，不禁冷汗直流。原来，塞维鲁俘获的不只是尼格尔的家眷，所有东方总督的家眷均被他软禁了，这些人本是康茂德为了制约封疆大吏而留在罗马城的人质，现在都成了塞维鲁的王牌。

决战如期打响。潘诺尼亚军团在野战里如狼似虎，而东方军团没有尼格尔的亲自指挥，疏于战事的缺陷暴露了出来，亚洲重步兵根本不是潘诺尼亚军团的对手，被杀得连连后退。按计划，埃米里亚努斯应该率骑兵从两翼包抄敌军，但此时的他只想着自己的妻儿，根本无心作战，他手里捏着塞维鲁寄来的密信，犹豫良久后，决定鸣金收兵，带着骑兵逃走了。不过，狄奥记载他当场战死了，这样他就不算背叛。剩下的东方军团大惊失色，纷纷逃窜，一些撤退至尼西亚城，一些逃去了托罗斯山，甚至还有人狂奔至亚美尼亚。

尼格尔顿感大事不妙，慌忙留下一部分军队继续坚守拜占庭，自己亲率主力进驻尼西亚，就地收拢四散的军队。同一时间，潘诺尼亚军团占领了尼科米底亚，切断了尼格尔与拜占庭之间的联系。双方近在咫尺，公元193年12月，尼西亚之战爆发。

有尼格尔亲自指挥，东方军团的士气有所回升，虽然很多逃散的士兵尚未找回，但尼格尔的兵力并不比塞维鲁少，两军在尼西亚湖畔决战。起初，潘诺尼亚军团占据了丘陵和湖泊，利用高地和船只射击东方军团，杀死了不少人，步兵由此冲入平原追杀"败兵"。然而尼格尔的旌旗出现后，战场形势骤然改变，东方军团士气大振，转入反攻，刚刚的败兵现在都成了追兵。

千钧一发之际，塞维鲁麾下大将康迪图斯只手夺过一面军旗，奋不顾身地杀向敌军。他的勇气刺激了潘诺尼亚军团，战士们纷纷转身加入康迪图斯。战场形势又一次改变，潘诺尼亚军团又杀退了东方军团。若不是尼西亚城就在附近，尼格尔可能就此溃败。

尼西亚之战后，塞维鲁乘胜追击，连续攻克比提尼亚和卡帕多西亚的诸多城池，直到被挡在了关隘下（具体位置可能在托罗斯山附近，原始史料并未说明）。潘诺尼亚军团强于野战，却弱于攻坚，加上没有准备攻城器械，冒险攻城的士兵不是被飞矢击杀，就是被落石砸死，虽然他们反复强攻，却屡屡被尼格尔挫败。

随着冬季的来临,塞维鲁的粮草即将耗尽,而且还没有御寒的棉衣,继续围攻险要的关隘无疑是自寻死路。就在塞维鲁一筹莫展时,天色突然大变,原本晴朗的天空顿时电闪雷鸣,大雨旋即倾盆而下。由于关隘建在山上,地基明显不稳,经过雨水浸泡后,很多地方出现了裂痕,而冬季的大雨持久不停,竟然引发了山洪,洪水一举冲垮了城墙。东方军团吓得各自逃跑,稍慢一步就会被大水吞噬。

塞维鲁不胜而胜,似乎真有上天相助,他坚信那个占星术士的预言绝非胡诌。于是他命大将阿努利努斯和瓦莱利乌斯继续追击尼格尔,誓要活捉东方的元首。

此时,早就逃回安条克的尼格尔重新征募了近5万人马,不少是当地青年,缺乏训练,但这对尼格尔来说已经不重要了。他当即率军北上阻挡塞维鲁,公元194年5月,两军于伊苏斯再次遭遇。考虑到新兵不耐苦战,尼格尔便将军队部署在斜坡上,意在坚守阵地,哪知潘诺尼亚军团根本不管地形,强行攻山,双方竟然打得不分上下。

正在此时,天空突然阴云密布、狂风呼号,大雨倾盆而下,全都"攻"向东方军团的面部,再加上阿努利努斯提前派骑兵穿过战场一侧的森林,突然杀到东方军团的侧后方,尼格尔的士兵以为对方有神灵相助,士气大跌。东方军团的形势急转直下,连尼格尔都不能保证自己的安全,他紧急下令道:"撤退,快撤退。"惊慌的东方士兵开始逃离战场,可战场的一面是波涛汹涌的大海,另一面又是高耸入云的峭壁和丛林,想要撤退就只能从敌人面前杀出一条血路,但这几乎是不可能的。

潘诺尼亚军团前后夹击,许多东方士兵只能跳海逃生。到处都是倒下的尸体,鲜血将大地染成了赤色,远远望去如同烈火一般,再加上满地的断臂残肢,这不是地狱又是什么呢?

此战,塞维鲁的潘诺尼亚军团以少胜多,尼格尔在几个护卫的誓死保护下乘马逃离了战场,东方军团的主力就此被击败,战场上至少留下了2万具东方士兵的尸体。叙利亚不少城市听说尼格尔战败后,旋即背叛了他,纳巴泰、巴勒斯坦也宣布效忠塞维鲁。这意味着,除了安条克外,尼格尔其他的地盘都投降了。东方最终的归属马上就要敲定了。

一雄独霸，再启新朝

伊苏斯决战后，尼格尔试图逃亡帕提亚，但塞维鲁的追兵穷追不舍，最后还是围住了尼格尔。他们要尼格尔缴械投降，但尼格尔仰天大笑道："休想。"最终，尼格尔举剑刺向了自己的胸膛，缓缓地倒在了沼泽旁。追兵们一拥而上，把尼格尔的尸身砍成数段，用一根长矛叉起了他的头颅，一路带了回去。

塞维鲁进驻安条克后，大肆惩处尼格尔的追随者，还下令流放了之前抓来的尼格尔家眷，但这不能让他解气。在占领了东方全部行省后，塞维鲁率军越境攻入帕提亚，一路烧杀掠夺，以报复帕提亚对尼格尔的支持，也顺便向帕提亚宣示"到底谁才是天命所归"。

公元196年，塞维鲁方才率军离开了叙利亚。在这之前，阿尔比努斯一直以"恺撒"的身份与塞维鲁保持着同盟关系，并没有乘机攻占意大利，而是率军驻扎在高卢的卢格杜努姆城（今里昂），遥望着罗马城。

阿尔比努斯也是年过半百之人，与另外两雄不同的是，他是元老院贵族出身，据说他的父系和母系都能追溯到共和国早期的豪门贵族。在骑士阶级崛起的帝政时代，像阿尔比努斯这样的"资深"贵族已经为数不多了。

阿尔比努斯的才能也没辱没贵族之名，他曾指挥过达尔马提亚骑兵，也执掌过第1和第4军团。在卡西乌斯反叛自立时，阿尔比努斯正好驻军于比提尼亚，坚决站在马克·奥勒留一方，算是站队正确，后来被调到莱茵河地区主政，一举击败了蠢蠢欲动的日耳曼人，从此声名鹊起，不久后又被调到不列颠担任总督。甚至有传言称，康茂德畏惧阿尔比努斯的威望，曾假意授予他"恺撒"的称号，阿尔比努斯看出了康茂德的试探之计，严词拒绝了康茂德的"好意"。

在塞维鲁鏖战尼格尔的时候，阿尔比努斯没有乘机攻打意大利，塞维鲁因而能够全心全意与尼格尔决战。在完全平定东方后，塞维鲁并没有感激阿尔比努斯的善意。因为他发现阿尔比努斯在元老院里拥有极高的声望，其贵族身份在罗马公民里也有很高的号召力。塞维鲁身边的谋臣也提醒道："今若不除，恐为大患。"塞维鲁深以为然。可是阿尔比努斯一直恪守本分，也不曾有过任何敌对行为，要想公开起兵讨伐他，显然是缺乏大义名分的。既然明着来不行，那就只能使点阴招了。为此，塞维鲁找来了几个心腹侍卫，将一封满是恭维的感谢信交给他们，吩咐他们务必把此信亲手送到阿尔比努斯手里，然后伺机刺杀阿尔比努斯。

刺客们如计划见到了在卢格杜努姆的阿尔比努斯。当阿尔比努斯看完信后，他们便悄悄告诉阿尔比努斯，塞维鲁还一些私密的事情要单独转告他，所以需要阿尔比努斯跟他们到一个僻静无人的地方密谈。可惜阿尔比努斯并不傻，他看了看手里那封无足轻重的信，立刻就明白了塞维鲁的意图。他问道："让我的侍卫一起过来，如何？"刺客们当即拒绝。阿尔比努斯冷笑了一声，大吼道："来人，把他们给我拿下。"塞维鲁阴谋行刺的计划便大白于天下。

阿尔比努斯证实了自己的判断，心中既后悔又愤怒。他后悔的是没有及时出兵意大利，以至于对方日渐坐大，愤怒的是堂堂奥古斯都居然做出如此下作的事情，有辱罗马人的荣誉。阿尔比努斯当即召集了麾下的数个军团，发布了声讨塞维鲁的檄文。阿尔比努斯终于决定和塞维鲁开战了。

塞维鲁早就做好了决战的准备。他本就对行刺计划不抱太大期望，几乎在派人行刺的同时，就已经率部直奔高卢而来。双方在卢格杜努姆展开决战。只可惜今非昔比，塞维鲁的兵力增加了几乎一倍，足足有15万野战军，而阿尔比努斯仓促应战，虽征募了同样数量的军队，却是不耐苦战的乌合之众，这场决战的结果从一开始就可以预知了。

公元197年2月19日，两位元首于卢格杜努姆决战，麾下分别是不列颠军团和潘诺尼亚军团。战场上，两支军团都分为左、右两翼。塞维鲁的右翼攻势凶猛，首先击败了阿尔比努斯的左翼新兵，还一路追杀到敌军大营。至于阿尔比努斯的右翼，他们故意在阵地前挖了陷阱并用泥土隐藏，在敌军接近前反复用标枪射击，从而激怒了塞维鲁的左翼，使得对方毫无秩序地冲了过来，结果不少人掉下了陷阱，更多的人挤在一起，混乱不已。又是千钧一发之际，塞维鲁脱掉了战袍，高举着长剑冲到了败兵当中，冒着被射杀的危险鼓舞士兵与他共同战斗。看着元首奋战的英姿，塞维鲁左翼停止了逃跑，围着塞维鲁转身杀回，这才稳住了阵脚。这时，塞维鲁的骑兵已经击退了敌军，他们见元首取得了优势，立即策马杀入敌方右翼，大破阿尔比努斯的军队。

最终，阿尔比努斯兵败卢格杜努姆，麾下的军队不是投降就是逃跑。当塞维鲁的士兵们找到阿尔比努斯时，他已经身负重伤，奄奄一息。塞维鲁砍下了阿尔比努斯的首级，然后将他的尸体带回罗马城示众。据说每次经过时，塞维鲁都会纵马践踏阿尔比努斯的尸身。不知道胜者为何如此仇恨败者。

除掉阿尔比努斯后，塞维鲁终于成为罗马帝国唯一的统治者，再也没有人能够质疑他和约束他了，塞维鲁王朝正式建立。塞维鲁利用阿尔比努斯之乱，大肆株连元老院贵族，还将之前流放的尼格尔的家眷全部处死，随后更是大肆诛杀另外两雄的追随者和仰慕者。在清理掉这些"异己"后，塞维鲁着甲持剑闯入元老院，强迫元老院承认他的两个孩子——卡拉卡拉和盖塔为皇位的继承人，同时让自己的心腹进入元老院填补空缺。

塞维鲁主政帝国后，发赏金，办比赛，建浴场，修大道，总之罗马人民喜欢什么，他就做些什么。为了感谢军团多年来对自己的支持，塞维鲁大发福利，先是提高了军团士兵的薪资，接着又废除了罗马军团士兵"不能在服役期间结婚"的规定，允许士兵自由婚配，并承认其后代的公民权。毫无疑问，此项改革打破了罗马军团严格禁欲的传统，军团士兵从此可以把妻子带上战场，时不时开个小差回家"温存"一番。如此惠军的改革自然得到了全体罗马军团的拥护，但对于纪律严格的罗马军团来说，这是好还是坏，想必读者心中也自有答案。

统一帝国的塞维鲁雄心万丈，为了彰显自己的赫赫武功，他于公元198年再次东征帕提亚。现在的帕提亚可谓是内忧外患，东边被萨珊波斯打得节节败退，内部还有诸侯拥兵自立，早已没有了当年的威风，别说和罗马争夺亚美尼亚，连保命的军队都拼凑不出几个人了。

塞维鲁对帕提亚的战争犹如旅游一样轻松。大军沿着两河流域南下，先是重新夺回了美索不达米亚北部，吞并了割据于此的势力，后再度攻陷了帕提亚首都泰西封。这已经是泰西封第三次被罗马军团攻陷，曾经的东方明珠早已满目疮痍。经过罗马和萨珊波斯联合虐打，帕提亚进入了亡国倒计时。

东方的对手被打得快亡国了，塞维鲁决定在西方继续他的赫赫武功。这次，塞维鲁选择的是不列颠的凯尔特人。当年图密善一道敕令，使得即将大获全胜的喀里多尼亚战争半途而废，不过数十年时间，凯尔特人再次崛起，频繁攻打罗马边境的长城，俨然是帝国北方的心腹大患。

公元209年，塞维鲁带着两个儿子一同亲征不列颠。元首本意是要给两个孩子攒点威望，但凯尔特人可没有帕提亚人那么好对付。这些人野蛮好战，擅长打游击。要征服凯尔特人可不是一年两年就能实现的，而元首塞维鲁的健康状况也在这几年急转直下。无奈之下，塞维鲁不得不暂居于埃布拉库姆（今约克）养病，然而诸神留给他的时间已经不多了。

公元211年2月4日，元首塞维鲁出师未捷身先死，享年65岁。塞维鲁死后，长子卡拉卡拉和次子盖塔共同登上了奥古斯都的大位。塞维鲁王朝进入了一个全新的阶段，罗马帝国的衰亡也迎来了新的阶段。

第二十八章 分裂的前奏

28

罗、帕吻别尼西比斯

公元211年，23岁的卡拉卡拉和22的盖塔共同登上了奥古斯都之位。表面上，一切都如同塞维鲁生前所期盼的那样顺利，然而兄友弟恭在权力面前只是美好的愿望。共治帝国的两兄弟如同罗慕路斯和雷慕斯那样相互厌恶，政坛因两个元首的对立也分为两个阵营，甚至还传出两人打算将罗马一分为二。

塞维鲁的遗孀，两个孩子的母亲，尤里娅·多姆娜并不想看到手足相残的事情发生，所以亲自出面约两兄弟会面。她本希望通过一场家庭聚会来化解孩子们的矛盾，可万没有想到，卡拉卡拉亲手刺死了弟弟盖塔，从此成了罗马说一不二的独裁者，这距离先帝塞维鲁去世还不到一年。

终结公民权制度

哥哥亲手杀掉了弟弟，这在罗马绝对是骇人听闻的恶性事件，不过卡拉卡拉并不担心，因为他很自信，自信罗马人民很快就会对他感恩戴德。没过多久，卡拉卡拉颁布了让罗马加速衰亡的《安东尼敕令》，废除了罗马数百年的公民权制度，帝国境内所有的自由人都将获得罗马公民权。换言之，曾经的罗马联盟不存在了，无论何种民族，何种出身，所有人都享有相同的权利，帝国境内只有罗马公民和奴隶两个等级。

普授公民权看似照顾了同盟国公民，但实际上却破坏了罗马的价值观。曾经的罗马公民权包含一系列特权和福利，是罗马人的骄傲，非罗马公民为了获得公民权，往往会奋斗一生，比如辅助军的士兵要服役25年后才能得到公民权。因为来之不易，所以人们倍感珍惜。

可如今人人都有公民权，相当于人人都没有公民权，特权、福利、骄傲全都没有了，罗马人的荣誉感丧失，公民权的吸引力消失。如果说"以蛮制蛮"只是改变了军团成分，那卡拉卡拉的这道敕令则让罗马军团彻底变了质。爱国心、荣誉感消散后，还有谁愿意为此服役终身呢？

卡拉卡拉其人

卡拉卡拉继承了其父塞维鲁的很多特质。按照赫罗狄安的描述，卡拉卡拉不是那种只知道享乐的纨绔子弟，他崇尚节俭，向往军人的生活，通常餐桌上只能看见面包等简陋的食物，他坚持徒步行军，与士兵同吃同住，常常亲自扛着沉重的军旗，因此赢得了军队的好感。卡拉卡拉同样立志于为罗马开疆拓土，目标就是虚弱的帕提亚帝国。

公元216年，帕提亚王子阿尔达班在帕提亚东部起兵，相继占领大多数东部行省，成为事实上的国王。卡拉卡拉派使节觐见阿尔达班，提议迎娶帕提亚公主，理由是一旦两大帝国联姻，天下将无人能抵挡由罗马重步兵和帕提亚弓骑兵组成的超级大军。阿尔达班禁不住卡拉卡拉的反复游说，同意了元首的提议。这并不是因为他认同元首的说辞，而是萨珊波斯人的崛起让他不得不与罗马维持友谊。

让人惊异的是，联姻只是卡拉卡拉的借口。他率领一支迎亲的军团公开挺进帕提亚，沿途又是摆宴又是祭祀，弄得帕提亚人信以为真。然而在阿尔达班迎接卡拉卡拉的宴会上，元首突然发动进攻，阿尔达班全靠战马才逃脱，其他帕提亚人就没这么幸运了。事后，罗马军团在美索不达米亚大肆劫掠。恰逢冬季来临，卡拉卡拉被迫收兵北撤。但战争才刚刚开始。

也恰是这个冬天，一个来自阿非利加的占卜师预言禁卫军长官马克里努斯会成新的奥古斯都。此事在罗马城传得沸沸扬扬，负责审讯的执政官立即把此事写成报告，寄送卡拉卡拉。然而当这封密信与其他日常事务报告一起送至元首御前，元首正要参加赛车比赛，于是命马克里努斯代为审阅。读完信后，马克里努斯吓得冷汗直流，立即把信撕成碎片丢入火中，但仍惴惴不安。毕竟瞒得了一时，瞒不了一世，万一执政官再寄一封相同的信该如何是好？所以他买通了元首近侍马提亚利斯。此人的兄弟曾因违反军纪被处决，所以他对卡拉卡拉怀恨在心，全无忠诚。一个取代卡拉卡拉的阴谋正悄然形成。

公元217年4月8日，卡拉卡拉决定在开战前先去月神庙祭拜，所以只带了一队骑兵前往。士兵们虽然都在元首身边警戒，但距离却很远。突然间，卡拉卡拉感到胸中有如寒霜一样冰冷，随后便是剧烈的疼痛。一把深刺入背的利刃从他的身体里被拔了出来，卡拉卡拉呻吟着倒在地上，鲜血很快就浸湿了全身。马克里努斯随即赶来，抱着卡拉卡拉"痛哭"。

哀哉！塞维鲁王朝就此绝嗣了吗？

尼西比斯之战

3天后，马克里努斯紫袍加身，太后多姆娜"自杀"身亡。可惜马克里努斯无法快乐地庆祝新王朝的建立，因为阿尔达班正率领帕提亚主力逼近罗马边境。边境形势危急，马克里努斯只能硬着头皮正面迎战帕提亚大军，两军于尼西比斯展开决战。

阿尔达班的帕提亚军队不仅人数多于罗马，而且非常符合当年的帕提亚传统，几乎全都是骑兵，包括重装骑兵、弓箭骑兵和单峰骆驼骑兵。他们以远程轻骑兵为前锋，以重装骑兵为后卫，两翼由骆驼和弓箭骑兵护卫。其战术是先用远程打击射杀罗马军团，然后再用重骑兵收割战场人头。

马克里努斯的罗马军团同样"传统"，他将重装步兵排成三列线阵，前面布置了轻步兵和标枪兵，两翼分别是骑兵分队。除了军团的重装步兵外，罗马人还带来了摩尔标枪兵和东方辅助骑兵。其战术是用中央步兵缠住敌军，再通过两翼包抄对手。

战场在一望无际的沙漠上展开。阿尔达班的远程轻骑兵首先发难，号叫着朝罗马军团发起了攻击，标枪和弓箭如雨而下。位于前卫的罗马轻步兵和弓箭手，也用自己的远程武器反击对手，但是有战马的帕提亚骑兵位置更高，优势明显更大。在双方对射的过程中，罗马士兵伤亡巨大，前卫战线因此发生动摇。

紧接着，阿尔达班的重装骑兵挥舞着战刀和长矛掩杀了过来，试图以冲撞驱散罗马的远程步兵，但身经百战的罗马军团对这种战术早就习以为常，处于后卫的重装步兵马上冲上来补位，用锋利的西班牙短剑和坚固的大盾迎战帕提亚的重装骑兵。阿尔达班指望通过冲锋来击溃罗马军团的想法过于天真。这些杀将过来的具装重骑兵非但没有杀败罗马人，反而在近身肉搏战里被刺死。比起远程攻击，近战的伤亡异常巨大，于是阿尔达班赶紧下令骑兵全部与敌脱离接触，待撤到安全距离后再用弓箭射击。

罗马军团顶不住远程火力的打击，伤亡惨重，故而马克里努斯也让军团全线后撤，佯装败退。士兵们在沙尘的掩护下，悄悄在阵地上埋了大量的铁蒺藜，这些杀马利器在沙尘下很快就隐蔽了起来。阿尔达班的骑兵没有看到罗马人留下的陷阱，纷纷冲入了满是铁蒺藜的阵地，弄得他们是人仰马翻。罗马军团看准时机，再次杀了一个回马枪，双方又陷入了近身肉搏战，罗马又扳回一局。可是这样的激战并没有分出胜负。

此后几天的激战基本重复着这样的对决。罗马军团意图诱敌近战，而帕提亚骑兵则想拉开距离射击，后来又尝试包围罗马军团的两翼。罗马军团看穿了敌军意图后，将三列横队变成一列，用减少厚度的方式增加长度，从而避免了两翼被包围。总之，双方各施所长，鏖战连连。

冬季再次来临，决战依然胜负不分。马克里努斯如热锅上的蚂蚁，一天比一天焦急。他好不容易才荣登帝位，只要得到元老院的认可就能开创一个新的王朝，然而眼前的阿尔达班并不孱弱，持久而艰巨的战争让他难以脱身。他告诉自己："不行，不能再拖了。再不回到罗马城正名，恐怕其他诸侯就会起兵自立了。"

马克里努斯对坐上罗马皇位多少有些惶恐。出身北非的他是个典型的黑人，而他的父亲更是一个身份低微的释奴，所以马克里努斯只是一个奴隶之子，他能登上禁卫军长官的高位，多是因为塞维鲁一家的提携。如今既不是执政官又不是贵族的他想要名正言顺地即位，只能到罗马城争取元老院的支持，故而马克里努斯急需回到罗马城。

可是怎么才能回去呢？思前想后，马克里努斯决心屈辱地结束这场战争。在黑人元首看来，议和是完全有条件的，因为阿尔达班至今都不知道和他交战的人并非卡拉卡拉。马克里努斯向阿尔达班派去使者，告知了卡拉卡拉已死的消息，同时表示愿意赔偿大量塞斯特斯，割让塞维鲁夺回的美索不达米亚行省，归还被卡拉卡拉俘虏的帕提亚太后，并送上了一顶代表臣服之意的黄金王冠。

如此宽大的条件正是阿尔达班所期望的，此时的他正陷入萨珊波斯崛起的麻烦中，当然也愿意与强大的罗马议和，更何况和约明显倾向于帕提亚，既能得到土地又能得到赔款。罗马与帕提亚的最后一战就这么尴尬落幕了。

如此丧权辱国的和议让军团上下愤怒异常，连远在意大利的罗马公民们也义愤填膺。罗马帝国从来都是征服再征服，还没有过主动割地求和的历史。

649

黑人马克里努斯如此卖国求荣，简直是在侮辱全体罗马人，又有什么资格自称"第一公民"呢？

公元218年的春天，两国的最高统治者各自回国处理自己的麻烦，而先帝塞维鲁好不容易夺回的美索不达米亚北部又落入帕提亚之手。虽然阿尔达班取得了对罗马的作战优势，但他的统治不久就终结了。新近崛起的萨珊波斯在阿尔达希尔一世的统御下，于霍尔木兹甘会战中斩杀了阿尔达班。之后，波斯大军长驱直入，逐步占领了帕提亚全境，阿尔达班的政权如帕提亚的回光返照。立国数百年的帕提亚终于灭亡了，罗马东侧出现了一个更加强大的敌人。

皇室"遗珠"的反杀

战争暂时结束了，黑人元首马克里努斯焦虑的心情并没有好多少。虽然他已经得到禁卫军的拥护，但分布在帝国各处的军团都还没有送来效忠信，这代表着他这个奥古斯都还只能算是自封的，眼下最重要的，便是尽快动身前往罗马城，然后到煌煌元老院里发表一篇安抚人心的演讲。他要告诉所有的罗马人，虽然他是释奴的孩子，但一样会像涅尔瓦、图拉真、安敦尼般谦虚谨慎，尊重元老院和人民。然而马克里努斯忽然又想到一个问题：只要得到元老院的承认就一定能稳坐帝位吗？他似乎知道答案，但又不敢继续想下去。

在马克里努斯尚未动身前往意大利的时候，帝国命运的齿轮正高速运转着。觊觎帝位的可不只马克里努斯一人。在叙利亚的一座小城里，一位神色凝重的宦官正站在房门前张望着，等待一个小孩的到来。此人名叫甘尼斯，曾是一名侍奉卡拉卡拉的优伶。孩子的母亲和外祖母并不知道甘尼斯要干些什么，以为孩子只是像往常一样被带去玩耍，没人知道这个宦官正要做一件惊动天地的事情。

先帝卡拉卡拉的母亲来自叙利亚，但她并非家里唯一的女孩，她还有一个妹妹，名叫尤里娅·梅萨。梅萨比起她那虔诚侍奉太阳神的姐姐，心性更加果敢、坚毅，而且富有野心。凭借姐夫塞维鲁的关系，梅萨的两个女儿得以与贵族联姻，也各自生下了一个男孩，年纪大的名叫巴西努斯，小的名叫亚历山大。

这个叫巴西努斯的男孩从小就按照成为神职人员的标准教导，年纪轻轻就成为太阳神的祭司，因此得到了太阳神的绰号：埃拉伽巴路斯。甘尼斯某天猛然发现巴西努斯非常像卡拉卡拉，于是他找到梅萨询问究竟。梅萨富有野心，觉得这是改变命运的机会，当即承认巴西努斯就是卡拉卡拉的私生子，她想看看宦官能干出什么大事。

公元218年5月16日黎明时分，甘尼斯所等待的正是巴西努斯，他打算将孩子送往埃米萨。那里驻扎着第3高卢军团，他们本是要随卡拉卡拉讨伐帕提亚的，如今全都无所事事地待在原地。

对第3高卢军团的将军们来说，梅萨、甘尼斯都不陌生，这两人都曾出入卡拉卡拉的宫廷，所以对甘尼斯奇怪的夜访，将军们并没有拒绝，人们隐约感到了秘密的临近。

揭开斗篷寒暄几句后，甘尼斯将一个少年带到了将军们的面前，他告诉将军们，这个孩子是梅萨的外孙巴西努斯。将军们有些不解：为什么要如此郑重地介绍这个少年？他回答道："诸位将军以为他只是个凡人吗？殊不知他才是奥古斯都真正的继承人。"此言一出，将军们都瞪大了眼睛，面面相觑不知其何意。

甘尼斯称，梅萨的女儿虽然名义上嫁给了议员，但实际上却和卡拉卡拉有着私情，巴西努斯并非议员的儿子，而是先帝的亲生骨肉，所以先帝并非没有继承人，塞维鲁王室也没有绝嗣。甘尼斯接着补充道："诸位将军难道不想侍奉真正的元首，却甘愿听命于奴隶出身的摩尔人？如果诸位愿意追随少主，黄金白银要多少有多少！"

马克里努斯僭越称帝，但出身卑微、履历简单，并不比各地总督高出多少，而且主动割地赔款，将罗马人的尊严摔得粉碎，各地军团无不义愤填膺，深以效忠黑人懦夫为耻辱。在甘尼斯的一番游说下，将军们心中的火焰被点燃，他们心领神会、默契十足地单膝跪地，对着懵懂无知的巴西努斯呼喊道："奥古斯都万岁！万岁！"

甘尼斯非常清楚罗马人对荣誉的重视程度，更知道将军们对暴发户有多么妒恨,他不顾生死的赌博显然押对了宝。高卢军团反叛了。

消息很快就传开了。新任禁卫军长官尤利安努斯由马克里努斯一手提拔,自然忠于黑人元首。他当时正在埃米萨附近,于是立即率兵猛攻高卢军团的大营。战斗仓促却很激烈,尤利安努斯的军队一度攻破寨门,险些杀了进去,但关键时刻,他却鸣金收兵了,似乎想让第3高卢军团自己投降。

第3高卢军团反意已决,不仅没有投降,反而连夜重修了寨门。他们给巴西努斯穿上了卡拉卡拉生前的衣服,让他在寨墙上来回巡视,还把卡拉卡拉生前的画像挂在寨墙上,对着禁卫军大喊道:"士兵们,难道你们要杀死先帝的儿子吗?这个孩子是真正的奥古斯都!"

这些手段颇有效果,等到尤利安努斯再次进攻时,禁卫军的攻势已大不如前。更绝的是,甘尼斯故意宣布:凡是能杀死上司并投降的士兵,都可以获得他上司的财产和职位。于是禁卫军中发生内讧,士兵们争相杀死自己的长官。尤利安努斯害怕被杀,当即逃离了军队,但最终还是被俘斩首。

不久后,年仅15岁的巴西努斯得到了叙利亚不少军团的公开支持。此时的黑人元首依然磨磨蹭蹭,尚未离开亚洲,正是巴西努斯一派举兵自立的大好时机。战争的事情并不用梅萨和甘尼斯操心,此时此刻,巴西努斯身边已经聚集了诸多身经百战的将军,他们不遗余力地为新元首谋划着夺位的行动。

公元218年,东方军团发布了讨伐黑人叛臣马克里努斯的檄文,正式拥立先帝私生子巴西努斯为帝,史称埃拉伽巴路斯。尤利安努斯的首级被当成战书送给了马克里努斯,同时,大军向伪帝的行辕杀奔而来。

叛军居然拥立了一个自称是卡拉卡拉之子的人为奥古斯都,这是马克里努斯怎么都想不到的,他心中万分惶恐与懊恼。早知如此就该早点把尤里娅·多姆娜两姊妹一起除去,这样也不会有人质疑他的帝位的正统性。

马克里努斯虽然心里发虚,但还是故作镇定地带兵出征。他清楚,如果不能及时杀掉自称先帝私生子的少年,可能还会有更多的军团起来反叛,届时将更难应付。然而,马克里努斯麾下的士兵却迟疑起来,包括禁卫军在内的所有人都已经得知先帝之子的消息。虽然元老院不喜欢卡拉卡拉,但在军队里,卡拉卡拉有着绝对的威望,士兵们更加期望一个有塞维鲁血统的孩子继承帝位。如今,这么一个人居然还真就出现了。到底是跟着黑人元首,还是去投奔埃拉伽巴路斯呢?每一个士兵心里都在反复问着自己。

6月8日,旗帜相同的两支罗马军团终于在安条克城附近遭遇了。马克里努斯急于歼灭埃拉伽巴路斯的军队,决出胜负。埃拉伽巴路斯这边的将军毫不心急,他们看穿了马克里努斯的意图,反而利用敌军的求战心理,把军队撤到一处高地,试图就地坚守。

决战当天,万里晴空,两军将士各自列阵。马克里努斯亲率禁卫军发起进攻,攻势相当迅猛,埃拉伽巴路斯的军队虽然占据高地,却被杀得连连后退,大有崩溃的危险。梅萨和甘尼斯冷汗直流,亲自跑到败军中间阻止士兵撤退,但无济于事。就在他们以为此战必败时,一个红衣亮甲的少年策马而出。少年执剑立马的英姿,正如卡拉卡拉本尊亲临一般。

"奥……奥古斯都,元首!"马克里努斯的士兵惊呼道。

这一刻,战争的结局已经注定了。埃拉伽巴路斯拔出了佩戴的小剑,策马杀入了敌军阵线。他的士兵大受鼓舞,纷纷转身,跟着小元首一起冲锋。马克里努斯的士兵们全线动摇,虽然他急忙下令全线出击,但慢慢奔跑的士兵毫无杀意。马克里努斯吓得连忙后退,仿佛看见卡拉卡拉的英魂杀来了一样。士兵们争相倒戈到埃拉伽巴路斯一方,连禁卫军也抛弃了马克里努斯。

惊慌之下,马克里努斯赶紧驱马逃离战场,心中万分懊恼,这场决战竟然败得如此可笑。然而马克里努斯并不甘心,他还指望着元老院,毕竟元老院已经认可了他的地位,所以他打算抢在埃拉伽巴路斯之前赶回意大利,然后利用元老院的支持东山再起。

马克里努斯化装之后躲在马车里慌忙赶往意大利。可东方诸省全都宣布效忠埃拉伽巴路斯,到处都是搜捕马克里努斯的军队,当他赶到比提尼亚时,警觉的军官还是认出了他,黑人元首就这么被俘送叙利亚斩首。

纵观马克里努斯的一生,多少还是励志的。他起自奴隶,在军中摸爬滚打,一路击败各个强敌,终于当上呼风唤雨的禁卫军长官。他的成功离不开塞维鲁一家的提携,但他却恩将仇报,甚至不惜出卖帝国的利益以换取和平,如此倒行逆施终究让他失去了成为奥古斯都的可能。

公元218年6月,年仅15岁的埃拉伽巴路斯以马库斯·安东尼这个名字接受全体罗马人的臣服,塞维鲁王朝得以延续,又一个少年元首登场了。然而罗马人不禁又要问,新的元首能坐稳大位吗?

成也妇人,败也妇人

埃拉伽巴路斯的胜利标志着塞维鲁王朝的回归,可怜的马克里努斯只当了一年多的元首。埃拉伽巴路斯从未想过自己会成为元首,他本是要成为太阳神祭司的,所以年轻的新元首在内心深处,一直把自己当成太阳神的侍者。对突然而至的帝位,他并没有一个清醒的认识,更没有塞维鲁和卡拉卡拉的雄心壮志,所有的事情都由外祖母梅萨安排,元首只管当个花瓶就可以了。

新帝即位很快就得到了元老院的承认,帝国此时也非常安定,没有人起来反对埃拉伽巴路斯。虽然他的身世未必是真的,但对罗马来说,一个号称有塞维鲁血统的奥古斯都肯定比没有正统性的新元首更得人心,毕竟人们都不太容易接受同僚成为"暴发户",而对先帝的儿子则有天然的好感。在这样的前提下,埃拉伽巴路斯的即位之路非常顺利。他从叙利亚一路游山玩水,花了快一年才到达罗马城。进入罗马城的埃拉伽巴路斯马上就让罗马公民感到了一股异域风情。新元首的东方君主气息浓烈,身边满是仆从、舞者、歌者、艺人、奴隶和女仆,门客也是不少。

不知是怎么的,只要是少年即位,总是会差评如潮。埃拉伽巴路斯的统治也不例外。年轻的元首沉溺于疯狂的淫乐和嬉戏,身边从不缺乏美艳的妖姬,也不缺乏俊俏的娈童,整日都在花与酒的海洋里纵情享乐。这种东方君主才有的作风被罗马人视为耻辱。渐渐地,埃拉伽巴路斯失去了元老院和罗马公民的好感,反倒是按罗马式教育培养的亚历山大更像一个奥古斯都。太皇太后梅萨也对亚历山大产生了更高的期望。

为了避免埃拉伽巴路斯彻底失去民心后改朝换代,梅萨开始未雨绸缪,竟要求埃拉伽巴路斯封表弟为"恺撒"。埃拉伽巴路斯想也没想就答应了。如此一来,即便人们抛弃了埃拉伽巴路斯,梅萨的外孙依然是奥古斯都。事后,埃拉伽巴路斯后悔了,因为亚历山大同时得到了元老院和禁卫军的支持,他这个元首反而被无视了，于是他软禁了表弟，还放出了亚历山大已死的假消息。

埃拉伽巴路斯想借此看看人们的态度和反应。如果事态可控，他就可以真的除掉表弟；如果反应过激，他再把表弟交出来。然而事态远超元首的预期，人们纷纷呼喊："暴君！亵渎神灵！抹杀掉他。"禁卫军公开拒绝效忠元首，威胁说如果不能在军中见到亚历山大，就要拿元首的首级祭天。埃拉伽巴路斯彻底明白了自己是多么不得人心，慌忙带着亚历山大去见禁卫军。

禁卫军的士兵虽然见到了亚历山大，却无法熄灭心中的怒火。这与周幽王烽火戏诸侯又有什么区别？如果此时偃旗息鼓，难保元首日后不会报复他们，于是众人决定一不做二不休，将政变进行到底。公元222年3月，愤怒的士兵干净利落地结束了埃拉伽巴路斯的生命，年轻的私生子元首就这么走完了他的一生。

"亚历山大·奥古斯都万岁！万岁！"

伴随着士兵们的欢呼，英气逼人的亚历山大·塞维鲁登上了罗马帝国的皇位。新人新气象，亚历山大即位后，罗马城的乌烟瘴气一扫而空。新元首赶走了表哥的侍从、优伶和一切谄媚之徒，皇宫顿时清净了不少。而且新元首谦虚、有礼，对元老院毕恭毕敬。

这一切并非亚历山大故意装出来博取人心的，而是发自内心的。看来同样是梅萨的外孙，两个孩子的教育天差地别。有时候决定成功与否的不是孩子有没有天赋，而是教育是否得当，这条规则放在任何时候都是正确的。

4年后，梅萨终于去世了，太后马梅娅上位。

马梅娅是亚历山大的生母，埃拉伽巴路斯的姨母，她与姐姐非常不同，对孩子的教育特别严格。不过严格归严格，什么事儿都帮孩子做主也不见得正确。亚历山大"长于深宫、养于妇人"，难免变得懦弱、善良，缺乏杀伐决断的气魄。从此，亚历山大落入了"马梅娅垂帘于后，禁卫军擅权于前"的傀儡境地。

和平的日子很快就结束了，作为凯旋大将军、奥古斯都、元首，亚历山大的首要职责依然是保卫罗马的安宁。公元230年，刚刚推翻帕提亚的萨珊波斯开始找罗马帝国的麻烦了。萨珊波斯开国皇帝阿尔达希尔一世致力于重现阿契美尼德王朝的疆域，视叙利亚、巴勒斯坦、埃及、小亚细亚为自己的法理领土。于是波斯从美索不达米亚北部入侵，劫掠了卡帕多西亚行省。作为一个女人，马梅娅认为没有必要和波斯开战，便劝亚历山大通过外交途径解决争端，如果不成功再还击对方。

只可惜，阿尔达希尔乃当世枭雄，根本没有和谈的意愿。为了威慑罗马帝国，他派了一支400人的使团访问罗马城。使者们穿金戴银，持弓佩剑，既向罗马人展示了他们的财力，又向罗马人展示了他们的武力。根据阿尔达希尔的旨意，罗马必须割让所有东方行省，方能和平。

惊闻如此条件，罗马举国震怒。公元231年，亚历山大在禁卫军和太后马梅娅的陪同下抵达安条克，此举表明罗马即将和波斯开战。为了征讨波斯，罗马从莱茵河与多瑙河调来了强大的野战军，同时还就地征募新军，再加上禁卫军和辅助军，总兵力达6万~7万人。亚历山大幻想自己也能像传奇君王亚历山大大帝一样击败波斯帝国。

亚历山大虽然不熟兵戈之事，但镇守边疆的将军们却经验丰富，他们为亚历山大制定了一个绝佳的作战方案，计划将战场分为北、中、南三个战区，兵分三路讨伐波斯。具体计划如下：

北路军从亚美尼亚进军波斯米底行省，为大军的先锋，目的在于吸引波斯主力北上。待波斯皇帝率部北上救援时，巴比伦尼亚及泰西封地区势必处于空虚状态。届时，罗马南路大军再从叙利亚东征，兵锋直指空虚的巴比伦尼亚。至于中路军，由亚历山大亲自指挥，直插美索不达米亚中部，截断阿尔达希尔一世的南归之路，待时机成熟后再会同南路军一举攻陷泰西封。

罗马军团的作战计划非常精妙，可见提出该方案的将军熟知兵法。如果计划得以实现，刚刚建国的波斯势必陷入亡国的危机。

公元232年，将军们分别奔赴自己的军团，三军部署齐备，战争正式打响。北路大军作战顺利，在亚美尼亚的掩护下，大军直插米底行省，沿途烧杀抢掠，焚毁了多个富裕的城镇，极大地破坏了当地经济。听闻罗马从亚美尼亚入侵，阿尔达希尔一世怒不可遏，当即清点兵马，北上驰援。

阿尔达希尔一世北上的消息很快就通过斥候传到了罗马军团。南路大军见巴比伦尼亚空虚，突然大举旗帜，从幼发拉底河直奔泰西封腹地。现在就只剩下亚历山大所统率的中路主力军团还未行动了。

亚历山大本打算即刻进军，按作战计划切断波斯皇帝的南归之路，但优柔寡断的马梅娅犹豫了，她担心亚历山大这一路会和波斯皇帝正面决战，认为有南北两军作战已经足够。作为一个懦弱的贵妇，马梅娅其实害怕血腥的战场，于是劝亚历山大按兵不动，等到南北两军都传来捷报时，再挥师南下摘取胜利果实，如此方为上策。

亚历山大毕竟太年轻，缺乏图拉真那样的勇气，思索之后决定接受母亲的安排，于是最重要的中路军竟然按兵不动，任由南北两军独自截斗。阿尔达希尔可不会任由罗马军团摆布。他发现中了罗马的调虎离山之计之后，当即率兵南下救援。波斯大军人不卸甲，马不解鞍，一路急速奔驰。

萨珊波斯主力以骑兵为主，据记载有700头战象、1800辆卷镰战车、3万名重装骑兵，合计12万大军。和波斯军队比起来，此时的罗马军团依然以步兵为主，除了配备短剑、长盾的重装步兵，也有不少使用圆盾、长矛的步兵，还有一定数量的辅助骑兵。辽阔的巴比伦尼亚以平原为主，在此种地形决战势必更有利于波斯人。如果亚历山大的主力能够在波斯军回援前截击他们，罗马还有取得大捷的希望，然而这一切都被没有远见的妇人给耽误了。

此时的南路军团正横扫巴比伦尼亚，显然他们还不知道中路军没有按计划攻入波斯，这导致南路军没能及时退到有利地形里防御波斯骑兵。当斥候探明阿尔达希尔一世已经近在眼前时，南路军才知道自己处境危险，最终被困在幼发拉底河与底格里斯河交汇处的人工河口。

波斯人用弓箭反复射击罗马军团，罗马军团依然如同克拉苏时代的前辈那样，缺乏驱散波斯弓骑兵的骑兵力量，只能结成龟甲阵且战且退，被迫撤至一处高地修建防御工事。然而时间太紧张了，当波斯主力骑兵赶到时，罗马的营寨并未完全建成，防御力可想而知。

面对波斯骑兵的攻击，罗马军团用弓箭和标枪在营寨四周回击敌人。骑兵擅长野战但不擅长攻城，为了拔除扎在眼皮底下的钉子，波斯人也下了血本，反复攻打罗马营寨，以致损兵折将，伤亡惨重，大量的波斯贵族殁于此役。如果亚历山大此时能率中路军南下突袭波斯人的后背，波斯人反而会被包围，届时，新的亚历山大大帝就会诞生。可惜亚历山大深受母亲的影响，没有凯旋大将军该有的勇气，终使南路大军全军覆没，整个作战计划彻底失败。

闻听南路军团覆灭的消息，亚历山大才感到后悔，但已经于事无补。

北路军团撤退时已经是寒冷的冬季，天气恶劣且补给不足，此时最合理的做法是找到有利地形，就地结寨防御，可是他们接到的命令是尽快撤回叙利亚。北路军团只能忍冻挨饿强行西归，很多人在严寒和疾病的肆虐下，倒在了回家的路上，可谓白白送了性命。至此，第一次波斯战争宣告结束。

三路并进的作战计划虽然失败了，但南路军和北路军还是打出了罗马军团的威风。据战报，波斯帝国在和罗马军团的战斗里，损失了200头战象、700辆战车和1万名精锐重装骑兵，不少珍贵的骑士非死即伤，可谓是重创了未尝败绩的阿尔达希尔一世。就这样，亚历山大还是赢得了一场凯旋式，元老院对如此战绩依然欢欣鼓舞，因为经此一战，波斯至少两年内难以恢复元气，东方可以暂享太平。

正所谓"躲得过初一，躲不过十五"，与波斯的战争刚刚结束，日耳曼人又找上门来。自公元233年起，趁莱茵河、多瑙河军团东征波斯时，日耳曼人抓住战机倾巢出动，抢掠城镇，屠杀居民，还大肆破坏罗马人的防御设施。西部战线急报连连，亚历山大只能再次披挂上阵，赶赴摩功提亚库姆基地，部署对日耳曼人的战争。

有战事，本是展现凯旋大将军英姿的大好时机，可不懂战争的马梅娅又跟着亚历山大去了前线，就好像不敢让孩子独自去上学的母亲，永远不肯让他独立自主。一听说"垂帘听政"的马梅娅也来了前线，军团上下无不恨得咬牙切齿。在军队看来，就是这个鼠目寸光、胆小怕事的女人害得远征东方的同袍命丧疆场，现在她还好意思来管莱茵河军团的事情，简直是可恶，军团上下无不报以鄙夷之色。

"这就是我们的凯旋大将军？奥古斯都？一个还在吃奶的孩子？"

故而，军团士兵对亚历山大的指挥阳奉阴违，根本不听他的将令，有的士兵甚至罢战以对。这让元首非常难堪，但也无济于事，毕竟做主的人不是他。这时，马梅娅又出了一个昏着。她觉得战争太过危险，能不打就不打，日耳曼人和东方的波斯人比起来，就像是生活在森林里的野蛮人，蛮族不就是想要粮食和财富吗？所以太后建议亚历山大花钱买和平，与日耳曼人签订了每年向蛮族进贡的协议。

如此有损国体的协议，亚历山大居然同意了。罗马军团是最讲尊严的地方，亚历山大和马梅娅似乎忘记了黑人元首马克里努斯被臣民抛弃的原因了。

别看马梅娅对日耳曼人慷慨大方，主动搞援助，搞救贫，对罗马军团，她就吝啬异常了。说好听了是朴素节俭，说难听了就是抠门。她不顾大臣反对，执意取消了埃拉伽巴路斯时期制定的军团福利政策，使得军团上下的收入少了一大笔，从士兵到将军无不心怀怨恨。

"这个懦夫拿我们的钱给日耳曼人进贡，我们要拿回来。哪怕是用剑。"

终于，政变发生了。

公元235年3月，野战军团发动兵变，26岁的亚历山大及太后马梅娅均被士兵们处决，一个女人干政的时代结束了。

回顾亚历山大兄弟的历史，妇人干政贯穿始终。两兄弟算是罗马帝国最早的东方式君主，身边不是妇人就是宦官，却没有体验过罗马军团的血与火。亚历山大像极了学校里的"优等生"，语数外门门第一，但体育却一塌糊涂，不敢按计划进攻波斯；而埃拉伽巴路斯像个"学渣"，成绩虽然很差，但体育很好，所以才会有勇气在即将兵败时举剑杀向敌阵。

塞维鲁王朝就此终结，一个更乱的时代开始了。

元老院自毁"长城"

马克西明，绰号"色雷斯人"，父亲是哥特牧羊人，母亲是阿兰人，所以他没有任何罗马血统，是典型的蛮族，自幼生活在色雷斯行省。幼年的马克西明与父亲一起牧羊为生，勉强能维持温饱。当地中海最强大的罗马军团横扫南北时，每一个孩子都充满了崇拜，小马克西明知道只有加入了这支军队，才有出人头地的可能。

16岁的时候，马克西明终于踏上了他的冒险之旅。由于没有罗马公民权，他赶到多瑙河军团基地时，只能报名加入辅助军。马克西明体格健壮、高大魁梧，彪悍的日耳曼血统让他显得那样与众不同。在军队举行的一次摔跤比赛上，马克西明大显身手，接连击败了16个辅助军勇士，恰巧被塞维鲁看见，于是塞维鲁准许马克西明加入罗马军团。兴奋的他立即跑到元首马前谢恩，但塞维鲁没有停下，而是策马狂奔，马克西明见状立即追了上去，塞维鲁怎么甩也甩不掉他，便笑着问马克西明能否继续战斗，马克西明以再次击败7名勇士的战绩回答了塞维鲁。从此马克西明在军中声名大噪，也赢得了塞维鲁的青睐，被任命为塞维鲁的贴身侍卫。

公元211年，马克西明获得了罗马公民权，开始作为百夫长指挥一个百人队。卡拉卡拉死后，马克西明拒绝效忠篡位的马克里努斯，从此回归山野，等到埃拉伽巴路斯即位后，他又主动求见塞维鲁王室的新主。虽然埃拉伽巴路斯不喜欢这个蛮族勇士，但梅萨却很赏识他，所以马克西明得以升任大队长。等到亚历山大即位后，马克西明已是莱茵河第4军团的军团长，专门负责训练新兵。此时的他已经年过半百，但依然身强力壮、英勇无比，所以在军中的威望极高。

公元前235年3月19日，马克西明如往常一样前往训练场时，士兵们突然围住了他，将一袭紫袍披在他身上，而他也没有推辞。这简直是罗马版的"陈桥兵变"。62岁的马克西明成了新的奥古斯都。

对莱茵河防线发生的弑君之事，元老院极为不满，不少人怀疑马克西明是谋杀亚历山大的幕后黑手，但苦于没有兵权，只能听任马克西明称帝。

马克西明当然知道元老院非常鄙视蛮族出身的自己，所以他试图通过战争来证明自己当得起帝国元首。公元235年，马克西明一改亚历山大时期花钱买和平的政策，率部越过莱茵河，大破日耳曼人。此后，他连续3年取得了对日耳曼人的大捷。大量的战利品和奴隶被送到意大利，罗马公民为如此大胜而欢欣鼓舞。蛮族在马克西明的威名下不敢轻举妄动，罗马和平似乎重现了。

新元首凯歌高奏、捷报频传，用实际行动证明了自己的价值，他认为自己已经提交了合格的答卷，然而罗马的政治并非如此简单。纵然元老院对马克西明获得的胜利感到高兴，但他们对马克西明蛮族出身的偏见依然没有改变。

当然，元老院的偏见也不是没有原因。马克西明缺乏教养、举止粗俗，性格也相当残暴，全无怜悯可言。他还对帝权非常敏感，毕竟他是第一个日耳曼人元首，所以任何可能威胁到他的人均被处决，受牵连的人更是不计其数，这进一步触怒了元老院。而且马克西明无视传统，大肆增税，极大地增加了人民的负担。

公元 237 年，马克西明为扩大对日耳曼人的战争，派财务官前往各地征收战争税。当财务官来到北非后，掌握当地财权的大农场主纷纷抗议。这些富翁常年生活在安宁的北非，对蛮族入侵没有任何危机感，故而那些有财有势的农场主联合在一起，杀掉了征税的财务官，还把他们的奴隶、仆从组织起来，浩浩荡荡朝阿非利加首府迦太基进军。当叛军抵达迦太基后，这些农场主推举总督戈尔迪安称帝自立。

阿非利加总督戈尔迪安早已老迈，本想拒绝众人的拥立，但一想到马克西明不会饶恕被民众推戴的他，便接受了大农场主们的拥立，自称戈尔迪安·奥古斯都，并立儿子为共治"恺撒"，宣布阿非利加独立。元老院听闻贵族出身的戈尔迪安称帝，欢欣鼓舞，当即通过了戈尔迪安为奥古斯都的决议，仿佛马上就要摆脱那个蛮族元首的统治一样。殊不知戈尔迪安志大才疏，根本没有统领整个帝国的才能。这些贵族腐朽堕落、忘恩负义，重视虚名而不求实际，全然忘记了浴血奋战的马克西明为他们带来了 3 年的和平。元老院还把马克西明及其追随者列为国家公敌，并发出人人得而诛之的呼声。

马克西明及其追随者何罪之有？若非要说有，恐怕他们最大的罪过就是蛮族出身。曾儿何时，罗马以同化异族的方式不断壮大自己，现在的元老院却拘泥于出身，自绝英才，何其可笑。

身在前线的马克西明听闻巨变，雷霆震怒。"那些躲在城墙后面的懦夫，他们不为国家出一分力，流一滴血，却把保家卫国的军人列为国家公敌，真是忘恩负义。"

马克西明匆匆结束了对日耳曼人的战争，随即清点兵马，整顿军备，准备南下意大利，讨伐元老院。

元老院这边对戈尔迪安抱以巨大的期望，但老迈昏聩的戈尔迪安毫无韬略，称帝之后一直滞留在迦太基无所作为。近在咫尺的努米底亚总督卡佩里亚努斯却是马克西明的支持者，他率领第 10 奥古斯都军团东征戈尔迪安，于迦太基城外击溃了戈尔迪安父子，伪元首父子及追随者均被枭首，距其称帝不过才 36 天。

得知北非巨变的元老院惊慌失措，他们万万没想到戈尔迪安如此不堪一击,只1个军团就将他剿灭了。但是宣布马克西明为国家公敌的事情已经不可收回,议员们只能硬着头皮从贵族中选出了两个新的奥古斯都——马克西穆斯和巴尔比努斯,另外还把留在罗马城的戈尔迪安之孙立为"恺撒",准备继续与马克西明作对。

新元首为了抵挡马克西明军团,在意大利坚壁清野。这一招非常狠辣,因为急于南下报仇的马克西明正粮草不足,打算以战养战。当莱茵河军团抵达阿奎莱亚时,当地居民紧闭城门,拒不承认马克西明的元首大位。马克西明震怒,下令攻城。但就是这么一座不起眼的小城,居然一次又一次挡住了马克西明的军队,大军被迫滞留于此,粮食消耗殆尽。

缺乏补给再加上元老院的公敌宣告,马克西明军团的军心逐渐动摇。特别是禁卫军,他们的家人都在罗马城,很担心家人也遭到牵连,所以他们商量后,觉得不能再跟着蛮族元首冒险了。

公元238年4月,禁卫军再次发扬了"传统",刺杀了马克西明。可怜的蛮族元首壮志未酬,还没看到罗马城的城墙就身首异处了。失去统帅的军队自然失去了战斗的意义,士兵们随后投降,并宣布接受元老院的统治。统治才3年的马克西明政权遗憾地终结了。

杀掉马克西明后,禁卫军马上改换门庭加入了新元首麾下。两个奥古斯都在大敌当前时倒是团结一致,可是大敌一死,他们马上就反目成仇了。两人忙于拉帮结派,相互倾轧,没有注意到禁卫军的失望。禁卫军本来以为自己会得到赏赐,但两个元首都没这么做,这让禁卫军很是不满。禁卫军早已沦为毫无忠诚可言的兵痞,他们再次发动兵变,又将两个元首一并处死。罗马再次陷入了混乱之中。

马克西明与马克里努斯都出身卑微,一个是牧羊人的儿子,一个是释奴的孩子,两人都登上了奥古斯都之位,但不同的是,马克里努斯得到了元老院的认可。马克里努斯以为只要得到贵族议员的认可就能稳坐帝位,结果草率结束了与帕提亚的战争,并签订了丧权辱国的和约,结果被自己的军队和一个小孩击败。马克西明则完全相反,他没有得到元老院的拥护,以为只要能履行好元首的职责,保卫罗马的和平,就能得到支持。在3年的元首生涯中,他从未享受过一天安乐日子,日日夜夜都在前线栉风沐雨,最终击败了日耳曼人,为罗马找回了尊严。可结果呢？马克西明被腐朽堕落的贵族抛弃了，只因为他出身蛮族。

此时的罗马早已没有了共和时代的宽容大度，元老院亲手毁掉了阻挡日耳曼人的"长城"，禁卫军乘机擅权，国家因元老院的偏见而大乱，3世纪的危机马上就要来了。

蛮族入侵，二帝阵陨

马克西明等三位元首死后，禁卫军将戈尔迪安留在罗马城的孙子小戈尔迪安立为奥古斯都，史称戈尔迪安三世。他的祖父、父亲都是奥古斯都，所以继位名正言顺。只不过他年纪很小，没有决断能力，罗马政权因此落入了禁卫军和元老院手中。元老院议员提米斯特乌斯是最大的赢家，他把女儿嫁给了小戈尔迪安，成了帝国的辅政大臣，后又被封为禁卫军长官，执掌禁卫军兵权，从军、政两手控制了戈尔迪安三世政府。

小元首在位的头几年，国无战事，因为日耳曼人被马克西明所败，元气大伤，莱茵河与多瑙河防线都非常平静。不过这只是暴风来之前的片刻安宁。

在荒凉的北疆，日耳曼诸国正进行着大规模的吞并混战。可以预见的是，无论哪个部族在混战中胜出，罗马都将面临新的威胁。

东方的萨珊波斯在蛰伏了几年后，开国皇帝阿尔达希尔去世，次子沙普尔在皇位角逐中脱颖而出，成为波斯的第二代皇帝，号为沙普尔一世。沙普尔一世野心勃勃、狡诈阴险，他靠内战取得皇位，在国内并不得人心。为了转移因夺位而产生的国内矛盾，他把矛头指向了罗马帝国，企图通过对外战争的胜利来提高自己的威望。

公元241年，沙普尔一世入寇叙利亚，攻陷了叙利亚首府安条克城。波斯人在当地烧杀抢掠，无恶不作，以至于城市被焚，良田荒芜。要知道安条克相当于帝国在东方的政治、经济中心，是东方防线的中枢与核心。安条克的失守暴露了帝国东方防线的脆弱。在举国震动之下，辅政大臣兼禁卫军长官提米斯特乌斯势必要出征波斯，方能平息众怒。

同年，提米斯特乌斯携小元首戈尔迪安御驾亲征。沙普尔一世无意吞并叙利亚，当他得知罗马元首率大军压境后，便带着劫掠的黄金珠宝和美女娈童撤回了波斯，所以罗马的军队很快就收复了叙利亚和安条克，不过城市已是满目疮痍。

夺回安条克后，辅政大臣又带着小元首杀入了美索不达米亚，准备为叙利亚死难的罗马人复仇。然而，辅政大臣操劳成疾，于军中病逝。真有点"出师未捷身先死，长使英雄泪满襟"的味道。提米斯特乌斯一死，阿拉伯人菲利普掌握了权力。彼时的罗马军团群龙无首，各自为战，竟然落得骑虎难下。

面对困境，菲利普故意无所作为，将一切问题都推给了小元首。他声称自己不能擅权，坚决不替奥古斯都做主，可小元首哪里知道军国大事，只能任由事态进一步恶化。因此，士兵们渐渐对小戈尔迪安产生不满。眼见军团进退两难、矛盾重重，菲利普感到时机已至，便秘密招揽党羽煽动不满，又厚赠金帛收买人心，终于，公元244年，在党羽的推戴下，菲利普自立为帝，处死了小戈尔迪安。

作为一个没有罗马血统的公民，阿拉伯人菲利普称帝后充分吸取了蛮族元首的教训，并不打算与波斯鏖战，那样是费力不讨好，所以菲利普向波斯求和，把罗马刚刚夺回的美索不达米亚北部全数割让，同时承认亚美尼亚为波斯附庸国，还送上了数量可观的贡金。沙普尔一世这次可是稳赚不赔，既抢来了奴隶，又发了笔横财，其帝位也因此稳固了。

结束东方战事后，菲利普快马加鞭地赶回了罗马城。他以一副谦卑的姿态面见元老院，凡事都以元老院为先，甚至提出"没有经过内阁的批准，奥古斯都不得私自提出任何法案"，这无疑是自己限制自己，刻意谄媚元老院。元老院嘛，自然也对这样的元首拍手欢迎。

菲利普坐稳帝位后，公元248年，罗马迎来了建国一千年的大庆。

罗马文明已经一千年了。这一千年来，罗马从一个蕞尔小邦到称霸地中海，展现了罗马人的智慧与勇气，更展现了罗马人的不屈与奋进。本来应该是欢乐的，可恰恰在这一年，帝国迎来了前所未有的危机。

在莱茵河以东，多瑙河以北，日耳曼诸国的兼并战争即将落幕。处于北欧地区的远日耳曼人，如法兰克人、汪达尔人、哥特人等，因为气候转寒，草谷不生，牛羊倒毙，难以继续在原地方生存，于是他们大举攻杀靠近罗马的日耳曼小国，浩浩荡荡地向南部迁徙。这些远日耳曼人以哥特人最为强大，他们在首领尼瓦的带领下，兼并了很多日耳曼部落，还将汪达尔诸国纳入麾下。尼瓦自称"日耳曼之王"，麾下有30万蛮族大军，对富饶的罗马帝国虎视眈眈。

这一年，哥特王尼瓦统率联军水陆并进，入寇罗马，正式拉开了蛮族入侵的序幕。哥特人以骑兵为主，机动性极强，他们既绕过军团基地，又刻意避开罗马大道，一路南下劫掠，烧掉城镇，收割粮食，抢掠妇女。哪里富饶他们就往哪里跑，麦西亚、达契亚、色雷斯，很难找到一处安全的地方。驻守在多瑙河的罗马军团远远跟不上哥特骑兵，每当他们收到战报匆忙赶来时，哥特人早已饱掠而归，只留下一片废墟和无数尸体，罗马完全处于被动挨打的境地。

前线战事极为不利，全军上下都等着菲利普御驾亲征，然而菲利普毫无作为，整天和腐化堕落的贵族搅和在一起，全然没有亲征的打算。不过，眼下的战事又不能不管，于是菲利普派元老院议员德西乌斯领兵出征。

德西乌斯，行省公民出身，可能是富裕的农场主，45岁时得以进入元老院。在建国千年庆典结束后不久，麦西亚和叙利亚均发生了反对菲利普的叛乱，菲利普在元老院大会上寻求支持，可大多数议员不敢表态，菲利普甚至打算退位让贤，彼时只有德西乌斯站了出来，鼓励菲利普，称叛乱不得人心，必定不战自溃。哪知还真让他说对了，叛军首领很快死于内讧，德西乌斯由此成了菲利普身边的红人。

令人意外的是，自德西乌斯统领多瑙河战事后，军团防线开始发挥作用。新统帅整修大道，严明军纪，让颓废的军团焕然一新、战斗力大增，军团士气日渐恢复，士兵们均视德西乌斯为救星。德西乌斯见敌军势大，知道不能硬碰硬，故而采用坚壁清野的策略消耗敌军补给，趁哥特人粮尽而归之时于要道设伏，大破蛮族骑兵。得胜后，士兵们围着他高呼"凯旋大将军"。

德西乌斯的声望与日俱增。公元249年的一天，几个将军突然闯入他的大帐，将一件布衣和一袭紫袍摆在他面前，让他从中做出选择。正当德西乌斯犹豫不决时，一个将军抓起紫袍披在了德西乌斯身上。又来了一出"点检做天子"的好戏。事后，德西乌斯赶紧写了一封解释信送往罗马城，称自己登基实属无奈之举。收到信，菲利普怒不可遏。但凡有点智慧的人都知道此时该顺水推舟，封德西乌斯一个"恺撒"安抚一番，等其回到罗马城后再伺机除掉他。菲利普该向汉高祖刘邦学学。

菲利普并不相信德西乌斯的解释，先是贬其为国家公敌，然后便率领禁卫军北上平叛。听闻奥古斯都终于御驾亲征了，罗马军团都想瞻仰菲利普的风姿，看看到底是什么原因让菲利普的架子这么大。德西乌斯无奈，只能率领效忠他的几个多瑙河军团南下迎战。双方在维罗纳遭遇。菲利普这边的兵力远超德西乌斯，但禁卫军以投降、弑君闻名于世，这些兵痞一见到德西乌斯就暗中倒戈了，结果在血战中，阿拉伯人元首战败被杀，德西乌斯成了名正言顺的元首。

德西乌斯上台后，帝国的形势并未好转，东西两线都有局势不稳的倾向。

哥特人领导的蛮族联盟包括马科曼尼、夸地、萨尔马提亚等近日耳曼人，他们犹如野草一样烧也烧不尽，拔也拔不完。公元250年，哥特王尼瓦率领7万人马再次入寇罗马帝国，声势更胜以往。元首德西乌斯不得不再次御驾亲征。

德西乌斯仔细分析了哥特人的作战特点，觉得罗马军团以步兵为主，并不擅长机动作战，更不擅长在森林里作战，哥特骑兵不仅是这两方面的好手，而且他们一进入罗马行省就四散抢掠，总是避免挑起会战，罗马军团始终无法取得决定性的胜利。故而德西乌斯决定效仿第二次布匿战争中的拖延战术，把战场划分成数块，分别派人镇守，用罗马资源消耗蛮族，拖垮他们，特别是要在对方撤退时伏击他们。策略已定，德西乌斯兵分三路，从西、北、南三个方向讨伐蛮族，其中西线由元首本人及其长子赫伦尼乌斯（刚被封为奥古斯都）指挥，北线由麦西亚总督伽卢斯坐镇，南线则由色雷斯总督普利斯库斯负责。三路人马各自负责一片区域，气势汹汹，势要将蛮族剿灭。

战略虽好，但实施起来并不容易。战争开始后，德西乌斯雷霆出击，从西面猛攻哥特人的散兵。正在围困尼科波利斯的尼瓦久攻不克，担心被德西乌斯围在城下，进退不得，于是向东线撤退，又杀向色雷斯的菲利普波利斯。德西乌斯无意放走蛮族，命令军队强行军，使得军队颇为疲惫。

本以为这是一场"老鹰抓小鸡"的追击，狡猾的哥特人却利用骑兵的机动性，刻意引诱罗马军团追赶，但就是不迎战，等到德西乌斯追得人困马乏、疏于防范时，尼瓦突然急刹车，掉转方向，正面杀向德西乌斯。罗马军团大惊失色，仓促迎战，结果大败而逃，德西乌斯险些阵亡。不久后，菲利普波利斯被尼瓦攻破，色雷斯总督战败身死，超过10万人被屠杀，南部防线直接崩溃，战事越发艰难。

不过，局势并非没有转机。虽然德西乌斯未能如计划剿灭哥特联军，但经过1年的拉锯战，蛮族军队的损耗也很大，特别是艰难的攻城战让他们损兵折将，再加上他们对乡村的洗劫，色雷斯一带已经没有足够的粮食和物资了。粮草成了7万蛮族大军眼下最大的问题，而且他们拖着沉重的战利品，行动越发不便。德西乌斯倒是利用后勤保障，补充了兵员和粮食。

这与第二次布匿战争中的拖延战术非常相似，唯一不同的是德西乌斯不是故意不战，而是追着蛮族决战。因此，尼瓦的处境越来越危险，他立即率部北撤，准备逃回本土。德西乌斯自然不会让他如愿，一直追着蛮族。

按照计划，总督伽卢斯会封锁塔奈斯河，阻止哥特人离开帝国，而元首德西乌斯从背后追击对方，如果顺利，哥特人会在塔奈斯河处被合围。然而，根据史学家佐西莫斯的记载，伽卢斯突然萌生了反心，私下派人泄露了元首的计划，目的是"借刀杀人"。这么一来，尼瓦自然不会再去塔奈斯河了，而他又不愿意放弃战利品，既然逃是逃不掉了，尼瓦便决定将德西乌斯引入一处名叫阿布里图斯的地方，那里有一处沼泽，正是伏击的最佳战场。

公元251年，德西乌斯于阿布里图斯附近追上了尼瓦，决战就此打响。

尼瓦将哥特军队一分为三，效仿罗马的三列线阵排成三排，其中前两排在平原，后一排埋伏在沼泽背后，但每排的距离很远，而且兵力均少于罗马军团，这使得德西乌斯从远处看不清敌军虚实。急躁的副元首赫伦尼乌斯一马当先，率领先锋直追哥特人，结果在混战中被流矢击中，当即毙命。长子的战死让德西乌斯悲愤欲绝，盛怒之下的德西乌斯狂追这帮哥特人，殊不知引诱他全线进攻正是蛮族的计划。

交战非常顺利，德西乌斯军团首先击破了哥特人的第一道防线，"溃兵"纷纷朝侧翼逃窜。还没等德西乌斯追击，第二线的哥特人又杀了过来，一通混战后，德西乌斯又击溃了对方，他们同样朝侧翼逃窜。这时，尼瓦的主力突然从沼泽杀出。

混战中，巨石、火球纷纷砸在罗马人的头上，哥特人的箭矢如倾盆大雨，无处躲藏的罗马军团只能被动挨打，伤亡惨重。德西乌斯不想被活活射死，只能强令军团攻破哥特主力。然而，罗马军团并不熟悉地形，丝毫不知道眼前就是一片沼泽，结果他们被哥特大军引诱至沼泽，而从两翼逃窜的哥特溃兵突然整队杀向德西乌斯的两翼。原来这是一场精心设计的"诈败"，目的是从两翼包围罗马人。德西乌斯及麾下军团全军覆灭，连元首的尸身都沉入沼泽难以找寻。

此战的失败震撼了整个帝国，更让罗马军团的缺陷暴露无遗，多瑙河防线名存实亡了。不过这还不是最糟糕的。哥特人比之前的日耳曼人更加智慧，他们不仅从陆地上袭击罗马的城市，还从海上开辟了一条航线，直插帝国后方。

公元252年，哥特人于黑海北部打造船只后，大举渡海南征，守卫博斯普鲁斯海峡的海军舰队惨败收场，以至于尼科米底亚、尼西亚等城相继沦陷，比提尼亚行省几乎被踩蹋成废墟。这还不算完，哥特人得到制海权后，又渡海西征富饶的希腊，比雷埃夫斯港和雅典也落入敌手。曾经的文明起源地，繁华的雅典城，如今成了哥特人肆意屠杀、抢掠的乐园，华美的建筑和雕像都被付之一炬。

罗马的和平已不复存在。

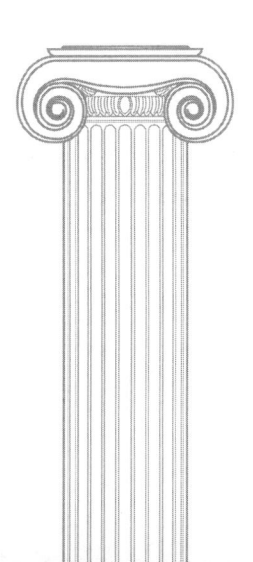

第二十九章 罗马三国演义

三帝身死,高卢独立

德西乌斯父子死后,三路大军统帅只剩下伽卢斯,然而军中不可一日无主,前线将士立刻将紫袍披在了伽卢斯的身上。又一起"紫袍加身"。

伽卢斯虽然称帝,但对于前线的战事,他同样力不从心。本着多一事不如少一事的原则,新元首力排众议,与哥特人议和,允许他们把抢掠的财物和人口通通带走,毕竟这已经不是他第一次暗通敌国。这一协议引发众怒,堂堂元首居然公开允许哥特入侵者带走罗马公民,任由他们沦为奴隶。

伽卢斯的软弱让前线将士大感失望,看来他也不是能够拯救罗马的英雄,反倒是祸国殃民的败类。常年征战前线的麦西亚总督埃米利安努斯深以媾和为耻,等元首走后,他精选了1万人马,趁哥特人疏于防范时,突然杀过了多瑙河,不但解救了被俘虏的同胞,还杀死了大量的哥特人。得胜而归的埃米利安努斯旋即被士兵们欢呼"凯旋大将军"的声音包围——又有了一个奥古斯都。

多瑙河战线不宁,日耳曼长城同样躁动不安。新崛起的阿勒曼尼人受到哥特人的鼓舞,越过长城攻入罗马行省。这部分蛮族的目标是高卢和意大利,声势浩大,也有10万之众。当地统帅瓦勒良火速发回急报,请求元首伽卢斯率部支援,但直到瓦勒良击退了阿勒曼尼人,伽卢斯都没有出现,这让前线将士更加愤怒,于是当地驻军又将紫袍披到瓦勒良身上。如此一来,帝国成了"三皇并立"。

公元253年,罗马再次陷入内战。伽卢斯一听又出现了两个元首,便率部北上平叛,但他的军队一遭遇埃米利安努斯就被击溃了,他本人也被处死。随后埃米利安努斯又和瓦勒良决战,结果63岁的瓦勒良取得了胜利,埃米利安努斯又被杀了。不过4个月时间,瓦勒良便脱颖而出。新元首一称帝,马上就任命37岁的儿子加里恩努斯为奥古斯都,共同统治帝国,此举无疑是要再创新朝。

瓦勒良即位后的帝国比德西乌斯时代更加糟糕:阿勒曼尼起兵10万扫荡高卢;哥特倾国32万大军南下,水陆并进劫掠希腊;萨珊波斯也出兵叙利亚,再次攻陷安条克,大有收取卡帕多西亚之势。五贤帝时代的罗马和平已经不复存在，三道防线如同虚设，行省居民朝不保夕。

空前危机之下，瓦勒良难以维持庞大的帝国，于是他想到了分而治之的策略：将帝国一分为二，由儿子加里恩努斯统治西帝国，负责对付日耳曼蛮族，自己则统治东帝国，抵御波斯帝国。罗马帝国东、西分治自此开始。

公元260年，瓦勒良统兵7万御驾东征。大军锋芒毕露，收复叙利亚后，又攻入美索不达米亚。彼时，瓦勒良得到情报称埃德萨因起兵反叛波斯，正被沙普尔重兵围困。他认为解救埃德萨正好能把沙普尔困于城下，届时便可围歼波斯皇帝，于是率军一路向东直奔埃德萨而去。然而，所谓的埃德萨起兵根本就是波斯的骗局，瓦勒良非但没有围住沙普尔，自己反而被波斯军前后夹击。

罗马军团起先试图强行突围，却损兵折将、伤亡惨重。沙普尔以优势兵力包围瓦勒良，只等罗马人粮草耗尽。元首只好提议和谈，但波斯坚持罗马元首必须亲自前来谈判。殊不知和谈竟是一场鸿门宴，波斯人事先埋伏重兵，待到瓦勒良率领少数人马赶来后，伏兵突然杀出，生擒了瓦勒良。群龙无首的罗马军团进退失据，随即被波斯军击败，大量的罗马勇士被波斯人俘虏。

沙普尔一世大胜之后，再次攻入叙利亚，连陷大量的城镇和乡村，兵锋直逼巴勒斯坦和卡帕多西亚。东方行省的防御体系彻底瘫痪，各地总督缺乏统一指挥，只能各自为战，反倒被波斯军逐个击破。波斯骑兵如同魅影一般，于帝国东方肆意抢掠。

德西乌斯战死，瓦勒良被俘，罗马帝国的威望一落千丈，各地总督割据自立，蛮族入侵横扫寰宇：如此危机亘古未见。

瓦勒良的被俘让加里恩努斯的威望也大为下跌。此时的西帝国也是战事连连，加里恩努斯根本无力东征救父。37岁的加里恩努斯理智、尽责，有多年的前线战斗经验，面对时艰，他做了"弃车保帅"的悲痛决定。

他认为，萨珊波斯虽然俘虏了父亲，但波斯人文明程度较高，以占领土地城池为主，即便东方落入敌手，遭破坏的程度也不会太大，然而日耳曼人不同，这些野蛮人烧杀抢掠，焚城屠村，所过之处鸡犬不留，如果自己现在前往亚洲讨伐波斯，等于把高卢和意大利置于灾难之中。所以他放任波斯在东方肆行无忌，同时广发委任状招募当地兵勇自行御敌。

恰在此时，一个横空出世的英雄解了帝国的燃眉之急。由于帝国东方群龙无首,当地豪强只能结寨自保,帕尔米拉王室后裔奥登纳图斯倾尽家财自募军队,组建了一支战斗力不俗的东方军队。起初,奥登纳图斯率军加入罗马军团抵抗波斯,因战功显赫,被授予了"前执政官"的官衔。瓦勒良被俘后,他便率军独自作战。他手下聚集了大量优秀的东方弓箭手,同样持弓骤马,以波斯人擅长的弓骑兵战术反击波斯人,连战连捷,不但收复了叙利亚,还将战火烧到了波斯境内,两次兵临泰西封。如此一来,奥登纳图斯成了帝国东方威名赫赫的大英雄,曾经的东方军团和辅助军也甘愿接受他的指挥,加里恩努斯更是授予他"东方摄政"的称号,让他全权负责波斯战事,节制东方各省。

可是,奥登纳图斯的军队完全听命于他本人,故而他已是一个拥兵自重的军阀,甚至以帕尔米拉王族的身份宣布自己是"万王之王",大有割据一方的趋势。

东方逐渐脱离掌控的同时,西方也乱成了一锅粥。加里恩努斯因未能解救瓦勒良而声望大减,一些有野心的总督顺势自立为帝,地方的统帅和将军也各自为战,听宣不听调。加里恩努斯不得不奔走于各地平叛。一些实力不济的自立者很快就被镇压了下去,但哥特人和阿勒曼尼人依然举国南下,元首不得不东边抵抗蛮族,西边平定叛乱。

纵观加里恩努斯的一生,他几乎从未回过罗马城,而是以高昂的斗志和不竭的精力,挽大厦于将倾,耗尽了心血,不失为一个励精图治的好元首。可是叛乱的总督一个接一个,各地军阀均不顾国家安危,为了个人野心消耗着帝国仅存的力量。

在加里恩努斯与哥特人鏖战时,莱茵河军团的统帅们越发跋扈,私下争权夺利。因为当地是抵御日耳曼人的前线,军团数量不少,为控制该地区,加里恩努斯将儿子萨洛尼努斯派驻科隆尼亚,同时命亲信西尔瓦努斯节制各军团。然而,将领波斯图穆斯等人不满加里恩努斯的政策,觉得萨洛尼努斯拖欠军饷,还禁止劫掠,让高卢军团的利益严重受损。公元259年,波斯图穆斯率领4个军团包围了坚固的科隆尼亚城,称只要交出西尔瓦努斯、萨洛尼努斯,城里其他人便能得到赦免。科隆人立即将两人绑送城外,叛军断然处决了两人。

波斯图穆斯杀了皇子后,干脆心一横,召集将军们说道:"罗马帝国已经不能保护你们的家小了,加里恩努斯在哥特人的战争里难以脱身,莱茵河和高卢只能由我们自己来守护。既然如此,为什么还要卑躬屈膝地听命于罗马城里的蛆虫呢?当下正是我们建功立业的大好时机,如果你们也愿意追随我,我们就一起保卫高卢的人民。"

波斯图穆斯一声号召,莱茵河将士全都愿意拥立他为帝。公元260年,波斯图穆斯自称高卢皇帝,建立高卢帝国,定都托利亚。新帝国同样设置元老院,任命了2个执政官和多个法务官。一个与罗马政体完全相同的高卢帝国诞生了,史称"第二高卢帝国"。随后,波斯图穆斯将势力向北和向西扩张,不列颠、西班牙均被并入高卢帝国。至此,波斯图穆斯建立了"三分天下有其一"的高卢基业。

加里恩努斯听闻高卢帝国成立,如同雷霆加身。要知道高卢、不列颠、西班牙均是帝国的大后方,不但供应黄金白银,还是帝国重要的兵源地,失去它们的帝国将如何抵抗日益严重的蛮族入侵?加里恩努斯旋即清点兵马,亲自攻打波斯图穆斯。

战争初期,罗马帝国多有胜绩,光复了高卢东南部大片土地,还把波斯图穆斯围困在一座小城。战斗中,加里恩努斯身先士卒,冒着弓矢强攻城池,结果他于城下被敌军射中,翻身落马,多亏了周围将士拼死救援,才把他从鬼门关前给拉了回来。但由于元首受伤,帝国的攻势旋即被波斯图穆斯化解。此后,高卢帝国转入反攻,加里恩努斯只好含恨而归,变相承认了高卢帝国的独立。

罗马帝国的分裂已然开始,年轻的元首该如何救亡图存呢?

罗马三分,帝陨米兰

公元267年,帕尔米拉王室发生阋墙之斗。不知是出于什么矛盾,奥登纳图斯在一次宴会上,突然被自己的侄子马克努斯刺死,他的合法继承人也在这场宴会上被杀。而刺客随后便被卫兵当场处死,所以行刺的原因成了一个难以解开的谜。

奥登纳图斯死后，他的第二任妻子芝诺比娅毫无悲伤之色。她立即拉拢奥登纳图斯麾下的将军们，并宣布她与奥登纳图斯的儿子瓦巴拉图斯为新的帕尔米拉之王，而芝诺比娅自己则以王太后的身份"垂帘听政"，实际上掌握了帕尔米拉的大权。

加里恩努斯得知奥登纳图斯暴死，心中倍感遗憾，但他很快就意识到问题的严重性。由于奥登纳图斯父子均死于政变，芝诺比娅又火速掌权，因此加里恩努斯怀疑这场政变的幕后黑手就是芝诺比娅本人，于是他拒绝承认芝诺比娅的政权，势要把奥登纳图斯之死查个清楚。

然而加里恩努斯并没有精力和能力干涉东方事务，因为哥特人和阿勒曼尼人依然猖獗于帝国西部，元首根本不能将自己的影响力延伸至东方。在这样的情况下，最明智的办法便是假意安抚芝诺比娅，等到时机成熟时再收拾她。可是元首冲动了，他断然地拒绝反而把东方推到危险的境地。

芝诺比娅野心勃勃，对罗马帝国没有任何感情，她的权力欲望也非常强烈，是不甘久居人下的。在帝国大乱的今天，芝诺比娅相信自己能够取代罗马元首在东方的地位，所以她干脆把元首的敕令、委任状通通烧掉。既然你不认同我的地位，那我也不再臣服于你。芝诺比娅悍然宣布脱离罗马帝国，自称"东方女王"，帕尔米拉帝国成立了。这个政权以帕尔米拉城为核心，兼有叙利亚、巴勒斯坦等地。

芝诺比娅出身高贵，据说系埃及艳后克利奥帕特拉的后裔，所以她公开称自己有马其顿和埃及王室血统。她皮肤黝黑、唇红齿白、身材挺拔、容貌出众，而且她的声音悦耳动听、清晰明亮，她的眼神摄人心魄。她的美丽如果用花朵来形容，只能是带刺的毒玫瑰，因为她毫无女人的柔弱，反而有像男人一样的魄力和勇气。

芝诺比娅还是个非常有才华的女人，不仅熟读希腊哲学家的著作，还精通拉丁语、希腊语、埃及语、波斯语等多种语言。而且她颇有战略意识，一起兵就马上与波斯、亚美尼亚结盟，确保了大后方的安全，如此一来，帕尔米拉便能直面罗马的威胁。

芝诺比娅不但工于心计，还能骑马射箭，驰骋疆场。在与加里恩努斯撕破脸后，她索性率军攻打卡帕多西亚，将当地也并入了自己的帝国。随后她又率部越过西奈半岛,打败了不肯听命于她的罗马总督,把战火烧到了元首直辖领埃及,成功占领了传奇的亚历山大里亚城。女王在埃及铸造了印有母子二人头像的货币,并在其子头像旁加上了"奥古斯都"的字样,而她傲立于埃及的英姿仿佛宣告了托勒密王朝的回归,一个新的埃及艳后诞生了。

失去东方行省对罗马来说打击巨大。其实明白人早就能够看出危机的端倪,只可惜加里恩努斯没有实力将叛乱的种子扼杀于萌芽状态,只能任由它发芽壮大。至此,在地中海的世界里,高卢帝国居于西,帕尔米拉立于东,罗马帝国从此一分为三,这就是 3 世纪的帝国三分。

加里恩努斯的执着

3 世纪的罗马风雨飘摇。日耳曼人越过了莱茵河与多瑙河,波斯人杀进了叙利亚和巴勒斯坦,欧亚两地都出现了被毁灭后的荒凉,战争与瘟疫席卷着地中海各处,罗马各族人口锐减,田地荒芜,高卢、西班牙、不列颠乘机独立,东方行省全无法度,而帝国元首威权不加,只能任其自生自灭。

面对时艰,加里恩努斯日夜思索着应对之策。到底是什么导致群雄纷纷自立?为什么蛮族屡屡越过传统防线?强悍的罗马军团怎么就打不赢蛮族骑兵?

针对第一个问题,加里恩努斯的应对之策便是血腥镇压,以儆效尤。元首绝不施恩于任何谋反之人,他不仅残忍杀死起兵的首领,对参与叛乱的城市也大开杀戒,无论男女老幼,一概处死。他曾在敕令中明确提到,这么做是为了防止"野火烧不尽,春风吹又生"。可这不免让他的统治越发残暴。

针对第二个问题,加里恩努斯认为当下的帝国防线太过漫长,而重步兵机动性很差,无法奔袭远距离的战场,加之帝国没有预备军团,一旦所有防线同时受敌,便无法调动兵力以相互支援。所以加里恩努斯又一次"弃车保帅",任由帕尔米拉、高卢各自为政,而且他还割让了日耳曼长城包围的黑森林一带,允许阿勒曼尼人迁入,条件是让蛮族抵御蛮族入侵。

针对第三个问题,元首发现波斯人、日耳曼人无不以骑兵作为战斗主力,可罗马依然沉浸在旧时代重步兵的辉煌历史里,全然不知一个新时代早已到来。所以,加里恩努斯决定"以骑代步",增加军队中骑兵的数量,提升骑兵的地位。

他除了下令将骑兵数量成倍增加，并仿造哥特人的武器和铠甲，为骑兵配备了各式具装，还在米兰和西尔米乌姆建立了两个骑兵基地，专门培养骑兵将领。长矛、长剑、短盾逐渐取代了传统的短剑和长盾，骑兵统帅也逐渐取代了步兵大队长，克劳狄乌斯、奥略卢斯、奥勒利安等脱颖而出，成为帝国新军团的核心力量。

培养罗马式骑兵的过程相当缓慢，但是战争不会静等"以骑代步"的完成，所以在马克·奥勒留"以蛮制蛮"的启发下，加里恩努斯也大力吸收蛮族骑兵加入罗马军团。迁入日耳曼长城以西的蛮族便应召入伍，而伊利里亚山民也在这一政策下成了帝国骑兵的主力。

3世纪的危机让加里恩努斯意识到，他必须进一步集中权力，彻底摆脱元老院的束缚，把罗马打造成一台彻底的战争机器。这台机器以归化蛮族、行省公民为主，而意大利的旧贵族再无价值。

为此，他颁布了"军政分离"的敕令。从今以后，元老院议员将不再出任任何军职，不再指挥任何军队；所有的军团将领都从军中提拔，无论出身是否高贵，无论所属民族为何，只要愿意为帝国效力，都将有机会成为指挥官，甚至是统帅；元老院不得再干预罗马军团。

加里恩努斯的这道敕令被后世史学家嘲讽，他们认为元首为了避免元老院抢夺他的权力而制定了这样的政策，甚至批评它毁掉了罗马精英进入军团的通道。然而讽刺的是，彼时的元老院早就腐化堕落了，共和时期的古老家族凋零殆尽，剩下的显贵只顾着在背后中伤元首，挑起内战，甚至为了微不足道的小事天天开会大吵，可等到蛮族入侵的危机来了之后，这些人全都束手无策，只能期望罗马城不要失守。他们既不愿意出一分钱，也不愿意流一滴汗，更有甚者故意破坏罗马和平，马克西明之死就是个典型的例子。

加里恩努斯的改革充分体现了他的勇气和魄力。大改之后，罗马军团获得了新生，一支以快速机动为特色的骑兵军团诞生了，而元老院失去了昔日的威信和话语权，元老院的名字成了一个象征，逐渐湮没在历史的滚滚洪流里。也许人们不禁要问：加里恩努斯的改革是对是错？这个问题不用等到后世来解答，因为末日正在袭来，检验改革成效的时刻近在眼前。只可惜诸神没有留给他充足的时间亲眼见证。

米兰惊变

公元 268 年,骑兵大将奥略卢斯趁元首远离意大利之际起兵谋反,占据了骑兵基地米兰城。奥略卢斯谋反的消息很快就传到了前线,加里恩努斯震怒异常。为了避免意大利被奥略卢斯占领,元首立刻包围了米兰城。加里恩努斯还是和当年一样,对叛乱毫不留情,他计划将叛军全数斩首,毕竟比起东方,意大利依然在元首的控制之下。

战事起初非常有利于加里恩努斯,奥略卢斯在一次战斗中身受重伤,被迫逃回城内。然而就在军团围城之际,警报突然响起,卫兵声称奥略卢斯已率部出城,即将突围。加里恩努斯此时还在用饭,一听战事紧急,来不及穿上铠甲,也顾不上召集卫队,当即朝营门而去。

当他骑马刚刚赶到营门口时,一支身份不明的军队便包围了他。黑夜中的战斗相当混乱,一柄长矛突然刺向元首,当即贯穿了元首的胸膛。只听"啊"的一声惊呼,加里恩努斯坠马倒地,将军们慌忙围了过来,只见鲜血已经浸湿了元首的衣服。

加里恩努斯大口大口地喘着粗气,自感时日无多,纵然有千般不舍也不得不认命了。他将手上的戒指取了下来,对围在身边的将领们说道:"将它交给克劳狄乌斯,他是新的奥古斯都了。米兰必须夺回来。"言毕,壮志未酬的加里恩努斯永远地闭上了眼睛。

需要说明的是,加里恩努斯的死还有另一个版本。根据佐西莫斯的记载,时任禁卫军长官的埃拉克利安努斯与克劳狄乌斯合谋杀害元首,派了一个达尔马提亚骑兵指挥官欺骗他,称奥略卢斯已经开始突围。加里恩努斯顾不上等待自己的随从便骑马赶往营门,那个达尔马提亚骑兵指挥官便从身后刺杀了他。因此,克劳狄乌斯也许并不是加里恩努斯选定的继承人,而是篡位者。

加里恩努斯是一个勇敢、不屈的男人,只可惜他生不逢时。如果是处于五贤帝时期,他一定也是个留名青史的贤君,然而 3 世纪的危机是罗马数百年的积弊所致,绝非一人之力所能化解的。除弊复兴将是一个漫长的过程,而加里恩努斯无疑是一个播种者。

在他的任期内,高卢、帕尔米拉相继独立,帝国一分为三,各地诸侯称王称帝者不下 19 人。如果不细细品味加里恩努斯的执政,也许你会觉得他是一个如同"崇祯皇帝"的君主,但实际上,加里恩努斯并不是,他的努力和改革为罗马重新崛起奠定了基础,只不过他并非那个收获之人。魏武帝曹操曾说:"设使国家无有孤,不知当几人称王,几人称帝?"若无加里恩努斯,罗马怕是早散成一盘沙了。

奋起,纳伊苏斯之战

克劳狄乌斯称帝,史称克劳狄乌斯二世。新元首与古罗马五大贵胄之一的克劳狄乌斯氏族没有任何关系,他是出生于伊利里亚的普通公民,身份并不尊贵,甚至难以追溯他的祖先。不过在罗马帝国水深火热的今天,出身已经不重要了,多少封疆大吏都是行省公民出身,甚至不乏黑人、蛮族元首,比起血统,军团更看重能力,特别是在加里恩努斯禁止元老院涉足军政后,这种倾向就更加明显了。

加里恩努斯死后,米兰城里的奥略卢斯以为自己得救了,他以奥古斯都的名义请求与克劳狄乌斯共治帝国,但这不过是痴人说梦。克劳狄乌斯绝不会与叛徒和解,当即拒绝了奥略卢斯,并加紧围攻米兰城。奥略卢斯弹尽粮绝后只能选择投降,随后便被新元首斩首示众。

处理好这场叛乱后,克劳狄乌斯不得不重新回到抵抗蛮族的前线,因为前方的战事依然未能平息。此时的阿勒曼尼人大举入寇意大利,正集中兵力围攻阿奎莱亚。阿奎莱亚系意大利的门户,一旦失守,蛮族大军势必如蝗虫过境一样席卷整个意大利。

元首克劳狄乌斯的兵力并不多,东拼西凑才勉强集结了大约3.5万人马,他以奥勒利安为副将兼骑兵统帅,直接攻打阿勒曼尼人。两军于贝纳库斯湖(今加尔达湖)决战,阿勒曼尼人被杀得尸横遍野,据说伤亡达到了5万人,因而撤出了罗马帝国的领土。担惊受怕的元老院生怕阿奎莱亚失守,听闻克劳狄乌斯击败了故军之后,他们才认可了克劳狄乌斯的元首大位。

公元268年末,意大利的危机刚刚结束,希腊又传来了加急战报:哥特人集结起 2000 艘船和一支庞大的军队，再次越过边境。按照克劳狄乌斯递交给元老院的报告，这支入侵的军队多达 32 万人，水陆并进，目标直指滨海大城塞萨洛尼基。

检验军团改革的时刻终于到了。

雪耻之战

克劳狄乌斯不敢耽搁，首先以奥勒利安为先锋官，领数千新式骑兵直奔马其顿平原。按照元首的计划，奥勒利安所率领的骑兵以哥特人的分遣队、补给线为主要目标，意在扰乱哥特主力的外围，特别是要劫杀哥特人的征粮小队，使包围塞萨洛尼基的大军无心攻城。基于这一思路，奥勒利安转战南北，时东时西，如同当年的哥特骑兵一样来去如风，成功歼灭了 3000 哥特人，挫伤了敌军的士气。这时的罗马骑兵越来越像日耳曼骑兵。

随着克劳狄乌斯的主力逐渐逼近，数十万哥特人已无心围困塞萨洛尼基，再加上补给线被奥勒利安破坏，哥特大军决定北撤。罗马军团则加速堵截，终于在纳伊苏斯（今尼什）拦住了哥特人。决战就此打响。

金风飒飒，林寒涧肃，往日无人问津的纳伊苏斯此时却成了罗马与哥特死战的战场。兵器的敲打声让微风显出阵阵萧瑟，空气中满是肃杀之气。

哥特大军人头攒动，蛮族勇士们骄慢无比、人多势众，大有一口吃掉罗马军团的架势。哥特阵营中，一个身披斗篷的铠甲勇士正坐在战马上打量着罗马的军阵，他单手握着缰绳，背上背着巨大的长剑，嘴角不时露出轻蔑的微笑。他就是哥特之王，数十万大军的指挥者。

战场的另一端，罗马军团的鹰旗闪闪发光。身披紫袍的奥古斯都克劳狄乌斯正襟危坐于战马之上，周围是他信赖的骑兵将领。看着如此庞大的哥特联军，罗马士兵的心里都有些打鼓：能打赢吗？他们一再安慰自己要相信奥古斯都的判断，这是一场正义的战争，是一场保家卫国的战争，诸神是不会让罗马人失望的。

仔细审视哥特联军后，克劳狄乌斯开始调兵遣将。此战，罗马军团所依靠的正是新组建的强大骑兵，他们大多来自伊利里亚，没少与哥特人打交道，对敌人的战术和习惯都非常清楚，所以伊利里亚骑兵成了罗马军团中最精锐的骑兵力量，他们正是加里恩努斯当年精心训练的军团核心。

战马嘶鸣，烟尘腾起，着甲的伊利里亚骑兵首先出阵了。哥特人第一次看到罗马骑兵脱离步兵单独冲杀，心中大喜，当即派出数千名哥特骑士正面迎战。哥特骑兵挥舞着长剑，号叫着向罗马骑兵冲杀过来，仿佛马上就能吃掉对方一样。让人意外的是，罗马骑兵的战斗素养已经不同往日，当两支骑兵撞在一起时，罗马骑士刺出的长矛胜过了敌军的长剑，大量的哥特骑兵应声而倒，随后便被切割包围，逐个击破。

哥特王看到如此场面，不禁大怒，当即挥舞巨剑，发动全面进攻。罗马骑兵见敌军已经被吸引，便加快了速度，直奔己方中军阵地。哥特大军呼声高起，追着罗马骑兵一路狂奔。

此时此刻的克劳狄乌斯已经把大军后撤到很远的地方。不过，盛怒之下的哥特人并没有发现这一点，他们只顾着追杀罗马的骑兵小队，一个劲地狂奔。然而，罗马军团非常有秩序地后退，试图保持与哥特人的距离。

长时间的奔袭让哥特勇士颇为疲惫，战马也大口大口地喘着粗气，这正是克劳狄乌斯所期盼的事情。当罗马骑兵冲到己方步兵前方时，元首一挥手，步兵们立刻让出了数条通道，罗马骑兵便经由此处撤退到了步兵后方休整。

待哥特大军冲杀到很近的位置时，罗马远程步兵开始射箭，同样，哥特的马弓手也射出满天箭雨。站在原地的罗马步兵高举盾牌便挡住了飞来的箭矢，而哥特骑兵则不能，他们奔跑得过快，难以闪避弓箭的袭击，不少骑士和战马中箭倒地，随后便被自己的同胞践踏而死。伴随着一阵阵巨大的冲撞声，哥特骑士冲入了罗马军阵，前几排的步兵死伤惨重，但后排的士兵马上就填补了上来，双方展开了激烈的厮杀。哥特人数量巨大，且拥有不亚于罗马重步兵的哥特重步兵，他们在贴身近战里拥有更大的优势，罗马的战线开始动摇。

克劳狄乌斯并无惧色，他早已身经百战，对这样的情况也是习以为常。元首乘着骏马奔驰，来回穿梭于各条战线，奥古斯都的战旗随着他四处移动，每当他到达一处，士兵们就会高呼"为了罗马"，士气立即提升数倍。不过，仅仅依靠步兵舍命搏杀是不可能取胜的，毕竟双方数量悬殊。

正当两军士兵鏖战时，哥特人的身后突然传来了阵阵马蹄声。哥特人回头一看，大惊失色——罗马的数千援兵从天而降，领兵大将正是骑兵长官奥勒利安。

这支迂回到哥特军后方的罗马骑兵乃是罗马的主力骑兵，他们装备精良、训练有素，丝毫不输给最英勇的哥特骑士。伴着罗马骑士的嘶吼，哥特后卫被突然而来的长矛贯穿，大量的哥特勇士被撞翻在地，随之而来的便是冰冷的长枪。奥勒利安挥舞着长剑死命地砍杀哥特骑兵，当战马陷入停滞时，他猛踢马腹半腾而起。周遭哥特人均被吓得失魂落魄，四散而逃。

罗马骑兵强大的战斗力让哥特将军们大为惊慌。别看哥特军人数众多，一旦遇到危急情况，各部首领都试图保护自己的部族，并不想为了抢掠点财宝就搭上自己最勇敢的战士。在罗马军团前后夹击之下，哥特人被挤压得相互践踏，更让他们萌生了脱离战线的想法，于是一些哥特人开始四面散开，试图绕过罗马军团奔向安全的地方。

若是此刻与哥特人交战的还是传统的罗马重装步兵，那他们还真有可能逃脱，但他们现在面对的是全新的罗马军团，以骑兵为主力的军团。当哥特人四散逃跑时，罗马骑士立刻围了上去。在近身战斗里，哥特骑兵和步兵均被罗马骑士击败，大量的哥特人死于罗马人的剑下，到这个时候，哥特人才彻底慌了神。

罗马军团的步兵乘势转守为攻，在后方和侧翼骑兵的配合下，打得哥特人晕头转向、敌我不分。鲜血和尸体将战场点缀得恐怖异常。哥特统帅们为避免被围歼，拼命冲杀出了一条血路，狼狈而逃，而失去战马的哥特骑兵被全数砍杀，哥特大军全线溃败。剩下的便是罗马轻步兵和轻骑兵的事情了。罗马人兴奋地猎杀能够追上的每一个哥特人，而那些自知不能逃脱的哥特勇士只能跪在地上请求宽恕。

罗马军团终于胜利了，罗马帝国终于胜利了。

纳伊苏斯之战，罗马军团以少胜多，阵斩了 5 万哥特人，俘虏数千人，罗马帝国用史诗般的胜利为此战画上了句号。此乃罗马帝国首次大败哥特骑兵，它不仅打破了哥特人不可战胜的神话，更标志着罗马人在 3 世纪危机下的重新崛起。克劳狄乌斯也因此战的胜利被授予了"哥提库斯"（意为哥特征服者）的称号。

天命所归，新帝即位

到此时为止，蛮族入侵的势头才终于有了被遏制的迹象，蛮族终于不敢嚣张南下了，人们不禁将克劳狄乌斯看成是拯救罗马的救世主。接下来，克劳狄乌斯终于腾出手来收拾高卢和帕尔米拉。他首先选择的目标是高卢帝国，因为高卢近在咫尺，时刻威胁着意大利，保不齐哪天就突然攻入罗马城了。

公元 270 年初，克劳狄乌斯突然杀入高卢帝国。此时的高卢皇帝已经不是波斯图穆斯了，他在公元 269 年因内战而死，那时的高卢同样发生了分裂，国家一分为二，新皇帝马略即位 2 天便被杀死，维克托乌斯在由南向北的角逐中实现了称霸，高卢帝国归于一个新的皇帝。可是内战并没有停止，依然有人试图除掉他。克劳狄乌斯正是看准了高卢内讧的有利时机，准备一举收复西部三省。

战争开始后，果然如克劳狄乌斯所料，高卢帝国的军队久战疲惫，根本不能和改革后的罗马新军抗衡，他们连败数阵，连维克托乌斯的南部大本营都遭到了突袭。有资料称，经过这一阶段的鏖战，罗马收复了高卢南部和西班牙。若真是如此，克劳狄乌斯的能力远胜加里恩努斯。然而就在此时，日耳曼蛮族哥特人、汪达尔人又南下了，克劳狄乌斯不得不暂停了收复高卢的计划，引兵回援，大军很快就赶到了潘诺尼亚的西尔米乌姆。

可惜的是，克劳狄乌斯在这里染上了瘟疫。说起瘟疫，自蛮族入侵以来，罗马的瘟疫到处暴发，而当时医疗条件很有限，即使是贵为奥古斯都的克劳狄乌斯也没能逃过死神的召唤，最终病逝于前线。克劳狄乌斯在位还不到两年，看来他也不是拯救罗马的那个人，只能算是个耕耘者。

克劳狄乌斯没有子嗣，只有一个兄弟名叫昆提卢斯，帝位之争的问题又冒了出来。镇守阿奎莱亚的昆提卢斯立马自称元首。按照兄终弟及的原则好像也没什么问题，只是如今的罗马帝国是实力决定地位。克劳狄乌斯二世临终前，指定骑兵长官奥勒利安为新的奥古斯都，而罗马军团也非常支持奥勒利安，奥勒利安便在罗马军团的拥护下于前线登基称帝，径直发兵攻打阿奎莱亚。

昆提卢斯的士兵见奥勒利安更加强大，知道是押错宝了，为了不被奥勒利安敌视，他们赶紧倒戈投降，又把昆提卢斯给一脚踢开。众叛亲离的昆提卢斯悲愤至极，最后自杀了。就这样，骑兵长官奥勒利安接掌了大权。

卢西乌斯·多米提乌斯·奥勒利安，又称奥勒良，出生于伊利里亚，父亲是军团士兵，母亲是太阳神神殿的女巫，所以他的血统同样不够显赫高贵。但偏偏越是出身低微的人，才华越是出众，奥勒利安就是如此。

奥勒利安17岁时加入军团服役，受到加里恩努斯父子的赏识，在军中屡立战功，累任百夫长、军事护民官、副将等职，他既参与过西部抵抗蛮族的战争，又曾被指派为守护欧亚通道的拜占庭将军。在瓦勒良被俘后，奥勒利安便跟着加里恩努斯转战南北，参加过大大小小的战役，军事才华逐渐浮现。不过，奥略卢斯和克劳狄乌斯的资历都在他之上，所以他只能居于次要位置。

等到克劳狄乌斯病逝时，奥勒利安已经是罗马军团的骑兵长官，是仅次于克劳狄乌斯的第二号人物，所以像昆提卢斯这种没有军队支持的元首，自然是不可能坐稳皇位的。

奥勒利安称帝时，正值哥特人、汪达尔人入侵，克劳狄乌斯二世本是来消灭他们的，但出师未捷就身先死了，抵抗蛮族的大任只能落到奥勒利安的肩上。奥勒利安率军血战，杀伤甚多，但自己也损兵折将，两军都很疲惫。在这种情况下，奥勒利安延续了加里恩努斯的"弃车保帅"政策，以恢复边境集市为条件，换取了2000个蛮族骑兵和少量贵族充当人质，双方达成了和解，蛮族入侵问题暂时解决，但也只是暂时。

公元270年9月，12万阿勒曼尼人大举南下，其中步兵8万，骑兵4万。

奥勒利安抵御阿勒曼尼人的战术也与前任们并无差异，同样在蛮族的归途中设伏，伺其满载而归时于多瑙河包围并斩杀了不少蛮兵。计划虽然合理，可阿勒曼尼人没有投降的打算，这些人四散开来，逃脱包围网后，突然南下意大利，在当地大肆劫掠。

意大利的帕尔马、摩德纳、波诺尼亚、里米尼、法诺相继沦陷，一路上的所有罗马名城都没有逃过蛮族的抢掠践踏，高贵的罗马人民被蛮族肆意屠杀、劫掠，村庄、城市都被付之一炬，美貌的少女和男孩都成了奴隶。阿勒曼尼的恐怖大军如蝗虫过境般快速南下，已经快杀到首都罗马城门口了。

闻听战报的元首奥勒利安这才意识到判断失误。为了保卫永恒之城罗马，元首火速率领骑兵南下。奥勒利安先于皮亚琴察附近赶上并击败了阿勒曼尼大军,接着又一路追逐着敌军到了梅陶罗河,并在这里又斩杀了大部分蛮兵,最后在残军冒险突袭罗马城时,奥勒利安在大道上将他们杀得一干二净。

  阿勒曼尼人的入侵让奥勒利安明白,意大利不再如辉煌时代那般安全无虞了,罗马帝国也不再能震慑群蛮了。作为奥古斯都,他既要保证意大利的安全,更要保证各条防线的有效,于是他做了两件令元老院哗然的事。一是为罗马城重新修建了城墙。新城墙以石砖筑成,共长19千米,平均高度8米,厚3.5米,共有18座主城门,城墙各处均配置有防卫塔。这距恺撒拆除罗马城墙已经过去了近300年时间。二是主动放弃了图拉真征服的达契亚行省,把当地的居民和军团都迁到多瑙河以南,并从麦西亚、达尔马提亚和色雷斯三个行省中分出一些区域并加以合并,建立了"新达契亚"行省。此举表明帝国已经不能有效控制多瑙河北岸的土地,所以只能通过收缩防线来整合力量。

  重建罗马城墙和放弃达契亚标志着罗马一家独霸的辉煌时代落幕。对罗马人来说,西班牙、高卢、意大利、希腊、小亚细亚、叙利亚、埃及,没有一处不是战场,帝国经济崩溃、人口锐减,地中海已经没有真正意义上的平安乐土了。人们不禁要问:那个结束危机,拯救罗马的英雄到底出现了没有?

世界重建者,三分归一

  奥勒利安的政策无疑是恢复罗马秩序和稳定的前奏。他以拯救罗马为己任,力求在任内重新统一罗马。到公元271年,时任元首的确有条件实现这些人生目标。

  自克劳狄乌斯在纳伊苏斯第一次击败强大的哥特人后,罗马军团再也没有出现败于蛮族的战例,到阿勒曼尼叛军被全歼后,北方的蛮族不敢轻易南下。虽然还有少量的蛮族入侵,但规模和危险程度已经不足为虑了。在这样的大前提下,元首终于有机会对帕尔米拉和高卢帝国用兵。

  罗马帝国夹在高卢帝国和帕尔米拉之间,东西两面受敌,如此,首战目标的选择就显得尤为重要，否则罗马刚出兵一国，另一国就从背后捅刀子，那还何谈统一。在这个问题上，克劳狄乌斯二世选择的目标是高卢帝国，因为距离罗马最近且刚发生内战，可是统一高卢的时机被哥特人、汪达尔人的入侵给破坏了。是否还要继续对高卢用兵？奥勒利安有不同的想法。

奥勒利安认为高卢帝国虽然近在咫尺，但他们都是罗马人，当今的高卢元首和很多议员都系元老院出身，分裂而成的国家也比照罗马设置政治结构，俨然是另一个罗马。帕尔米拉则不同，他们的组织结构更加东方化，最高统治者是国王和王后，官员也系东方的贵族，这些人的思维方式像波斯人而不像罗马人，如果不加以制衡，不出50年，帕尔米拉下辖的居民就将失去对罗马的认同感。对帝国来说，失去人心比一场战争的失败更加可怕。此外，帕尔米拉的攻侵意识也比高卢帝国更强，他们南占埃及，北攻卡帕多西亚，而埃及和小亚细亚都是罗马的主要粮食产地和兵源地，没了这两个地方，帝国还谈何复兴。所以奥勒利安最终决定先对芝诺比娅用兵。

战略已定，奥勒利安立刻着手集结军队。公元272年，他统兵6万开赴小亚细亚前线。当地居民并未有任何敌对情绪，毕竟来人是他们曾经的守护者，奥勒利安因而一路接管了大小城池，直到大军抵达托罗斯山脉时，才算遇到了真正的抵抗。帕尔米拉军据守在迪亚纳城内，该城刚好位于小亚细亚与叙利亚的交界处。不过在奥勒利安迅雷般的攻势下，这座小城很快就沦陷了，大军由此杀入叙利亚地区。

奥勒利安在讨伐帕尔米拉前，派人给女王芝诺比娅送去了一封劝降信，然而傲慢的芝诺比娅根本无意投降，她如此回复道："东方女王芝诺比娅致书罗马元首奥勒利安：至今为止，尚无人敢像阁下一般口出狂言。若阁下尚为一名战士，应知此事非由书信左右，而应决于战场之上，胜者方能成王。你劝我不战而降，难道不知宁死不受辱于人的克利奥帕特拉的往事吗？我已得波斯援军，不日即可抵达；阿拉伯人与亚美尼亚人皆已与我结盟；从叙利亚沙漠中赶来的贝都因人，想必也正令贵军烦忧不已。阁下尚需何等情报？若知我方援军正从三面赶来，阁下必然不会如此傲慢，仿佛已经将胜利收入囊中一般劝我投降了吧？"

收到回复的奥勒利安倒是爽朗一笑，他本就没指望能够劝降芝诺比娅。

随后，罗马大军进逼至安条克一线。

芝诺比娅麾下的军队效仿波斯的传统，以具装重骑兵为主，配以弓骑兵作为辅助。在骑兵建设上，前代国王奥登纳图斯组建的骑兵已颇具规模。而罗马军团虽然进行了军改，但他们的骑兵还没达到帕尔米拉那样的规模和建制，军团仍以伊利里亚骑兵为主，多数还是仅穿着胸甲的轻骑兵，具装重骑兵的数量依然非常少，而且帕尔米拉还将罗马主要的弓箭手来源地占据了，罗马军团的远程火力也比不上帕尔米拉。想必这些就是芝诺比娅骄傲的资本。所以，奥勒利安要想击败帕尔米拉重骑兵，只能出奇制胜。

芝诺比娅把自己最珍贵的重装骑兵全都带到了安条克战线，并委任麾下大将扎布达斯为指挥官，此人曾率7万人马击败了5万埃及军团，素有威名。若是以步兵为主的旧式罗马军团，可能会选择坚守城池防御，但帕尔米拉骑兵不屑于防守，更喜欢正面冲撞罗马人的军队，故而帕尔米拉军迎着罗马人来的方向布阵。

公元272年夏，奥勒利安来到了帕尔米拉军前。他看出了帕尔米拉人的意图，于是令麾下轻装骑兵绕过敌军，从敌人东侧，沿着奥龙特斯河谷迂回到敌人的后方。如此，奥勒利安就把战斗的主动权掌握在了自己的手里。

扎布达斯发现罗马骑兵已经推进到自己身旁，担心罗马人会突袭后方的守军，切断他与安条克之间的联系，于是赶紧改变计划，匆忙调大军南下，准备一口吃掉这支罗马骑兵，再挥师歼灭奥勒利安的主力。扎布达斯的注意力完全集中到了这支罗马骑兵身上，然而，切断敌军补给，或是偷袭安条克城，都不是奥勒利安的计划，他真正的计划正是吸引帕尔米拉军的注意力，这个计划实现了。

罗马轻骑兵见帕尔米拉重骑兵追来，赶紧掉转马头佯装"败退"。他们全数轻装，在速度上有很大的优势，而帕尔米拉重骑兵的机动性差，但依然尽全力追赶罗马骑兵，不知不觉中，重骑兵们已经气喘吁吁。当追击到距始发地数千米之遥的伊姆玛亚村庄附近时，帕尔米拉重骑兵们疲惫至极，战马也无法负荷骑士的重量，甚至无力继续走动，而此前一直处于被追击状态的罗马轻骑兵，却突然反身一击，杀了个回马枪。

早就埋伏在侧的罗马伏兵此时也从四面杀出，帕尔米拉骑兵顿时陷入三面被围的境地。在短兵相接的战斗里，罗马骑兵表现出了高超的战斗素养，专刺重骑兵没有着甲的位置，枪枪见血，剑剑致命，血腥的战斗持续了一整个中午，罗马军几乎全歼了这些强悍的重装骑兵，逃脱者屈指可数。

经过此战，芝诺比娅不得不放弃安条克城，将防线转移到南方的埃米萨城。芝诺比娅此次没有吸取教训，依然以骑兵为作战主力，几乎把能够招募到的全部骑兵都聚集在这里，合计约7万人马。奥勒利安这次却改变了战术，他知道帕尔米拉人不会再被罗马轻骑兵引诱，所以他把步兵摆在中央，以骑兵为两翼，试图用传统的战术迎战对手。

帕尔米拉骑兵见对阵的是罗马步兵，又信心满满，径直朝罗马军团发动正面冲击。在两翼的交锋中，罗马轻骑兵不敌帕尔米拉重骑兵，纷纷溃退，这使得奥勒利安的两翼与中央脱节。如此局面极像坎尼会战，若是帕尔米拉重骑兵反身杀回，攻击罗马步兵的后背，罗马恐怕又有一次大败。

帕尔米拉骑兵杀意正浓，但铠甲沉重，而罗马轻骑兵的机动性远胜对手，他们发扬长处，频频挑衅敌军重骑兵，气得帕尔米拉重骑兵疯狂追杀，不知不觉中脱离了战场。利用敌军重骑兵被诱走的有利时机，奥勒利安猛攻敌军步兵，大破东部步兵。得胜后，奥勒利安立即指挥步兵全速追击帕尔米拉重骑兵。此时的帕尔米拉重骑兵早已累得气喘吁吁，队形也混乱不堪。看到己方步兵前来支援后，罗马轻骑兵立即转身杀回，与步兵前后合击。其中，步兵装备了一种特殊的锤矛，专门针对帕尔米拉重骑兵的坚固甲胄，因为钝器对厚重铠甲的杀伤力很强，不少重骑兵被砸落马下。

此战，罗马军团再次取得大捷，包括帕尔米拉王瓦巴拉图斯在内的帕尔米拉精锐丧失殆尽。

连败两阵的芝诺比娅失去了正面抵抗奥勒利安的资本，无奈之下，她只能率领残存的力量退守大本营帕尔米拉城。帕尔米拉城位于叙利亚东部的沙漠中，是当地唯一的绿洲，城池的防御能力很强。正如奥勒利安在战报里所写："帕尔米拉守军的弓箭和标枪威力巨大，难以形容。城市周遭的城墙上，密密麻麻排满了投石器，不休不止地射出炮弹。有时大型投石器还会投出带火的炮弹，一旦落地，四周就是一片火海。"

芝诺比娅意图利用坚固的城防和恶劣的地形坚守城池，因为满是沙漠的地区最缺饮水和食物,她判断奥勒利安的军团不能坚持长时间的围困,必定粮尽而走。

奥勒利安并不畏惧沙漠的威胁,他下定决心要攻占帕尔米拉城。为此,元首在围攻帕尔米拉前,逐个收复位于叙利亚各处的城池,并沿途修建据点和驿站,于是一个如蜘蛛网的补给网络被建立了起来。同时,奥勒利安还派麾下大将普罗布斯率部南下,攻取巴勒斯坦和埃及,将芝诺比娅的势力根除殆尽。随着埃及的收复,罗马军团的粮食补给也得到了保障。

芝诺比娅发现奥勒利安根本没有补给的顾忌,她和守军的抵抗意志都动摇了,这场守城之战看来是坚持不住了。在即将落城的时候,女王带着亲信弃城而逃。她本想投奔波斯帝国,但罗马骑兵很快就在幼发拉底河岸边追上并俘虏了他们。守军一听说女王已经落入敌手,也只能开城投降。奥勒利安至此接管了帕尔米拉城,不过他没有处罚城市居民,只留下了600个士兵戍卫。

帕尔米拉人却没有珍惜奥勒利安的宽容和仁慈,他们等奥勒利安回到巴尔干半岛后,突然发动兵变,杀死了600名罗马守军,宣布帕尔米拉再次独立。然而奥勒利安来了个"千里大折返",迅速从欧洲返回叙利亚,帕尔米拉人猝不及防,当即被攻破城池。随后,罗马军团以洗劫和屠城报复了帕尔米拉人。从此以后,帕尔米拉这个名字再也无人提起。至此,帕尔米拉帝国全部落入奥勒利安之手,帝国的东方再次光复。

公元273年秋,罗马军团在奥勒利安的率领下,恢复了图拉真时代的自信和荣光,他们带着平定东方的威势,兵临高卢帝国。当时的高卢皇帝是泰特里库斯一世,他显然已经得到了东方战争的报告,所谓唇亡齿寒,奥勒利安的到来早在他的预料之中。只不过奥勒利安在东方的辉煌战绩极大地震撼了高卢贵族。是要像芝诺比娅那样坚守到最后一城,还是另做他图?泰特里库斯心里也举棋不定。

在罗马、高卢两军对垒决战的前夜,泰特里库斯亲赴奥勒利安军营密谈。次日,两军各自列阵,不过高卢元首没有参战,而是投降了奥勒利安,背叛了自己的军队。战场上的形势可谓一边倒,主帅投降后的高卢军团士气全无,在血战中被彻底歼灭。

高卢皇帝泰特里库斯宣布取消高卢帝国,加入罗马帝国,而奥勒利安也宣布对所有主动来投的人既往不咎，并授予泰特里库斯等高卢将领"元老院议员"的身份。高卢帝国就这么被帝国收复了，充分证明了奥勒利安在选择战争对象时的高明。

公元274年，日耳曼蛮族被驱逐于北，帕尔米拉被平定于东，高卢帝国又举国投降，罗马帝国在奥古斯都奥勒利安的统率下，再次统一了整个地中海。奥勒利安凭此巨大功绩被元老院授予"世界重建者"的称号。在人民和元老院的齐声欢呼下，奥勒利安成了3世纪最伟大的帝国元首。

第三十章

抛弃旧制的变革

伊利里亚诸帝

公元274年，罗马迎来了3世纪最盛大的凯旋式，哥特人、阿勒曼尼人、法兰克人、高卢人，乃至帕尔米拉女王芝诺比娅都是仪式上的展览品，凯旋大将军傲立于雄鹿战车之上，他身上的紫红色斗篷和金色铠甲在阳光下熠熠生辉，仿佛罗马帝国涅槃重生了一样。

凯旋罗马的奥勒利安至荣至耀，他的威望无人能及，他的功绩也直追圣贤，对他来说，如今的凯旋式只差最后一个民族的"出席"，那就是波斯人。萨珊波斯自取代帕提亚统领伊朗高原起，便成了罗马在东方的心腹大患。波斯人不但屡次犯境，而且还一度攻陷了安条克城，甚至俘虏了罗马的元首，这比条顿堡森林之败还要让罗马感到羞耻，所以向波斯帝国复仇是大多数罗马人的心声，也是奥勒利安的心声。

公元275年4月，奥勒利安的行辕进抵巴尔干半岛。按计划，罗马军团即将开赴萨珊波斯前线，可就在这个时候，军中突然传出了奥勒利安的死讯。按照军方的说法，元首秘书官艾洛斯因贪污被奥勒利安训斥，元首虽然愤怒却没有处罚他，哪知怀恨在心的艾洛斯盗用了元首印章，伪造了一份"黑名单"，上面罗列了不少将军，艾洛斯谎称元首即将处死名单上的所有人，被恐惧支配的将军们连夜起事，刺杀了毫无防备的奥勒利安，事后才发现全是一场"误会"。

"世界重建者"奥勒利安就这么悲惨地结束了他的一生，这距离他统一罗马还不到一年时间。一个无人能敌的英雄，没有死在险恶的战场上，却死在小人的阴谋里，所以说"宁得罪君子，勿开罪小人"，一旦真的开罪了这种人，就不能给他一丝一毫的同情，否则换来的不是感恩，而是恐怖的报复。奥勒利安一死，远征波斯的计划也只能戛然而止。

奥勒利安死后被元老院追封为"神"，因为他没有子嗣，奥古斯都之位再次空了出来。也许是出于愧疚，罗马军团第一次表现出了谦虚、推让的高风亮节，主动把下任元首的决定权交给元老院。元老院自然是被军队的谦让感动得热泪盈眶，马上选出了贵族出身的元老院议员塔西佗。

塔西佗登基时已经74岁高龄了，他系历史学家塔西佗的后代，在罗马较有名望，各地总督均对此人当选表示了满意，并相继送来了拥戴信。就这样，3世纪以来第一次出现了和平交接的元首。

塔西佗谦虚、仁慈、节俭，自被选举为奥古斯都后，他主动变卖了家产，把得来的钱全数用于国家。节俭的塔西佗甚至连代表皇权的紫色托加都没有，盐野七生大赞这是朴素精神的回归，不过真实情况却是，在军队干政多年后，凡是不重赏军队的元首统统逃不过兵变，所以塔西佗是变相花钱保命。公元276年，即位不过一年的塔西佗驾崩。

塔西佗死后，其弟弗洛利安努斯自立为帝。他错误地以为军队接受了塔西佗，同样也会接受他，竟然忘记征求各地军团的意见。东方军团明知弗洛利安努斯得到了元老院推戴，还是重新推举时任埃及总督的普罗布斯为新的元首。

普罗布斯同样出生于伊利里亚，是跟随奥勒利安南征北战的大将。在帕尔米拉战争期间，普罗布斯独当一面，曾统兵攻取了巴勒斯坦和埃及，彻底孤立了芝诺比娅。后来奥勒利安将东方都交给普罗布斯管理。这么看来，普罗布斯相当于东方摄政王，执政生涯已经到头了，当然不会听任"关系户"上位。

一听东方军团拥立的是普罗布斯，弗洛利安努斯非常愤怒，当即清点兵马征讨普罗布斯。罗马内战再起。弗洛利安努斯的支持者是久经战阵的莱茵河、多瑙河军团，普罗布斯这边的叙利亚、埃及军团明显弱了不少。好在普罗布斯也不是泛泛之辈，他精通兵法，深知避其锋芒的重要性，于是东方军团故意不和弗洛利安努斯决战，沿途坚壁清野，只派小股部队偷袭敌军后勤线，一点一点地消耗西方军团的实力。两军在塔尔苏斯对峙了长达2个月时间。

正所谓"夫战，勇气也。一鼓作气，再而衰，三而竭"，弗洛利安努斯深入敌境作战，屡次求战不得，士气日渐衰微，加上不适应东方行省的水土，弗洛利安努斯的军团纷纷染病减员，而无所事事的士兵干脆悄悄溜出军营，整个西方军团纪律全无、士气低迷。眼见时机成熟的普罗布斯寻机策反了西方军团的将军和士兵，这些叛徒趁弗洛利安努斯不备，突然将其刺死并投降了普罗布斯。弗洛利安努斯政权就这么草草落幕了。

普罗布斯即位后倒也尽职尽责，他在位6年间几乎没有回过罗马城，而是辗转于小亚细亚和高卢等地，一次又一次击败了入侵的蛮族，甚至还把战火燃到了黑海北岸和莱茵河以东地区。然而，靠内战登上皇位的普罗布斯缺乏正统性，一些地方总督也在这期间积攒了些许实力，到普罗布斯统治后期，地方的叛乱极为严重，虽然他们没能推翻现政权，却严重动摇了普罗布斯的威望。

正所谓"明枪易躲，暗箭难防"，外部的叛乱都是明枪，可以有效处置，内部的阴谋则会冷不丁地射来致命的一箭。普罗布斯靠军队得以称帝，但在停战期间，元首一心恢复帝国经济，在埃及拓展航运、兴建桥梁，在多瑙河种植葡萄，所有的重担都压到了军团士兵身上，他们被迫从事繁重的劳动。虽然这都是有利于恢复国力的好事，但士兵们却不这么想，他们对普罗布斯的不体谅感到了失望和愤怒。作为普罗布斯亲信的卡鲁斯看到了机会，他充分利用了军团士兵对元首的敌视态度，到处煽风点火，拉帮结派，一个忠于卡鲁斯的势力开始形成。

公元282年8月，普罗布斯前往西尔米乌姆视察工程进度，士兵们突然发生暴动，攻击元首的卫队，普罗布斯大惊之下逃到监工的高塔上。叛军见状没有强攻高塔，而是直接推倒了它，普罗布斯重重地摔到地上。眼见元首没有摔死，不满的士兵又围了上去，乱剑捅死了普罗布斯。

同年，60岁的禁卫军长官卡鲁斯称帝。卡鲁斯同样出生于伊利里亚，他一上任就结束了士兵繁重的劳动任务，并着手继续奥勒利安未竟的事业：远征波斯。开战前，为了保证帝位的归属，卡鲁斯把两个儿子——卡里努斯和努梅里安立为共治"恺撒"，并命长子卡里努斯镇守大后方，带着次子努梅里安一起出征波斯帝国。

战争在公元283年春季打响。这场罗马报复波斯的战争毫无看点，波斯立国没几年就让人感到了衰败。亚美尼亚几乎是不战而降，罗马军团一路势如破竹，很快就收复了美索不达米亚北部地区，大军随后的南下也没有遇到什么像样的抵抗，卡鲁斯轻松攻陷波斯首都泰西封城，大有灭亡波斯的架势，吓得波斯皇帝赶紧派人求和。

然而，诸神并未庇佑罗马军团。当卡鲁斯决定乘胜追击波斯皇帝时，军中突然传出一则"神谕",说罗马人如果再前进就会遭受灭顶之灾。卡鲁斯当然不信这样的谣言,依然整备兵马深入沙漠追击波斯皇帝。可就在一天夜里,天空忽然电闪雷鸣,随着一道惊雷直击罗马人的军营,元首卡鲁斯竟然被落雷击杀于大帐之中。"神谕应验了"的言论顿时被传得沸沸扬扬。

卡鲁斯一死,共治"恺撒"努梅里安就成了新的元首。他本打算继续追击波斯皇帝,奈何上至将军下至士兵都反对继续深入沙漠作战。新元首努梅里安缺乏先帝的威望,只能向骄兵悍将妥协,远征军因而撤出波斯帝国。

在撤军回国的途中,乘坐马车的努梅里安却被发现死在了马车上。当时担任侍卫长官的狄奥克莱斯声称,元首的岳父阿庇尔就是刺杀元首的真凶,因为他曾对外宣称元首身体抱恙,拒绝任何人觐见,也只有他才有资格自由出入元首的马车。狄奥克莱斯根本不容阿庇尔申辩,当即将他处死。随后,在表决由谁出任元首的大会上,狄奥克莱斯的支持者率先高呼他的名字。

公元283年,罗马再次陷入内战,远征军团拥立狄奥克莱斯称帝,而被卡鲁斯留在大后方的卡里努斯也自动升格为奥古斯都,战争一触即发。

戴克里先改革,绝对君主制

狄奥克莱斯称帝后,帝国再次分裂成东西两部。从正统性上说,卡里努斯的奥古斯都称号来得更加名正言顺,毕竟他是从卡鲁斯手里接过的权杖,但在以实力说话的当时,正统性的强与弱又有什么关系呢?只有形同虚设的元老院还在乎血缘这样的东西,军队可丝毫不看重这个。

控制西部行省的卡里努斯并不是一个理想的君王,他就是一个胸无大志的纨绔公子。在父亲和弟弟都死于非命后,卡里努斯本应该整备兵马为亲人报仇,但他却连军团的效忠都争取不到,结果,还没等到双方展开决战,卡里努斯就被自己的部下所杀。卡鲁斯王朝就此倒塌,庞大的帝国统一在名不见经传的狄奥克莱斯手中。

狄奥克莱斯同样出生于伊利里亚,他的父亲可能是达尔马提亚的债务奴隶，也可能是书记员。像他这样的孩子，在共和时代只能是下层居民，不但难有出头之日，连军团的门都不会向他敞开。然而卡拉卡拉改革后，公民权向所有人开放，出身卑微的狄奥克莱斯自然也能加入军队博一博前程。凭借着灵活的头脑和勇敢的精神，狄奥克莱斯在军团中逐渐展现出自己的才华，到公元284年时，他已经是元首卡鲁斯身边的亲信，并担任侍卫长官一职。

作为禁卫军中的核心成员，狄奥克莱斯也有机会参与帝国高层的阴谋诡计。卡鲁斯意外死于"落雷"，让狄奥克莱斯有了这样的机会。先帝的次子努梅里安虽然早就被授予了"恺撒"头衔，但他同哥哥一样难当大任，这让同样颇具野心的国丈阿庇尔萌生了夺位之心，杀死了自己的女婿。这场阴谋的具体计划已经无从知晓，但有一点可以确定，狄奥克莱斯一定也是成员之一，否则他不会有机会捷足先登。

也许狄奥克莱斯只是阿庇尔政变计划中的一枚棋子，没想到他却将计就计，表面上配合阿庇尔的计划，实际却突然揭发了阿庇尔的阴谋，再以"为先帝报仇"为名反杀阿庇尔，成功实现了一个由棋子变成下棋人的完美逆袭。好一招"螳螂捕蝉，黄雀在后"。

曾经的书记员之子今天也坐上了罗马的帝位。为了提高自己的正统性，东方帝王习惯在血统上造假，狄奥克莱斯也想让人忘记他低贱的出身，但是罗马人反感乱认亲戚自抬血统，更反感编造传说神化自己，这两种常用手段在罗马是行不通的。不过这难不倒狄奥克莱斯，他很快就想到了办法，那就是改个新的名字，一个所有罗马史爱好者都熟悉的名字：戴克里先。

皇帝的诞生

40岁的盖尤斯·奥勒留·瓦莱利乌斯·戴克里先，既不是一个传统的罗马人，也注定不是一个恢复传统的罗马人，"共和国"理念在他的认识里早已如同糟粕一样，登上帝位的戴克里先开启了一场彻底的"去共和"革命。

在往昔的帝国，罗马的君主并没有脱去"共和国"的托加，他们的权力依托于5个不可缺少的头衔，分别是"奥古斯都""凯旋大将军""元首""大祭司""终身保民官"。从戴克里先开始，这些传统都被改变了。他不再称呼自己为"元首"或"第一公民"，而以半神自居，把自己看成罗马人的主人，采用了"多米努斯"的称谓，意为"君主"，未来的奥古斯都均以"皇帝"自居。

抬高君主地位的同时，普通公民的地位自然就降低了，再加上早已普及的"公民权"等同于消亡，罗马帝国已经很少听见"公民"一词了。除了称号上的改变，戴克里先还将东方帝国的礼仪和宫廷制度引入了罗马帝国，奥古斯都再也不是任何臣民都能随便会面的公民，他是深居皇宫、高坐帝位的皇帝，只有通过内廷官员的安排才能觐见，而且普通人还必须匍匐在地上向戴克里先行礼，并用轻吻皇帝外袍底部的方式向皇帝致敬。一个神秘莫测而又至高无上的皇帝诞生了。

戴克里先强化皇权的改革可谓空前绝后，他彻底改变了罗马政权的本质，用"绝对君主制"取代了"元首政治"。有趣的是，这场彻底灭亡"共和"的改革，并没有遭到罗马"遗民"的激烈反对。这倒不是戴克里先的政权多么得人心，而是历代奥古斯都共同努力的结果。从这一点上说，戴克里先是皇权强化的最终受益人，也是第一个真正的罗马皇帝。

强权改革

戴克里先时代的罗马帝国垂垂老矣。在中央，元老院形同虚设、腐化堕落，各级官僚以利己为先，暮气沉沉；在地方，田地荒芜、村庄消逝、通货膨胀、经济崩溃，各省总督拥兵自重、野心勃勃，内战此起彼伏。

从卡拉卡拉起，历任元首几乎都死于非命，除了病死的克劳狄乌斯二世和塔西佗，没有人能够逃脱被杀的命运，要坐上罗马帝国的皇位就要有死于非命的心理准备，所以像戴克里先这样的平民皇帝要坐稳皇位，强化皇权是必不可少的。

戴克里先强化皇权也符合历史潮流的大势所趋，但强化皇权并非他的最终目的，他真正要做的是用强大的皇权推动更大的改革，以"挽救"危机四伏的罗马。

在军队中，戴克里先弱化了禁卫军的权力，剥夺了原禁卫军长官的兵权，用步兵大将和骑兵大将取而代之，从而避免一人专权，而原先的禁卫军长官则成了文官。同时，戴克里先把罗马军团分成边防军和野战军，其中边防军常驻行省，而野战军直接听命于皇帝，调动比较灵活并负责主要的战争。到戴克里先执政后期，罗马军团的人数因改革而倍增至60万之多。

在内政上，戴克里先建立了庞大的官僚体系，严格划清了文官和武将的界限，各司其职、互不干涉。据说全国上下的官僚猛增至3万人，他们分赴各个行省和城市，负责不同的事务。传统的公职已不复存在，皇帝通过执事官、元老院执法官、公爵、禁卫军长官管理行政。其中执事官掌握大多数行政权，协助皇帝管理军队；元老院执法官负责起草法案、诏令、信件；公爵并非爵位，而是财务官，管理帝国土地、关税等；至于禁卫军长官，通常负责管理行省的行政事务。

在经济上，戴克里先通过调查土地和人口状况确定税额，制定了严苛的户籍制度，限制人口流动，强迫意大利和罗马城缴纳行省税，从而保证了稳定的税收。同时为遏制通货膨胀，他还提高了货币的纯度，强制压低高涨的物价。这些措施虽然缓解了财政赤字，却使本就少得可怜的自耕农逐渐变成隶农，甚至是奴隶，极大地增加了下层民众的负担。

戴克里先还残酷镇压当时已经崛起的一神教基督教。由于罗马帝国宽容的宗教政策，基督教在帝国各地肆意发展。虽然历代元首都曾打压基督教，但并没有下狠手，多多少少都留有余地，到了戴克里先时代，基督徒的数量可能达到了总人口的10%。为了避免更多的罗马人民放弃多神教的信仰，为了守护罗马信仰自由的多神教传统，戴克里先将基督教定为危害国家的宗教，并宣布任何基督教徒都不受法律保护。他连发四道敕令，驱逐基督徒官员，拆毁全国基督教教堂，焚毁《圣经》等著作，搜捕基督教领袖，强制他们向罗马诸神献祭，违者处死。

如果戴克里先废除"元首"，改称"君主"，还只是让罗马从表面上看像个东方帝国，那他从军、政、财、教四个维度施行的强力革命，则彻底结束了罗马人的公民身份，让他们如同皇帝的子民，罗马共和国已经彻底消逝了。不过这些改革都不是戴克里先改革的核心，最重要的改革还是如何解决各条防线崩溃、各地军阀争夺帝位的问题。

分裂的开始，四帝共治

随着3世纪危机的到来，东、西两条防线同时受敌，罗马帝国原本的防御模式逐渐失效，传统的罗马重步兵很难追上机动性更强的日耳曼骑兵和波斯重骑兵，帝国为此疲于奔命，频繁抽调莱茵河军团到东方，又抽调东方军团到不列颠。如此一来，各大防线混乱不堪，再加上地方诸侯谋反自立，内战又消耗了本就不多的职业军团，帝国兵力变得捉襟见肘，无法再保护境内的人民了。

在如此局面下，戴克里先抛弃了旧式罗马军团，将驻防在边境的军团全部改组为边防军，其作用仅限于维护地方治安，并不随皇帝征战四方，其编制也大幅度缩减，往往拆分成巡逻小队分布在各要塞，人数在77~500人之间，像过去那种4500~6000人的军团几乎不存在了。

在边防军的基础上，皇帝新增了专事征伐的野战军，其编制并不统一，通常不超过1000人，骑兵团最多500人，其中骑兵和步兵的比例也不完全固定，完全视战事需要而调整，而且野战军中多招募野蛮好战的蛮族，以增强军队的战斗力。比起边防军，野战军的地位明显高很多，不仅待遇更高，而且更容易得到升迁，其规模也随着需要不断增大，到4世纪时，帝国已经有70个野战军团。

不过，野战军并非帝国最强大的军队。在野战军的基础上，帝国又成立了编制类似于野战军的中央军。根据《百官志》的记载，中央军包括24个骑兵团、24个步兵团以及8个辅助大队，总兵力3万~4万人。如果说野战军是可以交给大臣指挥的机动力量，那中央军无疑是皇帝的直属部队。

除了军队改革，戴克里先为避免地方军阀尾大不掉，进一步拆解了行省，使得行省数达到了109个，比之前多了近一倍。当然，一味缩小行省并不利于执行防务，所以在行省基础上，戴克里先把不同数量的行省合并成一个"大区"，又称"教区"。全国共12个大区，分别是意大利、高卢、不列颠、西班牙、潘诺尼亚、麦西亚、亚细亚、本都、远东、色雷斯、维也纳、北非。各大区由皇帝下派的代行官管理，各省总督不再掌兵，听从代行官调度。这非常像唐王朝晚期的藩镇模式，代行官似乎也可以称为"节度使"。

按照戴克里先的改革，边防军负责治安，野战军和中央军随皇帝讨伐蛮族和叛臣。那新的问题又来了：罗马帝国如此辽阔，行省又这么多，皇帝能否长途奔袭四方呢？戴克里先深知历代罗马元首疲于奔命，不单是因为罗马的疆域过于辽阔，而地方总督拥兵自重，还因为时代已经改变了。他认为在蛮族崛起的今天，单凭一个人的力量已经不足以维持罗马帝国绵长的防线，既然已经设立了野战军，不如将其划拨到欧、亚两地，分别派人负责一小块战区。

在这个问题上，被波斯帝国俘虏的瓦勒良已经进行了尝试，他让儿子加里恩努斯负责西方，自己负责东方。这个思路对戴克里先的启发很大，他认为与其让一个皇帝东奔西跑，不如适当地放权，让国家统治的效率更高。戴克里先心中的"帝国分治"构想日渐成熟。

公元285年，面对帝国四面皆敌的局面，戴克里先任命好友兼副手马克西米安为"恺撒"，全权负责帝国西部的战事，辖区包括高卢、意大利、西班牙、不列颠、阿非利加、努米底亚、毛里塔尼亚，戴克里先则以奥古斯都的身份负责东部行省的治理和战争。为进一步提高马克西米安的权威，戴克里先在一年后又授予他"奥古斯都"称号，但他依然要听命于戴克里先。

在西部，马克西米安不负众望，凭借其卓越的军事天赋，先是一路追击蛮族大军到了莱茵河东岸，后又包围并剿灭了高卢的"巴高达"叛军，接着还南下北非，把来自沙漠的入侵者给赶了回去。眼花缭乱的军事行动让人惊叹。

在东方，皇帝戴克里先率部兵临多瑙河，挡住了多瑙河北面的蛮族大军，随后又转战叙利亚，不但击碎了波斯帝国攻占罗马行省的幻想，还将亚美尼亚王国收入囊中，从而重新建立了威慑波斯帝国的东方防线。其效率和成果也是显而易见的。

见帝国分治的成效如此卓越，戴克里先决定进一步完善这项改革。公元293年，戴克里先正式开启了"四帝共治"的新模式。他本人和马克西米安分别负责帝国的东方和西方，在两人麾下再各自任命一个"恺撒"协助治理帝国，权力仅次于正皇帝奥古斯都，在两个正皇帝退休或亡故后，则由两个"恺撒"分别继承奥古斯都之位，然后再各自任命新的"恺撒"辅佐。于是，戴克里先任命麾下大将伽列里乌斯为东部帝国的"恺撒"，并把女儿瓦莱里娅嫁给了他；马克西米安则任命君士坦提乌斯·克洛卢斯为西部帝国的"恺撒"，也将女儿嫁给了他。

四个皇帝将罗马帝国一分为四，分别统治各地行省。最高皇帝戴克里先统治整个小亚细亚、叙利亚、巴勒斯坦、埃及，以尼科米底亚为首都。东部副帝伽列里乌斯则统治潘诺尼亚、麦西亚、达尔马提亚、马其顿、亚该亚，以西尔米乌姆为首都。西部正皇帝马克西米安统治意大利、西西里、撒丁尼亚、阿非利加、努米底亚，定都米兰。西部副帝君士坦提乌斯则统治高卢、西班牙、不列颠、毛里塔尼亚，定都特里尔。

四个皇帝，四个首都，四个政府，四支军队。从此，意大利和罗马城失去了传统的超然地位，不但不再享受国家政治、经济上的特殊待遇，还沦为不被皇帝看重的行省，特别是永恒之城罗马，除了凯旋式和元老院还在这里外，这座城市已经不再是罗马帝国的真正首都了，也不再是帝国的政治、经济和文化中心了。

帝国虽然被四个皇帝统治，但他们之间依然有等级次序。四个皇帝仍然以戴克里先为最高权威，唯有他的头衔前面加上了"约维乌斯"（意为朱庇特）的称号，这代表他如同最高神灵一样凌驾在众位皇帝之上，其余三人必须完全听命于戴克里先，而两个副皇帝的地位则次于马克西米安，称号是"赫拉克勒斯"，且需要听从相应正帝的指挥调度。如此划分后，帝国的管理的确变得更加高效了，只有当某一条防线出现重大危机时，戴克里先才需调度其他三个皇帝的军队，从而保证帝国整体的稳定。

戴克里先的改革如火如荼，帝国在他的治理下的确变得更加稳定，没有哪个野心家能挑战帝位，也没有哪支蛮族军队能跨过边境，罗马难得出现了一位在位超过20年的君主。然而，这些只是戴克里先看到的表面现象。

公元305年，60岁的戴克里先对自己的改革成果感到满意，唯一让他不放心的就是皇位的交接问题，为此，戴克里先萌生了在有生之年隐退的想法，他打算亲自示范帝国皇位的传承秩序。戴克里先会成功吗？

第三十一章 基督帝国的诞生

君士坦丁自立为帝

最高正帝戴克里先萌生退意后，一座专用于他隐退生活的宫殿拔地而起。这座名为"戴克里先宫"的豪华宫殿坐落于美丽的亚得里亚海海滨，兼有议事厅、寝宫、花园、竞技场、兵营和神殿，且四面建有宫墙，宛如一座小型的城市，既是一栋美丽的别墅，又是一座坚固的城堡。我们不禁想问：戴克里先真的能在这里安享晚年吗？

公元305年，戴克里先正式退位。为了让他首创的四帝共治能够延续，他在身体尚佳的情况下选择了主动退休，55岁的西部正帝马克西米安也在戴克里先的要求下一起退位，目的就是要亲身示范四帝共治的皇位传承。如此一来，东部"恺撒"伽列里乌斯升任东部正皇帝，西部"恺撒"君士坦提乌斯升任西部正皇帝，而接替他们的新"恺撒"自然成了各方争夺的焦点。

关于新的东、西部"恺撒"人选，新的东部正皇帝明显私心过重，不管他以何种说辞开脱，总之，新任"恺撒"的提名让马克西米安和君士坦提乌斯都大失所望，因为他们两人的儿子马克森提乌斯和君士坦丁双双落选。新的西部副皇帝是伽列里乌斯的副将塞维鲁，而东部副皇帝则是伽列里乌斯的侄子马克西米努斯·代亚。从新的四帝来看，新秩序无疑倾向于伽列里乌斯，虽然有助于提升他的权威，但也为该制度的崩溃埋下了伏笔。

新的四帝共治于公元305年确立，以东部正帝伽列里乌斯为首，君士坦提乌斯为辅。戴克里先满意地笑了，此刻的他大有一种功成身退的自豪感和置身事外的洒脱，随后便独自住进了位于亚得里亚海边的别墅，享受起花鸟虫鱼为伴和种植卷心菜的悠然生活。

戴克里先虽然退位了，但他的个人影响力依然存在，他所制定的法律和制度依然得到了有效的执行，新四帝也相安无事、各司其职，看起来一切都非常美好。然而，四帝共治的设计全赖于四人公正无私、服从秩序，戴克里先没有想过，万一哪一天他的威望不再能约束这些人，四帝会不会为了一己私欲兵戎相见。才过了一年时间，一场突如其来的变故就让表面稳定的四帝共治开始走向崩溃。

公元 306 年 7 月 25 日，西部正帝君士坦提乌斯突然驾崩，享年 56 岁。他的突然去世使得刚刚才建立的第二轮四帝共治面临重组的考验。如果按照戴克里先的设计，西部副皇帝塞维鲁就该自动晋升为西部正帝，并可以任命一个新的"恺撒"。然而，已故的君士坦提乌斯还留有一个 32 岁的儿子：君士坦丁。

弗拉维斯·瓦莱里乌斯·奥勒里乌斯·君士坦丁，系君士坦提乌斯与第一任妻子海伦娜所生。由于海伦娜出身卑贱，父亲只是酒馆老板，当年戴克里先意图指定君士坦提乌斯为"恺撒"时，君士坦提乌斯便与海伦娜离婚，转而迎娶了正帝马克西米安的女儿狄奥多拉，此后便以养子的身份被岳父指定为西部副皇帝。

平民出身的海伦娜自然不能跟正帝的女儿相比，为了得到副皇帝之位，说君士坦提乌斯抛妻弃子也丝毫不为过。新婚夫妇组建了新的家庭，原来的家庭成员难免要远离，君士坦丁因此被送到戴克里先处历练。看似孤独无依的他实则得到了正皇帝的亲自教导，并因此在东方军团里急速成长，加之君士坦丁身材魁梧、仪表堂堂，也是龙韬虎略之人，很快就获得了戴克里先和众多将军的好感和认可。

子袭父爵是世间常理。戴克里先改革后的罗马帝国更具东方特色，当君权走向绝对专制后，子承父业的趋势变得更加明显，戴克里先之所以没有这样的想法，完全是因为他没有男性子嗣，可他选择的副皇帝们却不像他这般孑然一身。考验人性往往都会以失败告终，更不要说考验的是拥有最高权力的皇帝。虽然君士坦提乌斯的二婚生活非常幸福，但他没有生下具有高贵血统的儿子，只生了一个女儿，这让君士坦丁有了再次被父亲青睐的机会。

时间回到 1 年前。黑夜降临的巴尔干半岛异常寂静，只有一座小驿站还有些许灯火。负责管理驿站的驿长本打算关门休息，却听见远处的森林里传来了急促的马蹄声。骑马的是一位年轻的军官，头盔是军团长一级的红色缨盔。虽然不知道对方的确切身份，驿长还是开门将其迎了进来。

"给我准备最快的马，不得有误！"

驿长满脸疑惑。这么晚了还要赶路？是信使？还是逃兵？

一切处置妥当后，驿长关门睡觉。可没过多久，驿站内的马纷纷惊叫起来，驿长大惊，当即起身查看，哪知所有的马匹均被挑断了腿筋，刚刚的军官早已不知去向。不多时，一队追兵赶了过来。

"有人来这里换过马匹吗？"追兵问道。

驿长回禀道："他……他废了我所有的马啊！"

"可恶！附近驿站的马全都被他废了，这可怎么追赶啊？"

逃脱的年轻人正是西部正帝的长子，君士坦丁。

得知戴克里先退位后，君士坦丁本能地感到了危险的临近。新的东部正帝伽列里乌斯素来自私，他意图像戴克里先一样独掌帝国，早就想除掉君士坦丁，因为只要君士坦丁一死，西部帝国自然无人能和亲信塞维鲁争夺权力，到时架空君士坦提乌斯，还不是轻而易举的吗？

狡猾的君士坦丁没有让伽列里乌斯如愿。凭借其豪爽的性格和颇具魅力的气质，回到父亲身边的君士坦丁赢得了军团上下的支持和认同。不少人在看到君士坦丁的军事才能后，一致认为他是要继承皇位的，所以"准皇帝"身边逐渐聚集了一群为将来"投资"的"家臣"。

君士坦提乌斯猝死后，君士坦丁立刻得到了"家臣"们的推戴，于埃布拉库姆自立为帝。军队明知副皇帝塞维鲁将继承君士坦提乌斯的正帝之位，却在这个时候拥立君士坦丁，明显是要君士坦丁和塞维鲁一较高下。四帝共治的制度开始动摇，西部帝国分裂在即。

东部正帝伽列里乌斯没有赢得内战的把握，所以他暂时接受了君士坦丁，只不过取消了他的奥古斯都称号，改封为"恺撒"，也就是西部副皇帝，而塞维鲁依然按照之前的规则，晋升为西部正帝。

罗马帝国勉强恢复了四帝共治的局面，但君士坦丁的行为毕竟有违戴克里先制定的规则。伽列里乌斯和塞维鲁接受他称帝也不过是权宜之计，事实上，他们对君士坦丁的大逆不道仍然不能释怀，而以退让换取的和平并不牢靠。

有了君士坦丁自立的不良示范，同样颇具野心的马克森提乌斯也蠢蠢欲动。此人同样是正帝的儿子，而且远比君士坦丁血统高贵，不但是嫡子，还娶了伽列里乌斯之女。也就是说，马克森提乌斯的父亲是前任奥古斯都，而他的岳父又是现任奥古斯都，如果没有君士坦丁自立这一突发事件，那继任西部副皇帝的无疑是马克森提乌斯，所以他有理由为自己的前途博上一博。

29岁的马克森提乌斯身形高大，年轻且充满活力，容易让人产生好感。

在得知君士坦丁自立后，他立刻拜访了自己的父亲，前西部正帝马克西米安。马克森提乌斯坦白了要起兵自立的想法，不甘心提前退休的马克西米安当即表示支持，于是两人站在了同一阵线。

得到父亲支持后，马克森提乌斯公开讨好军队和元老院。他充分利用了罗马市民对戴克里先抛弃意大利的反感情绪，煽动他们对抗现今的四帝共治制度。仅用了不到2个月的时间，马克森提乌斯就获得了元老院和禁卫军的支持。

公元306年10月28日，马克森提乌斯于意大利自立为帝，元老院和禁卫军是他的主要拥护者，其领地包括意大利中南部和阿非利加。为了增强实力，马克森提乌斯决定与君士坦丁联手，毕竟两人都是非法称帝，立场相同，于是马克西米安亲自访问高卢，提议将女儿法乌斯塔嫁给君士坦丁。

君士坦丁此时已经结婚并育有一子，但妻子出身普通，没有任何政治资源可言。联姻的提议正合君士坦丁的心意，能娶到前正帝的公主，自然能弥补出身的卑微。故而，君士坦丁立即与妻子离婚，迎娶了前正帝的公主。

西部帝国成了三分天下的混乱局面，身在米兰的西部正帝塞维鲁被夹在君士坦丁和马克森提乌斯之间，南北受敌。局势危急，帝国内战一触即发。

马克森提乌斯的崛起

马克森提乌斯起兵自立，其父马克西米安也重新披上了紫袍，父子二人携手统治罗马城，帝国乱起。

时任西部正帝的塞维鲁深恐被马克森提乌斯抢了先机，当即清点兵马，自米兰提兵3万而出，兵锋直指罗马城。马克森提乌斯一方，论军力远不如塞维鲁，麾下只有不到1万人的禁卫军和一些战舰，但他们最大的优势在于前正帝这面大旗，毕竟马克西米安退位才一年时间，威望和影响力尚在，故而前正帝随军出征。

现任正帝塞维鲁没有评估过前正帝的号召力，匆忙率军攻打罗马城，既没有等待伽列里乌斯的东方援军，又没有召集一支完全听命于自己的新军，就这么冒冒失失地杀入意大利中部。没想到沿途各地均紧闭城门，拒绝接济粮草物资，大军士气自然倍受挫折。

两军对阵间，马克西米安纵马驰入阵前，厉声大喝。他这一亮相便让塞维鲁军胆寒了几分。随后，马克森提乌斯派人秘密接触塞维鲁军中将领，对他们晓以利害，施以重贿，而塞维鲁的将军们几乎都是前正帝的老部下，自然纷纷倒戈相向。塞维鲁不敌，连忙逃至拉文纳。

拉文纳城可谓险要，一面临海，其他三面都是沼泽。马克森提乌斯强攻了几天，屡屡被挫败于城下。由于守军的补给可以通过海上运来，长期围困同样不会有任何作用，因此马克森提乌斯派老父亲前去诱降。马克西米安承诺不会伤害塞维鲁性命，对方这才打开了城门，前往罗马城和谈。哪知马克森提乌斯旋即翻脸，在一处被称为"三客栈"的地方绑了塞维鲁，最终将其处决。

塞维鲁政府土崩瓦解后，米兰城也改易旗帜。马克森提乌斯父子轻而易举占领了整个意大利，总算是在罗马帝国中占有了一席之地，而且还挟持着元老院，可谓声威大震。

意大利的巨变立刻传遍帝国内外。东部正帝伽列里乌斯听闻塞维鲁被杀，大为震惊。要维护四帝共治，他自然不能允许女婿马克森提乌斯如此肆意妄为，更不要说还杀了合法的西部正帝，此举已经不能等同于君士坦丁的擅自称帝，而应定为弑君夺位的篡逆之举。若是任其发展，恐怕连伽列里乌斯这个东部正帝的位置也坐不稳了。

公元307年2月，唯一合法的正帝伽列里乌斯起兵平叛。其麾下精锐的多瑙河军团自巴尔干出兵，从意大利东北部攻入马克森提乌斯的地盘。为了震慑敌军，也为了惩罚那些拒绝接纳塞维鲁的意大利城市，伽列里乌斯沿途烧杀抢掠，连续攻克数座曾将塞维鲁挡在门前的城池，任由多瑙河士兵奸淫掳掠、纵火焚城。

伽列里乌斯以为如此报复那些背叛塞维鲁的城市，就能吓破意大利人的胆，但他万万没想到，正是身为罗马合法皇帝的他纵容士兵劫掠，激起了意大利民众的抵抗情绪，并让自己大失人望。马克森提乌斯见机命各地城池严防死守、拒不出战，而他自己则领兵攻打伽列里乌斯的补给线，又坚壁清野以消耗敌军力量。

此招果然高明。当伽列里乌斯失去人望后,他的军队必须强攻城池才能获得补给,而敌军总是袭击他的后方防线,昼夜骚扰但不决战,如此一来,多瑙河军团日益疲惫,骑虎难下。马克森提乌斯见缝插针、故技重施,对伽列里乌斯的将军们施以重贿,逐渐有人倒戈到意大利阵营。正帝伽列里乌斯眼见大军士气日益低落、将领叛变,深恐被马克森提乌斯父子所败,无奈之下,只能撤回巴尔干大本营休整兵马。

马克森提乌斯父子连续击败两位合法的正帝,不但士气高昂、威望大增,还赢得了罗马"遗民"的热烈拥护。他们高举恢复罗马传统的旗帜,广发檄文,势力与日俱增。

伽列里乌斯见通过战争不能夺取意大利,但又不能放任马克森提乌斯不管,于是他只能去求隐居的戴克里先,请其出面恢复秩序。戴克里先也知道自己所建的四帝共治正面临崩溃的危险,于是他立刻召唤马克西米安、君士坦丁、代亚和伽列里乌斯齐聚卡农图姆,商谈解决办法,史称"卡农图姆会谈"。

公元308年秋,罗马诸帝齐聚卡农图姆城。马克西米安一见到老上司戴克里先,便请求戴克里先披上紫袍,重新统领整个罗马帝国,但已经与世无争的戴克里先拒绝了,他说道:"你要是体验过田园生活,就知道我的乐趣在哪里了。"

戴克里先毕竟威望尚在,不但拒绝了马克西米安的请求,还严令他脱下紫袍,重新恢复普通人的身份,同时他也否定了马克森提乌斯的帝位,只承认了君士坦丁称帝的合法性。随后,他们重新讨论了四帝人选,决定东部的正帝和副帝维持不变,将伽列里乌斯军中兼具威望和才能的李锡尼立为西部正帝,以填补塞维鲁死后的空缺,于是新的四帝共治被确立了。

卡农图姆会谈最大的赢家无疑是横空出世的李锡尼和君士坦丁,他们一个直接升任正皇帝,另一个获得了前皇帝的认可,帝位自然得到了巩固;而马克森提乌斯父子则成了最大的输家,他们好不容易才击败了两个正帝,在意大利站稳了脚,但戴克里先轻飘飘的一句话就让两人的地位骤然下跌,前正帝马克西米安还不得不重新脱下紫袍,大失颜面。

马克西米安不敢违逆戴克里先,这份软弱让他儿子极为愤怒,父子二人为此厉声争吵，关系已然大不如前。马克森提乌斯虽被排除在新的四帝共治体系外，但他并不认可戴克里先的决定，毕竟元老院和禁卫军是支持他的，于是马克森提乌斯拒不执行卡农图姆会谈的决议，依然以奥古斯都的名义统治意大利地区。

在马克西米安看来，儿子能够称帝完全是因为自己以前的威望，可他居然无视自己企图独掌大权，这让马克西米安非常不满。

公元308年冬，马克西米安公开在意大利演讲，称马克森提乌斯僭越称帝，并煽动人民和军队共同驱逐马克森提乌斯。这么一闹，父子两人便势同水火了。马克森提乌斯不愿意交出皇位，抢先得到了军队和政客的支持，还尝试擒住马克西米安。如今的马克西米安才发现自己的政治手腕远不如儿子，不知不觉中，曾经的老部下都成了儿子的臂膀，自己反倒成了孤家寡人。马克西米安害怕遭到儿子的毒手，便趁夜从海路逃离了意大利，打算投奔女婿君士坦丁。

前正帝逃走的消息立即传遍帝国，君士坦丁在妻子法乌斯塔的恳求下，接纳了老皇帝，但这也意味着他和马克森提乌斯的盟约结束了。内战似乎又要开始了。

卡农图姆会谈后的乱局

卡农图姆会谈后，四帝共治虽然重新确立了，但马克森提乌斯拒不取消"奥古斯都"称号，始终霸占着意大利，新的正帝李锡尼并不能把影响力施加到罗马城，伽列里乌斯和代亚也忙于各自的事务，五个皇帝就这么僵持着。谁都看得出，这样的共治是不可能长久维持的，内战早晚都会来临。

马克西米安投靠君士坦丁后，前正帝的大旗就落入了君士坦丁之手，这自然降低了马克森提乌斯的正统性，故而意大利的皇帝势必要把父亲从高卢夺回，他与君士坦丁的关系日趋恶化，战争是早晚都要发生的事情。可是一场来自北非的军变，让马克森提乌斯北伐君士坦丁的计划落空了。

有了君士坦丁和马克森提乌斯这样的榜样，一些地方大员自然也对皇位生出了欲望。当马克西米安与儿子决裂后，阿非利加总督多米提乌斯·亚历山大便动了小心思，他见东、西皇帝们相互争斗，自认为也能够割据一方。公元308年，总督亚历山大在迦太基自立为帝，北非脱离了马克森提乌斯的势力。"罗马皇帝"可谓遍地开花了。

北非可是意大利的粮仓，数百年来，意大利全靠阿非利加和埃及的粮食才得以避免饥荒，意大利本土的农耕业并不以粮食为主。如今，阿非利加独立就意味着罗马城即将陷入饥荒，所以马克森提乌斯不得不向君士坦丁示好，暂时隐藏起敌意。

君士坦丁此时也无意南下意大利，因为他所控制的不列颠和高卢都是抵抗蛮族的一线，每当帝国发生政变或是王朝更替时，蛮族都会乘机入侵，而现今混乱的局面让蛮族又有了可乘之机，紧邻莱茵河的高卢首当其冲。君士坦丁被边境的战事扰得心烦意乱，他知道自己的势力还不足以取得内战的胜利，眼下最重要的是进一步巩固势力，击败来犯之敌，所以君士坦丁也默认了和马克森提乌斯保持友好关系。

没了君士坦丁的威胁，马克森提乌斯决定渡海攻打北非。公元310年，马克森提乌斯派麾下精锐出兵阿非利加，大军轻易攻入了亚历山大的腹地。两军对阵中，久疏战阵的北非军团根本不是意大利军团的对手，屡次被意大利军团击败。北非军团被迫退守迦太基城，企图利用城墙抵挡意大利军团。

意大利军团在富饶的北非根本不担心粮食问题，而亚历山大也忘记了坚壁清野，没有后顾之忧的意大利军团架起云梯，昼夜猛攻迦太基。这座历史名城最终于公元311年被马克森提乌斯攻破。为了杀鸡儆猴，马克森提乌斯绞死了亚历山大。自此，阿非利加又回到了马克森提乌斯的阵营，这也代表马克森提乌斯彻底取代了父亲在西部帝国的影响力，成了名副其实的西部皇帝。

马克森提乌斯收复北非的同时，法兰克人也杀入了高卢。公元310年，君士坦丁调集麾下主力军团东征，兵锋直指入寇的蛮族军队。双方几经血战，互有胜负，陷入拉锯战的君士坦丁一时难以脱身。

留在阿尔勒的前正帝马克西米安突然躁动起来，他依然渴望着权力。见君士坦丁远离大本营后，马克西米安召集了曾经的部下，大肆散布"君士坦丁已死"的谣言，还说为了抵御蛮族入侵，高卢军团应该拥立他为奥古斯都。

一些不明真相的高卢军队还真就加入了马克西米安，南高卢部分城市也承认了前正帝的统治地位。马克西米安的政变让高卢一分为二，南部是前正帝的地盘，北部是君士坦丁的势力范围。

自以为得计的马克西米安万万没想到，他重夺帝业的大计却因一个女人而夭折。法乌斯塔，马克西米安之女，马克森提乌斯之妹，君士坦丁之妻，这个女人同样野心勃勃，在亲情和爱情之间，她毫不犹豫地选择了后者，毕竟当皇后总好过当公主。她立即修书一封，把父亲的计划全盘泄露给了君士坦丁。

得知高卢发生如此巨变，君士坦丁大为惊恐，他担心时间一长，谣言会让他连北高卢和不列颠也一同失去。此时的君士坦丁也顾不上与法兰克人决战了，匆匆与蛮族首领议和，基本同意了对方的所有条件。议和一成，君士坦丁立刻率军回撤，沿途是人不卸甲，马不解鞍，一路强行军，直奔高卢南部。

君士坦丁一回到高卢，马上命人带着他的敕令传示各地，以此破除老丈人的谎言。真相大白后，马克西米安难以自圆其说，其名誉严重受损，而他好不容易才聚起的军队顷刻间又倒戈到君士坦丁麾下，于是老皇帝只能硬着头皮出战。可是还有谁愿意效忠满嘴谎言的他呢？君士坦丁一路凯歌高奏，把马克西米安围在了马西利亚城。

此时大势已定，不但城中居民不敢抵抗君士坦丁，连老皇帝自己也失去了信心。君士坦丁倒也没强攻城池，只是要求守军交出老丈人，马西利亚就此开城投降并送来了马克西米安。这个曾经的正皇帝随后被君士坦丁勒令自裁。

公元311年，君士坦丁处死了前正帝，自然是对四帝共治的又一次挑战。这也充分说明，不管曾经是多么位高权重的人，只要失去了权力就只能任人宰割。虽然马克森提乌斯父子早就闹翻了，但血浓于水，杀了马克西米安就等于对马克森提乌斯宣战，而且精明的马克森提乌斯也不可能不利用这个机会讨伐君士坦丁，两人暂时的和平就此结束，战争即将来临。

此刻，双方都做好了决战的准备。君士坦丁控制着高卢、不列颠和西班牙，麾下有精锐的莱茵河军团和不列颠军团，而马克森提乌斯控制着意大利和北非，麾下有禁卫军和庞大的意大利军团，两方各自拥有超过10万人的军队，都期待着决战的来临。

同样是公元311年，一直以戴克里先继承者自居的东部正帝伽列里乌斯病逝，维系和平的最后一根绳也断了。伽列里乌斯生前梦想着一统罗马，却没有足够的军事才能，非但不能镇压起兵自立的君士坦丁和马克森提乌斯，反倒让合法的西部正帝塞维鲁兵败身死，而他搬出戴克里先主持的卡农图姆会谈也不能扭转局势的恶化。

到伽列里乌斯晚年，东部副皇帝代亚逐渐坐大，他同样对最高统治权充满了野心，对李锡尼空降成为正帝的事情耿耿于怀，所以不再听命于伽列里乌斯，而是自立为奥古斯都。这么算来，伽列里乌斯已经不能约束任何人，他连延续戴克里先的政策都做不到了，甚至临死前还纵容并允许基督教发展，帝国大乱已经近在眼前。

信仰角逐，米尔维安桥决战

如今的罗马帝国可谓天有四日。君士坦丁统治着不列颠、西班牙、高卢三省；马克森提乌斯统治着意大利和阿非利加两省；李锡尼统治着麦西亚、潘诺尼亚、达尔马提亚、马其顿、亚该亚等巴尔干半岛上的行省；代亚则统治着色雷斯、小亚细亚、叙利亚、巴勒斯坦、埃及等地。四个皇帝都以奥古斯都自居，谁也不服谁。对君士坦丁来说，眼下最大的敌人是马克森提乌斯，两人势必要角逐出谁才是新的西部正皇帝，而在李锡尼和代亚看来，东部的最高权威也要用铁与血来决定。

本着远交近攻的战略思想，君士坦丁和李锡尼的信使往来频繁。君士坦丁想要南下意大利，就不得不考虑东部的李锡尼，若是李锡尼从背后杀进了高卢，君士坦丁就会在内战中第一个出局，所以他热切联络李锡尼，希望与之结为同盟。为此，君士坦丁拿出了他最珍贵的王牌——妹妹君士坦提娅，条件是李锡尼要在战争里保持中立。

君士坦丁麾下大约有10万人马，其中步兵9万，骑兵8000，他们一部分驻扎在不列颠，一部分驻扎在莱茵河，而君士坦丁实际能动用的野战军也就3万人左右。马克森提乌斯白手起家，他的王牌便是罗马城的禁卫军，后来又招降了塞维鲁和伽列里乌斯的叛军,再加上北非倒戈而来的军队,马克森提乌斯手里拥有步兵17万,骑兵1.8万。

单从账面数字上看,马克森提乌斯的力量远远大于君士坦丁,但从作战经验上看,君士坦丁麾下都是百战老兵,而马克森提乌斯手里不是投降的叛军,就是刚招募的新兵,战斗力是不能和君士坦丁的部队相比的。

关于作战方略,君士坦丁麾下的将军们普遍认为应该诱使马克森提乌斯攻入高卢,然后以坚壁清野、以逸待劳之策寻机灭之。然而君士坦丁却不这样认为,他说道:"他们人多但并非精锐,徒有声势而已,若我坚守不战,时间一长,则人心必散。"君士坦丁认为应该主动出击,在对手未形成更大优势前,打他个措手不及。

公元312年,帝国内战再起。君士坦丁率领精锐步骑从高卢南下,绕道罗讷河攻取了阿尔卑斯山口的苏萨谷地,兵锋直逼重镇都灵城。都灵位于米兰的西侧,在阿尔卑斯山与波河平原的交界处,是进入北意大利的门户。马克森提乌斯在这里驻有重兵,而且都是军改后的具装重骑兵,但他本人并未亲临战场。

作为两军交锋的第一战,君士坦丁知道都灵之战不会是一场艰难的攻城战,因为都灵重骑兵擅长野战冲锋,他们自信能一举击垮高卢军团。然而君士坦丁的军队不仅人数多于都灵守军,战斗力也强于守军,都灵城外一战依然充满了变数。

两军阵前,君士坦丁将军队排成三线:第一线由轻步兵打头,意在用远程弓弩射杀冲锋的都灵重骑兵;第二线布置了重装步兵,还悄悄埋下了铁蒺藜,意在破坏敌军阵形;第三线是最精锐的高卢骑兵,作为侧翼包抄的机动力量。冲锋中的都灵重骑兵只知道埋头冲撞,结果杀到第二线后,便被君士坦丁的陷阱弄得阵形大乱,停滞不前。君士坦丁乘机包围并歼灭了对手,都灵立即开城投降。

进城后,君士坦丁严禁士兵劫掠城市,与民秋毫无犯,亦不处罚投降的守军。此举赢得了都灵军民的热烈拥护。消息一经传出,意大利各城都松了一口气。聪明的君士坦丁明显吸取了伽列里乌斯的教训,以宽容、仁慈的手段争取意大利人。占据都灵后,君士坦丁便可肆无忌惮地向北意大利各处进军了。

君士坦丁的下一个目标就是挡在米兰城前的维罗纳。维罗纳算是米兰的最后一道防线，若攻占此城，米兰覆灭在即。马克森提乌斯所任命的威尼提亚总督名叫鲁修斯·庞培，麾下有数万人马。从勇气和忠心上讲，庞培没有侮辱他的名字。在逼近维罗纳前，君士坦丁曾派人招降庞培，但庞培怒斩信使，执意要与君士坦丁决一死战。

不过奇怪的是，庞培也派骑兵主动出击，可能他认为君士坦丁初来乍到，士兵疲惫，正可趁其立足未稳之时挫其锋芒，所以他在维罗纳城外布阵迎战。然而维罗纳一战非但没有挫败君士坦丁，反而让庞培损失了数千精骑，城池也被顺势围住了。

庞培一面命维罗纳城坚守，一面从后方调来了至少 4 万人马，意图与维罗纳守军内外夹击君士坦丁。君士坦丁见对方兵力雄厚，担心被庞培包抄两翼，于是取消了传统的三列线阵，把军队全都放在第一线，远远望去同样人数众多。据载，双方血战了整整一天，多亏了君士坦丁勇敢地挥剑杀到敌军侧翼，这才阵斩了庞培，攻陷了维罗纳。

君士坦丁攻占维罗纳后，依然约束军纪，赦免了城中军民。其宽容大度的王者之风，自然让意大利北部的城市相继开城献降，君士坦丁因而控制了波河平原。

君士坦丁在意大利北部风卷残云般扫荡时，马克森提乌斯并未发兵北上，可能他在与塞维鲁和伽列里乌斯的战争里看到了坚壁清野的好处，故而也打算用同样的办法对付君士坦丁。可是君士坦丁却不似前两个皇帝，他沿途收买人心，稳扎稳打，在意大利站稳脚跟后，方才沿着弗拉米尼大道南下。

马克森提乌斯还有很长的战略纵深，他本可以率军主动出击，但现在的他却不敢离开罗马城，因为此时的罗马市民并非全部支持他。不少苦于重税的市民聚集起来暴动，一度包围了皇宫，这让马克森提乌斯非常忧虑。再加上罗马城内有大量的基督徒，这些人都支持君士坦丁，而马克森提乌斯父子均是多神教的忠实信徒。

内战开始后，马克森提乌斯才明白镇压基督教的艰难之处。他本试图拉拢基督徒，并主动任命了极有名望的尤西比乌斯为罗马主教，但对方根本不领情，反而加入了君士坦丁的阵营。虽然这可能是基督徒杜撰的，但双方势同水火却是无疑的。

反观君士坦丁的阵营，不少人都是出身下层的贫苦百姓，他们对基督徒充满了同情，有的甚至信仰基督教。而根据尤西比乌斯的记载，君士坦丁的父亲君士坦提乌斯在主政时就已经倒向基督教了，这一观念也影响了君士坦丁，使得他也刻意拉拢基督徒。在这场你死我活的内战里，君士坦丁所制定的战略就是争取基督徒的支持，所以当他逼近罗马城时，当地的基督徒奔走相告，欢呼"救世主"的到来，而尤西比乌斯更是亲自到君士坦丁军中服务，为他的军队提供支持和祝福。

在这样的前提下，马克森提乌斯就成了捍卫多神教的领袖。他不敢率军远离罗马城，赶赴北意大利作战，就是害怕那些躲在暗处的基督徒会突然起义。可是他又不能凭城坚守，因为罗马城里人口众多，如果君士坦丁封锁了城市，城里肯定会出现饥荒。故而，马克森提乌斯制定的战略便是在台伯河的米尔维安大桥与君士坦丁决战。该处离罗马城不远，若是战胜也就罢了，如果战败，也可以迅速逃回罗马城，到时再凭城坚守。

公元312年10月27日，君士坦丁布阵于米尔维安大桥北侧。在决战前的夜里，君士坦丁望着浩瀚的天空，突然看见空中现出一道"十"字形的光芒，而且他还看见了"以此征服"的文字。当夜，君士坦丁将代表基督的"X""P"合在一起，组成了新的符号，然后命令士兵们把这个符号画在他们的盾牌和旗帜之上，一支代表着上帝和基督教的罗马军队诞生了。米尔维安大桥之战因而也变成了古典多神教和新生基督教之间的信仰之战。

10月28日，马克森提乌斯率军抢占米尔维安大桥，背靠台伯河列阵，大有破釜沉舟的气势。意大利军团的主力无疑是曾经的帝国精锐禁卫军，他们组成了军队的前锋，位于中央位置，而新招募的军队在禁卫军背后列阵，两翼均布置的是骑兵，军队总人数超过4万。

君士坦丁布阵于马克森提乌斯北侧，中央为精锐的高卢、不列颠军团，手持长剑、长矛和长盾，呈双线战斗阵形，君士坦丁本人指挥左翼的精锐骑兵，贴着台伯河列阵，右翼则有少量的骑兵，军队总人数可能只有2万多人，他们同样是背水一战。

君士坦丁将左翼骑兵分成两股，一股由其本人指挥首先发起冲锋，另一股则作为后备力量伺机支援。战斗由君士坦丁首先开启，他舞着长剑策马杀入了意大利右翼军队，两军爆发了激烈的白刃战，战马的嘶鸣声和刀剑的碰撞声响彻战场。

随后，两军的中央步兵也朝着对方发起了冲锋。和君士坦丁相比，马克森提乌斯的中央军团人数众多，且由装备精良的禁卫军打头阵，声势骇人，君士坦丁军团的形势不容乐观。

在两翼战场，君士坦丁指挥的左翼骑兵起初取得了不小的战果，他们气势高昂，在战场上纵横驰骋，杀得敌军连连后退，眼看就要击溃敌军右翼时，马克森提乌斯指令后备骑兵上前支援，数千骑兵立即从侧面杀出，险些将君士坦丁狙杀。生力军的加入使得君士坦丁的攻势被阻挡了下来，骑兵纷纷被击退回战场中央。

见到皇帝陷入不利境地，君士坦丁的机动骑兵赶紧奔驰而来。双方生力军的加入，让君士坦丁左翼的战斗进入了僵持阶段。而两军的中央步兵同样胜负不分：莱茵河老兵虽然精锐，但数量远少于敌军，马克森提乌斯的主力步兵不但守住了阵线，还一度把君士坦丁的士兵推了回去，好在君士坦丁的老兵经验丰富，并没有因为敌军人多势众就崩溃，双方都咬牙坚持在中央战场上，就看谁先后退。

两军主帅都没有重视远离台伯河的侧翼，但这里恰恰是战场的命门。君士坦丁的右翼和马克森提乌斯的左翼都由骑兵组成，因为该处靠着山地和森林，双方都没有部署过多的军队，这就使得数量少但战斗力强的君士坦丁骑兵有了优势。双方骑兵在此厮杀一阵后，君士坦丁的右翼骑兵一举击溃了敌军，然后一路追逐败军到了马克森提乌斯背后的米尔维安大桥。如此，便切断了马克森提乌斯的退路，而他们的右翼也因此发生动摇，逐渐被君士坦丁亲率的左翼骑兵击退。

腾出手来的君士坦丁旋即猛攻敌军侧翼，马克森提乌斯变成三面受敌。两翼溃败后，意大利军团的阵线已经破碎，特别是君士坦丁纵马攻击意大利新兵时，那些刚上战场的新兵再也坚持不住了，他们害怕遭到包围，纷纷朝后方撤退，结果兵败如山倒，阵形大乱，连带着马克森提乌斯一起朝米尔维安大桥涌去。

大量的士兵堵在狭窄的大桥上，你推我挤互不相让，一些摔倒的士兵被后面的人活活踩死，也有不少人失足落水，因为铠甲沉重而被生生淹死，但大多数人都被君士坦丁的骑兵砍死在岸边。只有马克森提乌斯的禁卫军还坚守在自己的阵地上，即便四面被围也丝毫不退。对君士坦丁来说，最后的血战便是歼灭视死如归的禁卫军。最终，禁卫军没有辱没奥古斯都屋大维赐予他们的称号，全部战死沙场。战场上回荡着君士坦丁军团的欢呼声。

战后，人们从台伯河里捞起了马克森提乌斯的尸体，君士坦丁砍下了他的头颅，并用长矛插起带至罗马城示众。惊恐的元老院终于为君士坦丁的军队打开了城门，匍匐在道路两侧迎接新皇帝入城，而基督徒更是热烈欢迎他们的"救世主"。

占领罗马城后，君士坦丁处死了马克森提乌斯的两个儿子，废除了禁卫军制度，并在元老院征收重税。元老院非但不敢有怨言，还主动修建了一座凯旋门纪念君士坦丁的胜利。仅仅58天，马克森提乌斯政府彻底垮台了，意大利和北非也并入了君士坦丁的帝国，君士坦丁成了西部帝国唯一的皇帝。

毫无疑问，米尔维安桥之战是君士坦丁王朝的开国之战，决定了君士坦丁能否成就帝业。但是这场大战的经过仍然存疑。笔者发现，见证了当时战况的主教尤西比乌斯回避了战场细节，而佐西莫斯等史学家也没有留下详细的记载，如果此战真的如此精彩，那为何在古代史学家的笔下寥寥数语而已？是否有后世作家"自由发挥"的可能？不过，此战有一点是肯定的，战斗全程"乱"字当头，双方堪称混战，而起决定作用的确实是君士坦丁领导的骑兵力量。

"大帝"一统天下

公元312年是君士坦丁取得西部的关键之年，持观望态度的李锡尼见其攻取罗马城后，终于下定决心与之结盟，双方在次年3月正式会晤于米兰城。这是一场各取所需的会盟：对君士坦丁来说，他需要李锡尼牵制多瑙河的日耳曼人，以争取足够的时间整合新得到的领土；对李锡尼来说，与一个强大的西部皇帝结盟能够保证他与代亚决战时后方的安全，而迎娶一个有前正帝血统的公主，也能增加他的正统性，因为他同样出身平民。

除了通过联姻来确保同盟外，双方在米兰会晤还做了一个更加重大的决定：承认基督教。

无论是君士坦丁，还是李锡尼，都出身卑微，祖上皆是下层人民。在基督教大肆蔓延的平民阶层里，基督教的教义让人们找到了心灵上的安慰，因而信徒急速增长。不过，对两位统治者来说，基督教比多神教更有用，因为基督教提倡"君权神授"，这无疑让君王有了与神灵比肩的正统性，在人人都可问鼎帝位的罗马社会，"君权神授"无疑能对谋反起到一定的遏制作用。

君士坦丁和李锡尼于6月15日共同签署了承认基督教合法的《米兰敕令》。从此以后，历代罗马元首打压基督教的政策成了历史，基督教不但得到了合法的地位，还得到了国家给予的各种扶持，势力快速崛起。

不过在《米兰敕令》正式公布前，李锡尼就慌忙离开了意大利。这倒不是因为他急于度蜜月，而是东部的另一个皇帝代亚已经提兵来犯。代亚是和塞维鲁一起被选为"恺撒"的，之后他一直安于现状，满足于打理自己的小帝国，无论西部帝国如何风起云涌，代亚一直没有过多的动作，但现在一切都变得不一样了。

李锡尼虽然在卡农图姆被任命为正帝，但之前并未出任过副帝，可谓一步登天。按照戴克里先制定的规则，伽列里乌斯死后即位东部正帝的应该是代亚，可李锡尼却以西部正帝之名代行东部正帝之实，统治着整个巴尔干半岛。不仅如此，当李锡尼通过与君士坦丁结盟从而娶了有前正帝血统的公主后，同样出身平民的代亚就显得更卑微了。

代亚为了加强自己的正统性，欲迎娶伽列里乌斯的遗孀瓦莱里娅。这位贵妇的父亲正是戴克里先，只要能迎娶戴克里先的女儿，代亚自然能压过李锡尼。然而他只是一厢情愿，瓦莱里娅拒绝了这个提议。恼羞成怒的代亚干脆派人去抓捕她，哪知戴克里先的妻子此时正去看望女儿，母女二人双双落入代亚手中。戴克里先得知后发信严斥代亚，但得到的结果却是她们母女被流放，可见此时的戴克里先已经被统治者们无视了。

比起用政治手段提升地位，代亚还是更喜欢战争。趁着李锡尼远在米兰之时，代亚统兵7万杀奔巴尔干半岛。传奇坚城拜占庭竟然才坚持了11天便陷入敌手。很明显，代亚意图通过偷袭抢得战争主动权。

李锡尼一方明显准备不足，东拼西凑才集结了一支3万人的军队。别看李锡尼军人数少，但与君士坦丁一样，他的军队都是奋战在多瑙河一线的精锐老兵，自然比常年生活安逸的东方军团战斗力强。双方决战于阿德里安堡，结果东部副帝险些被俘，其麾下士兵见皇帝大败，士气全无，纷纷溃逃。

李锡尼挟胜掩杀，一直追到了奇里乞亚的塔尔苏斯，绝望的代亚最终服毒药自杀。至此，李锡尼夺取了整个东部帝国，辖区包括巴尔干半岛、小亚细亚、叙利亚、巴勒斯坦、埃及。

回想起代亚之乱，李锡尼不禁冷汗直流。为了避免他人迎娶戴克里先之女，李锡尼处决了瓦莱里娅和她母亲，而无力拯救妻女的戴克里先也于当年晚些时候气愤而死。一代枭雄心怀拯救罗马的宏愿，却因为相信人性的美好而落寞屈死，实在是令人唏嘘。

李锡尼统一东部后，罗马帝国再次成了二分天下的局面。没有人知道这种微妙的平衡能坚持多久，但所有人都知道战争是早晚的事情。君士坦丁龙韬豹略，李锡尼阴鸷沉笃，两人都不是安于现状之辈，表面和谐友好的氛围掩盖不住两个皇帝的暗中较劲。

当时，出于广招盟友的目的，君士坦丁把另一个妹妹安娜斯塔西娅嫁给了议员巴西努斯，此人系贵族世家出身，却志大才疏。君士坦丁慷慨地授予他"恺撒"称号，却没有分封行省给他，这让李锡尼看到了暗中瓦解君士坦丁势力的机会。

李锡尼是东部正皇帝，按照戴克里先的制度，新任命的"恺撒"需得到李锡尼的认可方能生效。李锡尼以此暗中联络巴西努斯，使尽各种手段挑拨他与君士坦丁的关系，最终促使巴西努斯阴谋刺杀君士坦丁。然而这场阴谋没有逃过君士坦丁的眼睛，巴西努斯被迫逃亡李锡尼的宫廷。君士坦丁盛怒不已，又一场内战开始了。

公元315年，君士坦丁率领2万步骑突袭李锡尼，两军会战于西巴利斯山城。李锡尼所选的战场极利于防守，通往山城的道路一边靠着高山，一边靠着沼泽。李锡尼麾下有3.5万人马，自恃兵力占优，在山脚列阵。君士坦丁只有2万余人，但并不畏惧，他以骑兵在前、步兵殿后，于清晨主动发起了攻击。

君士坦丁一如米尔维安大桥之战里那般英勇，亲率一翼骑兵冲入敌军阵营，极大地鼓舞了他的军队。黄昏时分，李锡尼的侧翼被突破，其大军全线动摇。夜幕降临时，李锡尼已无扭转局势的可能，只好急令尚未崩溃的军队朝东面撤退。事后清点兵马时，李锡尼才发现自己损失了2万余人，西巴利斯之战可谓大败。

战后，李锡尼放弃了在巴尔干半岛的首都和辎重，烧毁了萨瓦河上的桥梁，一路撤退至新达契亚和色雷斯交界处的马迪亚。他在这里重新召集了一支军队，意图继续抵抗君士坦丁。

这次，无论是纪律还是战斗力，双方部队都难分伯仲，但君士坦丁的英勇再次起到了决定性的作用。另外，君士坦丁的5000精骑自发攻占了战场的高地，然后凭借地形优势，猛攻李锡尼的后卫，迫使李锡尼军陷入前后受敌的境地。虽然李锡尼没有因为君士坦丁的两面夹击而崩溃，但战斗进行到黄昏时，看着大量战死的多瑙河老兵，李锡尼失去了取胜的信心，只好组织军队有秩序地撤出战场，退守马其顿。

论实力，李锡尼还是可以与君士坦丁继续周旋的，可他连遭两场失败，军中精锐损失惨重，士气也极为低落。李锡尼思索良久后，只能请妻子君士坦提娅出面斡旋。君士坦丁此时的兵力也折损了不少，如果李锡尼再次召集军队迎战，君士坦丁还真不一定能赢得第三场会战的胜利，所以他打算见好就收，装作一副不能拒绝妹妹哀求的无奈之相，故作强硬地要求李锡尼接受不利的条款。

按照停战协定，李锡尼被迫割让达尔马提亚、马其顿、新达契亚、亚该亚这四个行省，仅在巴尔干半岛上保留了色雷斯。双头鹰暂时结束了第一次撕咬。

其实，君士坦丁没有乘胜追击还有另一个原因：蛮族入侵。趁着君士坦丁东征，莱茵河与多瑙河的蛮族同时入寇，从两个方向威胁君士坦丁的帝国。为此，君士坦丁封王子克里斯普斯为"恺撒"，执掌莱茵河，此人系君士坦丁前妻所生。

年轻的克里斯普斯继承了祖父和父亲的雄才伟略，不但相貌英伟，还精于征战。在君士坦丁忙于多瑙河事务时，正是克里斯普斯负责莱茵河的防线，而且连续赢得了数场针对法兰克人和阿勒曼尼人的战争，牢牢地守住了莱茵河防线。

有了克里斯普斯这样杰出的儿子，君士坦丁才能全力征讨入寇多瑙河的萨尔马提亚人，不但击退了攻入罗马腹地的蛮族军队，还重新修建了横跨多瑙河的大桥，像图拉真一样雄赳赳气昂昂地跨过了大河，斩杀了蛮王劳西莫杜斯。此战后，蛮族被迫交出4万名勇士听凭君士坦丁的指挥。4万名强悍的蛮兵使得君士坦丁的实力大为提升，他与李锡尼的和平已经维持了8年时间，这对一个志在统一罗马的皇帝来说，已经太久太久了。

8年和平期间，李锡尼也没有虚耗光阴。他稳住了波斯帝国，保证了自己的大后方，同时建立了一支规模庞大的军队，其中陆军有步兵15万、骑兵1.5万，海军拥有三层桨战舰350艘；李锡尼终于有底气再次挑战君士坦丁了。然而，君士坦丁的军力也不容小觑，拥有步骑12万、战舰200艘，其中最精锐的要数新加入的日耳曼蛮兵和君士坦丁的近卫骑兵。

战争的导火索源于"无间道"。李锡尼发现在自己宫廷里竟然有君士坦丁的间谍，而且还是基督徒，盛怒之下便驱逐了叛徒。君士坦丁利用此事，诬陷李锡尼迫害基督徒。公元323年，两位皇帝默契地自动开战。君士坦丁提兵12万，会同长子克里斯普斯攻入了色雷斯。李锡尼也率领全部东方军团迎战于阿德里安堡，这里是他当年击败代亚的地方，如今，他希望阿德里安堡同样能带给他带来好运。

不同于以往的战争，这次李锡尼没有选择主动攻击，而是寻找优势地形，修建了防御工事，企图利用工事抵御君士坦丁的军队。君士坦丁赶到战场后，发现李锡尼已经占据了高地，庞大的军队一直延伸到阿德里安堡。深谙用兵之道的君士坦丁不敢贸然强攻高地，只好派出小股军队袭扰李锡尼。君士坦丁明白，要击败李锡尼就必须让他离开高地，可是怎么做才能诱使敌军离开工事呢？

君士坦丁在军事会议上问计于诸将："李锡尼凭险固守，怎么才能让他主动出战？你们有何良策？"

有人建议偷袭李锡尼的大后方，有人建议诈败诱敌，可最后，君士坦丁做了一个更大胆的决定。他决定用自己当诱饵，仅带着12名骑兵从正面攻打李锡尼的大营,同时派 5000 名弓箭手趁敌军把注意力集中到自己身上时,从李锡尼身后的密林偷袭,如此便能形成前后夹击之势。

君士坦丁亲率骑兵亲卫,冒着枪林箭雨策马杀入赫布鲁斯河中。据说,在最惊险的时候,君士坦丁的腿部也被敌军击伤。可就是凭借着王者的勇气和运气,君士坦丁的佯攻取得了超过预期的效果,他的军队趁此机会拆除了李锡尼军设置的障碍物,扫清了通往敌军主营的道路。而后,迂回的 5000 名弓箭手也从后方射击李锡尼军。

遭到前后夹击的李锡尼方弄不清君士坦丁的虚实,以为身后的弓箭手是君士坦丁的援军。为避免被包围,李锡尼只能放弃了坚固的营地,将军队带到平原上与君士坦丁决战。

公元 323 年 7 月 3 日,两位皇帝在平原决战,血腥的战场上喊杀声震天。士兵们相互用弓箭射击,待箭矢耗尽后,步兵便相互猛冲,他们先是熟练地投掷标枪,然后再举盾撞击在一起。当日的战斗比之前的两场会战还要残酷和血腥。最终,李锡尼的新兵军团首先崩溃,接着便是整条战线的溃败,战死者多达 3.4 万人。傍晚的时候,君士坦丁已经攻占了敌军大营,而李锡尼狼狈逃至拜占庭城坚守。

拜占庭城位于欧、亚交界处,三面邻海,地势险要、城防坚固。当年塞维鲁正是被挡在这里而不能攻入亚洲,只能依靠偏师取得胜利。现在,又是两个罗马皇帝决战于此。不过君士坦丁不太可能偷渡亚洲,因为李锡尼的海军庞大而精锐,他们游弋于大海之上,控制了赫勒斯滂海峡,根本不给君士坦丁任何机会。君士坦丁知道,要攻陷拜占庭城,就必须打通赫勒斯滂海峡。他找来了儿子克里斯普斯,说道:"只有靠你了。"

克里斯普斯统率着君士坦丁的海军舰队,共计 200 艘各类战舰,他们以欧洲的港口为基地,主动攻击对方的战舰。交战的第一天,双方血战海上,损失都非常大,却始终分不出胜负。但第二天,克里斯普斯在天未亮的时候便扬帆起航,突然逼近李锡尼在亚洲的港口,这迫使敌军仓促出兵,不得不在亚洲近海地带交战。

通常来说,在敌军基地附近交战是非常不利的,克里斯普斯之所以攻入危险的敌军基地,是因为他发现亚、欧两岸的风向是相反的,欧洲吹北风时,亚洲必定吹南风,所以他故意把舰队开到敌军南面位置逆风迎战,只为等待南风,他还告诉士兵:"南风大起之际,就是我军胜利之时。"

起初,将士们半信半疑,认为统帅不可能预知天时,当南风忽然大作时,估计所有人都把克里斯普斯当成"神的使者"一样佩服。克里斯普斯的海军挂起风帆,利用占据上风的优势,御风猛攻敌军战舰。血战之后,克里斯普斯取得了压倒性的胜利,李锡尼舰队被当场击沉了130艘之多,制海权彻底转移到君士坦丁一方。

接着,克里斯普斯率领海军逼近拜占庭海域。当君士坦丁的旗帜在海上升起时,李锡尼方知大势已去,不得不放弃拜占庭城,退守比提尼亚。在这里,李锡尼紧急召来了最后的5万人,准备做最后一搏。

君士坦丁携子海陆并进,突破了博斯普鲁斯海峡,双方在克利索波利斯展开决战。结果可以预判,新组建的军队根本不是百战老兵的对手,李锡尼被杀得丢盔弃甲,战死2.5万人之多,彻底失去了抗衡君士坦丁的资本。

又到了君士坦提娅出面斡旋的时候了。君士坦丁看在妹妹的情面上,接受了李锡尼的投降,但剥夺了他的"奥古斯都"称号,并将其软禁在欧洲的塞萨洛尼基,从此以平民身份接受君士坦丁的监视。

至此,经过数年征战的君士坦丁终于实现了统一罗马帝国的宏愿。帝国在经历了38年的四帝共治后,又一次臣服于一个皇帝,弗拉维斯·瓦莱里乌斯·奥勒里乌斯·君士坦丁成了地中海独一无二的主人。

君士坦丁王朝

君士坦丁统一罗马帝国后,他的权势臻于极盛,新建立的君士坦丁王朝远比戴克里先时代更加专制和集权。君士坦丁不是一个恢复罗马传统的皇帝,他同戴克里先一样致力于强化皇权和建立专制政府。

新王朝延续了戴克里先制定的宫廷礼仪,并进一步完善了等级制度,甚至在原有的基础上增添了皇帝的神秘感和神圣感。庞大的宫廷宦官和政府官僚群体是君士坦丁统治整个帝国的直接工具，各种职级的帝国大臣服务于君士坦丁的宫廷，超过 2000 人的地方钦差遍及帝国各个行省。君士坦丁把过去授予地方的权力收归中央，将行省进一步分割以避免诸侯独大，还严格执行文、武分治的新制度（文官治国，武将征战），所有人都必须服从君士坦丁的秩序。

君士坦丁成为独一无二的帝国主宰后，站在身后支持他的基督教也迎来了崛起，基督徒数量快速增长，逐渐超过信仰传统的多神教的人。也许不少人好奇，为什么君士坦丁家族如此善待基督教。如果你以为仅仅因为他们是基督教的信徒，那就大错特错了。

君士坦丁之所以看重基督教并全力扶持它，无非是为了他的专制政府。基督教教义讲求服从、顺从的理念，认为皇帝的权力来自上帝。如此说来，代表上帝的皇帝即便统治再不合理，政策再怎么严苛，也没有什么关系了，因为这是神的旨意，作为神的子民自然应该无条件服从神的意志，这样才能得到神的眷顾和垂青。君士坦丁利用这样的理念建立了一个讲求高度服从的专制政权。

新王朝允许基督教拥有完全独立的教会产业，承认了基督教已经形成的等级制度，并公开将神职人员纳入帝国的统治体系中。据说君士坦丁把 1800 名基督主教分派到各个行省，其中东部 1000 人、西部 800 人，他们受命行使司法和宗教权力，并按照君士坦丁的意志引导臣民的思想。

罗马文明发展到君士坦丁王朝，终于变得不再"罗马"了，从制度到文化都不再是曾经的模样，基督教的崛起更是将兼容并包的多神教体系一击而溃，一个专制的基督帝国诞生了。

总之，在君士坦丁的大力扶持政策下，基督教终于迎来了春天，教徒快速增长，产业也逐渐增多，他们遍布帝国各处，而且全面渗透到帝国政府和帝国军队中。传统的宗教仪式和庆祝活动在逐渐消失，任谁都能看出，古典多神教的灭亡只是时间问题了。

营建新都

成为独裁者的君士坦丁开创了一个全新的王朝和世界，新的帝国需要彻底地除旧布新。

公元 324 年，君士坦丁开始谋划营建新都。他考察了尼科米底亚、萨塞洛尼基、塞尔迪卡（今索菲亚）、特洛伊等城市，最终选择了希腊人曾经的殖民地：拜占庭。这座城市的大名早就如雷贯耳，它曾是尼格尔和李锡尼抵挡西部皇帝的坚实堡垒，君士坦丁也在该城战斗过，像他这样的卓越统帅，自然能够看出拜占庭的地理优势。

拜占庭城位于东欧的尽头，与亚洲只有一水之隔，处于帝国的中央，扼守着黑海到爱琴海的通道，城的北面是著名的金角湾，天然的优良港湾，南面和东面都是海洋，可谓天赐的屏障，只有西面直通色雷斯平原，只要在这里修建起坚固的城墙，拜占庭必定是座易守难攻的堡垒。

君士坦丁决定在拜占庭城的基础上建一座新的城市，而名字就叫作"新罗马"。为了营建新都，君士坦丁专门成立了建筑学院，召集并训练优秀的建筑师；他从全国各地征集优秀的匠人和工程师，按照罗马的风格开工建设；他还让各省送来典雅而著名的雕像和珍宝，用于装饰新首都；他从黑海砍伐优质的木材，从爱琴海运来各色大理石；他调来军队协助修建城市，甚至亲自跑马勘定地界。

当官员焦急地问道："陛下，您还要继续走多远啊？"君士坦丁却说："继续走下去吧，直到引领我的神认为合适了为止。"

新罗马城的规模是拜占庭城的十几倍，约 16 平方千米，曾经的旧城被全部拆除，改建成了全新的大皇宫，壮观的亭台楼阁拔地而起，它们骄傲地站在帝国的顶点，迎着柔和的海风，如灯塔一般俯瞰着整座城市。大皇宫由多个宫殿组成，一共能容纳超过 1 万名宦官、卫兵，各处宫殿由拱廊相连，其中最著名的莫过于庄严的查克尔宫门、发展成大学的马格瑙拉宫、皇室卫队的御兵营、用于朝拜谒见的金宫、皇帝就寝的达夫尼宫，以及宫殿之间美丽的御花园。

除了美丽的宫殿，新首都还修建了全新的元老院、国立大学、大型赛马场、大型广场、大型图书馆、基督教堂、大型商业中心。据统计，新首都包括 2 座豪华剧院、4 座公众集会大厅、5 座城市粮仓、8 个公共浴场、8 条大型引水渠、14 座教堂、52 道沿街柱廊、153 个私人浴池、4388 座新建的贵族府邸，以及超过 4000 米的城墙，更不要说星罗棋布的民居和街道了。

新首都比罗马城更宏伟，标志性建筑也更加壮丽。著名的环形赛马场，长约 450 米，宽约 130 米，能容纳 8 万～10 万名观众，赛道呈现出椭圆形，每次可由 8 辆四马战车同时比赛。在赛场的北端，4 尊铜驷马雕像在阳光下熠熠生辉，而在赛场的东端，皇帝专用的看台可直达大皇宫。除此之外，新首都还有驰名地中海的圣索菲亚大教堂、奥古斯都广场、君士坦丁铜像等诸多建筑。不过有一点值得特别注意，新的首都找不到一座献给诸神的神殿，这完全是一座基督的城市。

新首都除了规模庞大外，还独具特色。它不仅是一座防御力极强的堡垒，同时还是一个优良的大型港口，黑海、爱琴海和地中海的航海贸易几乎都要通过新城市的港口转运，美丽的金角湾成了商船、战船往来不绝的中心，来自世界各地的商贾都汇聚于此。这不但繁荣了帝国贸易，还给帝国带来了可观的税收。凭借便利的海上优势，该城即使被围困，也可通过海运来保证补给或是安全撤离。

公元 330 年 5 月 11 日，耗费 6 年时间的新城终于完工，一座远超永恒之城的新首都诞生了。这座伟大城市在规模上超越任何一座罗马人的城市，无数显贵和民众都被它吸引，无论是元老院世家还是行省富豪，都争先恐后地迁入新城。据说不过 10 年时间，新城的居民已经超过了 50 万人，后来更是达到 100 万人之多。贵族、学者、工匠、豪商齐聚在伟大的新罗马，这里逐渐成了地中海世界的政治、经济、文化中心，也成了地中海世界最大的城市。

对罗马帝国的臣民来说，新罗马并不是真的罗马，罗马之名似乎不能彰显它的独特与辉煌，与其叫它新罗马城，"君士坦丁之城"似乎更为贴切。从此以后，帝国内外的人们更喜欢称呼它为众城的女王，"君士坦丁堡"。

虎毒食子，血色王室

君士坦丁堡的出现标志着罗马进入了一个全新的时代。皇帝君士坦丁以此为都城，统治着辽阔的地中海帝国，赞美、歌颂、崇拜，抑或是阿谀奉承之词围绕在君士坦丁的身边。新王朝高度集权、专制，皇帝本人又崇尚奢华，帝国的开支从来没有像今天这么巨大过，国库不仅要支出维持 60 万人的军费，还要负担新首都的建设，更要满足皇帝的奢华的生活和给众臣的赏赐，历代元首或是皇帝的财富被新王朝挥霍一空。上层穷奢极欲，下层食不果腹。

君士坦丁是个杰出的统帅，他作战英勇、智计百出、重视荣誉、宽容敌人，他身先士卒、不畏危险、不辞辛劳、征战四方，正因为有了他，混乱的帝国才再次统一在一个皇帝之下。可是，他是一个怎样的君王呢？

他虽然能征善战，却没有像图拉真那样为罗马开疆拓土；他虽然宽容对手，却没有像涅尔瓦那样爱惜子民；他痛恨腐败，却没有像塔西佗那样节俭奉献；他强化权威，却没有像戴克里先那样改革救亡。君士坦丁并不像一个罗马人，他更像是一个东方的专制君主，他的王朝也不像罗马人的国家，更像是一个新的东方帝国。

君士坦丁统治下的罗马正经历社会的重组，新的等级制度逐渐确立，东方化的神权、帝权开始统治辽阔的地中海。在这个过程中，教会、官僚、军队成了这个新国家的支柱。君士坦丁大力扶持基督教，使得一个独立于政府的教会团体诞生，教会人员不但拥有私产，也不用负担租税，更不用服役或者履行任何义务，他们的财富和地位随着信徒的增加而不断增长，他们的权力因为多神教的消亡而施加到整个社会，他们也因此拥有了干涉世俗事务的实力。

君士坦丁大力吸收蛮族加入军队，使得罗马军团进一步蛮族化，他划出大量的行省土地供迁入帝国的蛮族居住，传统的防线只有形式上的意义。而罗马人尚武精神的消失，致使愿意投身军旅的人越来越少，即便是降低加入军团的门槛，甚至是允许奴隶加入，也不能改变普通民众厌恶兵役的趋势，人们宁可自残也不愿意为国家而战。这样的改变进一步导致了帝国对蛮族士兵的依赖，而且随着这种依赖的加深，蛮族将领越来越多，君士坦丁也公开提拔重用这些蛮族将领，让他们身居高位，甚至加入元老院或担任执政官，蛮族将领左右帝国政权的趋势越发明显。

君士坦丁重用宦官和官僚，建立了由上至下的等级秩序，不但让皇帝远离了民众，连普通的贵族和大臣也不一定能直达天听。宦官成了皇帝的代言人，他们出入宫廷，结交权贵，聚财揽权，成了高于执政官、总督的新贵。而帝国的腐败之风也从上至下蔓延开来，大臣们卖官鬻爵、罔顾法纪，总督们横行乡里、只手遮天。贪污、腐败之风席卷专制的罗马帝国，而下层的民众只能接受强权的统治，过着只求温饱的日子，罗马正走向崩溃与灭亡的边缘。

君士坦丁是个专制的君王，看重权力，崇尚秩序与服从，他对任何人都没有真正的感情，有的只是帝王对臣民至高无上的权威。

公元326年，在亚得里亚海岸的波拉堡深处，酷吏和宦官正疯狂地鞭打着一个年轻人。他本来相貌英俊，但此刻却满脸胡须、蓬头垢面，他本来体格健壮，但此刻却浑身是伤、血流如注。他，就是帝国曾经最英武的"恺撒"，是击败日耳曼人和李锡尼的英雄，是大帝君士坦丁的长子，克里斯普斯。

克里斯普斯是君士坦丁4个儿子里最年长的，也是最杰出的。他很早就到军中历练，剑术、马术、弓术无一不精，他带兵有方，能独当一面，他战功赫赫、威名远播。有这样一个继承人，想必普通人睡着都能够笑醒，可是当克里斯普斯在拜占庭海战里大获全胜后，君士坦丁却没有笑，因为他看到军队和臣民对克里斯普斯的歌颂丝毫不亚于对他，这让一个崇尚权力的皇帝感到了威胁。

奥古斯都对"恺撒"的忌惮让另一个同样崇尚权力的女人看到了机会，她就是皇后法乌斯塔。法乌斯塔是君士坦丁的第二任妻子，前正帝马克西米安的女儿，从血统上讲，她比克里斯普斯那平民出身的母亲更加高贵。

在东方王朝里，嫡子和庶子有很大的区别。克里斯普斯虽然是君士坦丁的长子，但在君士坦丁与其母亲离婚后，他便成了皇室里尴尬的存在，因为新的皇后为君士坦丁生下了3个血统高贵的儿子，他们无疑是皇帝的"嫡子"，更受君士坦丁的喜爱，而杰出的克里斯普斯反而成了"庶长子"，在其乐融融的大家庭里显得那样多余。

法乌斯塔对克里斯普斯可没有母爱一说。每当年轻的皇子获得新的功绩时，皇后必定会妒火中烧，因为她的三个儿子都还年幼，皇位可能会落到这个和她没有任何血缘关系的"恺撒"手中，到那时她那三个高贵的儿子将迎来怎样的命运？她越想越焦虑。

父母之爱子，则为之计深远。法乌斯塔为了让自己的孩子成为皇帝，势必要除掉挡在路上的克里斯普斯。作为皇后，她深谙宫廷权斗，一众围绕在君士坦丁身边的宦官都是她的工具。为了一击而中，法乌斯塔居然想到了一个"人我俱伤"的办法，她声称"恺撒"克里斯普斯贪图她的美色，竟然奸污了她。

太子与皇后通奸，如此滔天大罪自然让君士坦丁雷霆震怒，可是克里斯普斯却严词否认此事。如果只是皇后突然这么一说，君士坦丁未必会相信她，但法乌斯塔却为此做了长时间的准备，她很早就开始给君士坦丁吹耳边风，称"恺撒"行为不端，同时还安排宦官进谗言构陷，称克里斯普斯轻视皇帝、图谋不轨。

人言可畏，三人成虎。不管说的是不是事实，讲的人多了，信的人就多了。就这样，君士坦丁终于相信了法乌斯塔的诽谤。他先是软禁儿子并剥夺了他的一切权力，接着便将他送到了波拉堡囚禁，还安排酷吏和宦官日夜审讯。在没有得到想要的结果后，君士坦丁为"恺撒"的"硬骨头"震怒不已，最终处死了29岁的长子。

克里斯普斯一死，法乌斯塔的三个儿子很快就被确立为新的继承人，他们相继被授予了"恺撒"头衔，继承君士坦丁王朝已经没有任何阻碍了。只可惜，自以为得计的法乌斯塔并没有把事情做绝，不久之后，君士坦丁发现这一切都是皇后的阴谋，后悔了。这时他才想起克里斯普斯至死都没有供出过半个字，这并不是因为他负隅顽抗，而是因为他真的没有做过那种大逆不道的事情。清醒过来的君士坦丁把法乌斯塔处死在浴室里，对外宣称皇后入浴时意外身亡了。这场家庭悲剧让君士坦丁王朝蒙上了一层阴影。

君士坦丁对长子之死究竟悲痛了多久，我们已经不得而知，不过可以肯定的是，他没有勇气把如此庞大的帝国交给一个儿子来继承。在克里斯普斯死后，君士坦丁继续统治了10年。临终前，他决定将帝国一分为五，分别交给3个儿子和2个侄儿。

公元337年5月22日，皇帝君士坦丁驾崩，时年62岁，在位近30年。他死后并没有按照历代奥古斯都的传统火葬，却按照基督教的仪式穿金戴银放入了棺木。他是第一个放弃死后追封为"神"的奥古斯都，也是第一个获得基督"大帝"称号的罗马皇帝，人称"君士坦丁大帝"。

第三十二章 诸神的最后复兴

战端再起

君士坦丁王室可谓子嗣众多，君士坦丁大帝不但有儿有女，他还有两个异母兄弟——弗拉维斯和尤里乌斯，而这两兄弟又各自生了两个儿子，分别是德鲁马特乌斯和汉尼拔利阿努斯兄弟，伽卢斯和尤里安兄弟；加上大帝的另外3个儿子——君士坦丁二世、君士坦提乌斯二世、君士坦斯，即便杰出的克里斯普斯离世，君士坦丁王室都还有7个男孩可以选择。

王室枝繁叶茂是好事，但对权力高度集中的专制王朝来说，又不全是好事。罗马帝国的宿敌帕提亚、萨珊波斯都曾被王室内斗搞得焦头烂额。王室的权力分配问题自古以来皆是中央王朝的第一要务，初生的君士坦丁王朝是否有妥善的应对之策呢？

在中国古代王朝，皇位继承的基本原则是立嫡立长，权力集中于一人，无论此人贤与不贤。这么做的好处是有制可循，其他皇子意图谋夺大位时便失去了法理依据，自然难以被臣民接受。罗马帝国从罗马共和国演变而来，没有东方的"嫡长"思想，君士坦丁大帝从某种程度上延续了戴克里先的四帝共治制度，他没有把庞大的帝国交给一个儿子继承，而是把它分成了5个部分，分封给不同的王室成员：

长子君士坦丁二世，领有高卢、西班牙、不列颠，加"恺撒"衔；

次子君士坦提乌斯二世，领有小亚细亚、叙利亚、巴勒斯坦、埃及，加"恺撒"衔；

三子君士坦斯，领有意大利、潘诺尼亚、阿非利加、毛里塔尼亚，加"恺撒"衔；

侄子德鲁马特乌斯，领有新达契亚、色雷斯、马其顿、希腊，加"恺撒"衔；

小侄汉尼拔利阿努斯，领有美索不达米亚北部行省，封国王，加"至尊者"衔。

伽卢斯和尤里安因为过于年幼，没有分封任何领地。

君士坦丁大帝所选择的继承制度是升级版的四帝共治，只不过是把那些毫无血缘关系的皇帝全部变成了血亲兄弟而已。他认为四帝共治之所以会崩溃，无非是因为皇帝们相互之间没有感情，他相信凭着来自同一个祖先的血统，这些皇帝会同心同德，携手共进，让罗马帝国长治久安。然而，这真的能够实现吗？

公元337年7月，先帝的葬礼在首都君士坦丁堡举行。按说上述7位皇室成员应该一起出席仪式，但不知何故，长子君士坦丁二世和三子君士坦斯都没有参加，而次子君士坦提乌斯二世在得知大帝驾崩后，带着军队迅速赶到了君士坦丁堡，成了第一个控制首都的人。

君士坦提乌斯写信称先帝任命他为葬礼主持人，并让所有皇族立刻赶赴首都，德鲁马特乌斯、汉尼拔利阿努斯等皇室成员纷纷赶来。然而在葬礼上，君士坦提乌斯突然拿出了一份从尼科米底亚主教手中得到的遗嘱，上面赫然写着大帝的遗命：铲除谋害皇帝的皇亲国戚。君士坦提乌斯旋即斩杀了参加葬礼的2个皇叔和7个堂兄弟。他们的家眷也没能逃过屠刀，只留下了还未成年的伽卢斯和尤里安兄弟。可能君士坦提乌斯觉得杀掉毫无权势的两个孩子会被舆论声讨，故而将他们交给宦官软禁了起来。

处死了9名皇族成员后，君士坦提乌斯便赶赴潘诺尼亚与两个亲兄弟会盟，三人协商瓜分了帝国的领土：色雷斯和美索不达米亚北部分给了君士坦提乌斯，新达契亚、马其顿、亚该亚划分给了君士坦斯，而长子君士坦丁二世则维持现状。于是乎，三个"恺撒"全部晋升奥古斯都，罗马帝国又变成了三足鼎立。

只可惜这样的划分并不能让所有人都满意。作为大帝的长子，君士坦丁二世的继承权应该是最强的，可是瓜分协议里，他却毫无所得。可能年长的君士坦丁二世性格内敛，当着两个弟弟的面没有说出内心最真实的想法，不情不愿地同意了这个方案，等到他回到自己的封地后，是越想越气，觉得自己吃了大亏，心中懊恼不已，这便为内战埋下了不安的种子。

公元340年3月，和平仅维持了不到8个月，心中愤愤不平的君士坦丁二世便派使者向君士坦斯提出了领土要求。他认为自己也应该在瓜分协议里获得新领土，只不过因为自己的封地不与巴尔干半岛接壤，便让君士坦斯领有了几乎整个巴尔干地区，所以君士坦斯应该把阿非利加行省割让给他，以此作为瓜分协议的补偿。君士坦斯可不像大哥这么内敛，他可不管合理不合理，协议既然已经签订，就应该得到执行，更何况已经过了这么长时间了，再提出领土要求，让人难以接受，于是他拒绝了君士坦丁二世的要求，坚决不割让阿非利加一寸土地。

君士坦丁二世见弟弟这么坚决，也不跟他多说了，软的不行就只有来硬的。君士坦丁二世等到君士坦斯出兵抵御日耳曼人时，突然率部穿过阿尔卑斯山，打算趁其后方空虚时，抄了弟弟的大本营，再逼他同意自己的要求。

君士坦丁二世沿途纵军大掠，军纪极为败坏，民众无不义愤填膺。当他行至阿奎莱亚时，身在达契亚的君士坦斯才知道哥哥已经攻入意大利。君士坦斯当即派一队人马先行返回，自己则率主力紧随其后。

君士坦斯的先锋以骑兵为主，由最善战的将领指挥。他们故意在君士坦丁二世阵前佯装战败，诱敌深入，缺乏经验的君士坦丁二世不知是计，当即亲率大军狂追敌军，哪知反倒落入了对方的伏击圈。四面而起的伏兵轻易截断了他的退路，慌忙迎战的皇帝陷入重重包围，终被敌军骑兵斩杀并丢到了河里。他的军队见皇帝阵亡，相继投降。而后，高卢、西班牙、不列颠也倒戈加入君士坦斯的阵营，整个西部帝国由此并入了君士坦斯的帝国，罗马再次变为东西并立的局面。

得知君士坦斯杀死兄长后，君士坦提乌斯虽然不满，但也不得不接受这个既成事实，因为此时的他还深陷波斯战争，根本插不了手。当时的萨珊波斯皇帝又叫沙普尔，雄心勃勃，意图振兴波斯。从公元338—公元348年间，君士坦提乌斯始终忙于抵御波斯人的入侵。这十年间，西部帝国偶尔也有零星的日耳曼人袭击，但是比起与波斯鏖战，统治西部帝国简直是轻松加愉快。

君士坦斯为人轻率，丝毫不顾及帝王应有的仪轨，时常带着狐朋狗友游戏人间，放浪形骸，从不把大臣和将军放在眼里。他喜好美色，对那些金发碧眼的日耳曼娈童和女孩充满了兴趣，整日与蛮族混迹在一起，让很多罗马人感到羞耻。他治国严苛又不施恩德，时常怒骂并处罚别人，杰出的大臣不能得到提拔，有功的将军不能得到赏赐，因而他身边的人越发厌恶他们的皇帝，国内民众也逐渐轻视君士坦斯。

随着这些问题的积累，君士坦斯的统治开始出现危机，只不过皇帝本人却没有发现。高卢将领马格嫩提乌斯早就怀有称帝的野心，此人蛮族出身，在军中小有威望，培植了不少的党羽，这些人都期望马格嫩提乌斯能够带给他们高官厚禄。在追随者的鼓舞下，这位蛮族将军四处拉帮结派，煽动对皇帝的不满，试图让军队拥护他夺取政权。

公元 350 年，当皇帝君士坦斯驾临奥古斯托杜努姆（今欧坦，又译为奥顿）时，马格嫩提乌斯一党终于决定发动政变。负责策划政变的是叛党军师马塞利努斯，他以为儿子举办生日宴会为名，召集了几乎所有的宫廷显贵和将军。宴会的前半场宾主和谐，等到所有人都醉眼蒙眬时，马格嫩提乌斯突然头顶金冠，身着紫袍出现在众人面前，那些早就准备好的党羽马上山呼万岁，宴会立刻变成了要推翻君士坦斯的集会。不明所以的将军们稀里糊涂地跟着一起签了"入伙书"，密谋大事就这么轻而易举地成功了。

马格嫩提乌斯得到众人的支持后，立刻派兵控制了整个奥古斯托杜努姆城，所有的军队和官员都跪倒在他的面前，君士坦斯成了孤家寡人。好在皇帝当时并未留在城内，此刻的他正和自己的狐朋狗友在林间打猎，故而政变的消息传来之后，君士坦斯赶紧拨马逃跑，打算借道西班牙逃往北非，然后利用那里的军队东山再起。然而叛军骑兵很快就在比利牛斯山下抓住并处死了皇帝。

随着君士坦斯的死亡，意大利、高卢、西班牙宣布效忠马格嫩提乌斯，只有北非和巴尔干半岛的行省拒不承认蛮族皇帝。另外，控制着伊利里亚地区的老将维特拉尼奥也在军队的拥护下自立为帝，达尔马提亚、马其顿、新达契亚、亚该亚都支持这个老将军。西部帝国分裂成两个帝国，而且都不属于君士坦丁王朝。

如今的君士坦提乌斯二世还身在美索不达米亚前线。当得知弟弟被杀，西部帝国全部叛乱时，他意识到自己陷入了腹背受敌的危险境地。要是继续与沙普尔死磕，恐怕连君士坦丁堡都会被叛军攻占，于是他试图与沙普尔议和，而沙普尔同样希望抽身去抵抗来自东面的入侵，两个皇帝一拍即合，当即签下了停战协定，各自率军撤离了战场。

不过，君士坦提乌斯仍然放心不下东方，所以思来想去还是决定解除对伽卢斯兄弟的软禁，并任命伽卢斯为东部帝国的"恺撒"，负责防范波斯帝国，另外还派了大量的官员和宦官严密监视伽卢斯的一举一动。

君士坦提乌斯虽然没有继承君士坦丁大帝的军略，但他的谋略和口才却是首屈一指的。东帝冷静地分析了眼下的局势，不打算同时和两个西部伪帝交战，因为他的军力连维特拉尼奥的多瑙河军团都赶不上，更不要说马格嫩提乌斯手下强大的莱茵河野战军了，所以东帝试图"近交远攻"。

君士坦提乌斯派人携重金深入维特拉尼奥的军队，大肆收买将军和士兵，而他本人宣称可以接受维特拉尼奥称帝，只要他不与马格嫩提乌斯结盟即可，双方终于决定在塞尔迪卡正式会面。

公元350年12月25日，两个皇帝在军队的簇拥下会面。起初，维特拉尼奥同意君士坦提乌斯当众宣布结盟事宜，没想到年轻的东帝口才极佳，巧妙地利用演讲唤起了军队对先帝的思念，言语间暗示只有大帝的后裔才能就任皇帝，而那些被买通的将领立即高呼只承认君士坦提乌斯，士兵们也跟着附和。维特拉尼奥吓得立即跪倒在地，主动把王冠交给了东帝。随后两军欢呼拥抱，巴尔干半岛诸省又回归君士坦丁王朝。

看来，君士坦提乌斯的军事才能一般，谋略和手腕却高人一筹。他早就派人策反了维特拉尼奥的部将，就等着演讲时鼓动全军倒戈，这与马格嫩提乌斯的兵变有异曲同工之妙。

巴尔干半岛的收复对君士坦提乌斯意义重大：其一，希腊、马其顿向来富庶，能为内战提供足够的资金支持；其二，多瑙河野战军是帝国唯一能和莱茵河野战军叫板的罗马军团，这才是东帝最想要的东西。有钱有兵，君士坦提乌斯还有什么可担心的呢？

战争打响后，东部皇帝以守为攻，率部赶到了西巴利斯，就地修建了坚固的防御工事。当地正是其父击败李锡尼的地方，君士坦提乌斯相信在这里决战一定能再次获得胜利，所以严令全军坚守营地，就是不接受马格嫩提乌斯的挑战。

马格嫩提乌斯见求战不得，便绕过敌军营地，攻打其后方的锡斯西亚和西尔米乌姆，意在截断君士坦提乌斯的退路，将其孤立在战场上。然而，当马格嫩提乌斯风卷残云般地到处攻略时，君士坦提乌斯却发挥特长，再次派密使深入敌军，用重金策反了贪婪的将领。不久后，马格嫩提乌斯的骑兵大将西尔瓦努斯便带着骑兵倒戈加入了东帝阵营。

有了敌军精锐骑兵的加入，君士坦提乌斯便有了决战的底气。当公元351年9月马格嫩提乌斯率部攻打墨萨城时，君士坦提乌斯终于不再沉默，提兵倾巢而出，这使得高卢皇帝不得不放弃了攻打城池的计划，转身与敌军决战。墨萨会战由此开始。

君士坦提乌斯的军队因为有对方骑兵的加入，优势明显。他让右翼紧紧靠着德拉弗河，依托河流掩护自己的侧翼，而他在左翼布置了几乎全部的精锐骑兵。骑兵战线向外延伸，超过了敌军的右翼，如同一个口袋要将敌人全部擒获。

决战开始后，君士坦提乌斯用极具煽动力的口才鼓舞士气。他的骑兵首先发起冲锋，摆开楔形阵，如一只雄鹰的翅膀要将敌军横扫一空，使得敌军一度动摇，但善战的马格嫩提乌斯亲自持剑冲杀，又重新稳住了阵脚。双方你砍我杀，陷入了胶着的血战。

战斗一直从白天打到了黄昏，最后还是君士坦提乌斯的优势骑兵取得了突破。他们分成三股，第一股为持矛的重骑兵，第二股为配备短剑轻甲的轻骑兵，最后是持有长弓的东方弓箭手。重骑兵首先以极快的速度冲杀，撕开了敌军步兵的战线，致使马格嫩提乌斯的军阵出现数条缺口；而轻骑兵紧随其后，又杀入这些缺口，使得敌军步兵的战线完全混乱；最后，弓骑兵再反复射击，大量的高卢、日耳曼战士死在了漫天的箭雨里。强大的西方军团全线溃败，纵然马格嫩提乌斯奋力搏杀，也不能挽回败局，只能驱马狂奔而逃。

墨萨之战以君士坦提乌斯的胜利告终，这是一场血腥的厮杀，也是一场杀敌八百自损一千的恶战。战场上留下了5.4万具尸体，大量优秀的指挥官和士兵战死于此役。君士坦提乌斯虽然赢了，但战死的士兵比对方多得多。

马格嫩提乌斯撤退到意大利的阿奎莱亚城，意图守住意大利防线。然而，君士坦提乌斯又派密使策反意大利的军队，很多城市和军队相继投降。留在罗马城的尼波提安，君士坦丁大帝的外甥，早就密谋反叛，此时觉得时机已到，便散尽家财，用奴隶和角斗士控制了罗马城，还自称奥古斯都，在意大利后方举起了叛旗。马格嫩提乌斯不得不抽身南下歼灭了这支叛军——看来意大利也不安全啊。

东帝君士坦提乌斯利用得到的战舰，把军队运到了北非，然后借道非洲攻入了西班牙行省，意在威胁伪帝的高卢大本营。如此绝妙的战略部署几乎为这场内战提前吹响了结束的哨声。马格嫩提乌斯只好放弃意大利，撤退到卢格杜努姆，但更糟的消息接踵而至。他的弟弟德森提乌斯本来奉命守备特里尔，但守军却被君士坦提乌斯秘密收买了，他们趁德森提乌斯外出时，突然关闭了城门并宣布效忠真正的皇帝。

马格嫩提乌斯的帝国已经四面楚歌，到处都是倒戈的城市和军队，而君士坦提乌斯又拒绝接受他的投降，自知毫无生路的马格嫩提乌斯终于在绝望中自杀。公元353年8月，君士坦提乌斯终于重新统一了罗马帝国。然而，罗马将士自相残杀，帝国疆土满目疮痍，无论东方还是西方都失去了不少优秀的军人，再次统一的帝国已是元气大伤。

幼狮崭露头角

说起君士坦提乌斯，此人虽无先帝的军事才能，但政治手腕倒是很有一套，他懂得如何将敌人的优势吸收到自己身上，能不战而胜，在帝位的角逐中成了唯一的赢家。若以结果论，君士坦提乌斯自然是王室中最杰出的第二代，难怪坊间一直传闻大帝最喜爱的儿子就是君士坦提乌斯。然而，要独自挑起整个帝国却不是那么容易的事情，因为帝国的疆域过于庞大，而要面对的敌人又特别多。

君士坦提乌斯在群雄并起时分身乏术，难以既防范东方，又进军西方，所以他只能把软禁了7年之久的伽卢斯封为"恺撒"，还把胞妹许配给了他，但这些都只是权宜之计。击败马格嫩提乌斯后，皇帝再次关注起这个叫伽卢斯的年轻人。

血色葬礼时，伽卢斯兄弟的年纪都还很小，这才逃过了屠刀，但君士坦提乌斯把两兄弟软禁在小亚细亚的深山古堡中，给两个幼小的心灵蒙上了一层阴影，所以他们的心智受到了不同程度的影响。其中，伽卢斯对诸事均无兴趣，性格叛逆、固执，因此常常被宦官欺凌压迫，使得伽卢斯逐渐变成了色厉内荏的狂躁之徒。弟弟尤里安内敛好学、城府极深，从不轻易表露真实想法，也没人知道他的真实信仰，他对皇帝派来的宦官从来都是冷漠以对，还装出一副半痴半呆的模样，故作天真地躲过了一次又一次的暗箭。

所以要论关系，君士坦提乌斯可是伽卢斯兄弟的仇人，伽卢斯不可能真的感激皇帝，而皇帝也不可能真的信任伽卢斯，特别是那些派驻东方宫廷的"耳目"突然死亡后，皇帝越发猜忌伽卢斯，于是用一封诏书将其骗至波拉堡处决。然而，处死伽卢斯后，帝国的问题更加严重，因为皇帝生性多疑，忌惮有能力的将领。降将西尔瓦努斯也倍受猜忌，他不想成为第二个伽卢斯，索性起兵造反，虽然28天即被镇压，但无疑敲响了帝国的警钟。

内部叛乱的同时，外部入侵也从未停止过。

多瑙河以北，蛮族王国之间正相互兼并血战。曾经强大的萨尔马提亚人被利米甘特人驱逐，而夸地人却兼并了萨尔马提亚人残部，拥有了强大的步骑。野心勃勃的夸地人趁罗马帝国虚弱之时，大举攻入多瑙河地区。皇帝倒也算是勇武，立刻清点兵马奔赴前线。这场针对夸地人的战争艰巨而持久，从公元357—公元359年，君士坦提乌斯一直在前线血战蛮族大军。

让人气恼的是，多瑙河战争正值高潮时，波斯皇帝沙普尔再次陈兵边境，于公元359年提兵10万攻陷了美索不达米亚重镇阿米达，又在次年拿下了辛加拉和贝扎布德，还俘虏了多达5个军团的士兵。可是如今的东方已经没有了"恺撒"，皇帝必须御驾亲征才能应对这场战争。疲惫的君士坦提乌斯不得不披挂上马，再次回到那个漫天黄沙的东部帝国。

几乎在同一时期，日耳曼联军又越过莱茵河，杀入高卢行省，而当地的守军在内战时死伤过半，城池也残破不堪，包括科隆尼亚、特里尔在内的45座城池毁于战火。罗马的臣民只能东躲西藏，而军团也缺乏兵员、士气低落，他们甚至一听到蛮族联军的名字便吓得面如土色。难道只有皇帝转战莱茵河才能解决问题吗？

君士坦提乌斯二世终于深刻理解了戴克里先为什么要搞四帝共治，如此庞大的帝国四面都是敌人，而一个皇帝又不可能分身迎战，所以连睿智的君士坦丁大帝都不得不把帝国分封给兄弟5人。看来先帝的安排也是深谋远虑的，只可惜人性的贪婪让皇室阋墙而斗，如今皇室只剩下一个看似孱弱的尤里安了。君士坦提乌斯只好让尤里安负责收复高卢行省。终于，暗藏雄志的尤里安登场了。

弗拉维斯·克劳狄乌斯·尤里安努斯，后世普遍称其为尤里安，公元331年生于君士坦丁堡，他的祖父就是曾经的西部正帝君士坦提乌斯·克洛卢斯，而祖母是首任西部正帝马克西米安之女，父亲是君士坦丁大帝的异母兄弟尤里乌斯。从血统上讲，尤里安兼具君士坦提乌斯和马克西米安的血统，比起小酒馆老板之女所生的君士坦丁大帝，尤里安的血统似乎更加尊贵。

公元355年2月，君士坦提乌斯二世召尤里安到米兰觐见，9个月后又把皇妹海伦娜嫁给了他，正式敕封其为西部帝国的"恺撒"。后来战火四起，君士坦提乌斯便命他全权负责收复高卢行省的战事。此刻的高卢是一片狼藉，法兰克人、阿勒曼尼人已经完全攻破了莱茵河防线，摧毁了45座城池，曾经骄傲的科隆尼亚、特里尔等诸多军团基地都沦为一片废墟，连高卢中部的奥古斯托杜努姆、卢格杜努姆也不能完全保证安全。

皇帝并没有交给尤里安多少军队，他身边只有360人的卫队，他们要穿过的土地满是敌人，随时都可能被袭击。然而尤里安毫无畏惧，沿着最危险但耗时最短的道路直奔兰斯。大多数人不相信尤里安能顺利穿过敌占区，当兰斯军团接到新"恺撒"即将抵达的消息时，既惊讶又忧虑。

"太年轻了。这个贵公子怕是没穿过铠甲，没提过刀剑吧？"

的确，与身经百战的军团比起来，尤里安简直是初出茅庐的新手，不但没有上过战场，而且还太年轻了，并不能让人感到安心。一些资历较老的士兵和将官自然对尤里安的命令阳奉阴违，他们并不相信一个闻所未闻的年轻人能带给他们胜利。军中因此流传出不利于尤里安的传言，他们称"恺撒"像是亚洲的书呆子，不但留着杂乱无章的胡子，还酷爱穿着希腊式的短布衣，身体孱弱如同老头一般。这让那些骄横跋扈的兵痞伸长了脖子要看尤里安出丑。

可是，真到了尤里安和军队见面时，那个曾经一脸稚气且形如痴呆的王子不见了，一个英气逼人、剑眉星目的年轻将军策马而来，他身着罗马式铠甲，头戴金色红缨盔，肩上的紫色斗篷象征着副皇帝的身份。这彻底粉碎了流言，众人不禁惊呼起来。

年轻的统帅用铿锵有力的演讲重振军队的信心，用身体力行来打消将军们的疑虑，用同甘共苦的作风赢得士兵的爱戴。新"恺撒"告诉他们："无论蛮族赢得了多少次战斗，也无论多少城市被他们摧毁，我，弗拉维斯·克劳狄乌斯·尤里安努斯将带领你们击败他们，雪洗一切耻辱。"

勇敢、积极、阳光的尤里安赢得了军队的支持，"恺撒"尤里安的舞台剧终于上演了。

尤里安充满朝气，做事雷厉风行。在抵达高卢的那个冬天，年轻的"恺撒"几乎是"贪婪"地向将军们求教有关战争的一切知识，超凡的学习能力使他迅速掌握了领兵打仗的技巧。他奔波于军营和宫廷之间，尽可能地向全高卢传达"恺撒"到来的消息，他还以兰斯为大本营集结分散在各地的散兵游勇。谁都看得出来，新"恺撒"将在春季来临后主动出击。

虽然蛮族国王们有些轻视现在的高卢军团，但他们依然关注着罗马人的一举一动，自然也得知新任高卢皇帝的到来。春天来临后，"恺撒"尤里安开始行动起来，率领一支人数不足1万人的军队从兰斯东征。然而，阿勒曼尼人却掌握了尤里安的行动，同样集结了一支军队，利用熟悉地形的优势，悄悄地接近了尤里安。

尤里安所部急切地朝前线挺进，沿途没有任何风吹草动，派出的斥候也没有任何回复。这是尤里安初次实战，他既紧张也兴奋，不断催促军队加快行军步伐，以求早日抵达目的地。黄昏时分，一个士兵突然从后方策马疾驰而来，急促的步伐震得路边的小石子也跟着跳跃起来，安静的空气瞬间变得焦躁不安。尤里安拨转马头眺望后方，只听见那个士兵大吼道："'恺撒'，有敌袭！有敌袭！"

这时，从道路两旁突然出现无数弓矢，阿勒曼尼人吼叫着杀了出来，而尤里安的后卫已经遭到了敌军的奇袭。士兵们被突然而至的攻击打蒙了，后卫与大部队的联系被突然切断，陷入重重包围中，人们慌乱起来，可尤里安却非常镇定，策马呼喊道："列队，跟我来！"

在罗马军队的后方，日耳曼人射死了不少缺乏盾牌的士兵，勇猛的阿勒曼尼人挥舞着长剑和战斧跃入早已混乱不堪的罗马军团，一个又一个百人队被歼灭于阵前，无论士兵还是军官都不能突出重围。就在他们几乎要举剑自刎的时候，突然，一声熟悉的罗马冲锋号响起，所有人不禁望向号角响起的方向，只见一个年轻的白马将军策马而来，身后紧跟着鲜衣怒马的罗马骑兵，鹰旗伴着火光在他们身旁闪耀。援军的到来鼓舞了士气，罗马军击退了阿勒曼尼人的进攻，可是这场奇袭还是让两个军团覆灭了。

尤里安的第一仗无论从哪个角度来说都是一场失败，大军全凭着过硬的素质才免于全军覆灭，但尤里安却没有因此沮丧，也没有因此而失去信心。他召集将军们向他们道歉，发誓自己将更加谨慎和虚心，也鼓舞他们不要因为一场失利就放弃获胜的勇气。

紧接着，尤里安开始报复阿勒曼尼人，并在接下来的会战里大胜敌军，被击败的阿勒曼尼人四散而逃。虽然尤里安没能歼灭这支军队，但难能可贵的胜利还是重振了罗马军团的士气，而生死与共的战斗也让他们和年轻的指挥官亲如兄弟，"恺撒"不屈不挠的精神打动了每一个士兵。

在尤里安的不懈努力下，罗马军团再次来到曾经的莱茵河防线。抵达满是废墟的科隆尼亚时，军队上下无不感慨万分，现在的莱茵河防线已经完全被毁，城池连完整的城墙都找不到一段，而且阿勒曼尼人和法兰克人的主力并未受创，蛮族大军依然肆意横行在高卢行省。冬季即将来临，毫无防御能力的科隆尼亚难以越冬，全军都明白留在这里会非常危险，所以尤里安打算暂时回撤。

冬季来临后，尤里安急速向西撤退至桑斯城。虽然桑斯还未被破坏，但它的城墙也已残破不堪，尤里安令大军立刻着手修复城防。事实上，他的决定非常明智，因为没过多久，紧随而来的蛮族大军便兵临桑斯城下。他们兵强马壮、战意高昂，很快就搭起云梯猛攻城池，显然是要将尤里安的军队围歼在此。尤里安手里不过数千人马，战况危急异常，幼狮似乎落入了群狼设下的陷阱。

寒风呼啸的桑斯城内四下凋敝、人畜皆静，可城外却战马嘶鸣、人声鼎沸。此刻，尤里安所部全被围在了城内。在这样寒冷的冬季，任何军队都不愿意与敌军厮杀，可是强悍的日耳曼人却不顾严寒的刺骨，执意追赶尤里安至此。蛮族大军如此急于攻克桑斯城，并不是因为城内有什么财富，而是因为他们已经得知罗马帝国的"恺撒"就在这里，只要能够杀死尤里安，高卢将被日耳曼人吞下。

尤里安将军队部署在城墙四周，按照罗马人的习惯加固并搭起了营寨。

城内的气氛如临大敌，大家言语不多，各自忙碌着，尤里安本人也常常巡视各处要隘，甚至与士兵们一起挥汗如雨。

"蛮族是如何掌握军团行踪的？难道只是因为他们的斥候更加优秀吗？也许这并不是他们斥候的功劳，而是……"想到这里，尤里安不禁感到后背冰凉。他让最精锐的骑兵设法绕过敌军的巡逻士兵，赶赴最近的骑兵元帅马塞卢斯处求援，然而许久过去了，仍然不见援军的踪影。

阿勒曼尼人砍伐了大量的树木用以制作云梯和攻城锤，他们白天高举着长剑和盾牌，踩着云梯猛烈攻击桑斯的城墙，骇人的攻城锤也不断撞击着，但尤里安的勇士们不断将那些试图登上城墙的蛮兵刺死，用带火的弓矢引燃敌军的云梯和攻城锤，蛮兵始终无法占领城墙。到了夜间，阿勒曼尼人偃旗息鼓，却悄悄挖掘地道，警觉的罗马士兵发现敌军异动后，便用火箭射击，使得蛮族勇士们不是被射死就是被烧死，夜袭的计划也没能成功。

蛮族大军围着破败不堪的桑斯城昼夜攻打。这座城池并不具备强大的防御力，但是年轻的尤里安表现出惊人的镇定。英勇的统帅与士兵们同仇敌忾、同甘共苦，这种精神感染了每一个士兵和居民。看着永远都精力充沛的"恺撒"，全军上下也都对胜利充满了希望，就是这样一种精神支撑着疲惫的罗马人。

随着严寒的加剧，蛮族军队的补给越来越少，他们甚至已经不能离开火堆，而墙壁依然是那样难以逾越。30天后，阿勒曼尼人不得不解围而去。罗马军团为死里逃生感慨不已，如果没有"恺撒"的坚持和勇气，他们可能早已投降，士兵们高呼着"凯旋大将军"，从此如亲人一般紧密了。

狮王终将加冕

桑斯城解围，尤里安的危险暂告一段落。然而"恺撒"并没有因此高兴多少，几个疑问一直缠绕在他心头挥之不去：蛮族是如何掌握军队行踪的？近在咫尺的骑兵元帅为何不来救援？还有，初次交锋时为何斥候完全没有察觉有敌军埋伏？这些问题不禁让人浮想联翩。尤里安深知骑兵元帅马塞卢斯是一员久经战阵的猛将，断不可能因畏敌而不肯出兵，而马塞卢斯拒绝救援的理由恐怕只有一个——欲将他置于死地。

至于原因，是为了独掌大权，还是接到了君士坦提乌斯的密令？这些尤里安已经不想去猜了。对"恺撒"来说，罢免马塞卢斯是势在必行的。为此，尤里安不顾此举是否会引起皇帝的猜忌，执意要免去马塞卢斯的职务，还把桑斯之战前后之事禀报了皇帝。君士坦提乌斯倒也"公正"，把尤里安中意的塞维鲁提升为新的骑兵元帅。如此一来，尤里安真正掌握了兵权。

公元357年，尤里安补充了一些新兵，战力达到了1.3万人。这样的规模依然远远低于皇帝的10万东方军团，更低于在高卢肆虐的蛮族联军，但对尤里安来说，这支军队弥足珍贵，他们都完全忠于他，是绝对不会出卖情报给任何蛮族的可信战友，也是他唯一能依靠的本钱。

这一年，尤里安率领他们继续向东部挺进，计划攻克斯特拉斯堡，歼灭盘踞在此处的阿勒曼尼人。在尤里安的请求下，皇帝也在这一年命令驻守米兰的巴尔巴提奥率领3万人马北上支援。按照计划，巴尔巴提奥将率部攻打斯特拉斯堡南面的巴塞尔，一旦攻克此处，便能与从北面进攻的尤里安会合。两人如同一把钳子要将中间的阿勒曼尼人围歼。

然而，这次又让尤里安失望了。当尤里安按计划抵达斯特拉斯堡西侧时，阿勒曼尼人已经逃到东岸河中的小岛上，他们认为尤里安缺乏船只，不可能渡过河流。拥有3万人马的巴尔巴提奥有足够的船只，尤里安便让他把船送来，可对方却把船都凿沉了，此举意味深长。

不久后，巴尔巴提奥象征性地北上，结果遭到了阿勒曼尼人的伏击。他毫不犹豫地带着军队向南逃跑，竟然翻过了阿尔卑斯山，逃进了米兰，扔下了孤军深入的尤里安。看着如此战报，尤里安冷笑着叹了一口气，他意识到自己太天真了，本就不该指望皇帝的援军。

没了来自米兰的援军，尤里安只能依靠他自己。在夺取了斯特拉斯堡后，尤里安试图重建该地的秩序。阿勒曼尼人得知尤里安已成孤军后，旋即集结起一支3.5万人的蛮族联军，由7位国王和10个诸侯指挥，统帅是蛮王克诺多马。如此形势十分不利于罗马军团，尤里安和他的将军们都明白，如果与几乎是三倍于己的蛮族联军硬拼，那将极难取胜，所以他们最好的战略就是奇袭，在敌军尚未占据有利地势前将其击破。

当年的8月，尤里安主动率部寻找蛮族联军的踪迹。他们遭遇联军主力时，正值中午。尤里安本打算就地扎营以恢复体力，但将军们提议迅速决战，因为蛮族军队对他们的到来颇为吃惊，还全无准备，正好打对方一个措手不及，士兵们也急于击破这支蛮族军队。军团上下战意高昂，热烈而又勇敢的气氛鼓舞了尤里安，于是决定就此挑起决战。

尤里安按传统把军队分成左、中、右三部。中央部署了军团步兵，按三列线阵分成三线，打头的是普通步兵，两侧为皇室卫队，第二线是尤里安和他的预备队，最后一线是一列远程步兵。至于两翼，尤里安将全部重骑兵部署在右翼位置，左翼是副将塞维鲁指挥的重步兵精锐。

阿勒曼尼人同样分为左、中、右三部，其中右翼所在位置正好有一处森林，克诺多马便把整个右翼埋伏在林中，意在伏击罗马左翼。另外两部，左翼是数千精锐日耳曼骑兵，中央是各族下马步兵，背后还有一些酋长卫队和贵族，7位国王几乎都在此处。

突然，一支离弦的箭矢飞入两军阵前，这代表着决战的开始。悠长的号角声撕破了天空的宁静，两军勇士都疯狂地朝对方杀去。

中央战场上，罗马军团首先熟练地投射出漫天标枪，它们如雨点般砸在蛮族勇士的盾牌上，而阿勒曼尼人也以同样密集的箭雨反击，不少罗马士兵应声栽倒。随后便是血腥的肉搏，长矛和长剑来回挥舞，战局陷入僵持。

左翼战场上，塞维鲁颇为谨慎，没有贸然进入森林，按捺不住的蛮族伏兵急躁地杀了出来，伏击计划破产。塞维鲁旋即列阵反击，大破阵形混乱的蛮族右翼，杀伤了不少敌军士兵。蛮族残部被迫退回森林，塞维鲁抓住战机追杀而去。

右翼战场上，克诺多马悄悄派了一队轻步兵隐藏在骑兵中间，日耳曼骑兵负责吸引罗马骑兵的注意，轻步兵则拿着长矛从身下偷袭，弄伤了不少战马。右翼的罗马军惊慌失措，纷纷放弃防线逃跑，这使得中央步兵的侧翼暴露了。

若是汉尼拔指挥蛮族联军，突破罗马军右翼的日耳曼骑兵必定杀到罗马步兵的侧后方，从而毁坏整条战线，可惜克诺多马叫回了他的骑兵，反而派他们去支援败退的己方右翼。这样一来，蛮族骑兵就必须穿过中央战场，不仅耗费了大量的体力,还让尤里安得到重整战线的时间。

尤里安见状立即拦住了逃跑的罗马重骑兵。他高举着紫色龙旗,喝止并鼓励惊慌的骑兵,罗马骑兵这才停止了逃跑,转身重新列阵。

此时,中央战场发生了惊变:克诺多马将最精锐的酋长卫队投入了战场,他们组成了一个三角楔形阵,直插中央的罗马步兵,犹如一枚钉子凿穿了罗马军的中央防线。多亏尤里安在第二线部署了预备队,他们在远程步兵的支援下紧急迎上,堵住了防线的缺口。中央战场由此变成了一个三角形,罗马人把蛮兵夹在了中间。

"恺撒"高举着长剑,策马奔驰在厮杀的第一线。他不畏艰险的英姿又一次激发了全军的血性,罗马军团非但守住了战线,还不断击溃冲来的一拨又一拨蛮族联军。已经击溃蛮族右翼的塞维鲁终于从森林里杀了出来,他们移动到蛮族联军的背后,与己方中央步兵合力包围了敌军。

当战局开始有利于罗马人时,这些蛮族国王和诸侯都忙着保存自己的兵力,生怕因此战失去争霸的本钱。蛮族联军因而朝莱茵河逃窜,不少人跳入河中淹死。联军战线已经完全崩溃,那些来不及逃走或死战不退的蛮族勇士,则遭到罗马军团的包围。联军指挥官克诺多马国王被困在山上生擒,超过6000名阿勒曼尼勇士被阵斩,另有数千人淹死在河中,损失上万人之多。

尤里安奇迹般地赢得了斯特拉斯堡之战,他不仅以少胜多,而且仅仅伤亡了243名士兵和4位将军。蛮族联军就此溃散,他们的国王和贵族成了"恺撒"军中的阶下囚,残余的阿勒曼尼人也在尤里安的兵锋下逃之夭夭,莱茵河南部的阿勒曼尼人都被尤里安驱逐。如此一来,尤里安收复了莱茵河南部地区,只剩下北面的法兰克人还在负隅顽抗了。

当年12月,尤里安率部北上攻打法兰克人。"恺撒"仅花了54天便拔除了位于默兹河边的蛮族堡垒。待到本该冬营的时候,尤里安却令全军携带20天的粮草悄悄行动,以奇袭的方式再次击败了法兰克人,俘虏了大量的蛮族青年。

从公元357—公元359年,尤里安三次渡过莱茵河攻打蛮族的大本营。他的士兵骄傲地说道:"300多年前,尤里乌斯·恺撒曾从这里渡过莱茵河,300年后,又一个'恺撒'带领我们渡过了这条河。"

对人数众多且部落林立的蛮族，尤里安恩威并施。他允许恭顺的萨利安人迁到罗马的土地上生活，但要按契约为罗马提供兵员，也允许卡马维人退回曾经的家园，并返还他们的俘虏。

骄傲的日耳曼人终于被尤里安给打服了，打怕了，莱茵河沿线的7座城池都被"恺撒"收复。难民得到救助，荒地得到开垦，高卢行省在尤里安的经营下终于恢复了生机。而他，"恺撒"尤里安，也在与日耳曼联军的鏖战里树立了自己的威望。无论是普通民众还是罗马军队，都热烈拥护尤里安，他的辉煌战绩早已传遍了帝国南北，除了皇帝的宫廷里听不见赞许的声音，整个帝国都在传颂"恺撒"的伟大功绩。

尤里安的巨大成功震撼了帝国，更震撼了君士坦提乌斯。在东方战线上，拥有10万大军的皇帝依然没有取得任何战果，他在美索不达米亚的城池接连失守。皇帝的威望竟然在高卢被收复后不升反降。为了重振声威，皇帝带着尤里安送来的俘虏凯旋罗马城，毫不客气地把高卢战争的胜利归功于皇帝本人的运筹帷幄，丝毫不提尤里安独立奋战的功绩。但这也只是皇帝和他身边大臣们的自娱自乐，全罗马都知道"恺撒"尤里安才是当之无愧的英雄，是日耳曼征服者。

君士坦提乌斯意识到，尤里安在高卢的胜利已经让他拥有了忠于他的军队和宫廷，那个孱弱的年轻人早已不是任人摆布的小孩。多疑的皇帝感觉到了危机，而他身边的大臣和宦官也不断煽风点火，夸大尤里安的威胁，这更增添了皇帝的忧虑。于是，多疑的君士坦提乌斯突然命令尤里安交出兵权，还要把最精锐的4个高卢军团调到东方对抗波斯，丝毫不顾及刚刚重建的莱茵河防线。

皇帝的命令引起了高卢军团的骚动，他们多数都认为皇帝是在为除掉尤里安做准备，一旦没有了军团的保护，尤里安随时都可能被皇帝处死。高卢军团的将军们请求尤里安不要让他们去东方，尤里安也对皇帝的命令感到悲伤，但"恺撒"并不打算违抗皇帝的命令，他虽然心中不满，却依然鼓励军团东行，并以各种方式来消除军队对皇命的抗拒。

在军队即将启程前，尤里安特意召集军队把酒言欢。对尤里安来说，这可能是他最后一次与战友们共饮了，毕竟未来的命运无人知晓。这场本应欢乐无比的宴会无时无刻不让人感到离别的悲凉,所有人都为即将到来的命运担忧。宴会结束后,尤里安独自返回帅营就寝,他不想和自己的士兵们告别,他怕自己会忍不住哭啼。

睡梦中的尤里安不知道,军团将士们在当夜做了一个影响尤里安和帝国命运的决定。次日清晨,尤里安突然被呼喊声惊醒,他听见帐外不断有人高呼着自己的名字,然而他们呼喊的并不是"恺撒",而是"奥古斯都尤里安"。

高卢军团此刻已经将"恺撒"的大帐层层围了起来,他们不断以皇帝之名呼喊尤里安,谁都明白这是军团要拥立尤里安称帝。起初,尤里安沉默地待着,他不敢回应军队的诉求,因为这是反叛,是谋反。可铁了心的士兵就是不肯离去,一遍又一遍地呼喊着尤里安的名字,一直从清晨到日落,没有一个士兵放弃。

次日,士兵们依然围在帐外呼喊,尤里安知道躲着不见是不能解决问题的。他突然意识到军队拥他称帝的消息可能已经传到了东方,不管他称不称帝,皇帝都不会放过他和高卢的军团。

"骰子已经掷下了吗?"

尤里安知道事情已经不可挽回,从军团在他营帐外高呼"奥古斯都"时起,君士坦提乌斯就不可能饶过在场的任何人了。军团已经帮尤里安决定了,他,弗拉维斯·克劳狄乌斯·尤里安努斯,必须成为皇帝才能保护自己和自己的军队。

终于,尤里安不再拒绝什么了。他望着天空的太阳,一只雄鹰飞过,在他的头顶盘旋。这一刻,尤里安忽然觉得这也许是诸神的旨意,是古罗马的众神要拥护他称帝,只有自己称帝才能拯救日趋堕落的罗马帝国,才能将臣民从基督教里拯救出来,才能恢复罗马人往日的荣光。

大帐被缓缓打开,一群激动的士兵立即拥入帐篷,用盾牌高高举起了尤里安。皇帝的紫袍披在了尤里安的身上,在军队响彻天际的欢呼下,尤里安登上了罗马帝国的皇位。

"荣耀尽归奥古斯都尤里安。"新的奥古斯都诞生了。

最后的信仰守护者

尤里安决心称帝后，立即解除了反对者的兵权，将亲信安插在重要的职位上，同时在高卢地区征兵，公开赦免了流亡各地的马格嫩提乌斯残部。这些前伪帝的支持者在战争失败后便落草为寇，人数依然不可小觑，尤里安不顾君士坦提乌斯的法令，把这些人通通收归麾下以扩充自己的军事实力。

为了争取备战的时间，也为了试探君士坦提乌斯的对自己的态度，尤里安亲手写了一封言辞恭顺的信，详细讲述了自己登上帝位的不得已，也恭请皇帝接受眼下的局面，并表示将尊重东部皇帝的最高权威。然而，君士坦提乌斯并不打算接受尤里安称帝的事实，他傲慢地拒绝了尤里安的使者，并要求尤里安把高卢军团通通交出来。

皇帝的回信实际上已经是正式的宣战。君士坦提乌斯把本来要用在波斯战争里的车马辎重全部调拨来用于即将发生的内战，他本人也从前线返回安条克。内战开始了。

尤里安本就没有指望皇帝会接受他称帝的既成事实，他利用使者往来谈判的时间，再次讨伐了莱茵河地区，目的就是要狠狠打击蛮族的气焰，让那些不安分的日耳曼人不敢在他离开高卢后越过莱茵河，这样才能保证后方无虞。

公元360年，尤里安分兵三路东征：第一路由骑兵大将内维塔率领1万人马攻打雷蒂亚和诺里库姆；第二路由约维努斯和杰维努斯率领1万人马，借道阿尔卑斯山和北意大利攻打伊利里亚；第三路由尤里安亲率3000精锐，从最危险的黑森林深入，借道多瑙河直奔西尔米乌姆。尤里安这一路无疑是最险恶的，他所经过的区域常有日耳曼人骚扰，那里有隐藏在阴影里的敌人，而且补给也得完全依靠自己。

尤里安一路急行，沿途占领了一些要道和要塞，还夺取了一些船只。他们利用这些船，沿着多瑙河向东，在敌军斥候完全没有发现的情况下，突然在潘诺尼亚登陆，当地守将卢西利安被活捉。随后，西尔米乌姆的守军也开城投降，多瑙河防线一片混乱。

尤里安没有在西尔米乌姆耽搁太久，他把收编的降兵全部派往高卢后方驻守，随后便继续向东挺进，抢在君士坦提乌斯大军抵达前，占据了险要的苏西伊，扼住了通往色雷斯的要道。此时的多瑙河防线基本归顺了尤里安，马其顿、希腊本来就对尤里安颇有好感，归顺自不必说，其强大的兵锋，让意大利和伊利里亚地区的总督也先后逃离了自己的辖区，西部皇帝完全接管了巴尔干半岛。

尤里安这边行动迅速，君士坦提乌斯一方却迟迟没能进入小亚细亚。皇帝为组织起一支超过10万人的大军，耗费了大量宝贵的时间。但他依然是合法的最高皇帝，各地总督多半还是忠于君士坦提乌斯，这些人自发地采取了行动。听说尤里安起兵后，阿非利加总督高登提乌斯立刻派兵控制了北非行省，阻止任何人响应尤里安；埃及总督阿尔泰乌斯也截断了运往意大利的粮食，使得意大利很快就出现了饥荒，此举无疑扰乱了尤里安的大后方。而那些在西尔米乌姆投降的军队，本就不情愿前往高卢驻守，他们抵达意大利的阿奎莱亚后，突然袭取了城池，并在城墙上升起了君士坦提乌斯的旗帜，如此便截断了尤里安的退路，也截断了来自意大利和高卢的增援。

尤里安得知阿奎莱亚失守，当即派约维努斯驰援后方，把阿奎莱亚团团围住，但城内守军人数众多，城坚且粮足，一时之间难以攻下，叛军反倒成了尤里安后方的定时炸弹。

从当下的局势来看，尤里安虽然多有胜绩，却并非稳操胜券，他最大的优势在于君士坦提乌斯的迟缓，最大的劣势在于没有足够的粮食补给，特别是北非和埃及与之为敌，这让他的大后方极不稳定。如此一来，尤里安只有两个选择：一是放弃抢先杀入亚洲的机会，转身讨伐叛军，然后渡海夺取北非；二是不顾后方危机，集中力量突破亚洲，以迅雷般的进攻直接击败君士坦乌斯，赢得内战。尤里安该怎么选择呢？

东、西皇帝的决战眼看就要来临，然而用不着尤里安抉择何种战略了，因为诸神庇佑尤里安，替他打赢了这一仗。皇帝君士坦提乌斯在安条克时就已经身体不适，当他率军抵达塔尔苏斯后，病情便越发严重了，还没等到渡海进入色雷斯，他便已经支撑不住了。君士坦提乌斯自感大限将至，不得不放弃了与尤里安决一胜负的想法，在临终前承认了尤里安的地位，并指定尤里安作为他的继承人，毕竟尤里安是君士坦丁王室最后一个成员了。

公元 361 年 11 月 3 日，45 岁的君士坦提乌斯驾崩于小亚细亚，同年 12 月 11 日，尤里安率军进入首都君士坦丁堡。30 岁的尤里安终于成了罗马帝国唯一的皇帝。内战以最快的方式戛然而止，帝国各省相继宣布效忠新帝。阿奎莱亚的叛军开城投降，阿非利加总督高登提乌斯和埃及总督阿尔泰乌斯均被处死，君士坦提乌斯的宫廷总管和叛将马塞卢斯都遭到了合理的报复，前朝旧臣也被尤里安以合法的方式根除干净。

尤里安的统治开始了。

登上帝位的尤里安让君士坦丁王朝焕然一新。新皇帝不同于以往的任何一位奥古斯都，他追求朴素与自然，不喜奢华和排场，他饮食简单、勤于政务、洁身自好、不喜娱乐、热爱文学、惜时如金。新皇帝尤里安上任后的第一件事便是裁撤了几乎全部宦官和冗官，据说当时的皇宫因为尤里安的精简如同死城一般寂静。一些官员和富豪私底下笑话皇帝，称他不过是久居高卢的乡巴佬，却不知这种朴素精神正是罗马祖先得以称霸地中海的真正原因。

尤里安致力于根除帝国弊政，恢复共和传统。他大力抬高元老院的地位，恢复元老院的权力，他不顾宫廷礼仪，亲自起身迎接执政官的到来，他还致力于恢复地方议会的功能，废除了前朝的苛捐杂税，减轻了人民的负担，也废除了告密制度，遏制了欺压与迫害。

尤里安是多神教的信徒，当他主政帝国后，恢复罗马传统宗教成了他最费心的事情。一方面，他废除了基督教的各种特权，根除了基督教扩张的土壤；另一方面，他重建了全国各地的神殿，扶持多神教发展，甚至亲自撰写驳斥基督教的文章。尤里安全面恢复多神教的传统，致力于恢复罗马传统精神，期望构筑一个多宗教相容的社会。尤里安认为所有罗马人都应该有自由信仰的权利，理想的宗教应该建立在相互容忍的基础上。这正是古罗马的包容精神。

在尤里安的统治下，罗马帝国逐渐恢复了共和时期的生机，一些传统被恢复，赋税被降低或免除，城市和耕地被重建，贪污腐败被遏制，人民生活逐渐好转。自塞维鲁王朝起，罗马帝国第一次出现了一个颇有共和遗风的皇帝，如果还有罗马"遗老"在世，想必会为尤里安的出现而感动哭啼吧。

底格里斯河之战

皇帝尤里安有着哲学家的气质，更有着古典时代的英雄情结。他向往着大帝亚历山大的伟大事业，在帝国西部已经恢复和平后，他把主要精力都集中在东方。完成尚未打赢的波斯战争，实现罗马帝国从大西洋到印度洋的伟大征服，就成了尤里安的下一个目标。

为了实现这个伟大目标，尤里安组建了一支6.5万人的精锐军队，召集了来自西部和东部的绝大多数名将，包括萨路斯特、安纳托里乌斯、内维塔、迦莱法乌斯、维克托、塞巴斯提安等等，他们有的是在高卢与尤里安并肩战斗的将军，有的是常年鏖战波斯的东方统帅。皇帝还集中了大量的车马辎重，并派使者邀请亚美尼亚王国出兵支援。一场声势浩大的战争开始了。

公元363年3月5日，皇帝尤里安从安条克出征，一直东进至克拉苏曾经覆灭的卡莱，在这里，皇帝明示了他的作战计划。尤里安意图兵分两路，分别沿着幼发拉底河和底格里斯河南下，直逼波斯帝国的首都泰西封城。

第一路大军由埃及总督塞巴斯提安和普罗科比率领，共计3万人马。他们将从卡莱进军重镇尼西比斯城，意在会合亚美尼亚的2万名步兵和4000名骑兵。这样一来，这一路的军队就能达到5.4万人，实力足以沿着底格里斯河南下泰西封。

第二路大军由皇帝亲自率领，集合了他最精锐的高卢军团和骑兵，共计3.5万人马。随军的还有流亡罗马10年的波斯王子霍尔米斯达斯。他们将向卡莱的东南面行军，直抵幼发拉底河。虽然这一路军队人数较少，但都是帝国的精锐，而且大军还制造了2000艘船用于运送补给，可以通过水路沿着幼发拉底河南下。当两路大军抵达泰西封时，再合力攻破波斯首都。

尤里安的战略是全面进攻。他之所以分兵进击，可能是担心集中6.5万大军会增加军队的补给压力，毕竟粮草是在异国作战时最大的难题。同时尤里安也担心如果只走一条路线，波斯军队可能从另一条路威胁归路的安全，甚至反攻入罗马境内，所以尤里安兵分两路就是不给波斯这样的机会。

然而，尤里安的作战计划执行起来同样有很大风险。波斯帝国的军队虽然单兵战斗力不如罗马，但他们同样人数众多，随随便便就能组织一支超过10万人的军队，而分兵势必让罗马的军队处于人数上的劣势，这等于也给了波斯皇帝各个击破的机会。

分兵之后，尤里安率领幼发拉底河方面军水陆并进，沿途所过之处无不摧毁殆尽。波斯皇帝沙普尔的军队此时尚未抵达战争一线，故而当地军民只能靠自己抵挡尤里安的兵锋。他们凿开了幼发拉底河沿线的堤坝，试图泄洪灌水来阻挡罗马的军队，但这不能浇灭尤里安的雄心，罗马人以坚定的毅力和过人的勇气快速推进，沿途的大多数城市都向罗马人敞开了大门。直到抵达佩里萨波时，罗马军才遇到了像样的抵抗。

佩里萨波城地势险要，有坚固的双重城墙，还配备了一些重型远程武器，粮草也十分充足。守军拒绝了波斯王子霍尔米斯达斯的劝降，所以尤里安要用强攻来震慑摇摆不定的波斯人。罗马军团有非常丰富的攻城经验，他们推着攻城锤，搭起云梯，猛烈攻打城墙的一处，直到坚固的城池在罗马军团面前轰然坍塌，疯狂的罗马勇士便杀入城内纵火焚烧，还把弩炮等攻城武器搬上城墙和房顶，猛烈轰击退守内城的敌军。

皇帝尤里安在攻城时身先士卒，无数箭矢和落石从他身边飞过，若不是诸神庇佑，皇帝恐怕难以幸免，但尤里安的英勇气概鼓舞了军队，使得人人都如同皇帝般不顾性命。最终，尤里安仅用了2天时间便彻底毁灭了这座城池。

不久之后，尤里安抵达了泰西封北面的毛盖马尔恰城。这座城池离泰西封不足18千米，如同敌都泰西封的门户。毛盖马尔恰城比佩里萨波更加易守难攻，它拥有双层砖石城墙，配有16座大型高塔，还有护城壕环绕四周。要攻陷这样的坚城势必要花费大量的人力，但尤里安心中另有打算。他一面派波斯王子霍尔米斯达斯扫荡城池四周的村镇，以断绝可能前来支援的军队，一面亲率重型攻城器械围攻城池，做出一副势在必得的样子。

表面上，罗马军团似乎要强攻城池，但实际上，尤里安精选了一些勇士，让他们利用皇帝亲身吸引敌军注意的机会，悄悄挖掘通往城内的地道。为了让挖掘工作不被发现，尤里安总是让攻城军队鼓噪而进，以盖住地下的挖掘声。终于在一天深夜，1500名罗马勇士突然从地道杀出，城外的军队也马上鼓噪攻城，在内外夹击下，波斯人被砍杀殆尽，这座城池也在曾经的土地上彻底消失了。

尤里安大军一路势如破竹，终于攻杀到泰西封的近郊，焚毁了那里的波斯皇宫，这座文明的瑰宝在罗马军团的兵锋下也难逃成为灰烬的命运。现在，尤里安几乎能够望见泰西封的城墙，但沙普尔的波斯大军也集中在这里抵御罗马人，真正的决战就要开始了。

对罗马军团来说，要攻打泰西封城必须先解决补给问题。尤里安是沿着幼发拉底河南下的，也就是说，尤里安的粮草和辎重都依赖他的舰队，故而军队不能远离幼发拉底河。然而，泰西封城却位于底格里斯河的东岸，两条河流的干流并未交汇，如果不能把舰队开到底格里斯河上，罗马军团就难以离开幼发拉底河。

好在这个问题早已被罗马人解决了，当年"武皇帝"图拉真曾发动人力开凿了一条连通两条河流的运河，这样就能让舰队在幼发拉底河和底格里斯河之间来回穿梭。尤里安抵达这里后，立刻派人四下寻找这条图拉真运河，虽然它被波斯人掩盖，但还是留下了可寻找的痕迹。尤里安大军便在当年图拉真开凿运河的地方，再次挖开了一条可供舰队航行的水路，如此，尤里安的2000艘运输船便可航行到底格里斯河一岸，大军也随即兵临底格里斯河一线。

尤里安所部一路顺利，可他的底格里斯河军团却毫无踪影。按照计划，他们应该早就会合了亚美尼亚的军队，而且也该到达泰西封一线了。两路大军只有会合后才能拥有比肩10万波斯大军的战力，这样才能发起对泰西封的攻城战。可惜，底格里斯河军团显然贻误了战机，尤里安不得不依靠自己的劣势兵力对抗波斯皇帝沙普尔。

沙普尔为了把尤里安挡在底格里斯河的对岸，任命波斯贵族苏雷纳斯为大军统帅，将兵力部署在河岸沿线，还修建了大量工事阻止罗马人渡河。罗马人要兵临泰西封就必须渡过湍急的底格里斯河，可防守严密的波斯大军岂会轻易让罗马人如愿。

在作战会议上，大多数将军建议派人寻找普罗科比所率的另一支军队，等到两军会合后再强渡河流。尤里安并没有轻易表露自己的想法，他故作轻松来缓解将军们的担忧，却没有明确制订作战的计划。直到一天夜里，尤里安突然召集全部将军，命令道："今夜渡河。"

所有人都大吃一惊——这似乎太草率了。

德高望重的萨路斯特表示了反对，他认为不能如此冒险，其他将军也随声附和，但尤里安决心已定，安然地说道："无论征服，还是安全，都要依靠主动进攻。我们面前的敌军不会因为我们按兵不动就减弱，相反，他们还会有源源不断的援军，兵力只会更强。我们若是再等下去，河流的宽度也不会缩小，河岸的高度也不会降低。既然什么都不会变得有利于我们，为什么我们还要如此等待呢？"

尤里安这一问，所有将军竟然都不能反驳。有时候事情就是这么简单，透过问题看到本质才是统帅的睿智所在。既然波斯军队的战斗力会随着时间的增加而增强，那罗马军团就不应该再等下去。于是，尤里安首先派最勇敢的高卢军团渡河攻击，以试探敌军的兵力。精选出的高卢勇士旋即跳上了5艘战船，借着夜色的掩护，缓缓接近了波斯人的河岸。尤里安令大军全部出营列队，随时准备登船渡河。

突然，漆黑一片的河岸燃起了红色的火焰，尤里安知道波斯人正在焚烧高卢军团的船，强渡应该是失败了。如果是一个平庸的统帅，可能会就此放弃渡河计划，可尤里安并不平庸，他灵机一动，反而开心地说道："将士们，我们的勇士得手了，这火焰就是他们给的信号。波斯人居然如此不堪一击。登船！所有人，渡过底格里斯河。"

随着尤里安这一声震动天地的呼喊，罗马军团士气大振。士兵们各自登船，奋力划桨，受到"胜利"鼓舞的他们像追击败军一般勇往直前。罗马军团的运兵船如洪水泻堤般倾泻在漫长的底格里斯河沿线，急于求战的罗马士兵一个又一个地跳到了岸上，与茫然无措的波斯守军厮杀起来。

波斯统帅苏雷纳斯大惊失色，他面前的不是集中一点的强渡，而是全线的进攻，这让他的军队疲于奔命，一会儿堵北面，一会儿又堵南面。黑夜遮挡了波斯人的眼睛，他们根本看不清整条战线的情况，仿佛罗马人有几十万大军一样，波斯人如同用双手去挡住崩塌的堤坝一样无能为力。在激战12个小时后，波斯统帅苏雷纳斯当场战死，10万波斯大军竟然崩溃逃散。

底格里斯河渡河之战，罗马军团大获全胜，尤里安不但渡过了湍急的河流，还歼灭了多达2.5万人的波斯守军，而己方仅仅战死了75人，堪称史诗般的胜利。狼狈的波斯皇帝沙普尔吓得退避三舍，连夜派使者向尤里安请和，并表示愿意接受任何条件。

如果尤里安此时接受沙普尔的请和，那他无疑能成为这场战争的胜利者，也能为自己赢得一场盛大的凯旋式，更能雪洗君士坦提乌斯时代的耻辱，然而尤里安渴望着如同亚历山大大帝一样的传奇，他把沙普尔比喻成大流士，以亚历山大的往事鼓舞自己，严词拒绝了波斯皇帝的求和。尤里安的野心很大，他不仅要击败沙普尔，还要把罗马的疆域扩张到印度河，完成图拉真未竟的事业。

不过，胜利似乎冲昏了皇帝的头脑，他忘记了底格里斯河军团还不知所踪，亚美尼亚的援军也不见人影。相对于波斯的军队，尤里安手里的兵力依然处于绝对劣势，而且泰西封的城墙高大坚固，绝非一朝一夕能够攻陷的。

面对坚固的泰西封，尤里安很快就发现自己缺乏足够的兵力，可沙普尔还有数万大军，来自更东方的波斯援军正急速驰来。是强攻泰西封，还是等待底格里斯河方面军的到来？全军上下争论不休。然而，尤里安再次做了一个惊人的决定：破釜沉舟。

尤里安决定在援军抵达前暂缓攻打泰西封城，他要带着自己的军团乘胜追击沙普尔。这就表示尤里安会深入波斯更东方的腹地，那里都是山地和沙漠，而且是罗马人从未到过的地方。这让将军们更加震惊，纷纷劝皇帝不要这样冒险，但尤里安却以大帝亚历山大的往事鼓舞他们："这条充满艰险的路线正是马其顿国王曾经走过的，我们将会重现亚历山大的传奇，和我一起征服印度吧。"

当将军们试图再劝说骄傲的皇帝时，更让他们震惊的事情发生了：尤里安为了激发军队死战的决心，竟然烧毁了所有满载补给、辎重的船只。熊熊烈焰将底格里斯河烧成了赤色，全军上下都震惊不已。如此一来，罗马军团只有跟随皇帝背水一战了，因为他们已经失去了补给和辎重，更没有坐船返回河对岸的可能，除了前进，他们没有任何选择了。

不得不佩服尤里安的魄力，这一幕如同西楚霸王项羽的巨鹿决战一般震撼人心。

罗马军团再次迈开步伐，在皇帝尤里安的率领下，朝着沙普尔逃亡的方向追击而去。

狮王陨落，信仰终结

尤里安的军团开始朝波斯腹地推进，按照皇帝自己的想法，远征军将通过"以战养战"的方式征集粮秣，以波斯的国力来看，沿途应该不会太缺乏粮食。然而尤里安的想法只是一厢情愿。波斯皇帝沙普尔得知尤里安焚烧舰船的壮举后，自然也能想到尤里安以战养战的策略，所以波斯皇帝下令坚壁清野，赶走一切牛羊，烧毁一切粮食和村庄，甚至连人口也一并迁走。在这样的情况下，尤里安所经过的土地很是荒凉，军队的补给问题已经严重威胁到远征军的成败。

即便如此，尤里安依然没有放弃追击沙普尔的想法。他知道"以战养战"已不现实，但如果能迅速追上波斯皇帝，问题就会迎刃而解，所以尤里安找来了主动请降的波斯人，要他们充当军团的向导。这个决定遭到了波斯王子霍尔米斯达斯的反对，他认为这些主动请降的波斯人不值得信任，很可能是沙普尔的探子，可尤里安却不以为意，他没有理由相信这个猜测，对他来说，现在的军团非常需要能帮他追上沙普尔的人。

事实证明，霍尔米斯达斯的担忧是对的。波斯向导带着罗马军团深入沙漠和山地，沿途历经艰难险阻，却离目标越来越远。皇帝尤里安似乎也意识了问题，当即放弃了追击沙普尔的想法，转而发兵苏萨以补充军资。但这一计划同样以失败告终，因为向导们故意将军队带到了错误的路线里。直到严刑逼供后，这些波斯降兵才承认了间谍的身份。

事到如今，尤里安也不得不承认追击沙普尔的计划失败了。全军上下都因为皇帝的冒险而焦虑，特别是基督徒，他们私下议论纷纷，甚至散布谣言说上帝遗弃了远征军，这更使得军心动摇起来。尤里安冷静分析局势后，终于做了一个正确的决定：退兵。现在他只能指望尚未抵达的3万底格里斯河军团能带来胜利的希望，于是尤里安率部急忙撤回底格里斯河沿岸，准备沿河北上寻找友军，只要能与他们会合，远征军还有胜利的可能。

沙普尔发现尤里安撤退后，便改守为攻。波斯皇帝任命上将麦兰尼斯为统帅，带着刚刚补充的生力军追击尤里安的军队。尤里安当然知道波斯人会追击，但他毫无畏惧，主动接受了波斯人的挑战，双方于公元363年6月16日展开了一场会战。此战，罗马军团大获全胜，数位波斯将军和两位波斯王子战死，更多的东方征召兵身首异处。罗马远征军暂时摆脱了追击，继续沿着底格里斯河北上撤退。看来即便处境艰难，善战的尤里安依然不是波斯人能击败的。

沙普尔见强攻罗马军团难以得手，便把军队分成小股部队，反复袭扰罗马人，这让罗马人不胜其烦，沿途死于饥饿和袭击的士兵不在少数。天气越发炎热，习惯在冰天雪地战斗的高卢军团越来越不适应波斯的气候，更多的人生病倒毙。10天之后，正当罗马远征军艰难行军时，突然，斥候慌张地飞驰来报："我军后方发现了大量的波斯人。"

皇帝通过天空升起的滚滚烟尘判断此乃敌军奇袭。由于天气极为炎热，尤里安当时并未穿上铠甲，他急忙拿起盾牌和长剑，策马赶至大军后方指挥作战。皇帝的到来鼓舞了后方军队的士气，他甚至冒着生命危险与波斯人厮杀，然而就在这个时候，斥候又报告说前方也发现了敌军，尤里安又策马扬鞭去支援前卫。正当他行至大军中央时，埋伏在侧翼的波斯人突然杀出，整个远征军都陷入混战。谁都能意识到，这不是普通的袭扰，而是全面进攻，或者说是一场会战级别的奇袭。

突然，人群中蹿出一支标枪，不偏不倚地贯穿了皇帝的肋骨，鲜血喷涌如注。尤里安试图将标枪从身体里拔出，可锋利的矛尖划破了他的手指，疼痛万分的尤里安当场晕厥，栽落马下。之后的血战，尤里安已经不得而知，当他醒来时，天早已入夜。

此战，罗马军团以绝对劣势迎战波斯人，最终于天黑前击退了波斯大军，阵斩波斯指挥官麦兰尼斯，还杀死了50个波斯贵族和总督。当然，罗马军团也付出了血的代价，名将安纳托里乌斯阵亡，老将萨路斯特仅以身免，不少罗马勇士埋骨在此。

公元363年6月26日，尤里安的生命火焰越来越微弱，他知道自己不可能生还，召来军中将领交代后事，却没有指定下一任皇帝。这时的君士坦丁王室已经没有男性后代了，除了君士坦提乌斯留下的遗腹女君士坦提娅，这个曾经枝繁叶茂的家族几乎绝嗣了。尤里安可能在生命的最后一刻依然向往着伟大的亚历山大大帝，所以他才让军队自己决定新皇帝人选。

弥留之际，皇帝感到口渴，要来了一杯凉水一饮而尽，随后便安然离世，终年32岁。

尤里安一死，军中立刻混乱起来，高卢军团的迦莱法乌斯、内维塔等来自西方的将军自成一派，而君士坦提乌斯的旧部，以维克托和阿林苏斯为首的将军也自成一派，双方为拥立谁称帝而争吵不休。此时，大营主帐外突然有士兵呼喊起"奥古斯都约维安"，接着，越来越多的士兵呼喊着约维安的名字，不知是因人多而附和，还是不明真相的士兵以为约维安已经被推选出来了，整个大营都喊起了约维安的名字。大帐内的高级将领们见约维安是军心所向，也不好违逆众人的意思，稀里糊涂地通过了拥立侍卫长官约维安的决议。

公元363年6月27日，名不见经传的约维安就这样被推上了帝位，成了继承君士坦丁王朝的新皇帝。约维安即位后，远征军依然深陷战争泥潭，他们继续撤退，却无法摆脱波斯人的追击，绝望的情绪弥漫在军中。

此时，3万底格里斯河军团才姗姗来迟，而且还带来了亚美尼亚王国背叛的消息，称自己之所以没有如期抵达战场，完全是因为亚美尼亚人拖延了军队的行动，但这对现在的远征军来说已经不重要了，尤里安已死，新皇帝是不会处罚延误军机的将军而得罪这3万大军的。有了这支军队，罗马人多少恢复了一些士气。然而他们都明白，要安全回到罗马行省几乎是不可能的，北面的亚美尼亚已经背叛帝国，远征军便不能借道撤回，甚至有被前后夹击的危险，所以约维安决定向波斯人求和。

沙普尔倒也没痛打落水狗，爽快地接受了罗马人的求和，只是条件非常苛刻，除了要求罗马割让整个美索不达米亚，还必须交出他三次都未能攻占的尼西比斯，并永远承认亚美尼亚是波斯的附庸国。约维安接受了这些条件。从此，罗马帝国彻底失去了美索不达米亚，面对千军万马都没陷落的尼西比斯被一纸和约送给了波斯人。

经过数十年的经营，沙普尔终于实现了收复美索不达米亚和亚美尼亚的伟业，"万王之王"满意地永远闭上了他的眼睛；而尤里安复兴罗马传统的伟业，像是共和国的回光返照，昙花一现又快速凋零。尤里安之后的罗马皇帝几乎都是基督徒，他所振兴的多神教再次被贬为异教，限制基督教发展的法令被通通废除，宫廷和政府再次变得臃肿不堪、人浮于事，沉重的税赋压得人民喘不过气。尤里安还被后世的基督徒大加鞭挞，恶意丑化，甚至给他加上了"叛教者"的恶名，然而可笑的是，尤里安从未皈依过基督教，又怎么谈得上叛教呢？

　　毫无疑问，尤里安恢复传统、振兴多神教的尝试彻底失败了，他所向往的信仰自由早已被时代所摒弃，在"礼崩乐坏""蛮族入侵"的帝政晚期，可能组织更科学、信仰更明确的基督教才能满足人们的精神需求，尤里安的努力并不符合时代潮流。罗马世界基督教化的趋势已经不可阻挡了，然而没人意识到，罗马帝国灭亡的趋势同样不可阻挡。

第三十三章 群狼入鷹巢

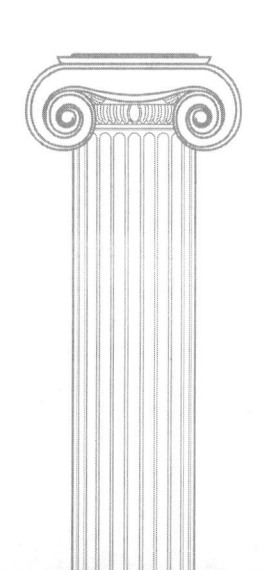

忙碌的西帝国

多神教信仰守护者一死，基督教立刻活跃起来，牧师、主教纷纷前来觐见约维安。在确认了新皇帝虔诚的基督教信仰后，教士们积极鼓吹恢复基督教的所有特权，这与新皇帝的想法一拍即合。因为约维安的帝位来得有些侥幸，他缺乏足够的威望和功绩，想要坐稳帝位自然需要人们的支持，加上他本来就是一个基督徒，所以他非常需要基督教徒的支持。

于是，尤里安的新政，凡是涉及宗教的，一概被废除，凡是限制君王权力的，也一概被废除。一切又回到了从前，仿佛尤里安的统治不曾出现过一样。

新皇帝约维安称帝前只是一个低阶的侍卫长官，既没有总督经验，又不是骑兵元帅，这么一个人能被众将接受，无疑是因为当时的远征军骑虎难下，约维安只是军团选出来暂时接替尤里安的傀儡。远征军要撤回罗马，就必须和波斯议和，而要议和就必须割地求和，但如此丧权辱国之举势必引来无数罗马人的痛骂，黑人皇帝的往事还历历在目，这种情况下，谁接受皇帝之位，谁就要面对世人的痛骂。约维安无疑是众人的挡箭牌，既让远征军从覆灭的危险里逃了出来，又顶了割地求和的骂名。当远征军回到帝国行省后，约维安的利用价值也就到头了，缺乏威望的他能否获得帝国的支持，谁都不知道。那么新皇帝是否意识到了自己的处境呢？

回到安条克后，约维安每日都担惊受怕，害怕突然出现一个篡位者夺取君士坦丁堡，然后宣布他是伪帝，所以约维安不敢在安条克久待，仅让军队短暂休整后，便启程返回首都。当行至达达斯塔纳时，也就是公元364年2月17日，约维安却被发现暴毙于卧室里，这距他称帝还不到1年时间。很多人传言约维安暴毙是因为晚餐食用了过多的食物和酒水，但也有人传言皇帝死于暗杀。

新帝死后，军中的大将们齐聚比提尼亚的尼斯城，他们再次为谁来继承帝位而争吵不休，最终，一个名叫瓦伦提尼安的将军被推举了出来。

瓦伦提尼安，出生于潘诺尼亚行省，其父早年从军，曾担任过不列颠和阿非利加的统帅，在军中素有威望。瓦伦提尼安因为父亲的缘故也加入了罗马军团，此人身材高大、孔武有力，擅长雄辩且英勇无畏，曾在波斯战争里屡立战功。公元364年2月26日,瓦伦提尼安在军队的欢呼声中即位称帝。为巩固他的"家天下",帝国迅速被一分为二,东部交给了他的兄弟瓦伦斯,瓦伦提尼安王朝建立。

新皇帝是一个冷酷的将军,血统谈不上高贵,而且性情多疑、偏听偏信,并不是一个公正的君王。在瓦伦提尼安任内,地方官僚鱼肉乡里,各省政府征收重税。在这样的君王统治下,帝国"德"不能安定民心,"威"不能震慑群蛮,故而只能疲于奔命地到处征战,勉强维持帝国大厦不倾覆。

瓦伦提尼安上梁不正,下梁当然也歪了。地方官僚平时欺压百姓也就罢了,还故意克扣皇帝送给蛮族的贡品,使得阿勒曼尼人以为皇帝故意用这种方式羞辱他们,于是蛮族于公元365年越过莱茵河大掠高卢各地。胜利鼓舞了更多的蛮族。公元366年,阿勒曼尼人利用河面封冻,疾驰过河,规模比上次还大,当地的守军大败而逃,阿勒曼尼战争再次爆发。

皇帝以约维努斯为元帅,达迦莱法斯为副将,出兵抵御日耳曼人。精明的约维努斯率兵衔枚而进,利用幽深的密林突袭敌军,连续击破多支分散的阿勒曼尼人军队,迫使敌军与之会战,最终以死伤1200人的代价击杀了6000阿勒曼尼人,俘虏了4000人,另外还抓住并吊死了敌人的国王。

面对如此大败,阿勒曼尼人并不甘心,依然伺机报复罗马人。在一个基督教的节日里,阿勒曼尼人也来了个突袭,攻入了毫无防备的摩功提亚库姆,掳走了大量的人口。皇帝瓦伦提尼安大怒,当即带上皇子格拉提安御驾亲征,于公元368年春攻入莱茵河,一路扫荡阿勒曼尼人的领地。

敌军见无法正面击败罗马人,便退至四面皆是山坡的险要之地,企图利用地形优势与瓦伦提尼安周旋。皇帝以身犯险,亲自率部侦察敌情,却被敌军发现并遭到围攻,最后狼狈而走,仅以身免,但他带回的情报却无比重要。

皇帝弄清了敌军部署和周围地形后,令步兵元帅塞维鲁率部埋伏于山地北面,自己带兵猛攻敌军营寨的另外三面。在罗马军队的强大攻势下,阿勒曼尼人不得不放弃营地,全部从"没有"罗马人的北面逃离,哪知他们刚刚下山,就被塞维鲁的伏兵全部截杀。阿勒曼尼人被迫屈服于瓦伦提尼安,暂时偃旗息鼓了。

瓦伦提尼安对莱茵河防线的安全非常上心,几乎每日都在前线度过。为了避免日耳曼人入寇，皇帝一方面煽动日耳曼诸国相互敌视，拉一派打一派，分化敌人的势力；另一方面又大搞基础建设，沿着边疆行省的要道和险隘修建了大量的堡垒，甚至用这样的方式侵蚀日耳曼人的领地。

可是，辽阔的帝国并非只有阿勒曼尼人一支蛮族入侵。在皇帝分身乏术的时候，来自波罗的海的撒克逊人乘船攻入高卢北部和不列颠东部，瓦伦提尼安虽然派兵驱逐，但效果极差；而生活在喀里多尼亚的蛮族也乘机越过长城南下，突袭了不少堡垒和城池，两位罗马指挥官阵亡，北部防线濒临崩溃。

震惊之余，瓦伦提尼安不得不派高卢大将军塞维鲁领兵出征不列颠，结果他被打得晕头转向，接连求援。皇帝又让击败阿勒曼尼人的约维努斯指挥不列颠战事，结果仍是大败。北方蛮族利用熟悉地形的优势，一次次截杀罗马人的军队，敌军的势力已经深入南不列颠海岸，眼看就要攻入高卢了。

公元367年，瓦伦提尼安大胆起用了一个名叫狄奥多西（又称"大狄奥多西"）的将军，命其全权负责不列颠战事。大狄奥多西接到委任后，立刻率领日耳曼人组成的精锐老兵横渡海峡，攻入了不列颠行省南部。大狄奥多西的战略与战术颇为狠辣，大举进攻沿线要道，连续击败了数股蛮族军队，还解除了伦迪尼乌姆城的封锁。

大狄奥多西深知仅靠自己的军队难以驱逐人多势众的蛮族，所以他尽可能地收揽民心，除了将获得的战利品分给军队外，还将缴获的财物原物奉还给广大民众。大狄奥多西的公正之举赢得了行省上下的支持，于是各地相继为他送来粮草和新兵，并配合他的军队四处截杀蛮族。大狄奥多西甚至还用民众送来的船只组建了一支舰队，穿过波涛汹涌的海洋，击败了撒克逊人。

直到此时，罗马人才重掌不列颠行省，北方蛮族的势力逐渐被驱逐了回去，大狄奥多西也因此被提升为骑兵大将军。

除了不列颠，北非也战事连连。居住在阿非利加南部的盖突利亚人同样觊觎罗马人的财富，他们集中力量攻打北非的城池，当地居民不堪其扰，只得求总督罗马努斯派兵支援，但罗马努斯却是个贪财懦弱之徒，要他出兵就必须送来数量可观的礼品。饱受劫掠的平民哪里能送得出礼物？总督便作壁上观，任由沙漠民族洗劫城市和村庄。

无奈之下，当地人只能向远在莱茵河的皇帝请愿，可罗马努斯早就买通了皇帝身边的大臣，以至于北非人民的求援信石沉大海。直到更大规模的盖突利亚人入侵时，皇帝才不得不正视北非发生的事情。

瓦伦提尼安派了一个名叫帕拉狄乌斯的大臣前往北非调查事情的真相，但罗马努斯再次用重金封住了钦差大臣的嘴，反倒让皇帝得到了一份北非人民诬告罗马努斯的调查报告。皇帝对此偏听偏信，将"诬告"罗马努斯的官员和士绅通通押赴乌提卡处斩，还有一些代表被残忍地割下了舌头。

皇帝的处置让北非大为震惊。要知道，被杀和被处罚的人全都是为民请命的良善之人，瓦伦提尼安的所作所为与昏君没有任何区别。这彻底激怒了北非人民，他们终于拿起武器，驱逐罗马官员，用武装起义来回应皇帝的昏庸。

除了北非人民的起义，那里还有另一支反抗罗马的势力，领头的是一个名叫菲尔穆斯的摩尔人王子。父亲死后，他因杀了兄弟被罗马人到处追捕，便索性举兵叛乱。由于总督罗马努斯的懦弱，菲尔穆斯非但没有被镇压，反而还攻陷了很多城市和村庄。加上北非义军的加入，菲尔穆斯竟然拥有了超过当地总督的军、政、财实力，地盘已经扩大到了努米底亚和毛里塔尼亚。

菲尔穆斯席卷北非的行省时，皇帝瓦伦提尼安仍然没有意识到自己的错误，竟把行省叛乱归结于当地人民的野心，但他也知道罗马努斯是无法平定叛乱的，于是皇帝再次请来平定不列颠的功臣去平定北非。大狄奥多西再次挂帅，从寒冷的北方一路奔袭至炎热的沙漠。在大狄奥多西疾风骤雨般的攻势下，菲尔穆斯损兵折将、丢城失地，不得不向大狄奥多西"投降"，结果诈降被识破，他只好逃向盖突利亚人的领地。

差点被欺骗的大狄奥多西发誓要捉住菲尔穆斯，他亲率3500名精兵大胆地攻入了沙漠民族的领地。在一处山谷里，大狄奥多西以3500人对战2万摩尔人。面对如此巨大的差距，大狄奥多西却选择主动出击。罗马勇士疯狂地朝摩尔人杀去，军团的勇猛吓坏了这群乌合之众，数千摩尔人被阵斩，大狄奥多西的威名因而响彻北非。绝望的菲尔穆斯害怕被善变的盟友出卖，最终自尽，而摩尔国王伊格马泽尔也恭顺地将尸体送给了大狄奥多西。北非叛乱这才落幕。

北非叛乱被镇压的同时，大狄奥多西也弄清楚了叛乱的真正起因，于是他软禁了鱼肉百姓的罗马努斯，并将所见所闻上报给了瓦伦提尼安，等待皇帝对贪官进行处罚。然而，罗马帝国的腐败已经深入骨髓，获得大捷的大狄奥多西非但没有得到皇帝的赏赐，反而因为擅自软禁罗马努斯而遭到猜忌。一些收过罗马努斯好处的御前大臣故意说大狄奥多西"囚禁总督，图谋不轨"，而残忍又多猜忌的皇帝也感到大狄奥多西功高震主，于是不仅释放了罗马努斯，还着手削弱大狄奥多西的兵权。

不过，瓦伦提尼安似乎没有时间来处置大狄奥多西了，因为他亲自镇守的莱茵河也发生叛乱了。

匈人崛起，哥特侵袭

瓦伦提尼安为了巩固莱茵河与多瑙河防线，下令在各地修建堡垒，但当时却有一处堡垒选址在夸地人的领地内。夸地王盖比尼乌斯向负责修建工程的埃奎提乌斯提出了抗议，埃奎提乌斯倒也公道，暂停了工程并将此事上报给了皇帝。素来偏听偏信的瓦伦提尼安没有重视这个问题，粗暴地回绝了夸地人的请求，并用埃奎提乌斯的儿子马塞利努斯替换了他。

马塞利努斯为了尽快做出成绩，竟然以解决争端为名，在宴会上杀掉了盖比尼乌斯。诛杀盟友让罗马的名声一落千丈。盖比尼乌斯之死非但没有吓倒夸地人，反而激起了他们对罗马的怨恨，于是夸地人举兵反叛，在谷物成熟的时节大举攻入潘诺尼亚行省。君士坦提乌斯好不容易才建立的罗马–夸地–萨尔马提亚同盟就此结束。

夸地军队的入侵破坏了大量的农田、村镇和堡垒，他们甚至攻杀到潘诺尼亚行省首府西尔米乌姆城下。为了抵御叛军，也为了收拾儿子的烂摊子，埃奎提乌斯受命率领2个军团镇压叛乱，但夸地人得到了萨尔马提亚骑兵的增援，全歼了埃奎提乌斯的军队，还试图攻打相邻的麦西亚行省。巧的是，坐镇麦西亚的将军正是大狄奥多西的儿子，名字也叫狄奥多西。年轻的狄奥多西拥有比肩其父的军事才华，夸地人因此在麦西亚遭遇惨败。

瓦伦提尼安与处置北非叛乱时一样，仍然没有反省自己的独断专行，也根本不去调查叛乱的起因，只是亲率一支野战军直奔叛军的领地，用同样残忍的手段报复夸地人，终于迫使蛮族向皇帝求和。瓦伦提尼安在接待夸地人使者的时候，情绪激动地连声唾骂夸地人忘恩负义，骂着骂着就突然栽倒在御座之上，当夜就驾崩了。

公元375年11月17日，54岁的瓦伦提尼安驾崩于多瑙河前线，长子格拉提安即位为帝。

先帝瓦伦提尼安除了与亡妻育有长子格拉提安外，在续弦了一个名叫贾斯蒂娜的女子后，又生下了次子小瓦伦提尼安和女儿加拉。格拉提安主动授予弟弟"奥古斯都"称号，并把富饶的意大利封给他作领地，史称瓦伦提尼安二世。东部皇帝瓦伦斯承认了两个侄儿的统治权，帝国从此一分为三。

年轻的格拉提安在父亲活着的时候相当识大体，待人接物颇有王者风范，其娴熟的弓马骑射也很有尔父遗风，所有人都觉得格拉提安会成为一个贤明的皇帝。可惜这些都是格拉提安的伪装，真实的格拉提安喜好享乐，钟情于狩猎，整日都和蛮族仆从驰骋猎场，还经常穿上蛮族的衣服招摇过市，全然忘记了皇帝的身份。

格拉提安还宠幸那些口蜜腹剑的佞臣，非常忌惮战功赫赫的大狄奥多西。在毫无证据的情况，格拉提安突然命人斩杀了身在北非的大狄奥多西，还将年轻的狄奥多西免职。哀哉！这两父子先后在不列颠、北非、多瑙河为帝国征战沙场，最终却换来如此结局，实在让人心寒。

匈人来袭

虽然罗马帝国的改朝换代看似平稳，但真正的危机还是悄然来临。一个名为匈人的游牧民族突然席卷遥远的北方荒原。他们被称为蛮族中的蛮族，拥有强健的体魄和高超的骑射技术，从小生在马上、长在马上、睡在马上，不仅能忍受任何艰苦的作战环境，长距离奔袭作战，甚至可以数天不进食，仅食用少量的马血就能恢复气力。所以匈人骑兵远胜于日耳曼人。

匈人民族起源于何方至今仍是个谜，据说他们的外貌近似亚洲民族，有可能是被大汉王朝驱逐的匈奴人后裔，但这依然没有确实的依据。匈人的到来终于证明"山外有山，人外有人"，那些不可一世的日耳曼人在匈人骑兵的攻略下，除了逃跑和投降，别无他法。匈人连续攻灭了好几个曾经雄霸草原的民族，将黑海以北的阿兰人收编成仆从，还南下毁灭了不少哥特人部落。

匈人见人就杀，见房子就烧，一路追逐着哥特人席卷了整个北方世界，而哥特人不得不拖家带口朝南方逃窜。比起匈人，哥特人觉得还是罗马人好说话。

欺压难民

公元前376年，多达20万的哥特难民聚集在多瑙河沿线，请求东部皇帝瓦伦斯收留他们，并愿意向罗马缴纳贡金，提供兵员。

此时的瓦伦斯并没有在君士坦丁堡，他正坐镇叙利亚，谋划和波斯帝国的战争。宫廷大臣听说哥特人的请求后，顿时猛拍瓦伦斯的马屁，认为这是帝国强大的表现，而瓦伦斯也认为哥特人的归附将给他带来强大的哥特雇佣军，还能为东部帝国提供大量的税收，何乐而不为呢？于是，瓦伦斯同意了哥特人的请求，并诏令色雷斯总督卢皮西努斯负责处置哥特人的迁徙。

瓦伦斯明显把问题想得过于简单了，他以为这些蛮族难民会像恭顺的东方民族那样遵纪守法、卑躬屈膝，以为地方官员就能处置好这个问题。然而，就在等待皇帝答复的日子里，哥特难民已经吃光了他们的食物，20万人陷入了饥荒。当得知瓦伦斯允许他们入境居住时，这些哥特人根本不管罗马人同意不同意，争先恐后地抢渡多瑙河，一些被拒绝入境的哥特部落也乘机偷渡过来，庞大的难民队伍聚集在色雷斯行省，粮食成了最大的问题。

当地官员想尽办法筹集的粮草也不能满足难民的需求，更不要说还有一些贪官污吏从中克扣粮食并高价贩卖给哥特人。这让一些哥特人不得不卖妻卖子，甚至把自己变成奴隶来换取粮食。时间一久，哥特人的不满终于爆发，四处抢掠罗马人的村庄。难民变成了明火执仗的强盗，而当地守军多是缺乏战斗力的边防军，只能躲在城墙后面无能为力。

失败的剿匪

眼见哥特人失去了控制，色雷斯总督卢皮西努斯以宴会为名邀请哥特首领聚会，打算通过蛮族首领来约束难民，但在当天，一伙剽悍的哥特人企图进入城镇市场遭到拒绝，便杀掉了罗马的士兵。震怒的卢皮西努斯下令囚禁了哥特首领菲列迪根，并处死了他的侍卫。而哥特人不肯善罢甘休，聚集起来要攻打罗马人的城市。

眼看大规模的哥特之乱就要席卷色雷斯了，菲列迪根急中生智，谎称自己能够平息哥特人的骚动，卢皮西努斯便释放了他。哪知逃出生天的菲列迪根马上背弃了自己的诺言，当即召集哥特人起兵反叛。难民终于撕下了伪装，纷纷变身持剑着甲的强盗匪徒，到处屠杀罗马平民，焚毁村庄和田地。罗马与哥特的战争全面爆发了。

震怒的卢皮西努斯聚兵攻打菲列迪根，但孱弱的边防军不是哥特人的对手，卢皮西努斯几乎是只身败逃。驻扎在阿德里安堡附近的罗马军队因为全是哥特裔，索性叛变并加入了菲列迪根的队伍。哥特人势力大增，完全成了色雷斯的主人。要不是蛮族缺乏攻城的器械，恐怕所有城池都难以幸免。

卢皮西努斯不甘心失败，立即收拢败兵，改用袭扰战术反击哥特人。起初，这个战术取得了极好的效果，因为哥特人数量太多，粮食却很少，菲列迪根便让军队分散劫掠，罗马人得以击溃多支小股部队。倍受鼓舞的罗马人决定将军队聚集在一起打一场决定性的会战。然而边防军缺乏野战经验，更无法协调配合，纵然装备精良却依然被杀得丢盔弃甲，好不容易建立的信心再次被打垮，局势进一步恶化。

色雷斯出现变乱的消息很快就传到了叙利亚，瓦伦斯立即召开作战会议。大家都认为哥特人的威胁远远大于波斯人，毕竟波斯人是守信用的，而哥特人是地地道道的强盗土匪，所以瓦伦斯主动与波斯帝国讲和，立刻率领3万精锐的野战军回师君士坦丁堡。大战一触即发。

阿德里安堡之战

公元378年5月，东帝瓦伦斯率领野战军精锐驻军于君士坦丁堡西侧。

此前两年，苦于两军兵力差距过大，瓦伦斯没有盲目进攻，而是派人向西帝国求援。年轻的西部皇帝立即派了一支援军，他们会合东帝国的两支军队先行与哥特人交战，一度将其包围在哈伊莫斯山和多瑙河之间。这一带已经没有粮食了，时间一久势必饿死哥特人。可惜计划并不成功，三支军队在会战中被杀得落荒而逃，于是格拉提安只好答应亲自领兵前来，所以瓦伦斯按兵不动以待援军抵达。

可是，准备支援东部战场的格拉提安却因为阿勒曼尼人的突然入侵改变了计划，他刚走到潘诺尼亚就撤回了莱茵河。时间如水流逝，夏季已经过去了大半，而瓦伦斯依然没有看到侄儿的援军，只收到一封西部皇帝击败日耳曼人的捷报。炎热的天气加上将士们的暴躁正一点一点磨去瓦伦斯的耐心，眼看秋季就要来临，他终于坚持不住了。

公元378年8月，瓦伦斯收到谍报称，约1万哥特人正在阿德里安堡附近。手握3万大军的瓦伦斯顿时来了信心，而他的将军们也主张主动出战，趁哥特人集结起来前先吃掉这1万人，这样就能避免西部皇帝分享战功，毕竟格拉提安已经取得了大捷，如果再让他得到剿灭哥特人的功劳，那他的威望就会盖过东部皇帝。瓦伦斯深以为然，便率领大军离开驻地，挺进阿德里安堡。然而，瓦伦斯的情报完全错了，阿德里安堡的哥特人并不是来掠夺的，他们的目标正是瓦伦斯本人，而且还有近1万援军正急速赶赴战场。

瓦伦斯急于决战，便令自己的军队在炎热的夏季高速行军，使得军队颇为疲惫。8月8日，瓦伦斯的3万精锐终于在阿德里安堡附近遭遇了哥特人。哥特人发现皇帝的主力出现后，急召在外的骑兵迅速回来会合。如果瓦伦斯马上发起决战，极有可能在敌军骑兵赶回前歼灭他们；然而狡猾的哥特王假装投降，试图通过谈判拖延时间，瓦伦斯不知是计，反复派使臣商谈投降细节，浪费了最宝贵的时间。这时，哥特人却在战场中央焚烧草场，周遭的气温迅速上升，滚滚浓烟遮蔽了战场的真实情况。

不知道是太过焦急还是急于立功，位于罗马右翼的骑兵在没有得到命令的情况下，突然对哥特人的车阵发起攻击，而其余军队受浓烟影响，搞不清战场上究竟发生了什么。8月9日，伴随着罗马右翼的进攻，左翼罗马骑兵也按捺不住，配合友军发起了如疾风骤雨般的连环打击。迎战的哥特人将妇女和孩子安置到车阵后面，而精壮的哥特勇士挡在车阵前作战，用长矛和长剑抵御罗马的骑兵，后面的哥特人不时用弓箭射击，双方鏖战不止。

别看罗马右翼主动挑起决战，其实他们能力平庸，不久便开始溃退；而罗马左翼骑兵表面上攻势凌厉，实际却混乱不堪，毫无秩序地蜂拥而上，虽然一度杀过车阵，却是个别勇士的侥幸，很快就被驱散。如果罗马两翼骑兵能从侧翼突破车阵，胜利一定是瓦伦斯的，奈何罗马军队缺乏统一指挥，现场组织极为混乱，根本无法形成有效打击。

有资料认为，两翼骑兵陷入了僵持后，瓦伦斯便将所有步兵投入中央战线，以求快速突破车阵。究其原因，可能是他眼中的哥特军队太过"庞大"，毕竟后方车阵中的妇孺有数万人之多，远远望去很难分清哪些是"啦啦队"，哪些是真正的"运动员"。可惜瓦伦斯缺乏指挥天赋，只知道一窝蜂地进攻车阵中央，却忽略了哥特车阵部署在高地之上的事实，早已热得汗流浃背的步兵冲到车阵前面时无不累得气喘吁吁，攻势减弱了一大半。

正当两军死命厮杀的时候，哥特人的援军来了。数千蛮族骑兵迅速攻入了罗马军团的左翼，而此刻的左翼被车阵搞得焦头烂额，因为骑兵最害怕冲锋被遏制，一旦战马被长矛步兵缠住，骑兵很难全身而退。敌军骑兵的突袭让罗马左翼完全溃败，士兵们争相逃命，让出了自己的阵地。不久后，罗马右翼骑兵体力不支，也跟着逃离战场，罗马中央步兵的侧翼因此暴露。

由于哥特人的车阵限制了战场的纵深，而瓦伦斯又不知道如何重新组织战线，所以罗马步兵被压在狭窄的中央，显得非常拥挤，很多人无法有效挥舞长矛和长剑。得胜的敌军骑兵顺势攻杀中央的罗马步兵，三面受敌的罗马步兵惊慌失措，整条战线都开始动摇。一些军队抢先逃脱，使得越来越多的哥特人突破了罗马军团的战线。瓦伦斯的皇室卫队结成环形阵拼死抵抗，但哥特人用标枪和弓箭反复射击，躲在阵中的皇帝被流矢击中，栽落马下。

陷入绝境的卫队护送瓦伦斯逃离战场，哪知败军慌不择路，逃到了附近的一处农舍里，尾随而至的哥特人并不知道躲在里面的是皇帝，狂怒的他们纵火焚烧了房屋。皇帝瓦伦斯和他的卫士统统消失在烈焰燃烧的战场上。3万罗马军团损失了三分之二，只有少量的士兵逃离了战场。

阿德里安堡之战以皇帝的战死宣告了帝国的惨败，哥特人有理由以此为傲。瓦伦斯是继德西乌斯之后又一个在战场上被杀死的罗马皇帝。然而皇帝的死并不是真正值得担忧的，被歼灭的数万职业军团才是东帝国最大的损失，失去了他们的东帝国该如何重组自己的国防力量呢？

罗马在此战中本来占有数量优势，为什么落得惨败收场呢？

笔者认为，一是罗马军团的指挥系统极为混乱，首先出阵的骑兵并未得到命令，打乱了部署，直接导致两翼匆忙进攻，而步兵迟迟未能跟上，瓦伦斯事后又不能调动步兵支援两翼，等于任由战事恶化；二是罗马情报系统的失灵，从开战到结束始终没有发现另一支哥特骑兵，导致瓦伦斯错误地把军队的后背暴露给了敌军骑兵；三是罗马军团并不团结，据说在哥特骑兵突然到来后，一些罗马将领立即带着部队逃走了，根本没有理会深陷重围的瓦伦斯。

阿德里安堡之败看似偶然，实则必然。瓦伦斯领导的东帝国腐败横行，地方官员为了一己私利不顾国家安危，皇帝本人又缺乏主见，既不重视情报的收集，又不能制定正确的荡寇方略，居然还对哥特人的诈降心存幻想，急着独吞战功：罗马怎么可能取得胜利呢？

随着瓦伦斯的死，东部帝国失去了领袖，哥特人随后集结重兵围攻阿德里安堡和君士坦丁堡，惨烈的守城战让罗马人死伤惨重。多亏了坚固的城墙，哥特人只能放弃夺取罗马城市的计划，但他们依然活跃在巴尔干各地洗劫城镇和村庄。当地民众东躲西藏仍无法逃脱哥特人的屠刀，帝国想要将这些强盗驱逐出去已经不太可能了。

狄奥多西的策略

东部帝国的皇位出缺后，西帝格拉提安倒是有资格兼领东部皇帝，但他根本不想蹚这趟浑水。先不说消灭哥特人非常困难，就是他想去也没有时间，因为莱茵河同样满是敌人。只要格拉提安一走，西部防线被阿勒曼尼人、汪达尔人、法兰克人攻破也只是时间问题。在如此局势下，格拉提安决定任命一个新的东部皇帝，此人就是遭到贬黜的狄奥多西。

狄奥多西自父亲被处决后便回到西班牙蛰居，看上去似乎没有了翻身的机会，然而哥特人的侵袭改变了时局，格拉提安急需一位能征惯战之将。狄奥多西的文韬武略让他成了非常合适的选择，而且比起格拉提安麾下的将军们，狄奥多西无权无势，皇帝的提拔必定能让这个年轻人感恩戴德，这样也有利于皇帝的统治。于是，而立之年的狄奥多西紫袍加身了。

狄奥多西上位后发现，东部帝国元气大伤，最精锐的野战军死伤殆尽，除了充充门面的边防军，可用之牌并不多，而格拉提安也不会亲征色雷斯，因此要想驱逐哥特人，要么征兵再战，要么另想他法。

狄奥多西认为，既然没有足够的兵力剿灭哥特人，又不能指望他们自己退走，倒不如想办法收编哥特人为己所用。这是一着险棋。虽然罗马历史上曾多次招降蛮族，但多是处于绝对优势下所为，而当下的局势却完全相反，罗马毫无优势可言，哥特人反而处于上风。在这样的情况下招降对手，能否约束蛮族是极考验皇帝手段的难题，而狄奥多西自认为有这个能力。他的计划是先壮大自己的军力，再收降哥特各部。

狄奥多西一边召回退役士兵，一边征召新兵服役，还从边防军中选拔了一些优秀的士兵，组建了一支新的东方军团。新军团的素质当然不能和瓦伦斯指挥的军队相比，但对狄奥多西来说，这支军队足以让他对付哥特人。

要招降哥特各部，狄奥多西首先要让他们知道自己的厉害，否则谁会服一个三十多岁的罗马皇帝？可是新军团人数不足，如何才能打服哥特人呢？狄奥多西的策略就是"不决战，只袭扰"。

狄奥多西将军队分成数股，专门袭击落单的哥特部落和士兵。他深知敌军的补给全靠劫掠，总是恰到好处地截断哥特人的补给线，迫使哥特军队回击。哥特军队一旦回击，又会中了狄奥多西的埋伏。就这样，罗马人不断获得胜利。经过几场相对较大的战斗，狄奥多西已经将战场的主动权掌握在自己手中。

狄奥多西让各地驻军坚守城池、坚壁清野，绝不与哥特人交战，也不与哥特人交易，必要的时候甚至可以烧掉粮食，总之要想尽一切办法让蛮族缺粮；而狄奥多西本人则带着军队尾随哥特人，时不时发起突袭，让哥特人防不胜防。经过长期艰苦作战，狄奥多西已经赢得了数次大胜，罗马人的士气大幅提升，而哥特人变得缩手缩脚。

狄奥多西的策略逐渐产生作用。为此，狄奥多西大肆宣传军队所取得的胜利，让东部各地的抵抗都变得积极起来，但要让哥特人屈服，形势依然不太乐观，因为狄奥多西所取得的都不是决定性的胜利，而哥特人在菲列迪根的统率下非常团结，这让狄奥多西找不到可以插针的缝隙。然而命运总是眷顾狄奥多西，正当他一筹莫展时，菲列迪根突然死了。哥特国王这一死，哥特联盟旋即分崩离析，东哥特人和西哥特人相互敌视，各部也不再统一行动。

狄奥多西大喜过望，马上用重金和官爵收买哥特各部首领，鼓励他们退出联盟，或者加入罗马帝国。对那些首先投效的哥特贵族，狄奥多西故意用最慷慨的赏赐来树立榜样，从而首先收服了有阿兰王室血统的摩尔达。摩尔达也没有让狄奥多西失望，他趁其他哥特人疏于防范时，偷袭了自己的同胞，杀死了不少的哥特人，还缴获了包括4000辆四轮大车在内的大量战利品，用同胞的血证明了自己对新主人的忠诚。

狄奥多西以蛮制蛮的策略初见成效，越来越多的哥特人投入了他的麾下。罗马军团有了这些善战的军队辅助，哥特联盟越发被动。那些还在犹豫是否要加入罗马的哥特人，看到同胞个个都被封为高官，渐渐也眼红起来。西哥特王阿萨纳里克经不起狄奥多西的诱惑，主动与罗马签订了同盟协议，并受邀访问了君士坦丁堡。繁华的首都让蛮族国王大开眼界，他不禁对狄奥多西说道："罗马皇帝犹如地上的神明，胆大妄为之徒要是违命不从，誓必取他的性命来赎罪。"

狄奥多西的慷慨赢得了西哥特人的好感，不久之后，西哥特人全部投奔了狄奥多西，罗马与哥特的实力对比发生了翻天覆地的变化。那些弱小的哥特部落见状，也争先恐后地投降皇帝，生怕比别人晚了一步得不到更好的赏赐。

东哥特部落禁不住西哥特和罗马军队的轮番攻击，只能暂时放弃色雷斯，狼狈退回北方地区；而投降皇帝的哥特军队则按照罗马人的制度改编成罗马军团，昔日的蛮族首领放弃了曾经的头衔，全都变成了罗马的将官，他们的部落也获得了耕种的土地。哥特之乱暂时平息了。

4年之后，不甘心失败的东哥特人国王阿拉瑟乌斯拉上西徐亚人和更多的日耳曼人再次兵临多瑙河。狄奥多西调集了大量的军队和战舰守在边境，东哥特人担心贸然渡河会遭到罗马军团的攻击，便停在岸边等待河面在冬天结冰。罗马人为了诱使东哥特人主动渡河，派间谍潜入敌营，谎称罗马人疏于防范，只要偷袭就能一举歼灭他们。东哥特的首领们被貌似可行的方案说服，让军队登上了3000艘独木舟，打算趁着夜色偷袭罗马人。河对岸的罗马军团早就严阵以待，当哥特人乘船渡河时，三列首尾相连的罗马战舰出现在他们面前。这些罗马战舰利用处于上游的优势发起攻击，哥特人的独木舟根本不能和它们抗衡，不是被撞翻，就是被焚毁，东哥特人遭到了前所未有的惨败，国王阿拉瑟乌斯也于此役阵亡。

狄奥多西经过多年的努力，既招降了西哥特，又击败了东哥特，让巴尔干半岛再次恢复了平静。不但如此，因为哥特人的加入，东部皇帝拥有了一支战斗力强悍的哥特军团，他们的威名和实力足以横扫罗马的任何敌人，狄奥多西由此坐稳了东部皇位。

不过，狄奥多西的政策依然有很大的风险。表面上看，哥特人都加入了罗马帝国，而帝国也分了很多土地供他们生活，可是不擅长耕种的哥特人依然缺乏粮食。狄奥多西便每年无偿地供应他们，时间一久，哥特人非但没有适应罗马人的农耕生活，反而年年索取粮食和财物，这让东部帝国的赋税收入不增反减。更重要的是，这些日耳曼人并不想融入罗马文明，只喜欢四处抢掠、不劳而获，一旦进入帝国境内就赖着不走了，等于一再侵蚀罗马人的土地，罗马人的生存空间实际上正在不断减少。

至于那些投奔皇帝的哥特贵族，全都被授予高官厚禄，他们的军队逐渐取代了罗马人自己的军队，使得罗马军团完全蛮族化。这些哥特将军身居要职，甚至成了大元帅级别的高级将领，这就让他们有资格插手帝国行政，甚至干涉帝国的司法。在狄奥多西在世的时候，哥特将军们慑于皇帝的威望和恩赐，一直忠心耿耿，一旦狄奥多西离世，这些哥特将军的忠诚便很成问题，因此，狄奥多西的策略无疑是饮鸩止渴，更大的危机被深种于帝国。

国教确立

狄奥多西的主政标志着另一个时代的到来。如果说吸纳蛮族只是他的对外政策，那绞杀古典信仰便是他的对内政策。

公元380年，刚刚步入中年的皇帝突然身染重病，病势越发沉重，御医都觉得回天乏术了。皇帝以为自己提前迎来了生命的终点，所以他效仿君士坦丁王朝的皇帝们，在生命的最后一刻求助于基督教。被召来的主教们非常识相地用"皇帝死后将荣升天堂"的话来安慰他，甚至暗示他接受上帝的庇佑后必将驱散一切病魔，于是狄奥多西抱着试一试的态度受洗为基督徒。

说来也奇怪，可能真是上帝眷顾，受洗后的狄奥多西身体逐渐好转并完全恢复了健康。从鬼门关返回的狄奥多西无比崇拜上帝,从这以后,他便不再掩饰自己的信仰,公开以基督徒皇帝的身份为基督教的扩张鞍前马后。

其实在他之前的东、西帝国皇帝都是基督教的热烈拥护者。在几位皇帝的大力支持下,帝国的高层不再满足于扶持基督教发展,而是充当教会的马前卒,拉开了灭亡多神教的序幕。狄奥多西则将这场"战争"带入了高潮,他连发多道敕令:一是全面禁止多神教的祭祀活动;二是没收多神教的神庙和地产;三是破坏地中海所有的神像;四是强迫贵族、官员放弃多神教信仰,否定神化的历代元首。

在一切准备就绪后,狄奥多西皇帝终于公开宣布基督教为罗马帝国的国教,任何异教和异端都是非法的,任何臣民都必须信仰上帝。国教的确立标志着罗马社会全面基督教化,更标志着传统的罗马文明和精神已经被彻底抛弃。

狄奥多西凭借其毁灭多神教的伟大功绩,获得了基督"大帝"的称号。不知道是诸神的震怒还是巧合,狄奥多西之后的罗马永远地分裂,再也没能统一,而蛮族也在罗马人的土地上建立了新的国家,东、西罗马以不同的速度走向了灭亡。

西帝国的乱局

格拉提安自从有了狄奥多西搭档,再也不用为哥特人烦心了,莱茵河对岸虽然也有不少敌人,但都没有哥特人那样难缠,所以西部皇帝的工作是轻松加愉快。有了闲暇时间,格拉提安便沉醉在纵马狩猎的美好时光里,把政事通通交给了宠臣。

皇帝整天和自己的蛮族朋友骑马射猎,饮酒作乐,自在非常。皇帝心情好了,将军们的心情却不好了。对军人而言,肆意玩乐、宠幸宦官、无视军队、不理政事,这些都是最让人鄙夷的事情,再加上格拉提安才二十几岁,更增加了军队对他的轻视。说起来,格拉提安称帝的这些年,西边打不服阿勒曼尼人,东边又赶不走哥特人,帝国东西两线都是"悲剧",所以一些将军认为格拉提安难当大任。

时任不列颠总督的马克西姆斯早就对格拉提安不满了,他本以为凭自己的功绩和能力会被选为东部皇帝,没想到即位的是被贬为平民的狄奥多西,这让马克西姆斯很是愤怒,他决定推翻格拉提安政府。公元383年,马克西姆斯在军队的拥护下自立为帝。

不列颠皇帝紫袍加身,广发檄文历数格拉提安的罪状后,旋即率领不列颠军团渡过海峡,高卢的大多数城市都投入了他的麾下。大惊失色的格拉提安终于结束了他的狩猎游戏,急忙组织军队反击,但被他派往前线的军队竟然也投靠了马克西姆斯,这让叛军声威大震,更让格拉提安成了孤家寡人。

无奈之下,格拉提安只能一个劲地跑,打算借道西班牙逃往北非,然而他很快就发现各地总督都不待见自己,几乎所有的城市都不接纳他。当格拉提安逃到卢格杜努姆时,当地总督终于为他打开了城门,正当皇帝庆幸还有人忠于自己时,城里的士兵突然袭击了他的队伍,将皇帝五花大绑送给了叛军。最终,格拉提安落了个身首异处的下场。

格拉提安一死,西部帝国陷入分裂。高卢和西班牙落入马克西姆斯之手;控制着北非行省的总督吉尔多乘机独揽大权,形成一股中立的势力;格拉提安的弟弟瓦伦提尼安二世依然据有意大利,只是小皇帝没有足够的军队,又被皇太后贾斯蒂娜架空,其皇位也是朝不保夕。

马克西姆斯杀了格拉提安后并没有继续扩张,因为东部帝国统一在强大的狄奥多西手里,贸然开战难有胜算,所以马克西姆斯主动示好,试图与东部皇帝结为同盟。狄奥多西虽然不满马克西姆斯篡位,但想到格拉提安也是自己的杀父仇人后,他还是接受了马克西姆斯称帝的事实,只要求对方不得将势力扩张到高卢以外的地方。马克西姆斯高兴地答应了这个条件——只不过是暂时的。

新的西部皇帝非常贪婪,三个行省的地盘根本满足不了他。孱弱的瓦伦提尼安二世就像一块肥肉一样馋得人流口水,所以在得到狄奥多西的承认后,马克西姆斯便以西部皇帝自居,通过向人民征收重税的方式招募了很多汪达尔人、阿兰人雇佣军。军事实力增长后,马克西姆斯决定吞并意大利。

为了一举成功,马克西姆斯重金收买了瓦伦提尼安二世派来的使者,谎称愿意出兵协助瓦伦提尼安二世抵挡潘诺尼亚的入侵,而米兰的朝臣们不知道是同样接受了贿赂还是太过天真,竟然也相信了马克西姆斯的承诺。公元387年,西部皇帝率军正大光明地越过了高卢边界。

马克西姆斯表面上光明正大地行军,暗地里却让军队衔枚疾进直奔米兰城。他的军队虽然尽力隐蔽,但大军扬起的烟尘还是让米兰的守军察觉到了异样。这时,小皇帝才知道自己被欺骗了,可召集军队已经来不及了。皇太后贾斯蒂娜害怕被敌军包围在米兰城内,便带着小皇帝匆忙逃离。当年8月,马克西姆斯攻占了意大利首府米兰。

贾斯蒂娜等人惶惶如丧家之犬,他们既无军队,又无地盘,只能向东部皇帝狄奥多西求援。为此贾斯蒂娜不惜把宝贝女儿加拉送给狄奥多西,而加拉公主也非常擅长利用女人的"武器",一番梨花带雨的倾诉便让狄奥多西彻底沦陷了。纵然狄奥多西对小皇帝一家子没有任何好感,但一个更加强大的马克西姆斯却让人难以安心,思来想去,狄奥多西决定帮助瓦伦提尼安二世复国。

终于,狄奥多西以马克西姆斯篡位弑君为由向他宣战。整个东部帝国都被皇帝动员起来,他计划兵分三路,海陆并进:

第一路,由法兰克人大将阿波加斯特斯率领一支疑兵,从多瑙河直接穿过雷蒂亚,进逼高卢以牵制马克西姆斯的兵力;

第二路,由希腊和伊庇鲁斯的海军舰队袭击意大利,意在护送小皇帝光复罗马城,从而和阿波加斯特斯形成南北呼应的局面;

第三路,由狄奥多西亲自指挥,目标是正在围攻伊摩纳的马克西姆斯。

在狄奥多西三路大军协同威逼下,马克西姆斯不得不放弃了伊摩纳,退守湍急的萨沃河。然而让马克西姆斯没有想到的是,狄奥多西完全没有攻城略地的意思,他带着骑兵长途奔袭萨沃河,期间完全不休息。狄奥多西甚至当着马克西姆斯的面跳入河中发起冲锋。这一幕让马克西姆斯的士兵恐惧不已。不知疲惫的狄奥多西所部骑兵不但强渡成功,还击溃了敌军的主力和援军,吓得马克西姆斯溃逃至阿奎莱亚城。

萨沃河大胜后,狄奥多西依然没有休息,亲率骑兵继续追击至阿奎莱亚城。城内的守军可不想跟着败军一起灭亡,这些人都是墙头草,曾经只因马克西姆斯的强大而投降他,现在他们同样因为狄奥多西的强大而背叛了西部皇帝。马克西姆斯就这样被捆着丢给了狄奥多西。东部皇帝倒也干脆，直接将马克西姆斯父子斩首示众。意大利、西班牙和高卢也相继投降。

令人意外的是，控制西部帝国后，狄奥多西没有篡夺西部的皇位，反而将瓦伦提尼安二世重新送回了米兰城，恢复了他的政府，只不过多给小皇帝安排了一个"助手"，法兰克人阿波加斯特斯。

阿波加斯特斯被狄奥多西任命为高卢大将军，控制了西帝国军队的兵权。皇太后贾斯蒂娜则被完全架空，她的亲信和宠臣全都被狄奥多西的人取代。从此，瓦伦提尼安二世形同傀儡，母子二人再也不能干预西部帝国的朝政了。

狄奥多西本打算用这样的方式控制西部帝国，但连他也没想到，阿波加斯特斯和马克西姆斯一样野心勃勃。阿波加斯特斯平日骄横无比，到处安插亲信，连皇帝身边的卫士都成了他的人，小皇帝和太后越来越被动，逐渐有种被人软禁的感觉。大将军后来更是飞扬跋扈，无视小皇帝的存在，甚至试图谋取皇帝的宝座。

瓦伦提尼安二世虽然年轻，毕竟也20岁了，血气方刚的皇帝不能忍受阿波加斯特斯的飞扬跋扈和颐指气使。终于有一天，瓦伦提尼安二世再也忍不住了，他突然召来阿波加斯特斯，把免除对方一切职务的诏书丢到他面前。大将军冷笑着说道："我的职权可不是君王一时好恶就能决定的。"说罢便把诏书撕成了碎片。这一幕彻底激怒了小皇帝，他突然抽出佩剑朝大将军砍过去。不过，矫健的阿波加斯特斯轻松躲开了皇帝的攻击，还一把夺过了剑，弄得皇帝栽倒在地。阿波加斯特斯本可以顺势一剑刺死小皇帝，但他忍住了。几天之后，瓦伦提尼安二世被发现死于自己的寝宫。阿波加斯特斯为小皇帝举行了盛大的葬礼，可这依然瞒不过世人的眼睛。

阿波加斯特斯弑杀了主君，但迫于形势压力，更畏惧狄奥多西的制裁，这位蛮族将军还不敢马上登上帝位。为了掩盖其擅权弑君的事实，阿波加斯特斯暂时拥立曾经的秘书官尤金尼乌斯为新的西部皇帝，自己则于幕后摄政。随后，阿波加斯特斯以尤金尼乌斯的名义请求狄奥多西的承认。东部皇帝虽然震怒，却还没做好再打一次内战的准备，所以只能暂时同意了对方的要求，以等待更好的机会。

最后的统一

两年时间转瞬即逝,狄奥多西勉强维持着与阿波加斯特斯的和平。可在东部皇帝和大臣们眼中,阿波加斯特斯的政权并没有被真正承认,而割据北非的吉尔多也日渐坐大,俨然有自立为帝的趋势:形势上的统一掩盖不住帝国三分的事实。

皇后加拉不断地哀求狄奥多西为弟弟报仇,而准备多时的军团也整装待发,不过在开战前夕,狄奥多西还是有些犹豫不决。虽然他这些年致力于招降日耳曼人加入帝国,得到了不少的蛮族士兵和将军,可是西部帝国的军队也不容小觑,毕竟他们也拥有一定数量的蛮族军队,双方都不同程度地蛮族化了,所以要想轻松击败对手几乎是不可能的。如果内战不利,自己能否全身而退呢?

为了获得信心,狄奥多西派大太监优特罗皮乌斯专程前往埃及求取神谕。不知道大太监获得了怎样的预言,总之他回禀皇帝称胜利必将属于他,这终于坚定了皇帝的信心。

事实上,狄奥多西的决心不仅来自神谕,也来自基督徒的支持。自《米兰敕令》颁布后,基督教蓬勃发展,在东部帝国遍地开花,但尤金尼乌斯主政的西帝国却反对基督教,公开恢复多神教传统,所以两个帝国在信仰上逐渐产生了分歧。如果不能彻底统一罗马帝国,基督教的命运依然充满了变数,万一哪天又出个尤里安可如何是好呢?

公元394年,狄奥多西终于对西部伪帝宣战。

狄奥多西麾下集结了大量的蛮族军队,包括哥特人、汪达尔人、伊比利亚人,甚至还有阿拉伯人,而他们的主要指挥官无一例外都是蛮族出身的将军,其中以斯提里科和提马西乌斯为首,还有哥特人阿拉里克和伊比利亚人巴库里乌斯。

从狄奥多西的军队组成可以看出,传统的罗马人几乎不再征战沙场,仅剩下的一些"硕果"也没有绝对指挥权,只能居于蛮族将领之后。这支军队的作战方式也因此变得非常日耳曼化。

狄奥多西亲率4万人马气势汹汹杀奔意大利，伪帝尤金尼乌斯只能指望阿波加斯特斯能够击败东部军团。虽然大将军有5万余人的兵力，但他似乎没有足够的信心，既害怕主动进攻将不敌哥特人的骑兵，更害怕战线过长会被截断后路，于是大将军选了一个最愚蠢的方案：退守意大利。

法兰克大将军主动放弃了辽阔的潘诺尼亚，甚至连意大利边境的关隘也通通放弃，将主力布置在阿奎莱亚旁的冷河一线，以期在此以逸待劳击败对手。狄奥多西的军队不费吹灰之力就攻占了潘诺尼亚和意大利边境的城池，几乎不受阻碍地越过了阿尔卑斯山，这让东方军团的士气大振，认为敌军只是一些胆小鬼。

公元394年9月，双方在战场上相遇。说起来，这场决战颇有宗教意味，以狄奥多西为首的东部帝国完全皈依了基督教，但以阿波加斯特斯为首的西部军团仍以古典众神为信仰。由此可以看出，全面基督教化的政策并没有得到罗马元老院为首的精英阶层支持。如果西部帝国能在此战中击杀狄奥多西，是不是就意味着传统诸神能够击败新的信仰呢？是不是罗马帝国就有可能因此中止基督教化的进程呢？可惜历史没有如果。

9月5日，决战在东方骑兵的冲锋下正式开始。狄奥多西首先派出了以盖纳斯、阿拉里克为首的2万哥特骑兵。一望无际的骑兵军团人喊马嘶，疾如飓风，掀起了漫天沙尘，这些勇士企图通过强攻撕开西部军团的战线。阿波加斯特斯倒也老练，将主力严密布置在哥特骑兵冲锋的位置上，并不时派预备队换下或补上陷入苦战的友军。这一战法颇有罗马军团的遗风。

果然，在阵地战里，只要步兵能够稳稳守住战线，骑兵的冲锋就会如强弩之末般渐渐无力。哥特骑兵此刻就陷入了这样的苦战。虽然他们一度让人感到惊恐，但当西部军团抵挡住了敌军的首轮冲锋后，哥特骑兵就落得被西部军团围剿的悲惨境地。不多时，哥特骑兵便败退下来，据说死伤高达1万多人。

哥特骑兵一败涂地，争相往后逃跑，使得战线上的其他部队与之脱节。西部军团利用此等战机，试图迂回到敌军侧翼攻击。如果这一计划得以实现，狄奥多西势必就此失败。关键时刻，伊比利亚人巴库里乌斯率领自己的军队及时填补了哥特人逃走后的阵地，他们与西部军团展开血战，指挥官巴库里乌斯当场战死，但也多亏了他们的奋战，狄奥多西的军队才没有全线溃败。

战斗持续到了黄昏，狄奥多西一方的损失很大，而阿波加斯特斯一方却倍受鼓舞，当夜就大肆庆祝胜利。显然，新神与旧神的首战以西部帝国军团的胜利告终。

为了进一步扩大战果，阿波加斯特斯当夜派了数千人马悄悄移动到了狄奥多西后方，控制了该处的山谷，将东部军团彻底围在了战场上。如此布局可谓精妙，如果按阿波加斯特斯设想的那样发展下去，次日的决战，狄奥多西将难有胜算。然而，西部帝国的统治阶层并不齐心，被派到山谷的西部将领阿比提奥早就萌生了叛意，当夜就将西部军团的作战计划通通告知了狄奥多西，并表示愿意在战场上倒戈。狄奥多西闻之大喜，为了拉拢这个西部叛将，皇帝连夜送去了一份刻在木板上的空白委任状，对方想写上什么高官厚禄都可以。而这一变故，阿波加斯特斯并不知晓。

9月6日，双方展开决战。西部军团依然保持守势，试图以前日的战术抵挡东部骑兵的攻击。狄奥多西虽然面临不利的形势，却没有犹豫。他明白，如果不主动进攻就会让敌人发现自己的软弱，更会动摇身后山谷叛将的投诚之意，所以狄奥多西严令此战不胜不退，誓要与敌军做殊死一搏。

随着军号响起，东部军团怒吼着朝西部军团冲了过去。这时，不知何故，天空突然狂风大作，飞沙走石。怪风和沙石全都朝着西部军团的正面袭来，使得他们难以睁眼厮杀，而狄奥多西的军队仿若是御风而行，被狂风推着冲锋，不少人因而高呼这是基督在推着他们前进，这让东部军团士气大振，战斗力顿时飙升了好几个档次。

阿波加斯特斯一方的士兵根本就看不清敌军的脸，只能举着刀剑盾牌乱砍乱推，既不能有效防御敌人的进攻，又不能准确刺中敌人。西部军团的弓矢也因为狂风而失去了威力，被吹得东偏西落，如同树叶一般软绵无力。这样的局面无疑让西部军团成了板上鱼肉任人宰割，阿波加斯特斯的战线因而全线崩溃，死伤无数。

战场的归属已经确定了，西部伪帝尤金尼乌斯被枭首示众，败军之将阿波加斯特斯夺路而逃，在流窜了数月后绝望地举剑自尽。西部三省全部落入了狄奥多西之手，而割据北非的吉尔多也马上表示效忠狄奥多西，至此，狄奥多西终于成了罗马帝国唯一的皇帝。只是人们不会想到，他也是最后一个统领整个地中海的罗马皇帝。

狄奥多西的胜利无疑决定了罗马的命运,冷河之战让西部精英捍卫罗马诸神的最后努力也付之东流,基督教毫无争议地成了帝国的国教,狄奥多西的大帝之名算是名副其实了。然而,命运却是如此爱戏弄人,狄奥多西历经血战才统一的罗马帝国,并没有让他享受多久的荣耀。胜利之后的皇帝越发虚弱,主教们这次再也不能让他康复了。仅仅4个月后,大帝狄奥多西便驾崩了。

为了统治辽阔的帝国并延续自己的王朝,狄奥多西临终前指定两个儿子共同继承帝国。18岁的长子阿卡迪乌斯得封东罗马帝国,加"奥古斯都"衔,统治以君士坦丁堡为中心的东部帝国;10岁的次子霍诺里乌斯得封西罗马帝国,加"奥古斯都"衔,统治以米兰为首都的西部帝国。狄奥多西大帝的本意是让两个儿子像以往的皇帝一样进行共治,但结局却不是狄奥多西所能预料得到的。

34

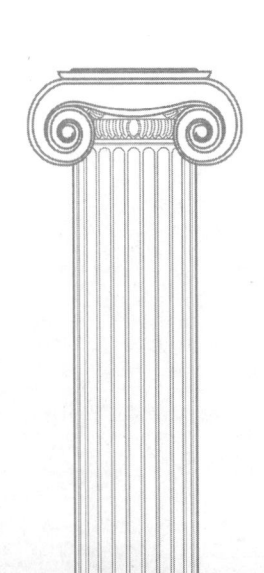

第三十四章 走向分裂

权臣争斗

公元395年1月17日，狄奥多西大帝于米兰驾崩。皇帝在最后一刻召来众臣宣布了一个重大的决定：驸马爷斯提里科将出任东、西两个帝国的摄政大臣，并统领帝国所有的军队。

这一决定来得突然，事先完全没人知道。狄奥多西大帝可能也没想到自己这么快就不行了，即将入土的他非常担心两个未满20岁的儿子，所以他需要一个统兵大将来帮助两个小皇帝执掌政权。纵观整个帝国，只有女婿斯提里科是最合适的人选：一来他的统兵才能绝佳，足以震慑任何敌人；二来他出身卑微，毫无称帝的野心；三来他已经加入了王室，自然会忠于狄奥多西王朝。如此看来，斯提里科还真是个绝佳的人选。

然而，考虑到东、西帝国的情况错综复杂，狄奥多西的安排有些仓促。在西部，狄奥多西刚刚才击败了对手，统治米兰的时间也不过4个月而已，大帝的人马在西部帝国缺乏根基，要想迅速统治这片区域，就必须倚靠原来的官员，这些人能否让斯提里科顺利掌权呢？另外，在狄奥多西攻打意大利之前，东部帝国已经有了一大帮掌握实权的御前大臣，这些人身居要职且主政多年，都是根基深厚之人，而君士坦丁堡的宫廷宦官也权重势大，绝非任人使唤之辈。

斯提里科突然被擢升为首席大臣自然会让这些人感到不满，没有谁会主动交出手中的权力，更不会乖乖听命于一个空降的首辅大臣。故而，斯提里科能否如大帝所愿真正地掌握两个帝国的权力，依然是个未知数。

斯提里科的父亲是汪达尔人，母亲是罗马人，而在罗马人的认知里，只有父亲是罗马人才能称其为罗马人。在恺撒、屋大维时期，罗马军团士兵多与当地蛮族女子婚配，他们的孩子都能获得罗马公民权，而到帝国晚期，父亲是蛮族、母亲是罗马人的情况也非常常见，可在父系社会里，他们的孩子依然被视为蛮族，斯提里科就处于这样的窘境。虽然他忠于帝国，但在大多数罗马人眼里，他依然是蛮族。

斯提里科的父亲曾是瓦伦斯麾下的骑兵长官，在军队中也有一定的地位。斯提里科可能从小就和父亲在军中生活，当别的孩子在学习修辞、哲学、希腊语时，斯提里科就已经开始练习剑术、马术和弓术，当别的孩子还在为玩具而嬉闹、哭啼时，斯提里科已经对战场上的断臂残肢习以为常，所以斯提里科少年老成，既稳重，又勇敢。成年后的斯提里科魅力四射，皇帝狄奥多西不但擢升了他，还将侄女兼养女赛妮娜嫁给了他，斯提里科便成了狄奥多西王室成员，直接进入了帝国领导层。

公元394年，狄奥多西征讨西部伪帝尤金尼乌斯，此时的斯提里科已经作为大将军级别的司令官随侍皇帝左右。战争胜利后，大帝将全部兵权交给斯提里科掌管，无论是哥特人、伊比利亚人还是阿拉伯人都归于其麾下。大帝驾崩后，斯提里科成了军中第一人，加上大帝的遗命让其辅佐两个小皇帝，斯提里科实际上已是万万人之上的权臣。

可惜，罗马的权臣并不止斯提里科一个人。在东部帝国，大帝生前已经提拔了一个名叫鲁菲努斯的御前大臣。此人出生于高卢，早年投奔东部政府，历经多年的摸爬滚打才进入了核心领导层，深得狄奥多西大帝的信任，大帝曾当众委托鲁菲努斯辅佐东部皇帝阿卡迪乌斯。

鲁菲努斯懂权术，知规矩，在官场中一路过关斩将，最终荣获执政官的高位。主政东罗马期间，鲁菲努斯不但拉帮结派，还迫害同僚，身兼首都行政长官和禁卫军统领，既掌握了君士坦丁堡的兵权，又掌握了君士坦丁堡的行政权，可谓名副其实的东罗马第一权臣。

鲁菲努斯得知斯提里科被大帝托孤后，心里非常恼怒，他不愿意放弃手中的权力，因而试图让东罗马从整个帝国里彻底分裂出来。也因为他的这一决定，东、西两个帝国渐行渐远。

斯提里科名义上是帝国总司令，真正能控制的其实就只有米兰，东帝国他根本插不上手，两个政府的摄政大臣有名无实。大帝驾崩4个月后，斯提里科和鲁菲努斯都收到了一封急报，两人的平衡被突然打破了，因为"阿拉里克谋反了"。

阿拉里克，西哥特人，狡猾、阴险且精于战阵，曾于狄奥多西麾下担任骑兵长官，统率着上万哥特骑兵，是军队里不可多得的将才。除此之外，此人有哥特王族血统，在哥特人中地位较高，曾跟随狄奥多西参与冷河之战，目睹了上万哥特人的阵亡，心中既怒又哀。

大帝狄奥多西死后，阿拉里克便萌生了叛意。经过4个月的准备后，阿拉里克自称西哥特酋长，举起了反对罗马帝国的大旗，其麾下集结了大约2万西哥特人。此刻他正南下进攻色雷斯地区，一路烧杀抢掠，帝国烽烟再起。

西哥特人谋反并不意外。早在冷河之战时，狄奥多西就曾强令西哥特骑兵猛攻敌军阵地，用血战的方式消耗阿波加斯特斯的主力步兵。在这场血战里，西哥特骑兵伤亡超过了1万人。虽然狄奥多西最终赢得了胜利，但这样的胜利让西哥特人非常恼怒，他们觉得自己被狄奥多西出卖了，认为狄奥多西的真实意图就是消耗哥特人的实力，拿他们当炮灰。阿拉里克从此便不再信任帝国政府。

大帝死后，阿拉里克为了试探罗马政府对自己的态度，故意要求担任总司令级别的大将军，结果却被拒绝，他又要求兑现先帝允诺的赏金，反被缺斤少两地忽悠了一阵。阿拉里克终于认清了帝国对蛮族的态度，愤而宣布道："要想获得生存的土地，我们只有靠自己的血与剑。"

阿拉里克带着西哥特人大肆劫掠巴尔干半岛，常年依靠蛮族军队的东帝国根本没有足够的野战军与之抗衡，而留在各地的边防军也不敢作战，只能看着哥特人肆掠乡里。阿拉里克首先攻占了阿德里安堡，接着又沿着海岸线南下攻打马其顿，轻松占领了东帝国第二大城市塞萨洛尼基。

阿拉里克这一叛，东帝国的统治层犹如热锅上的蚂蚁，执掌大权的鲁菲努斯根本没有击退哥特人的计策，只能守着君士坦丁堡干瞪眼。即便帝国形势已经如此危急，鲁菲努斯依然想方设法地强化自己的权势，忙着将女儿塞给小皇帝阿卡迪乌斯当皇后。

可惜权臣之外还有佞臣。超级大宦官优特罗皮乌斯看出了小皇帝的苦恼，秘密献了一幅美人图，愁眉不展的阿卡迪乌斯顿时心花怒放，因为画里的女人正是金发碧眼的法兰克第一美女优多克西娅。

优多克西娅，法兰克人后裔，唇红齿白、身材修长、皮肤白皙，她的父亲曾是帝国的将军，自父亲死后，她就备受大宦官的照顾。正所谓"奇货可居"，现在就是将这"奇货"出手的时候了。

大宦官优特罗皮乌斯当然不是为了让皇帝开心一下才送上一幅美人图，他是要将这个美人送到皇宫当皇后，然后取代鲁菲努斯，成为东罗马第一权阉。

小皇帝可不会思考这么多，在看了优多克西娅的画像后，便辗转反侧，夜不能寐，誓要娶她当皇后不可。而大宦官呢，早就为小皇帝谋划好了一切。

第一权臣鲁菲努斯每日为女儿的婚事忙前忙后，丝毫不知道宫廷里正酝酿着另一个计划。就在婚礼举行的当天，大宦官带着迎亲的队伍浩浩荡荡地出宫而去，还派人告知鲁菲努斯要耐心等待迎亲的队伍，实际上却是要第一权臣放下警惕。当迎亲队伍路过优多克西娅的家时，大宦官突然下令停止前进，然后便将皇后的冠冕毕恭毕敬地送到了优多克西娅的手中。就这样，优多克西娅被迎到了皇宫，在众臣惊讶的目光下与小皇帝阿卡迪乌斯完婚。此时第一权臣方知上了当，但也为时已晚。

有了优多克西娅给皇帝吹枕边风，一股更强于鲁菲努斯的政治势力悄然崛起，他们控制着皇宫和小皇帝，正阴谋除掉第一权臣，建立一个宦官当政的新时代；而此时的西罗马摄政大臣也在召集军队，准备借阿拉里克谋反之机插手东罗马的政事。东帝国的政局风起云涌，三方势力谁能笑到最后呢？

东、西帝国的决裂

早在公元395年夏季，身兼帝国总司令的斯提里科就已经决定干涉东部帝国的战争。当时的阿拉里克刚刚攻占了阿德里安堡，而随狄奥多西大帝西征的军队还留在西帝国，斯提里科便带着东、西两个帝国的军队主动开进了巴尔干半岛，于亚得里亚海沿岸的萨洛纳击败了阿拉里克，斩首3000余人，成功将他围在色萨利地区。形势一度非常有利于斯提里科。

不过，要歼灭数万西哥特人并不是那么简单的事情，斯提里科手里的军队不过2万人，所以他需要援军。一方面，斯提里科以先帝遗命为由，牢牢地将东帝国的军队抓在自己手中；另一方面，他又抽调莱茵河的罗马军队驰援东部战场。如果一切顺利，等到斯提里科的所有军团会合后，阿拉里克必将灭亡。

在等待高卢援军的日子里，斯提里科没有一直留在军中，受当地贵族和富绅的邀请，大将军前往当地城市享受宴会和娱乐，而他的军队也因为主帅外出而松懈下来，这给了阿拉里克脱逃的机会。

西哥特人利用罗马军队疏于防范之际，以惊人的毅力长途奔袭，打破了斯提里科的包围，从水路逃入了山区。正当斯提里科决定追击阿拉里克时，东罗马皇帝阿卡迪乌斯的敕令来了，命斯提里科立刻交出东帝国的兵权，并让东部军队返回君士坦丁堡，另外还命令斯提里科带着西部军队即刻离开，不得在东部领土内逗留。

斯提里科当然知道这并非阿卡迪乌斯的意思，而是第一权臣鲁菲努斯的命令。因为斯提里科是先帝任命的帝国大元帅，拥有统领东、西两个帝国军队的权力，唯一没有的便是真正掌控东部帝国的政府和宫廷，所以当斯提里科以讨伐阿拉里克为名进入东帝国后，鲁菲努斯惊恐难安，他判断斯提里科一旦消灭阿拉里克就会进入君士坦丁堡，然后除掉自己并控制小皇帝阿卡迪乌斯。基于这样的判断，鲁菲努斯宁可让阿拉里克逃脱，也不愿意让斯提里科掌握东部帝国的兵权。

可见，帝国高层何其腐败，为了个人利益不惜危害国家社稷。斯提里科虽然愤怒，却没有失去理智。此时的阿卡迪乌斯没有一兵一卒，如果斯提里科北上君士坦丁堡，极有可能控制东帝国宫廷，然而在权力和臣节之间，斯提里科义无反顾地选择了臣节，大方地交出了兵权。此举让他赢得了东部军队的拥护，也让他失去了统一罗马帝国的机会。之后，斯提里科便率领西部军队撤回了莱茵河，东部军团在将领盖纳斯的带领下北上君士坦丁堡。

当年11月27日，鲁菲努斯携小皇帝阿卡迪乌斯出城迎接凯旋的东部军队。盖纳斯命军队列成整齐的军阵迎接鲁菲努斯的检阅。正当鲁菲努斯步行经过军队时，两翼的士兵突然围了过来。大权臣顿感大事不妙，还没来得及说话，一个士兵突然抽剑刺入了他的胸膛，鲁菲努斯当场毙命。

小皇帝吓得直哆嗦，大宦官优特罗皮乌斯却露出了一丝冷笑。鲁菲努斯一死，他的一切功与名都化为乌有，尸体被交给市民们践踏，头颅被插在长矛上示众。优特罗皮乌斯马上授予盖纳斯东帝国大元帅的衔职，联合他和皇后一起接手了鲁菲努斯的全部权力，东帝国又变成了宦官专权的局面。

斯提里科返回西部后，阿拉里克兵势复振。公元396年春，西哥特人席卷了整个希腊地区，雅典、科林斯、斯巴达、阿尔戈斯无一幸免，阿拉里克的实力进一步壮大起来。男人被杀死，少女被奸污，哥特人的名字如噩梦一样让罗马人战栗不已，而东帝国的宫廷却对此视而不见，严令盖纳斯守备君士坦丁堡，放任阿拉里克洗劫各地。

公元397年，阿拉里克在希腊"饱餐"之后开始北上，而斯提里科在处理了西部帝国的政务后，再次率部越过边境，第二次出手干预阿拉里克。斯提里科此次出兵的目的很简单，就是要消灭阿拉里克的西哥特军。双方于希腊西北部交战，阿拉里克再次被击败，遁入山区。

此时，东帝国因斯提里科再次越过边境而震怒，可能他们惧怕斯提里科兼并东帝国更甚于阿拉里克的洗劫，于是东帝国宣布斯提里科为国家公敌，禁止各地为西部军队提供支援和粮草补给，同时秘密接触阿拉里克。东、西帝国彻底决裂。

为了牵制斯提里科，大宦官想了一条妙计："祸水西引"。大宦官自信满满地告诉小皇帝："陛下，斯提里科不足为虑，咱家已经为陛下征集了数十万大军，他们马上就要去找西帝国的麻烦了。"

冷笑着的大宦官让小皇帝阿卡迪乌斯签署了一条敕令，封阿拉里克为东罗马帝国的元帅，兼任伊利里亚大元帅，节制该地的军、政、财三项大权。这等于是把亚得里亚海东岸割让给了阿拉里克。不仅如此，东帝国也和北非军阀吉尔多眉来眼去，公开接受了他的投诚，吉尔多因此宣布北非地区脱离西帝国并效忠于阿卡迪乌斯的政权。这等于是割走了西帝国三分之一的土地。

有趣的是，无论是北非五省，还是伊利里亚，通通都是西帝国的固有领土，与东帝国是一点关系也沾不上。东帝国用西部行省招揽阿拉里克，等于是空手套白狼，借他人之花献自己的佛，好一招"妙计"。这么一来，斯提里科便陷入四面受敌的困境。

首先，得到伊利里亚总督之位的阿拉里克肯定会出兵该地区，势必会与斯提里科正面交锋，而数万西哥特军的战斗力不容小觑。其次，倒戈加入东帝国的吉尔多也有理由不再向意大利输送粮食，这会让意大利出现饥荒，而且此人拥兵数万，也是实力雄厚之人，并不好对付。最后，一旦斯提里科出兵，不列颠、莱茵河两条防线的数十万蛮族军队将如何抵挡？纵然斯提里科才华横溢，也是双拳难抵四手。由此可以看出，大宦官的权谋是在鲁菲努斯之上的，这还真的把祸水全部引到了西方。

那么斯提里科该如何应对呢？是自暴自弃，告老还乡，还是再博上一博？事实上，斯提里科并未过分惊慌，因为战线虽多，但危机不大。

首先来看看阿拉里克的西哥特人。这些人拖家带口攻入伊利里亚，一旦让他们占领了西帝国绝佳的兵源地，那跟砍了西帝国的强臂没什么两样，但这些人屡次败于斯提里科，只要有足够的军队和粮草，便可以击败他们，而且蛮酋本人贪财好色，对东帝国并无忠诚可言，只要贿以重金，今天的敌人就是明天的盟友。

再来看看北非地区。吉尔多虽然控制着北非五省，但他的兵都是当地人，常年不谙刀兵之事，又没有上过战场，根本不成气候，只要派一偏将即可平定。

至于莱茵河的蛮族，这些人数量不清，意图也不明确，的确是非常棘手的敌人，所以斯提里科必须尽快击破阿拉里克，再北上防卫莱茵河防线，这样就可以化解危机。

东帝国虽然营造出了三路大军、数十万人攻打西帝国的局面，但在斯提里科看来，这不过是虚张声势而已，接下来，他就要让帝国臣民看看自己是如何一一破解的。

先平北非

斯提里科独掌西帝国军权时，真正的西罗马皇帝霍诺里乌斯才10岁，朝政大事自然是任由斯提里科处置。眼红斯提里科的人不止东帝国的那一帮权臣，西帝国内部同样有人反对斯提里科摄政。掌控着大半个北非的"非洲大元帅"吉尔多私下一直阴谋反对斯提里科，其中的缘由还得从狄奥多西时代说起。

在狄奥多西时代，吉尔多就控制了整个北非地区，毛里塔尼亚、阿非利加、努米底亚、的黎波里都是他的地盘，其麾下有7万~8万人的军队，掌控着半个帝国的粮仓。

在当时的罗马，埃及负责东帝国的粮食，阿非利加负责西帝国的粮食，可以说，正是因为吉尔多一度支持狄奥多西，伪帝尤金尼乌斯才最终败北的。大帝固然对吉尔多"名为臣属，实则割据"感到不满，但也没有去征讨北非，因为征讨北非就不得不面对数万人的北非军团，而且还要面对意大利断粮的困境。故而，在尚未准备充分前，帝国只能对大军阀睁一只眼闭一只眼。

吉尔多，北非摩尔王子，为人心狠手辣，信仰多纳图主义。当年其兄长菲尔穆斯在北非起兵叛乱时，吉尔多没有加入自己的兄弟，反而追随大狄奥多西箭射血亲，在叛乱平定后，吉尔多自然被帝国政府委以重任。他逐渐掌握实权，后来又被授予了"北非大元帅"衔，统领了除了埃及、昔兰尼加以外的几乎整个北非地区，成为实打实的大诸侯。

凭着北非五省的实力，北非大元帅要当皇帝也未尝不可。不过要想直接称帝，吉尔多却越不过西罗马帝国这道坎，更越不过斯提里科这道障碍，所以吉尔多才主动联络东罗马，试图携手消灭斯提里科。东帝国对他这份心思或多或少也知道一些，但他们对斯提里科的恐惧远大于北非独立，所以王八看绿豆——看对眼了，自然就组成了一个新的同盟。

公元397年，北非已经不再往意大利运送粮食了，吉尔多叛乱已成事实。面对北非的背叛，斯提里科首要的问题便是解决意大利的饥荒。在这一点上，摄政大臣早有准备，从西班牙和高卢运来的粮食很快就填满了意大利的粮仓，无论是粮价还是供给都没有因为北非的叛乱发生震动。斯提里科在"料敌于先"上的确交了优秀的答卷。然而，长期依靠西班牙和高卢的粮食毕竟不现实，先不说这两个行省自身的需求很高，单是长年累月的蛮族入侵就足够威胁当地的粮食生产，这些地方的农耕业频繁受到战争的破坏，无法长期稳定提供大量粮食，所以斯提里科还需要尽快平定北非。

为了出兵北非，斯提里科恭敬地找到了元老院，借他们之手把吉尔多贬为国家公敌。在戴克里先改革后，已经很少有人搬出元老院了，但这也不奇怪，虽然斯提里科是摄政大臣，但也不代表他可以为所欲为，飞扬跋扈、遭人妒恨毕竟是辅政大臣的大忌。有了元老院当挡箭牌，斯提里科开始谋划远征北非。摄政大臣认为北非的叛乱看似可怕，实则不足为虑，他早已议定了一个合适的统帅：马西泽尔。

马西泽尔，摩尔王子，吉尔多的亲弟弟，但兄弟两人势同水火。当年吉尔多因畏惧弟弟的才能，不惜迫害并诛杀了两个亲侄子，使得马西泽尔不得不渡海逃离北非，辗转流亡于西罗马的宫廷。此人对吉尔多的仇恨已达不共戴天的程度，所以只要是马西泽尔出征北非，那基本上就不存在和谈、停战、通敌的可能性，绝对是你死我活的血战，这正是斯提里科想看到的。

面对西罗马的讨伐，吉尔多征集了一支7万人的庞大军队，加上粮食充盈的北非不愁补给问题，北非军阀有信心赢得战争的胜利。斯提里科交给马西泽尔的军队并不多，只有5000人而已，但这5000人却是斯提里科精选出来的老兵，信仰虔诚、忠诚不贰、身经百战，绝对都是军中的翘楚。用这些人马平定北非，摄政大臣也非常有信心。

马西泽尔率领5000人的远征军自意大利起航，沿着撒丁尼亚岛东部海岸航行，在没有遇到任何海战的情况下轻松登陆北非。从这一点上看，吉尔多并未组织海上力量拦截远征军。到底是他对陆军过于自信，还是他压根就没有海军舰队，已经不得而知。有天险却不加以利用，绝对是战略上的失误，由此可见，北非大元帅并没有认识到战争的险恶。

两位摩尔王子于平原上决战。马西泽尔的军队打出了象征基督教的战旗。在开战前，马西泽尔不忘派人秘密策反敌军官兵，这些人对同为北非王子的马西泽尔非常熟悉，对手足相残的战斗自然也是非常抵触的。在决战前一刻，马西泽尔单枪匹马奔驰到两军阵前，大声呼喊道："我代表皇帝而来，身后都是帝国的百战精锐，如果你们还忠于罗马，就放下旗帜加入我们的军队，不要站在异端的身旁为他而战，因为这是一场正教与异端的决战。"

说罢，马西泽尔不顾射来的箭矢，再次拨马向前，逼近敌军的一个掌旗官。对方坚定地握着旗帜，马西泽尔见其不为所动，干脆一剑砍断了掌旗官的手臂。随着鲜血喷涌而出，吉尔多的战旗轰然倒地。从远处看去，像是出现了第一个选择投降的士兵。

这面旗帜的倒下立刻产生了多米诺牌效应，5000个罗马老兵随即大声欢呼，一些北非士兵也开始欢呼并丢掉了旗帜，整个战场顿时沸腾起来。大量的北非士兵倒戈，吉尔多一时之间竟然被自己的军队包围了。随后，马西泽尔下令追杀叛军，吉尔多7万大军作鸟兽散。仓皇逃跑的北非军阀本打算乘船逃奔东帝国，可惜天公不作美，船刚出海不久便被海风吹回到西帝国的海岸线上，这等于是自投罗网，吉尔多因而被押送到马西泽尔面前，落得个枭首示众的下场。

大军阀一死，北非五省再次回到西帝国的怀抱。

平叛有功的马西泽尔本应该享受巨大的荣耀，但他毕竟也是摩尔人，在斯提里科心里，或者说是在西帝国人眼中，蛮族将军不值得信任，帝国已经不敢再任用摩尔王子执掌北非了，因为这可能造就又一个吉尔多。所以英雄凯旋米兰后，竟意外死亡了。他当时正陪伴斯提里科经过一座桥梁，毫无征兆地从马上落入水中，当侍从准备施救时，斯提里科冷峻而又无情的眼神制止了他们，马西泽尔就这么被淹死了。至于他为什么会突然落水，已经无人知晓了。

后来，斯提里科厚葬了马西泽尔，并用亲信赫拉克里亚安接替了他的全部职务。北非算是彻底回归了西帝国，而斯提里科凭此功劳顺势把女儿玛丽亚立为霍诺里乌斯的皇后，这让斯提里科的权势更加稳固了。数年之后玛丽亚去世，斯提里科又把最小的女儿嫁给了皇帝。两家的联姻是如此牢固，然而两个皇后据说到死都是处女。不知道这是因为两人没有感情，还是因为小皇帝身体孱弱。

斯提里科的奋战

北非虽然被平定，但西帝国依然是多事之秋。莱茵河对岸以苏维汇人、阿兰人为首的日耳曼人再次突破边境，劫掠雷蒂亚地区，斯提里科闻讯后当即率领主力军队北上驱敌。斯提里科一北上，阿拉里克也闻讯而动。在阿拉里克看来，处于四战之地的伊利里亚并非绝佳的建国地点，这一想法与其他哥特人不谋而合，所以即便阿拉里克已经自立为西哥特国王，他仍需要寻找建国的土地。

开战前，西哥特将军曾问阿拉里克："王上，我们走哪一条路进攻罗马？"

阿拉里克自信地笑道："条条大路通罗马。"

阿拉里克判断斯提里科不可能在短时间内回援意大利，所以亲率数万主力大军急速突破阿尔卑斯山，进逼至阿奎莱亚城下。小皇帝霍诺里乌斯一听说西哥特军队已攻入意大利，吓得赶紧收拾金银细软准备逃往高卢南部。消息传到斯提里科军中，摄政大臣连夜赶回米兰城，对小皇帝说道："陛下，没有什么是比皇帝出逃行省更可耻的了。"

斯提里科向小皇帝保证了米兰城的安全，并坚定地表示会击败阿拉里克，这才勉强让小皇帝冷静了下来。随后，斯提里科返回了雷蒂亚，主动与苏维汇人议和，条件是允许苏维汇等民族迁入雷蒂亚居住，但要为帝国提供雇佣军。苏维汇人的目的达到了，满意地结束了与斯提里科的战争，同时还送上数千精锐骑兵供摄政大臣驱使，斯提里科的军力因而大为提高。有了生力军，斯提里科终于能够南下收拾阿拉里克了。

阿拉里克的西哥特军队因为得到了东罗马帝国的官方认可，故而可以使用东帝国分给他们的一切资源，比如军械库里的武器和装备，因而阿拉里克直接来了个装备升级，全部换上了罗马军团的铠甲和武器，看上去与罗马军团无异。西哥特军队虽然声势浩大、装备精良，但毕竟缺乏攻坚能力，围攻了一阵阿奎莱亚后，蛮王才发现自己的军队面对城坚墙高的城池是多么无力。因此，阿拉里克放弃了对阿奎莱亚的围攻，转而直逼西帝国首都米兰城。

斯提里科的军队也在快速移动，不过他没有直接从阿尔卑斯山中部返回米兰，而是沿着山峦东侧行军，突然出现在阿拉里克的身后。斯提里科这一招让阿拉里克大感意外，因为一旦西哥特军队因攻城战被钉在米兰城下，斯提里科就可以从外围反包围西哥特人，实现内外夹击，不管阿拉里克能否攻陷米兰，他都难逃斯提里科的股掌。所以，阿拉里克又放弃了米兰城，转而向西推进。斯提里科则一路追击西哥特人，直到双方抵达波伦提亚附近时，决战已经不可避免了。

波伦提亚之战

西哥特军队的作战人员只有 2 万人，其他的全是家眷。他们所采用的战斗方式与自己的祖先没有区别，都是将战斗的士兵放在第一线，然后用马车和行李围一个车阵把妇孺安置在里面。起初，双方处于对峙状态，但斯提里科却不按照常理出牌，在复活节的清晨，不顾基督徒的反对，强行突袭同样信仰基督教的阿拉里克。

斯提里科的军队按照罗马军团的传统布阵，最前面是长枪步兵，中间是轻装步兵，最后是弓箭手，而两翼均衡地配置有日耳曼骑兵。战斗一开始，凶狠的阿兰重骑兵直驱敌营，一度打得西哥特人混乱不已，但阿拉里克并非泛泛之辈，他马上召集了哥特骑兵，巧妙而有秩序地反击阿兰骑兵，避免了己方步兵的溃败。在阿拉里克的组织下，哥特人渐渐恢复了镇定，步兵同样列阵迎战，与斯提里科的步兵缠斗在一起。

战斗打得非常激烈。有趣的是，无论是代表西罗马的斯提里科，还是代表东罗马的阿拉里克，其部队都是以蛮族为主力，因此这场血战并不像罗马人与蛮族的战斗，更像是日耳曼人之间的厮杀。随着战斗进入僵持，阿兰骑兵的优势完全消失，在阿拉里克的攻杀下，阿兰指挥官当场阵亡。指挥官这一死，骑兵战线便开始溃败，哥特骑兵顺势猛攻斯提里科步兵的侧翼。如果让阿拉里克得手，此战西罗马必败。

危急时刻，斯提里科率领最精锐的步兵迅速穿插至侧翼，死死地挡住了哥特骑兵的攻击。战斗再次陷入僵持，而胜负就在这一刻悄然决定。随着时间一点点流逝，斯提里科的军队越战越勇，西哥特人的体力逐渐耗尽，开始溃败，一些战线逐渐被突破。如果继续坚持，要么反败为胜，要么就是全军覆没，阿拉里克不想把争夺天下的资本全赌在这一战里，于是率领哥特骑兵全部撤出阵地。

整个战场就此成了斯提里科一方的追击乐园，大量的哥特人家眷或被杀或被俘，连阿拉里克的妻子也落入斯提里科的手中。阿拉里克曾在战前向这个女人承诺，要让最尊贵的罗马贵妇当她的奴隶，但现在沦为奴隶的却是她自己。

波伦提亚之战虽然以斯提里科的胜利告终，但此战并非决定性的一战，因为阿拉里克及时率领精锐骑兵逃走了。西罗马虽然抓了不少妇孺，却没有重创西哥特人。

公元404年，斯提里科因再次击败阿拉里克而凯旋西帝国。然而，不管凯旋式多么气势恢宏，也掩盖不住斯提里科的窘迫。偌大的西罗马帝国早已经走到了崩溃的边缘，先是莱茵河防线被突破，蛮族肆掠高卢，后是各大日耳曼部落迁入罗马行省定居，最后连发祥地意大利也找不到几个自耕农了。

在如此境况下，斯提里科几乎无兵可征。因为常年的战乱和动荡，罗马的安全早已无人保障,人们宁可加入大农庄当隶农,也不愿意保持自由之身,而大地主不是元老院世家就是当朝权贵,这些人结寨自保,视隶农为私人财产,自然不愿意让他们拿起武器加入斯提里科的队伍。无奈的摄政大臣只好颁布了两道法令:一是强制征召奴隶参军;二是农庄必须提供士兵或军费。但这依然无法为西帝国提供足够的兵员,反而让斯提里科得罪了所有的西帝国权贵。

菲耶索莱绝唱

斯提里科在西部帝国的威望并没有因为他击败阿拉里克就上升,相反,为了恢复西部帝国的军力,斯提里科强制征兵和征税的政策把他推到了舆论的风口浪尖。那些对斯提里科口诛笔伐的人无一例外都是大财主、大地主、大贵族,他们掌握着西帝国的绝大多数财富,拥有数不清的地产和仆从,这些人同样也掌控着西罗马的大多数底层人民。

斯提里科想要征集一支非雇佣军,只能要求大地主们交出他们的奴隶和隶农,不交人的也得用黄金来补偿。如此政策让西帝国的政府和民间都越来越反感汪达尔人斯提里科,摄政大臣的处境变得越发艰难。

公元405年,不过才和平一年时间,莱茵河对岸的日耳曼人在一个叫拉达盖斯的东哥特国王率领下,再次大规模入侵。此次侵入西帝国行省的蛮族包括东哥特、苏维汇、阿兰、斯拉夫等民族,同样是携家带口逃难而来,人数多达40万,只不过是带着刀剑的"难民"。

起初,40万蛮族大军只是在高卢地区肆行劫掠,但在各部首领的倡议下,拉达盖斯王决定攻取富饶的意大利,于是庞大的蛮族难民越过阿尔卑斯山,南下波河平原,北意大利顿时陷入火与血的海洋。小皇帝再次吓得面无人色,非要斯提里科同意他迁都不可。

斯提里科也为此战感到棘手,毕竟蛮族联军的规模太大了,而他手里的兵力依然只有1万人而已。"唉,传令去吧。"斯提里科有些无奈地向各地下达了勤王的敕令,然而,各行省都没有派来军队。震怒的斯提里科只能强制征兵并调来不列颠和莱茵河防线的罗马军队,同时花重金雇佣哥特人甚至是匈人的军队,最后连奴隶也被拉上战场,勉强集结了7万人马。这已经是西罗马帝国的极限,再多一个人都难以实现了。

这支军队鱼龙混杂、信仰各异，真正具备野战能力的只有日耳曼雇佣军和匈人骑兵，其人数大约为3万。在决战前，斯提里科一直避而不战，罗马人都骂他畏敌不前，但真正了解战争的人都知道，斯提里科的军队无法补充兵员，如果一战不胜，将万劫不复，所以斯提里科迟迟不愿决战，直到拉达盖斯王围住了佛罗伦萨城。

为什么佛罗伦萨城被围是斯提里科的战机呢？看一看这座城市的地形就知道了。佛罗伦萨位于阿尔诺河北岸，这就意味着敌军不能无视水路攻打南面城墙，而城池北面的地势逐渐升高成丘陵，在不远处的菲耶索莱与佛罗伦萨城之间还有一片平原，敌军主力只能驻扎在此处。换言之，拉达盖斯王的蛮族联军背后是高地，前面是高墙，旁边是河流。如此地形在兵法上不是险地是什么？

斯提里科一眼就看出了其中的奥妙，当即率领主力军团赶赴佛罗伦萨，用深沟与战壕层层围住了蛮族联军。这时的拉达盖斯王才发现斯提里科的意图所在。斯提里科就是要效仿恺撒的阿莱西亚之战，困死这40万蛮族联军。

斯提里科的战术操作起来是完全可行的。首先，敌军虽然拥有40万人，但大多数是妇孺，战士的数量只有几万人，他们不会轻易抛弃家人突围而去；其次，蛮族联军只能强攻斯提里科这一路才能突围，因为即便是攻克了佛罗伦萨，他们还是会被斯提里科包围在城内；最后，40万人的数量极为庞大，每天所消耗的粮食也非常多，斯提里科和城内守军都耗得起，但蛮族联军却耗不起。

拉达盖斯发现被包围后，也试图攻破罗马人的营寨，可是工事坚固，无论蛮族联军怎么攻打营寨都不能突围而去。时间就这么一天一天过去，蛮族联军已经没有粮食可以吃了，更没有水可以喝，一些老弱开始饿死，战马也逐渐被分食而尽，病死、饿死的人越来越多，尸体堆积如山，瘟疫开始在联军中肆虐，这支看似强大的军队变得越来越虚弱。

公元406年8月23日，眼见时机成熟的斯提里科故意在包围网的一侧打开了出口。该出口靠近河流，非常容易控制。饥渴难耐的蛮族联军顾不上判断是不是陷阱，纷纷朝缺口涌了过去，争相跳入河中饮水，而斯提里科的军队旋即发起进攻，大量的蛮族不是被砍死就是被淹死。大战如收割麦田一样，成片的蛮族倒毙在战场上，老弱妇孺则通通被俘，联军总指挥拉达盖斯王当场阵亡。

此战，斯提里科一举击败了40万蛮族联军，当场斩首10万余人，俘虏20万人，意大利的奴隶市场因此战而市价暴跌，斯提里科也从被俘的蛮族中招募了1.2万名精锐士兵。此战堪称斯提里科征战生涯里最辉煌的胜利，唯一的不足便是放走了大约10万人，这些残兵败将北上逃入了高卢地区。

菲耶索莱之战辉煌而又传奇，捷报传遍了整个罗马帝国，仿佛罗马重新崛起了一样。然而巨大的胜利依然让英雄蒙尘，那些嫉妒斯提里科的人非但没有正视这场恶战的价值，反而指责斯提里科放走了10万蛮族败兵。不过，斯提里科并没有因为奸佞的责难就泄气，他依然如多年前一样满怀壮志。只可惜斯提里科并不知道，菲耶索莱之战已是他的绝唱了。

"最后的罗马人"

菲耶索莱之战的胜利暂时拯救了意大利，但也引发了新的危机。因为意大利无兵可用，斯提里科不得已才调动了莱茵河的军队，这使得整个莱茵河防线异常空虚。如此一来，边境防卫只能依靠迁入罗马行省的蛮族，但除了与帝国签订盟约的法兰克人还愿意为守护帝国而战，其他蛮族或是保持中立，或是结伙入侵罗马。

一支汪达尔人、阿兰人为主的军队浩浩荡荡越过边境，法兰克人在没有罗马军队支援的情况下主动迎战，一度杀死2万敌军，但在阿兰重骑兵的践踏下，以步兵为主的法兰克人还是战败了。公元406年12月31日，苏维汇人、汪达尔人、阿兰人、勃艮第人成群结队地踏着结冰的河面，疯狂杀入罗马行省。

蛮族联军如洪水决堤一般侵入整个高卢地区，特里尔、摩功提亚库姆、巴黎等地都成了蛮族肆行劫掠的乐园，高卢15个行省全部落入敌手，良田被践踏，城镇被烧毁，无力自保的人除了交出自由和生命外别无他法。西部帝国在当地的微弱兵力犹如风中残烛，只需蛮族轻轻一吹就会化为青烟飘散无影。菲耶索莱之战中逃出生天的10万蛮族难民也进入高卢，疯狂报复帝国。

高卢的沦陷使得不列颠也处于崩溃的边缘。由于被高卢隔绝，西帝国既不支付不列颠粮草军费，又不关心不列颠的战事和问题，不列颠残存的罗马人感觉像被抛弃了一样，无依无靠的他们终于发动了叛乱。一个名叫君士坦丁的士兵被不列颠军团拥立为新的皇帝（史称君士坦丁三世），不久便渡海攻打高卢。

可以说，西部帝国已经乱成一锅粥了。

西部帝国面临的困境让那些只知道打嘴仗的罗马人再次嚣张起来，他们只会纸上谈兵，不断攻击斯提里科的无能，认为是他调动莱茵河军团才导致祖先开拓的高卢沦陷的。实际上笔者也不能否认这一事实，只不过要是斯提里科不这么做，那丢掉的就是罗马文明的发源地意大利了，斯提里科无非是做了弃车保帅的决定。斯提里科的处境越来越艰难，经过反复的思想斗争后，摄政大臣终于做了又一个关乎自己性命的决定：招降阿拉里克。

斯提里科双拳难敌四手，东、西帝国已经彻底决裂，双方谁也不帮助谁，混乱的时局迫使他向西哥特人妥协。斯提里科私下联系阿拉里克并向他承诺，只要西哥特军队加入西罗马，西帝国就授予他大元帅的职位，同时支付4000罗马磅黄金的佣金。当这个消息传出后，上下一片哗然，无论是贵族还是普通民众都在指责斯提里科卖国，可斯提里科非常强硬，坚决要将这个计划实现。

恰逢此时，也就是公元408年5月，东部帝国皇帝阿卡迪乌斯驾崩。东部皇帝刚一咽气，皇后优多克西娅就控制了宫禁，秘不发丧，以雷霆般的速度拥立7岁的儿子狄奥多西二世即位。完成了权力交接后，她才将阿卡迪乌斯的死讯告知西部帝国。

霍诺里乌斯听说哥哥死后那是一阵窃喜，他早就不想待在战乱四起的西部帝国了，遂以帮助年幼的侄子执政为由，企图驾临君士坦丁堡实现两个帝国的统一。实际上，霍诺里乌斯是为了逃离日益危险的意大利。

斯提里科强烈反对皇帝的决定，反复陈述东部帝国的危险，理由非常简单，在没有人拥护又掌握不了兵权的前提下贸然进入东部，很可能遭到优多克西娅一党的谋害。由于斯提里科的强烈反对，霍诺里乌斯逃亡君士坦丁堡的想法难以实现，因此皇帝对斯提里科的"飞扬跋扈"越发反感。

斯提里科当然知道霍诺里乌斯的真实想法，西部帝国战乱频发，米兰城已经不是万无一失的地方，所以为了缓解皇帝的焦虑，斯提里科决定把西帝国首都迁到拉文纳。这座城市的规模虽然很小，但紧靠亚得里亚海，一旦战事不利，随时可以渡海逃向东帝国，而且这座城市本身如同天然的要塞，外围有河流和沼泽保护，可谓易守难攻的坚城，的确是霍诺里乌斯理想的"乌龟壳"。

然而在皇帝心中，斯提里科越来越让人感到厌恶。宫廷总管奥林庇乌斯乘机煽风点火，诬陷斯提里科阴谋篡位，称摄政大臣不愿意皇帝东行，是为了拥立他与赛妮娜的儿子优克里乌斯为东部皇帝。

在皇位问题上，任何君主都是谨慎而又猜忌的，霍诺里乌斯也不例外，他害怕斯提里科真的有一天会夺走帝位。在奥林庇乌斯的反复进谗下，霍诺里乌斯隐藏在心底的恐惧被激活了。四处都在流传斯提里科试图帮优克里乌斯篡位的谣言，于是皇帝决心除掉斯提里科一党。

恰逢不列颠叛军进抵高卢南部的阿尔勒，威胁都灵、米兰一线，斯提里科决定发兵西征，霍诺里乌斯便以检阅军队为由离开拉文纳，与斯提里科一起检阅了波诺尼亚的驻军。两人全程微笑，尽显君臣之谊。奥林庇乌斯乘机进言道："陛下已经25岁了，早已到了独立自主的年纪，不如让陛下自己检阅维罗纳的军队吧。"斯提里科一听也不觉得有什么不妥，欣然同意了大宦官的建议。

皇帝便在奥林庇乌斯的陪同下单独去了维罗纳，而朝中大臣也结伴同行。然而，这一切都是奥林庇乌斯的阴谋，他们对阅兵早有准备，事先已经策反了军队的将领。待皇帝正式检阅军队时，士兵们突然拔出武器发动兵变，当场斩杀了斯提里科的亲信，包括高卢的骑兵、步兵元帅，还有皇室卫队长官、财务大臣、御前大臣等多位高官。维罗纳的兵变"清洗"了大部分斯提里科的党徒，使得摄政大臣失去了对皇帝的掌控。

兵变的消息传到波诺尼亚后，军中上下义愤填膺，将军们建议斯提里科马上出兵维罗纳，除掉佞臣并重新控制皇帝，或者干脆抛弃昏君自己称帝。然而斯提里科太忠于先帝，太忠于罗马了，他不想做出哪怕一点违背臣纲的事情。

犹豫不决的斯提里科让军队非常失望，将军们的激情顿时烟消云散。随着霍诺里乌斯安全返回了拉文纳，斯提里科已经失去了起兵的最佳时机，如今别说出兵控制小皇帝了，连起兵的可能性也已微乎其微，成败与生死在这一刻决定了。

在如此境况之下，斯提里科已无路可走，只能主动前往拉文纳面见皇帝，幻想小皇帝能念在他辅政 13 年的功劳上恢复对他的信任，最起码也要听他解释一番。但当他向卫兵交出佩剑后，迎接他的不是皇帝那熟悉的面孔，而是冰冷的刀剑。

公元 408 年 8 月 23 日，摄政 13 年的斯提里科被斩首示众，终年 48 岁，而他的妻子、儿子也在不久后被处决，女儿被送入修道院囚禁，曾经的朋友和支持者不是被处死就是被流放。总之，斯提里科一党彻底覆灭了。

斯提里科的一生传奇而又戏剧。他年少得志，执掌帝国长达 13 年之久，一次又一次击败了来犯之敌，一次又一次把西帝国从崩溃的边缘拉了回来；他忠于国家，忠于皇帝，即使到了生命的最后一刻也不曾反叛，他曾有很多机会登上帝位，但都选择不那样做；他高尚的品格和不屈的意志，在物欲横流的帝国晚期犹如一盏照亮人心的明灯，虽然他并不是罗马人，但后世却给了他一个高于任何罗马人的称号——"最后的罗马人"。

也许后世在谈起斯提里科时，除了暗自感叹他出师未捷身先死的可悲结局，也不禁要问：斯提里科为罗马帝国殚精竭虑，操劳半生，屡屡救国于危难，为什么罗马帝国如此容不下他？

事实上，斯提里科的结局在当时的罗马人看来，是恰当的，是大快人心的。因为自狄奥多西大力扶持蛮族将军后，蛮族逐渐掌握了高层权力，传统的罗马人感到自己被排斥了。斯提里科无疑是蛮族将军的代表，是蛮族对罗马施行暴政的代表，所以只有打倒斯提里科才能驱逐鸠占鹊巢的蛮族权贵，才能夺回属于罗马人的权力。

罗马人没有意识到处死斯提里科是自毁长城的愚蠢之举。斯提里科死后，西罗马掀起了反对蛮族的浪潮，各地都开始了"清洗"蛮族的暴动，数千甚至更多居住在意大利的蛮族被无情处死，这些人很多都是融入了罗马文明的无辜外族人，而投身斯提里科麾下的蛮军家眷也在暴动中被全部处死。

这草率而又愚蠢的行为使得多达 3 万人的蛮族辅助兵对罗马举起了反旗，他们发誓要为死去的亲人报仇，转身投奔了"中了彩票"的阿拉里克。西哥特的军力由此大增，而意大利则失去了它最后的守护者。更大的危机已经近在眼前了，西帝国的崩溃已然开始了。

第三十五章 诸蛮侵袭的噩梦

三围罗马，浩劫再临

斯提里科被处死后，大宦官奥林庇乌斯接替了他的所有职务。大宦官得了西帝国总司令的名号，却并没有多少军队可用，唯一听命的维罗纳驻军可谓杯水车薪，根本不堪大用；原先在斯提里科麾下的3万野战军全部投奔了同为蛮族的阿拉里克。意大利几乎成了不设防的区域，不管是谁，只要在此时进兵意大利，一定能顺利控制这里。

阿拉里克无疑是这场政变中最开心的人，不但克星斯提里科死了，连他麾下的军队也加入了自己。现在还有谁能阻挡他攻取意大利呢？答案是没有人。大约在3个月后，阿拉里克率领数万大军再次越过阿尔卑斯山，兵临阿奎莱亚。与之前不同的是，阿拉里克这次不是炫耀一下武力就算了，而是直接攻陷了堪称意大利门户的阿奎莱亚。

西帝国政府听闻阿拉里克再次入寇后，除了躲在拉文纳"装睡"，也没有任何应对之策。阿拉里克由此进兵波河平原，先后攻取康科迪亚、维罗纳、克雷莫纳、里米尼，还派出一支军队到拉文纳城下炫耀了一番，然后浩浩荡荡地杀向永恒之城罗马。

面对恢宏壮观的罗马城，阿拉里克异常冷静，没有强攻坚固的城墙，而是派兵封锁了12道城门，让外面的粮食进不去，里面的人也出不来。阿拉里克的蛮族军队毕竟没有强大的攻坚能力，所以只能用围困的办法逼罗马城投降。阿拉里克判断，罗马城一定没有储备守城的粮食，而这座巨城居住着几十万罗马人，绝对坚持不了几天。

事实上，他的判断完全正确。在阿拉里克的围困下，罗马城的粮食逐渐被分食一空，饥饿使无数平民死亡，粮价已经飙升到超过奢侈品的价格。随着死亡人数的增多，城内还逐渐暴发了瘟疫。元老院本来对拉文纳政府还抱有一丝希望，但在抵抗了2个月后，元老院才发现罗马城被霍诺里乌斯给抛弃了，于是他们派了几个议员求见阿拉里克，同意花钱买和平：

罗马城支付5000罗马磅的黄金、3万罗马磅的白银、4000件东方丝绸锦袍、3000罗马磅各式香料，并交出所有日耳曼裔的奴隶。

罗马城为了支付如此巨大的费用，不得不把很多黄金雕像、饰物通通熔化制成金条，各大家族也不得不交出最心爱的衣服和面料。赚得盆满钵满的阿拉里克这才感到了一丝丝的满意，遂信守诺言解除了封锁，然后带着蛮族大军"吹着小曲儿，吃着火锅"前往伊特鲁里亚过冬。

阿拉里克的成功鼓舞了很多奴隶和哥特人。在冬营期间，阿道法斯率领更多的西哥特人翻越阿尔卑斯山，加入了国王的军队。意大利各地的奴隶也因为阿拉里克的到来重获自由，争相加入西哥特大军。到了公元409年，阿拉里克麾下人马已扩充至10万，这个数字足以让意大利人吓得睡不着觉了。

有了一次打劫成功的经验，阿拉里克的贪欲也进一步增加。冬季，阿拉里克向西帝国表示，罗马城所支付的只是解除封锁的钱，并不是恢复和平的钱，如果要恢复双方的和平，西罗马帝国必须封阿拉里克为大元帅，并将意大利与多瑙河之间的土地割让给西哥特人，每年还要进贡一定数量的黄金和小麦。

从阿拉里克的条件可以看出，哥特国王的战略目标并不是黄金白银，而是帝国的统治权和土地，他打算以诸侯的身份在理想的行省安家。大宦官奥林庇乌斯一听这天价的和平协议，难得表现出了一副义愤填膺的模样，主张拒绝全部要求。但说空话总比做事情容易，即便拒绝阿拉里克的条件，西罗马也没有反抗阿拉里克的能力。

由于奥林庇乌斯的无能，帝国非但没有走出危机，反而陷入更深的恐惧。宫廷分成两派，一派继续当"愤青"，另一派主张"妥协"。妥协派很快发动了政变，处死了奥林庇乌斯。将军约维乌斯乘机"清洗"了帝国高层并走到了前台，之后，此人率领使团前去面见阿拉里克。

可是，不清醒的当局依然不同意与阿拉里克议和。约维乌斯走后，拉文纳又发生了政变。皇帝霍诺里乌斯寄了一封密信给约维乌斯，命他绝不能接受阿拉里克的任何条件，总之就是谈也白谈。约维乌斯一看拉文纳又一根筋地变成"愤青"了，无奈地把信交给了阿拉里克，投降了西哥特王。阿拉里克仔细看了皇帝的密信后，倒也没有发怒，而是做了极大的让步，同意不再要求土地和头衔。可皇帝依然拒绝和谈，而且没有给出任何理由。阿拉里克不禁勃然大怒，当即率部杀向罗马城。

阿拉里克首先攻取了罗马城西侧的奥斯提亚港，该处是西帝国的贸易中心，也是北非粮食转运至意大利的港口。阿拉里克占领奥斯提亚并收走了北非送来的全部粮食，等于是掐住了意大利的咽喉，都不用封锁罗马城，城里就会闹饥荒。

不仅如此，阿拉里克见霍诺里乌斯如此不识时务，干脆把奥斯提亚的行政长官阿塔卢斯立为新的皇帝，还派兵把这个傀儡堂而皇之地送进了罗马城。元老院只好承认了新皇帝，意大利包括米兰在内的城市都屈服于哥特，合法皇帝霍诺里乌斯竟然成了孤家寡人。

小皇帝吓得夜不能寐。正当他准备逃往东罗马的时候，兄弟之国终于意识到西部的巨大危机，赶紧送来了4000人的援军，这才勉强让霍诺里乌斯的心平静了几分。

正当霍诺里乌斯在逃与不逃之间犹豫时，傀儡皇帝阿塔卢斯倒是帮了他的忙。此人没有认清形势，还真把自己当成了皇帝，以"避免意大利发生饥荒"为由，组建军队讨伐阿非利加，却没有让哥特人参与其中，结果被北非大元帅赫拉克里亚安击败，还彻底惹毛了对方，意大利这下真的要闹饥荒了。此事激怒了阿拉里克，他觉得阿塔卢斯明显是要摆脱自己，而且行事根本没有征求自己的意见，这么一个不听话的傀儡实在是毫无用处，于是又当众罢黜阿塔卢斯，转而继续与拉文纳宫廷谈判。

霍诺里乌斯这回终于不再当"愤青"了，坦然接受了阿拉里克的全部条件。可就在双方即将达成协议时，与阿拉里克有私仇的罗马将领萨鲁斯（哥特人，曾参与角逐哥特王位）却率领300人突然袭击了哥特人。这使得阿拉里克对霍诺里乌斯彻底失去了信任，转身再次包围了罗马城。

公元410年8月24日，没有激烈的攻城战，元老院通过表决同意开城投降，罗马城的城门被轻易打开了，10万哥特人杀入了永恒之城。蛮兵们在城内为所欲为，烧毁建筑，推倒雕像，抢劫市民，侮辱妇女。哥特人疯狂地发泄着自己的兽欲，尽情地踩蹋着这座传奇的城市。

蛮族人撞开了每一家每一户的房门，用皮鞭抽打那些富贵的罗马人，抢走了他们一切能带走的财物，而解放的奴隶也用主人当年所用的刑具玩起了"身份大交换"的游戏，那些身份尊贵的名媛则是哥特士兵争相踩蹋的目标，除了以死抗争的烈女，没有几个女子能够逃脱哥特人的侵犯，连霍诺里乌斯的皇妹加拉·普拉西提阿也被哥特人掳走了。幸好阿拉里克还信仰基督教，否则教堂也难以幸免。

在狂欢了6天之后，西哥特大军驱赶着贵族人质，满载着黄金和宝物撤离了永恒之城，只留下一座满目疮痍的罗马城。这座传奇的都市再也不能称自己是永恒不落的了，它的尊严已永不复存在。

吃得"脑满肠肥"的阿拉里克终于萌生离开意大利的想法。这次他又看上了富饶的北非，毕竟意大利因为阿塔卢斯已经陷入了饥荒，于是西哥特大军浩浩荡荡南下，直达墨西拿海峡。可就在这个时候，大魔王阿拉里克却突然病死了，西哥特人进攻北非的计划也就戛然而止。

阿拉里克死后，阿道法斯继承了西哥特王位。新国王试图缓和与西罗马的关系，主动离开意大利前往了高卢，在这里，新王迎娶了西罗马公主普拉西提阿，并向霍诺里乌斯要求高卢南部的土地所有权。然而，霍诺里乌斯被罗马城的浩劫给激怒了，坚决不同意阿道法斯的要求，也不承认妹妹的婚姻，同时还招募兵勇试图封锁高卢南部的海岸，总之，就是摆出一副要和西哥特死磕到底的架势。

在这段混乱的岁月里，高卢、不列颠、西班牙全都乱成了一锅粥。汪达尔人穿过高卢进入西班牙定居了，勃艮第人把高卢东部变成了自己的国家，而高卢北部则被法兰克人据为己有，苏维汇人又看上了西班牙西北部，西哥特人只能在高卢南部一带挣扎。

最重要的势力要数不列颠的叛军，这些人在伪皇帝君士坦丁三世的率领下攻入了高卢。他们的战斗力倒是非常符合罗马人的身份，一进入高卢地区就打得好几支蛮族连连告饶，蛮族甚至在形式上承认君士坦丁三世为主人。君士坦丁三世进而要求霍诺里乌斯封他为高卢大元帅，但遭到了拒绝。愤怒的君士坦丁三世兵分两路，一路杀入西班牙，一路攻占莱茵河，大有统一西部帝国的架势。

有了阿塔卢斯和君士坦丁三世的先例，各地的野心家都蠢蠢欲动。一直控制着北非的大元帅赫拉克里亚安也在迦太基城自立为帝，还夸张地制造了3200艘战舰准备登陆意大利。不过，看似庞大的非洲军团竟然被一个名叫君士坦提乌斯的将军击败，赫拉克里亚安狼狈逃回了北非，最终被斩首示众。

在空前的危机下，斯提里科的旧部、罗马人君士坦提乌斯被皇帝提拔为大将军，此人率领一支人数不过几千的军队北上迎战君士坦丁三世。面对敌众我寡的局面，君士坦提乌斯展现出了罗马人的智慧，采用挑拨离间、拉拢策反等多种手段，不但成功击杀了伪帝的左右大将，还策反了叛军元帅约维乌斯，终将伪皇帝围杀在高卢南部的阿尔勒。接着，善谋又善战的君士坦提乌斯又联络盘踞在高卢南部的西哥特人，夹击约维乌斯，最终将其擒获斩首。至此，不列颠叛军被全部消灭。

收拾了不列颠叛军后，君士坦提乌斯又转过来收拾西哥特人，派海军舰队封锁了高卢南部，截断了支援阿道法斯的粮食，还联络其他蛮族夹击西哥特人。最后，四面受敌的西哥特人死伤惨重，国王阿道法斯被部下杀死，公主普拉西提阿也被救回了意大利，西哥特残部狼狈逃往了西班牙。虽然没有彻底消灭西哥特人，但西帝国终究还是出了一口恶气。

君士坦提乌斯的出现终于缓解了西罗马帝国崩溃的趋势。霍诺里乌斯也在血的教训下成熟了许多，毫无保留地信任新的大元帅，封其为执政官，并把妹妹普拉西提阿嫁给了他。后来，新婚夫妇生下了一儿一女，小王子瓦伦提尼安无疑是西帝国唯一的男性继承人。

君士坦提乌斯用一场又一场胜利证明了自己的忠诚，高卢和西班牙的蛮族相继被他打服，重新向西罗马帝国称臣，而不列颠也逐渐恢复了与拉文纳的联系。此时的拉文纳政府知道，要把这些蛮族赶回莱茵河已经不可能了，所以双方建立了名义上的主从关系。

公元421年2月8日，霍诺里乌斯大方地封君士坦提乌斯为共治皇帝，史称君士坦提乌斯三世。

只可惜，君士坦提乌斯三世在位不过8个月就驾崩了。他一死，霍诺里乌斯兄妹关系恶化，危机再次来临。公主普拉西提阿试图帮儿子赢得帝位，却不幸败北，只好带着2岁的儿子逃往君士坦丁堡。2年后，38岁的霍诺里乌斯也在内忧外患中驾崩。拉文纳宫廷试图另立皇帝，但普拉西提阿和小瓦伦提尼安得到了东罗马帝国的支持，准备回到西部争夺帝位。不过，此时的西帝国已经离分崩离析不远了。

西帝国内斗，汪达尔建国

公元423年，西部帝国的御前大臣约翰得到了政府高层的推举，于拉文纳称帝。约翰的称帝遭到东罗马帝国的坚决反对，因为最有继承权的小瓦伦提尼安此时正在君士坦丁堡避难。在同为狄奥多西大帝后裔的东罗马皇帝看来，只有瓦伦提尼安即位才最符合东帝国的利益，所以他们派大将阿尔达布里乌斯率军水陆并进，直奔拉文纳。

小瓦伦提尼安不被承认缘于他太过年幼，在危机四伏的西部帝国，没有一个强有力的君主是难以挽回颓势的，但瓦伦是提安的父亲是共治皇帝君士坦提乌斯三世，母亲又是狄奥多西大帝的女儿普拉西提阿，从血统上讲，还真没有人比他更适合即位。

约翰仓促即位，手里并无多少兵马，为了抵抗东部帝国的讨伐军，他不得不向匈人帝国求援。而在当时的西罗马帝国还真有人能从匈人那里借来援兵，此人便是后起之秀埃提乌斯。

埃提乌斯，出生于多瑙河边境，父亲高登提乌斯是罗马军队中的骑兵将领。在蛮族入侵的岁月里，罗马军队已经不像祖先那样骄傲、强悍，他们被迫交换人质以保障与蛮族的盟约。小埃提乌斯便在如此背景下被送到阿拉里克军中当人质。在阿拉里克死后，埃提乌斯又被送到匈人部落继续当人质。不过，在做人质期间，埃提乌斯并非被敌人视为俘虏，而是被当成象征友谊的朋友。在客居敌国的日子里，埃提乌斯与西哥特人和匈人贵族都建立了深厚的私人情谊。据说他曾结识了匈人国王的次子阿提拉，并逐渐与之结为挚友。

人质岁月随着西部帝国的动荡而结束，归国后的埃提乌斯投身军界。因为有西哥特人和匈人的友谊，埃提乌斯有种超然的优势，不但了解这两大蛮族，还能从他们那里借来兵马。在约翰称帝后，埃提乌斯便被赋予了从匈人帝国处借兵的使命，从此走到了历史的前台。

正当埃提乌斯驱马直奔匈人帝国的时候，东罗马帝国的军队已经杀向意大利。大军兵分两路进逼，海路由元帅阿尔达布里乌斯亲自率领，陆路则由他的儿子阿斯帕尔指挥。阿斯帕尔作战英勇且行动迅速，只带着一队骑兵便拿下了阿奎莱亚,轻易打开了通往拉文纳的道路。然而父亲却没有儿子这般幸运,海军舰队在亚得里亚海一败涂地,连阿尔达布里乌斯本人都被俘送拉文纳。

西部皇帝约翰倒也厚道,没有因为阿尔达布里乌斯是敌军主帅就处死对方,反而好吃好喝厚待他,甚至都没有限制他的自由。可能约翰想利用阿尔达布里乌斯招降阿斯帕尔的军队。哪知阿尔达布里乌斯却将计就计,利用行动自由的有利机会,策反了拉文纳守军将领。待到万事俱备时,父子两人里应外合,攻陷了拉文纳。

约翰被俘后,阿尔达布里乌斯可没有客气,当即砍掉了他的一只手臂,并把他送到阿奎莱亚城的竞技场当众处死。

小瓦伦提尼安母子终于在东罗马军队的保护下实现了重返意大利的伟业,原先反对他登基的人统统向新主人投诚,拉文纳迎来了新的皇帝——瓦伦提尼安三世。

拉文纳城失陷时,埃提乌斯已经完成他的使命,此刻正率领一支人数多达6万的匈人援军翻越阿尔卑斯山。这个数字当然有些夸大,可能2万～3万更可信。得知拉文纳陷落后,埃提乌斯非但没有撤退,还继续朝拉文纳进军。手握6万大军的埃提乌斯只要有称帝的想法,完全可以攻取米兰自立为帝。

也许是形势所迫,毕竟东、西两个帝国都已经承认了瓦伦提尼安三世的政权,也许是埃提乌斯并没有这样的野心,他没有称帝,而是利用手里的匈人军队逼宫拉文纳政府,强迫皇太后普拉西提阿封他为高卢大元帅。兵力微薄的拉文纳政府不敢与庞大的匈人大军交战,只能满足了埃提乌斯的要求。从此,埃提乌斯当上了割据一方的大军阀。

瓦伦提尼安三世的政权名义上拥有意大利、高卢、西班牙和北非,实际上能控制的区域只有意大利而已。高卢被哥特人、法兰克人、勃艮第人和埃提乌斯的势力瓜分,西班牙被苏维汇人、汪达尔人占据,而北非行省也在北非大元帅卜尼法斯的控制下形同独立。对西罗马来说,卜尼法斯与埃提乌斯堪称最大的两个军阀,但从另一个意义上讲,他们两人也是拱卫意大利的屏障。

卜尼法斯,罗马人将领,曾在君士坦提乌斯三世麾下效命,先是在高卢南部击败过西哥特人,后又在西班牙攻伐苏维汇人,还一度穿过了直布罗陀海峡,击败了试图独立的毛里塔尼亚人并控制了北非地区。和埃提乌斯不同的是,卜尼法斯并非约翰的支持者，相反，他是个彻头彻尾的狄奥多西王朝的追随者。在瓦伦提尼安三世母子流亡之际，卜尼法斯大力接济落难的皇子和皇后，又送钱又送人。按说他也该是新政权最大的依靠，可惜女人的心眼总是很小，真正掌握西帝国大权的普拉西提阿就是这样。

不知埃提乌斯是基于何种原因对卜尼法斯产生了敌意，据说他一面向皇太后进言称卜尼法斯怀有反心，一面又以同僚的身份警告卜尼法斯小心拉文纳宫廷的敌意。在埃提乌斯的挑拨下，拉文纳和北非之间逐渐失去了信任，普拉西提阿便命卜尼法斯立刻到拉文纳述职，而卜尼法斯却收到了埃提乌斯送来的密信，称拉文纳要像对待斯提里科那样处死他，于是卜尼法斯以各种理由拒绝了拉文纳的召见。皇太后因卜尼法斯的抗命而更加坚信北非大元帅要谋反。

在没有进一步沟通的情况下，拉文纳连派两支军队远征北非。卜尼法斯先是击败了来犯的第一支军队，后又策反了进攻的第二支军队，轻轻松松就化解了意大利的讨伐。不过，皇太后并没有因此放弃消灭卜尼法斯的计划。埃提乌斯甚至说动东帝国将兵力集中在西西里，这让北非大元帅感到非常不安。思前想后，卜尼法斯决定找一个盟友协助自己抵抗拉文纳的军队，而他所选中的便是汪达尔人。

汪达尔人的领袖名叫根西里克，此人身材不高，但智慧惊人、野心勃勃且有仇必报，靠谋杀自己的兄长登上了王位。当接到卜尼法斯送来的求援信后，根西里克立刻意识到此乃进兵阿非利加的绝好机会，于是根西里克说服了全部的汪达尔人，起兵8万渡过了直布罗陀海峡。卜尼法斯一听根西里克带来的不是一支援军而是整个部落，顿感大事不妙，但已经于事无补了。

根西里克的到来使得摩尔人欢欣鼓舞，因为同信仰阿里乌派异端的汪达尔人一样，崇拜原始宗教的摩尔人和信仰多纳图主义的北非异端，也不受帝国正教的承认。摩尔人早就想反抗帝国，此刻积极响应根西里克的号召，纷纷举兵加入他的队伍。不多时，这支汪达尔军队就扩大到10万人之多。

卜尼法斯手里的军队不过1万~2万人而已，要和这么庞大的军队交战，除了守城也没有更好的办法了。毛里塔尼亚行省很快就被根西里克的军队占领，随后大军进逼至希波·雷吉乌什城，这里是行省首府迦太基西侧的屏障。卜尼法斯率领北非军队守在该城，双方爆发了激烈的攻守战，但毕竟实力差距太大，在坚守了 14 个月后，也就是公元 430 年 8 月，希波·雷吉乌什还是被根西里克的军队攻占，卜尼法斯不得不抛弃整个北非逃亡意大利。

北非大元帅走后，北非只能靠自己的力量抵抗汪达尔人。西帝国不思退敌，反倒一再退让，甚至封根西里克为北非大将军。

经过长达 8 年的战争后，公元 439 年，根西里克以西帝国大将军的身份骗开了迦太基的城门。至此，汪达尔王国建立了起来，人们尊根西里克为国王，定都迦太基。北非的罗马人不是被杀就是被虏，农庄被烧，城市被毁，贵族和富豪相继逃离了这片乐土，基督正教也在汪达尔政权下遭到迫害。罗马帝国曾经最富饶的粮食产地再也无法长出小麦，意大利也因此变得贫困和窘迫。

卜尼法斯逃回意大利后求见了皇太后普拉西提阿，拉文纳政府对他在北非的所作所为并无追究之意，反而继续任命他担任大元帅一职，授予其"贵族"称号，甚至把拉文纳的军队也交给他指挥。皇太后的做法看似荒唐，实则毫不意外，因为在权力的斗兽场里只有"制衡"才能让统治者安如泰山。当卜尼法斯失去北非后，高卢大元帅埃提乌斯就成了西帝国最大的军阀，没有北非军队的牵制，埃提乌斯便有实力对抗拉文纳政府。正所谓"唇亡齿寒"，普拉西提阿正是为了制衡埃提乌斯，才重新起用卜尼法斯。

卜尼法斯再获重用让埃提乌斯大感意外，他已经得知拉文纳宫廷打算用卜尼法斯取代自己成为新的高卢大元帅。埃提乌斯可不是一个束手就擒的人，他早就计划好，准备出兵意大利，而老朋友匈人也同意发兵支援他。公元 432 年，埃提乌斯率领高卢、匈人联军翻越阿尔卑斯山。

埃提乌斯毕竟是臣下，公开进军拉文纳多少有点大逆不道，但在战火纷飞的西罗马帝国，这点事儿人们已经司空见惯了，何况埃提乌斯本来就不是支持瓦伦提尼安三世的人。面对高卢、匈人联军的攻击，卜尼法斯只能率部出征，双方于里米尼会战。

卜尼法斯手里的军队并不多，但在指挥作战上，他还是极为老辣的，埃提乌斯即便拥有匈人援军，初期还是吃了败仗。狡猾的埃提乌斯遂提出由双方统帅单挑定输赢。本来占有优势的卜尼法斯可以拒绝，可不知是过于痛恨埃提乌斯想手刃对方，还是过于自信、一时冲动，卜尼法斯居然接受了挑战。

决斗前夜，埃提乌斯耍了个心眼，命人加长了长矛，使得它的攻击范围更大。双方于次日生死相搏，埃提乌斯和卜尼法斯都身着罗马式战甲，头戴红缨金盔，鲜红如血的统帅披风在风中猎猎作响。两位将军默契地同时猛踢马腹，只听见战马嘶鸣响彻云霄，两位大元帅便骤马持枪直奔对方而去。挥舞的战矛在空中掀起阵阵疾风，沙尘也随着矛尖从地上一跃而起，兵器在激烈的碰撞下撞出星星火花。

埃提乌斯和卜尼法斯均是帝国后期的悍将，双方的厮杀不留一丝情面，每一次攻击都强而有力，誓要将对方挑落马下。就在双方都有些体力不支的时候，埃提乌斯的加长型长矛的优势逐渐凸现，卜尼法斯逐渐陷入被动。在这样的情况下，如果拨马而走无疑是将后背送给对方的矛尖，卜尼法斯便被埃提乌斯的长矛刺穿了胸部。鲜血喷涌而出，曾经的北非大元帅骤然栽落于马下，当即气绝身亡。

埃提乌斯杀掉卜尼法斯后，西帝国已经没人能阻挡他了。埃提乌斯很快就包围了拉文纳城，城内的皇太后和皇帝已经吓得六神无主，但埃提乌斯却没有攻城，只带了一些亲卫叩宫觐见，随后拜倒在皇帝母子脚下，并谦卑地请求皇帝赦免自己。

皇太后当然明白这是埃提乌斯给双方找的台阶，于是假装冰释前嫌地说了一番场面话，还封埃提乌斯为帝国大元帅，执掌整个西帝国的兵权。不过，从此时起，拉文纳政权便不再由皇太后母子掌控了，新的主人叫埃提乌斯。

上帝之鞭，噩梦的降临

如果说日耳曼人是罗马人的噩梦，那匈人就是日耳曼人的噩梦。罗马文明衰落的背后伴随着匈人帝国的崛起，匈人如同驱赶狼群的皮鞭，把曾经不可一世的日耳曼部落通通赶到了罗马人的土地上，日耳曼的"难民"最终压垮了罗马帝国。

匈人的起源是一个永远也解不开的谜。按照爱德华·吉本的推测，匈人很可能是被大汉王朝驱逐的北匈奴人，他们离开了中华文明的视线后便消失了很长时间，直到灭亡了阿兰人后，匈人的恐怖大名才再次让人闻之色变。匈人是游牧民族，和日耳曼人一样也曾是很多部落的联合体，直到匈人首领乌尔丁一统匈人各部后，匈人才变得非常强大且极具攻击性。

匈人军队之所以让日耳曼人害怕，是因为他们的骑兵更强。"人马合一"这个词非常适合形容匈人骑兵。据说他们从小就生活在马上，两腿对战马的控制能力特别强，能够完全不下马就做很多事，就像是被钉子钉在马上一样。匈人的生活很朴素，白天在马上驰骋，晚上就睡在简朴的帐篷里，过着一种不杀人便造人的生活。

匈人骑兵以弓骑兵为主，不喜欢着重甲，而是穿着兽皮甲，配备良好的复合弓、阔剑、长矛。通常情况下，他们会先用弓箭射击对手，并利用骑兵的机动性消耗敌军的体力，直到对方落于下风后，匈人才拔出刀剑近身搏杀。

匈人的游牧生活比起日耳曼人更具破坏性，他们发动战争也不是为了土地，更没有建立一个永久性帝国的想法。野蛮的匈人只以抢、烧、杀为生存的乐趣，完全是因为嗜血和破坏而前进，所到之处皆是比屋不存、鸡犬不留的惨景。不管人们是否配合他们的抢掠，最后一定是屠村灭族，可怖异常。

早期的匈人居住在顿河流域。公元395年，匈人从顿河南下高加索，经由亚美尼亚攻入美索不达米亚，甚至是泰西封，沿途烧杀劫掠竟无人能挡。幸好波斯人同样以弓骑兵和重骑兵为主，匈人不得不放弃了洗劫波斯的计划，在一次惨败后退回了顿河地区。

公元408年，匈王乌尔丁将势力扩张到了达契亚地区，也就是匈牙利平原。他们以布达佩斯为中心四处劫掠，其中一支便跨过多瑙河攻入了色雷斯，一度洗劫了马尔提斯堡。这一时期，东罗马帝国虽然击退了匈人的军队，却没有让匈人放弃劫掠罗马帝国的打算。

乌尔丁死后，卢加成为新的匈王，此人再次对东部帝国用兵，曾两度杀入色雷斯和马其顿，迫使东帝国每年支付350罗马磅黄金。不过在匈人组织起更大规模的入侵前，公元434年，卢加突然去世了，他的死使得东罗马帝国暂时安全了几天。匈人的王位由布列达和阿提拉两兄弟继承。

兄弟两人再次发兵攻打东罗马帝国，迫使东罗马帝国将贡金提高到每年700罗马磅。然而两个人的统治毕竟显得有点局促，正所谓"一山不容二虎"，阿提拉的强势和能力引起了布列达的恐惧，担心弟弟会夺取他的王位，便试图除掉阿提拉，没想到阿提拉比哥哥更加心狠手辣，竟在布列达动手前抢先除掉了他，还对外宣称布列达因遭雷劈而死。匈人王国从此便由阿提拉一人统治了，此人所带来的恐惧让其获得了"上帝之鞭"的称号。

"上帝之鞭"阿提拉，匈人王室后裔，先王卢加的侄子。据同时代的罗马史学家记载，阿提拉个子不高但孔武有力，皮肤黝黑，面部扁平，嘴上的胡子稀少，眼睛细小却经常转动，不苟言笑，冷酷的面容让人感到畏惧，只有当他眉梢舒展时人们才会感到安心。

阿提拉残忍好杀，对敌人毫无怜悯，但对自己的部族却又充满公正和仁慈，可谓有两张面孔。他不喜奢华，穿着朴素，从未佩戴金银饰品，餐具也只用木制的。阿提拉之所以能得到整个匈人部落的支持，据说是因为他是"战神之剑"的主人。相传这把剑是神灵赐予阿提拉统治寰宇的宝物，当他挥舞这把剑时，任何敌人都将被他斩断。

阿提拉的野心远超前代任何一位匈人国王，他独自掌权后便开始南征北战。首先，阿提拉率部向北攻占了斯堪的纳维亚地区，肆意屠杀北欧人，逼迫撒克逊人逃亡不列颠；接着，他又向东、向南把势力扩张到了伏尔加河与高加索一带。最终，他建立起了一个北起斯堪的纳维亚、南到高加索山脉、东至伏尔加河流域的庞大帝国。

在阿提拉征战期间，日耳曼人的逃难潮突然变少了，罗马帝国也许会以为天下即将太平，但事实恰恰相反，阿提拉的征服与罗马的征服有本质的区别。比起农耕文明喜欢攻城略地，匈人更看重兼并部落，也就是人口，他们不会把某个部落彻底屠灭，只要对手愿意称阿提拉为"主君"，带着整个部落加入匈人帝国，阿提拉便会将他变成自己的将军。所以蛮族停止逃难完全是因为他们全都加入了阿提拉的帝国，并跟着他征战南北。

在公元440—公元450年间，匈人帝国逐渐成为一个游牧民族的大联盟，麾下包括东哥特人、西哥特人、格皮德人、苏维汇人、伦巴第人、阿兰人、萨尔马提亚人、阿勒曼尼人等部族，这些人无一不是嗜血的蛮族。正如罗马曾是地中海联盟一样，匈人是草原联盟的主人，旗下有50万~70万蛮族人口。但这一切还是不能让阿提拉感到满足，他真正向往的依然是兼并罗马人。

匈人对罗马的影响正如当代学者总结的那样，共分三个阶段：第一阶段，匈人逼着蛮族逃向罗马；第二阶段，匈人依次兼并来不及逃走的部落；第三阶段，随着匈人将蛮族统一在他们麾下，最可怕的时期终于来了，阿提拉带着一支庞大的蛮族联军直接杀奔罗马帝国。

公元441年，匈人借口马尔古斯主教亵渎了匈王的陵墓，入侵了东罗马帝国。这次的入侵明显比之前准备充足了许多，因为他们不仅驱赶着各族盟军，还运来了很多攻城武器，包括攻城锤、云梯等等。匈人军队先后攻陷了费米拉孔、马尔古斯、辛吉杜鲁姆、西尔米乌姆、纳伊苏斯、塞尔迪卡、菲利普波利斯。通过一连串攻城作战，阿提拉向罗马人证明了自己的攻城能力，这一点是所有日耳曼蛮族都不具备的，也是让君士坦丁堡政府畏惧的。

由于东帝国的主力野战军受西帝国请求前去收复北非失地，此刻正驻扎在西西里，君士坦丁堡只能依靠城防工事，但阿提拉先进的攻城技术让他们害怕君士坦丁堡的城墙也可能失守。东罗马政府立刻派了一队使节求见阿提拉，双方签订了一份不平等的新协议：

一、罗马交出所有从匈人帝国叛逃的日耳曼人；

二、将每年的贡金提高到2000罗马磅；

三、支付6000罗马磅的临时赔偿金；

四、以每个人12金币的价格赎回罗马人俘虏；

匈人的入侵其实有很深的战略考量。根西里克的使者早就通报了罗马帝国的乱局，阿提拉正是借东帝国出兵帮助西帝国时，偷袭了后方空虚的巴尔干半岛，这不仅让东帝国自伤元气，还破坏了两个帝国收复北非的计划。匈王阿提拉受胜利鼓舞，有意蔑视罗马帝国以增加罗马人的恐惧，不仅对使节颐指气使，还当着罗马人的面，将送来的叛逃者用马统统踩死，这一幕吓坏了东罗马的使臣。

公元450年7月28日，50岁的东罗马皇帝狄奥多西二世驾崩，在位42年。因为狄奥多西二世没有生下男性继承人，他这一死就使得狄奥多西王朝面临绝嗣的危险。一直掌握着东部帝国实权的长公主普尔喀丽娅只好从幕后走到前台，自称东罗马帝国女皇，开始主理朝政。然而，在父系社会下，一个女人是不太可能长期控制一个帝国的，所以她决定嫁给贵族议员、前任统帅马尔西安。

马尔西安系军人出身，因战功彪炳而功成身退，被封为君士坦丁堡元老院议员。他因迎娶了长公主普尔喀丽娅而获得了共治皇帝的头衔，一跃成为新的东罗马皇帝。

新皇帝本来就是个主战派成员，再加上主力野战军已经返回东部，他这一即位势必改变东部帝国的对外方针，所以东罗马帝国自他上台后便开始强化多瑙河防线，不仅大修堡垒、要塞，还将叙利亚的军队也调了过来。待一切准备就绪后，马尔西安一世断然撕毁了与匈人的和平协议，兵临前线，摆出一副要和匈人帝国决一死战的架势。

阿提拉虽然气愤，但还是个理智的君王，当发现对方早有准备时，他便不得不重新审视开战的危险性。恰在这时，法兰克的王子送来了求援信。信中说，法兰克先王死后，埃提乌斯试图强行拥立小王子继承王位，这使得大王子陷入了被动，于是大王子只好请求阿提拉帮他对抗西罗马的干预。这封信让阿提拉喜出望外，因为这让他找到了进兵高卢的借口，于是阿提拉放弃了攻打东罗马帝国的计划，转身前往莱茵河地区了。

沙隆之战，不过凡人

如今的西帝国四分五裂，法兰克人、汪达尔人、西哥特人、勃艮第人、撒克逊人、苏维汇人均在西罗马的土地上建立了新的国家。其中，法兰克王国位于高卢东北部，范围相当于今天法国东北部、荷兰和比利时；汪达尔王国以迦太基为中心统治着阿非利加；苏维汇人占据着西班牙西北部一带；勃艮第人在高卢东南部，也就是阿尔卑斯山以北；撒克逊人则通过北海占领了不列颠南部和东部地区；而最先建国的西哥特人控制了高卢西南部和西班牙北部一带，定都图卢兹。

这些日耳曼人有时相互攻杀，有时又组团抢掠罗马帝国。总之，西部帝国就像进入了战国时代一样，只能寻求制衡各蛮族王国的办法，却不能彻底灭亡它们。

匈人帝国将势力拓展到莱茵河与多瑙河后，对富庶的罗马行省也产生了兴趣，只是比起东罗马帝国，匈人和西罗马帝国的关系一直很好。在阿提拉之前，埃提乌斯凭借在匈人部落当人质时建立的私人友谊，曾多次向他们借来兵马，并利用匈人援军，屡次击破各路蛮族。

公元436年，勃艮第人和西哥特人联手攻打高卢。埃提乌斯兵马不足，但又不得不分兵两线作战，于是他再次向匈人借来骑兵。在东线，埃提乌斯联合匈人东西夹击勃艮第人，一举歼灭了2万勃艮第人，还将战火烧到了敌军腹地，迫使勃艮第人退居萨伏伊山区。在西线，埃提乌斯先是解了纳博讷之围，后又大败西哥特人，斩首8000，甚至兵临图卢兹城下。如果不是因为埃提乌斯太过轻敌而遭到突袭，西哥特恐怕会提前亡国。

不久之后，法兰克王克洛狄昂利用高卢空虚之际，攻占了卡梅拉库姆（今康布雷）和图那库姆（今图尔奈），把王国拓展到了索姆河一带。骄傲的法兰克王扎营在平原地带大肆庆祝，却不想埃提乌斯已经悄悄接近了他们。正当法兰克国王在营地大摆酒宴庆祝儿子的新婚时，罗马军队从天而降，大破法兰克人，连新娘都被俘虏了。

自成为联军大元帅后，埃提乌斯率领罗马军队南征北战，把高卢地区的蛮族国王挨个揍了一遍，各国不得不向他求和并签订协议，埃提乌斯也因此成了西帝国的首席名将。意大利因为有埃提乌斯坐镇高卢，终于不用担心蛮族军队的入侵了。不过，这些功绩多少有匈人援军的功劳。若是有一天埃提乌斯与匈人反目，结果会怎样呢？

公元451年，法兰克国王驾崩后，二子夺位，长子求助于阿提拉，幼子求助于埃提乌斯。双方都试图借此契机掌控法兰克，匈人帝国和西罗马正式决裂。当年4月，阿提拉率军浩浩荡荡渡过莱茵河。据同时代的罗马人记载，阿提拉的军队极为庞大，前后合计有50万之众（实际兵力不超过20万），兵分三路，如雪崩一般席卷高卢地区，相继攻陷特里尔、梅斯、兰斯、巴黎，并于当年5月昼夜猛攻奥尔良。

面对如此庞大的匈人大军，埃提乌斯手里的军队不过2万，如何才能抵挡阿提拉的全面入侵呢？埃提乌斯不得不求助于在高卢建国的那些蛮族王国。其实比起西罗马帝国，日耳曼的国王们更害怕匈人王阿提拉，他们深知匈人的到来意味着什么，如果不和埃提乌斯联合起来，那西罗马是绝不可能击败匈人大军的，而一旦埃提乌斯战败了，下个被攻击的只能是他们自己。每个人心里都在思索一个问题：是联合起来抵挡匈人大军，还是独自面对他们？相信但凡心智健全的人都会选择前者。

公元451年6月，反匈人联军正式建立。联军以埃提乌斯的西罗马军队和狄奥多里克的西哥特军队为主力，号称60万人马（实际约10万人马），浩荡北上，直奔奥尔良城。

阿提拉围攻了奥尔良城很久，但迟迟没有拿下城墙。当反匈人联军即将抵达时，阿提拉明智地选择了放弃，率部朝着东面回撤。不知是打算回到莱茵河以东，还是要引诱联军到自己满意的决战之地，总之双方都来到了卡塔隆尼平原上的小城沙隆。埃提乌斯的联军于夜间追上匈人大军后，当即斩首1.5万匈人，阿提拉不得不停止东撤，罗马帝国晚期规模最大的战役沙隆之战由此开始了。

埃提乌斯的联军布阵在城外河流和丘陵之间，这么做的目的可能是最大限度利用地形削弱匈人骑兵的优势。联军整体分成三个部分：埃提乌斯的罗马步、骑布置在靠近丘陵的左翼位置，狄奥多里克的西哥特军则组成了联军的右翼，中央则是包括萨尔马提亚人和少数阿兰人在内的其他蛮族组成的军队。

匈人大军的布置也大致分成三个部分：左翼由最强大的东哥特骑兵组成，面对着西哥特军；右翼则由法兰克人和其他较弱的蛮族仆从军组成，他们面对的是埃提乌斯所部；中央则由阿提拉亲自指挥，也是整支匈人军队的主力。阿提拉的计划是利用两翼的蛮族军队牵制住联军的左右两翼，待匈人主力一击击穿敌军中央后，就能将联军一分为二，从而实现分割包围。

埃提乌斯一方的作战计划也是包围对手，但他们的重点却不是中央突破，而是两翼突破，因为联军中央是相对较弱的蛮族联军，论实力是难以战胜强大的匈人主力的。其实，埃提乌斯并不指望位于中央的部队能够斩获多少匈人。他计划从两翼夹攻阿提拉，从而包围并击败整支匈人大军。

公元451年6月20日，双方首先以激烈的箭矢对射拉开大战序幕，匈人大军旋即号叫着朝对面的联军冲杀过来，决战正式打响。

同一时间，反匈人联军也疯狂地奔跑起来。位于中央的阿兰骑兵狂怒着冲过了密密麻麻的箭雨,将长枪重重地刺入敌人的胸膛,虽然他们曾屡屡败于匈人,如今却拼命守住了阵地,即使略有后退也没有崩溃的迹象。左翼的埃提乌斯利用罗马人擅长的阵地战,依托重步兵的盾牌和长矛抵挡匈人右翼的冲锋,再由身后的轻步兵射击进退不得的对手。这种战术对只知道冲锋的蛮族军队非常有效。

最激烈的还要数东、西哥特人之间的战斗。两族虽然同有一个祖先,但在迁入罗马前就已经积累了难以化解的仇恨,此刻各为其主,更是毫无一丝怜悯之情。西哥特国王狄奥多里克率领精锐的西哥特骑兵冲锋在前,国王亲自挥剑战斗,连续斩杀数个敌军骑兵。为了鼓舞自己的军队,狄奥多里克在右翼来回奔驰。此举的确让西哥特人士气大振,但过于凸显也让他清楚地进入了敌军的视野。

一个东哥特贵族在千钧一发之际,用标枪击中了狄奥多里克。西哥特王旋即摔落马下,当场阵亡。国王的死让王子托里斯蒙德震怒异常,此人率领骑兵狂暴地冲下高地,狠狠地撞碎了东哥特人的战线。愤怒的西哥特士兵非但没有因为国王的死而动摇,反而高呼为国王报仇的口号,来回冲杀东哥特人。东哥特的战线在连番打击下最终全线溃败。

战斗的走势如双方所料但又不完全如他们所想。位于中央的匈人骑兵的确杀得联军中央损失惨重,但匈人的两翼却没能成功牵制住对手,反而都被联军两翼打得连连后退。这就使得阿提拉的主力和两翼完全脱节,他非但没有分割包围对手,还把自己的侧翼完全暴露给了埃提乌斯和西哥特人。反匈人联军抓住机会疯狂地攻击阿提拉的侧翼。

匈人骑兵被联军包围在原地后就失去了他们的优势,因为匈人没有精良的铠甲,肉搏能力极差,军队伤亡越来越大。无奈之下,阿提拉只能率领军队朝后方的营地撤退。

反匈人联军利用敌军败退之际,大砍大杀,也于当日夜幕降临时杀到了阿提拉的大营。阿提拉将辎重车围在四周,把马鞍和贵重物品全部集中在一起焚烧。看着熊熊燃烧的火焰,匈人国王第一次感到了绝望。他的骑兵全部放弃了战马,准备像步兵一样迎接最后一刻的血战。

当夜,双方都显得非常混乱,西哥特王子托里斯蒙德差点坠马而死,阿提拉也差点引火自焚。埃提乌斯却非常冷静，将阿提拉的军队包围在车阵里，断绝了对方的粮食和饮水。

深夜，联军召开了作战会议。蛮族国王特别是西哥特王子托里斯蒙德主张一举歼灭阿提拉，但埃提乌斯却主张用围困的方式逼迫阿提拉接受有利于所有人的协议。为此，埃提乌斯悄悄告诉托里斯蒙德：如果不尽快返回西哥特主张王位继承权，其他西哥特贵族极可能鸠占鹊巢。这让托里斯蒙德决定撤兵回国，于是联军达成了放阿提拉一马的决议。

事实上，埃提乌斯并非真的关心西哥特的王位继承问题，而是害怕一旦联军杀掉了阿提拉，失去匈人牵制的西哥特就会成为最强大的日耳曼王国，西哥特人可能会乘机攻取整个高卢，那样的话，埃提乌斯将难以制衡高卢诸蛮，所以他才力主放走阿提拉。

联军解散后，阿提拉撤回到莱茵河对岸。不可一世的匈人战败了，这是阿提拉唯一一次战败，却是最致命的战败。沙隆战役让匈人国王不可战胜的神话破灭，使得罗马人和日耳曼人都发现匈人国王"不过凡人"而已。阿提拉的威望在这场大战后一落千丈，纵然他的军队还在，但他在人民心中如同神一般的影响力不在了，而他麾下那些以东哥特人为首的仆从军也逐渐萌生了反心。

此战，联军胜得惨烈，据同时代的罗马人记载，沙隆之战的伤亡多达16万人。如果这个数据属实，沙隆之战无疑是罗马史上规模最大的战役之一。埃提乌斯凭着沙隆之胜挽救了危如累卵的西罗马帝国，也挽救了刚刚建国的日耳曼诸国。他的大名让所有人又敬又畏，特别是蛮族，有埃提乌斯主政高卢，他们不敢再向罗马帝国挑战，高卢因此进入了一个异常平静的时期，埃提乌斯犹如盟主一样维持着高卢地区的平衡。

只可惜，巨大的胜利带来的不全是荣誉。埃提乌斯因此战之功拥有了超越君王的威望，蛮族国王只知埃提乌斯却不知皇帝，罗马人也只知埃提乌斯而不知瓦伦提尼安三世，皇帝越来越不满功高震主的埃提乌斯。随着瓦伦提尼安三世逐渐长大成人，独掌大权成了他唯一的目标，而最大的绊脚石无疑就是功臣埃提乌斯了。

狡兔死，走狗烹

"我不会嫁给他的，我是先帝的公主！"女孩故作骄傲的尖叫道。瓦伦提尼安三世怒目圆睁，忽然又冷笑着说："记住，在这里，只有皇帝才是你的主人。卫兵，送我们的公主回去休息，没有我的命令不得离开寝宫。"

几个健硕的侍卫立刻走到女孩的两侧，那不由分说的气势让她难以反抗。公主梨花带雨的面容突然在这一瞬间消失了，她回头望着端坐在帝座上的皇帝，恶狠狠地说道："你会后悔的，瓦伦提尼安，你才不是唯一的皇帝。"

这个自称公主的女孩名叫霍诺里娅，是先帝君士坦提乌斯之女，瓦伦提尼安三世的妹妹。霍诺里娅从小就生活在皇宫，虽然也曾随母亲逃亡君士坦丁堡，但这并没有影响她过着最奢华的生活。娇生惯养的霍诺里娅有想法有野心，她从心底里看不起懦弱无刚的皇兄，更不要说听命于他了。

作为皇帝的妹妹，霍诺里娅的身份和地位毋庸置疑。在王室男性普遍没有生下男孩的前提下，公主的孩子同样拥有皇位继承权，所以对皇帝来说，霍诺里娅的夫婿必须慎重选择，一旦选定就意味着此人将有可能成为共治者。

事情的起因正是为霍诺里娅选夫。由于霍诺里娅早早就受封"奥古斯塔"，普通的臣民害怕被瓦伦提尼安三世怀疑觊觎皇权，根本不敢求婚，因此霍诺里娅长期独身，不得不自己想办法"偷欢"。"桃色新闻"很快弄得人尽皆知，西罗马帝国遂把霍诺里娅送到君士坦丁堡的修道院软禁，以为上帝能感化她。

想不到的是，被禁足的公主并没有以泪洗面，反而被激活了深藏的野心，她需要一个盟友让自己脱离苦海。东部帝国的皇帝无疑有这个能力，但他们早已不是狄奥多西王朝的后裔了，这些人是不会来帮助她的。故而，霍诺里娅想到了大多数罗马人的噩梦——阿提拉。

公主利用身边的宦官将一枚戒指和一封信送给了匈人国王，她在信中称自己仰慕伟大的匈人国王，愿意用西罗马帝国一半的疆土作为嫁妆，只求他早日把自己带离孤独的修道院。阿提拉闻之大喜，知道求婚信和戒指都不是伪造的，觉得这简直就是上天赐予他的礼物，让匈人有理由对西罗马帝国用兵。既能名正言顺地得到西部帝国一半的疆土，又能抱得美人归，何乐而不为呢？于是，阿提拉正式向拉文纳宫廷提出求婚，并要求西罗马如约交出一半国土作为陪嫁。

消息传来，瓦伦提尼安三世异常震惊，整个西部帝国都陷入了焦虑。皇帝万万没想到妹妹居然如此胆大妄为，她的幼稚和愚蠢将让整个国家陷入危机，这并不是一场喜庆的联姻，而是要断送整个西部帝国的宣战。东罗马帝国不想惹事上身，马上把霍诺里娅送还西罗马。瓦伦提尼安三世以求婚不合法为由拒绝了阿提拉，同时立即给霍诺里娅找了个"丈夫"，完成仪式后便把她囚禁了起来。

阿提拉对求婚遭拒毫不意外，他本就没指望西罗马帝国会乖乖送来公主和土地，一切都只是他宣战的借口。事实上，阿提拉讨伐西帝国的借口有很多，他虽败于沙隆，却没有放弃与公主成亲的打算，一旦实力恢复，他必定再次为"嫁妆"而来。

公元452年，即沙隆会战结束一年以后，阿提拉再次对西罗马帝国宣战。强悍的匈人大军绕开了高卢，翻越了阿尔卑斯山，第一次出现在意大利的土地上，很快就包围了阿奎莱亚城。匈人又推来了先进的攻城塔、攻城锤、投石车等攻城武器，昼夜猛攻这座位于意大利东北的要塞，战况异常激烈。

幸好守卫阿奎莱亚的军队是善战的哥特人，他们和市民一起修建工事，加固城墙，用弓箭和刀剑一次又一次打退了阿提拉的进攻。在日耳曼军队和罗马市民的共同奋战下，阿提拉的军队竟然在城下足足耗去了3个月时间，匈人国王不得不改变战术。

阿提拉命人假装放弃围城，做出一副要撤退离开的样子，然后亲自骑马环城侦察守军的部署，试图寻找破绽。这时，阿提拉发现一处高塔上有只鹳鸟带着几只幼鸟离开了巢穴，心中大喜，他告诉自己的部将，鹳鸟是一种不会轻易弃巢的鸟，除非它们筑巢的高塔即将倒塌。

就在守军以为获得胜利而有些松懈的时候，匈人军队再次将阿奎莱亚包围起来，主力就集中在发现鹳鸟的地方，日夜猛攻该处的高塔。果然，那里的城墙被攻城器械轻易击垮了，匈人骑兵疯狂地冲入城墙缺口，阿奎莱亚就此陷落。

阿提拉对阿奎莱亚进行了彻底的报复。城内无论男女老幼，无论鸡犬牛羊，统统被屠杀一空，房屋被焚烧，城墙被推倒，整个阿奎莱亚被匈人践踏成一片废墟，惨景触目惊心。也许人们不曾想到，阿奎莱亚的命运就是罗马城未来的命运。

阿奎莱亚的毁灭让拉文纳宫廷如坐针毡，皇帝瓦伦提尼安三世不敢继续留在城内，竟然抛弃首都逃到了罗马城，美其名曰与罗马城共存亡。

匈人大军随后相继攻陷了康科迪亚、帕多瓦、维琴察、维罗纳、克雷莫纳、皮亚琴察、帕维亚，甚至是米兰城。蛮军对所过之处肆意践踏，城市统统被夷为平地，只有米兰和帕维亚主动献城才逃过被毁灭的命运。意大利北部陷入地狱一般的噩梦之中。

人们不能依靠皇帝，也指望不上神灵，只能拖家带口四处逃难，但匈人骑兵却不会轻易放过那些行动缓慢的罗马人，屠刀很快就追上了他们。鲜血、哀号、火焰是意大利北部唯一的风景，人们如果没有智慧是根本不可能生还的。

威尼提亚的罗马人眼看就要遭到洗劫和屠杀，在一个教士的带领下勉强逃到了海边，本以为已经无路可逃了，只能等待死亡的降临，没想到潮水突然退去，留下了一片沼泽，沼泽的尽头有很多孤立的小岛。人们喜出望外，纷纷踏过沼泽逃到小岛上。当海水再次涨起后，这些难民所在的小岛便被海洋隔绝了起来，匈人的骑兵自然是不能越过海洋的。

从此，难民们便在海上安了家，靠捕鱼、提炼海盐为生，后来他们建造了商船，修建了城市，往来于亚得里亚海各处，通过海上贸易日渐繁荣起来。再后来，他们的城市不断扩大，为了让世人记住自己的辉煌成就，他们为城市起了一个响亮的名字：威尼斯。

阿提拉在意大利的劫掠很快就引发了严重的瘟疫，疫病席卷了城市和乡村，大量的人死于疾病，饮水、食物和空气都不能让人感到安心。连阿提拉的军队也饱受瘟疫的折磨，不断减员，但罗马城近在咫尺，"上帝之鞭"马上就可以自由抽打这座伟大的城市了。匈人国王不想停下自己的脚步，可他的部众却劝他放弃攻陷罗马城的想法，因为根据预言，攻陷永恒之城的人将会马上死去，而阿拉里克之死便证实了这则预言，他就是在劫掠罗马城后死在了意大利。

阿提拉虽然勇敢，却非常迷信，正在他犹豫不决的时候，罗马城派来了一队以主教利奥为首的使团，恭敬地拜见了阿提拉并向他求和。主教和阿提拉的谈判内容已经不得而知，但可以肯定的是，西罗马帝国一定提出了阿提拉不能拒绝的条件，无论是黄金、白银还是丝绸，数目一定不会小。

同一时间，东帝国皇帝马尔西安趁匈人帝国后方空虚，突然出兵多瑙河，威胁阿提拉的大后方。阿提拉本来就萌生了退意，现在既然主教主动送来了求和的礼物，后方又一片混乱，他便顺势同意了西罗马的求和。随后，阿提拉率领军队翻越阿尔卑斯山，撤离了罗马城。意大利的危机终于结束了。

阿提拉不会想到这是他最后一次入侵罗马帝国，次年，他便死于新婚之夜。据说匈人国王当夜喝了很多的酒，在与年轻新娘洞房花烛时突然血管爆裂而死。

阿提拉死后，王子埃拉克、邓吉西奇和伊尔纳克为夺取王位而自相残杀，匈人帝国因此四分五裂。那些被迫臣服于匈人的东哥特人、格皮德人、阿兰人等蛮族相继谋反，他们在潘诺尼亚的涅塔德河之战里彻底击败了匈人的军队，斩首3万余人，大王子埃拉克当场阵亡。东哥特人因此占领了潘诺尼亚一带，东哥特王国就此建立。

二王子邓吉西奇被迫放弃了达契亚到黑海的全部土地，格皮德人在这里建立自己的国家。邓吉西奇后来试图攻打东罗马帝国，却被装备精良的罗马军队击败，他的军队被歼灭，他本人也被斩首，头颅悬挂在君士坦丁堡城门上示众。

小王子伊尔纳克则率领残部逃回遥远而又古老的北方荒原，却不想那里已经被新崛起的蛮族占领。最后，他这一支匈人也被屠杀殆尽，匈人帝国从此彻底消失了。

阿提拉虽然离开了，但瓦伦提尼安三世对埃提乌斯的恨意却更深了，因为埃提乌斯对阿提拉入侵意大利无动于衷。皇帝一再命埃提乌斯南下救援，但联军大元帅始终没有动兵，从匈人翻过阿尔卑斯山到他们离开，埃提乌斯一直稳坐高卢行省。这是要干什么？是要看着阿提拉攻陷罗马城？还是要借阿提拉的手除掉皇帝？瓦伦提尼安三世对埃提乌斯已经没有一丝敬畏，只有仇恨。

正当皇帝怒而不发的时候，埃提乌斯竟然主动来了罗马城。瓦伦提尼安三世以为埃提乌斯是来请罪的，但没想到，埃提乌斯对此事只字不提，反而傲慢地提出了与皇家联姻的要求，试图让儿子高登提乌斯迎娶公主普拉西提阿。

皇帝的内心不禁惊呼起来:"你这个叛臣贼子,非但不为意大利的灾难负荆请罪,竟然还妄想与皇室联姻。要干什么?是要让你的儿子通过联姻继承帝国的皇位吗?"

其实,瓦伦提尼安三世早就萌生了除掉埃提乌斯的想法。为了削弱埃提乌斯的大权,皇帝看上了埃提乌斯麾下的年轻将领马约里安(历史证明皇帝的眼光惊人地准)。此人的父辈一直服务于西罗马帝国,素有威名,而他本人也继承了父辈的武略,在图卢兹之战和奇袭法兰克人之战中都有耀眼的战绩,所以瓦伦提尼安三世决定将女儿嫁给他,扶持起一个既年轻又有能力的皇室新成员来对抗埃提乌斯。

然而埃提乌斯对此强烈反对,因为大元帅意图通过联姻进一步巩固权力。从这一点上看,埃提乌斯的私心非常重。为此,他不惜解除了马约里安的职务,还堂而皇之地前往罗马城要求皇帝赐婚。

两人为了公主的婚姻在皇宫里发生了激烈的争吵。愤怒的皇帝彻底失去了理智,他仿佛已经看到了自己被迫逊位后的凄凉处境。气得满脸通红的他突然拔出了腰间的佩剑,重重地刺入了埃提乌斯的胸膛,60岁的大元帅就此殒命。

随后,皇帝严密封锁了消息,同时召见并处死了埃提乌斯的诸多党羽。当夜的罗马城内血雨腥风。次日,皇帝来到了元老院,解释这起刺杀是为了拯救罗马的无奈之举,并公开了埃提乌斯"大逆不道"逼婚之举,但元老院议员却悲伤地讽刺皇帝是用左手砍了右手。

公元454年,威震一方的西罗马联军大元帅埃提乌斯被杀。在埃提乌斯主政高卢的时候,单凭他的名字就足以让蛮族止步于帝国门前,可皇帝却自毁长城。埃提乌斯这一死,西部帝国的大厦立马开始崩塌,安静了一段时间的日耳曼国王们又活跃起来。瓦伦提尼安三世自以为能够执掌整个帝国,却不知道人们并不信任他。埃提乌斯虽然死了,可忠于埃提乌斯的人却没有死绝。

公元455年3月16日,瓦伦提尼安三世决定亲自视察军队,士兵们看到皇帝后都怒从心头起,埃提乌斯的两个匈人旧部突然冲上看台,当场刺死了皇帝,这一年他才36岁。狄奥多西王朝最后一个皇帝就这样死了,这个懦弱的王朝终于结束了。然而,西帝国的命运将何去何从,恐怕已经没人知道了。

埃提乌斯之死确实是西帝国的损失,他在执政的20多年里,屡次击败敌人，一次又一次挽救了帝国，但对王室来说，埃提乌斯虽然有与斯提里科一样的才能，却没有斯提里科的忠心和品德。他率部逼宫执掌大权，他无视皇帝桀骜不驯，他拒绝勤王任寇劫掠，他飞扬跋扈染指皇室，他的一生虽然是捍卫罗马的一生，但同样也是满足一己私欲的一生。纵然后世也称埃提乌斯为"最后的罗马人"，但大元帅的品行明显当不起这个名号，他只能算是"最后一个罗马将军"。

36

第三十六章 永恒之城不永恒

西国时局雨纷纷

埃提乌斯的死确系咎由自取,但换个角度看,皇帝也实属无奈,毕竟骄横跋扈的埃提乌斯已经触及皇帝的根本利益,如果不加以限制,后果同样难以预料。然而,从这场惊天巨变中真正获益的却不是皇帝。正所谓"螳螂捕蝉,黄雀在后",皇帝的死同样也是不轨大臣谋划的结果。

据说,瓦伦提尼安三世生前既好赌又好色,常在宫中组织大臣豪赌,并因此获得了御前大臣佩特罗尼乌斯·马克西穆斯的戒指。好色的皇帝早就对马克西穆斯的美娇妻垂涎三尺,于是他故意送去了这枚戒指,请这位妇人到宫中与丈夫相聚。看到戒指的夫人毫不怀疑地去了,结果被皇帝给奸污了。

此事触及了男人的底线,于是马克西穆斯暗中联络军队,挑拨他们与皇帝的关系,煽动他们在皇帝检阅军队时,刺杀皇帝。事情的发展如马克西穆斯所愿,不仅除掉了皇帝,还除掉了皇帝身边的近臣,马克西穆斯因此掌握了实权。

公元 455 年 3 月 17 日,马克西穆斯于罗马城登基称帝。新帝即位后同样贪财好色,对先帝的皇后优多克西娅垂涎三尺。这不仅是因为优多克西娅美艳动人,最重要的是,她是东罗马皇帝狄奥多西二世的女儿,拥有狄奥多西王室血统,迎娶她就能够获得称帝的正统性。

马克西穆斯为此残忍地处死了发妻,但优多克西娅却不愿意嫁给他,因为她知道丈夫被杀完全是马克西穆斯的阴谋。为了逃脱杀夫仇人的魔掌,优多克西娅做了一件与霍诺里娅如出一辙的事情,她竟然请求汪达尔国王根西里克出兵罗马。

自根西里克在迦太基称王建国后,汪达尔王国已经成为北非最强大的势力,拥有富庶的北非庄园和充满财富的城市。无论粮食还是黄金,根西里克都不缺乏,但汪达尔王还是不满足,毕竟他们是日耳曼人,不打仗不劫掠就浑身不自在。

于是,汪达尔人把目光投向了海洋,频繁出海洗劫地中海沿岸。撒丁尼亚、西西里、意大利、西班牙的海岸都不同程度地遭到汪达尔海盗的劫掠,而西罗马的海上力量根本不能和汪达尔的海盗相比，唯一拥能与之抗衡的东罗马海军又对保护西罗马的海岸线毫无兴趣，所以在西罗马帝国，无论是陆地还是海洋，没有一处是安全的。

优多克西娅的求救信正合汪达尔国王之意。公元455年5月，根西里克率领庞大的汪达尔舰队攻占了奥斯提亚，其目标无疑是近在咫尺的罗马城。即位不过2个多月的皇帝惊慌失措，他曾试图稳定民心，却徒劳无功，于是他决定抛弃罗马城，逃到更安全的地方。

"皇帝打算抛弃元老院和人民，这个无耻的家伙。"

皇帝企图逃离罗马城的消息不胫而走，愤怒的市民发起了暴动，在马克西穆斯出现时围住了他，用乱石疯狂地攻击他，直到马克西穆斯被打得遍体鳞伤，愤怒的人民才将他丢进了台伯河。马克西穆斯不到3个月的统治就此结束。

3天后，公元455年6月15日，根西里克兵临罗马城下。绝望的元老院放弃了抵抗，同意汪达尔军队洗劫罗马城，但要根西里克保证不屠杀不抵抗者，也不能洗劫教堂。

"主动配合抢劫"自然让人无法拒绝，汪达尔军队便趾高气扬地开进了永恒之城。汪达尔人的洗劫持续了14天，罗马城经过西哥特人劫掠后仅剩下的一丁点儿黄金、白银，无论是私人的财物还是神殿的圣物，都被汪达尔人洗劫一空，甚至连卡比托利欧山上朱庇特神庙的鎏金铜瓦屋顶都被刮干净了。

汪达尔人的洗劫彻底得令人发指，他们连不值钱的青铜器和早就停止发行的铜币都统统搬走了。而引来汪达尔人的前皇后优多克西娅也没有如愿以偿。她主动前去感谢根西里克，不想却被对方掳到船上，连同她的两个女儿和大量漂亮的女人、孩子被运回了北非。永恒之城又一次被日耳曼人洗劫，它的尊严再次被摔得粉碎。

马克西穆斯被杀后，西罗马的帝位又一次悬空，凡是有野心的人都蠢蠢欲动。西哥特王狄奥多里克二世试图插手帝国皇权，将正在图卢兹做客的前高卢大将军阿维图斯拥立为帝。

阿维图斯，埃提乌斯旧部，曾被封为高卢大将军，后一度退隐。在汪达尔人侵入意大利时，阿维图斯正与西哥特人谈判。西哥特以拥立罗马皇帝的方式组建了一个联盟,控制了整个高卢地区,各大蛮族都加入了这个联盟。

联盟以苏维汇人攻打西罗马在西班牙的城市为由,召集罗马人、法兰克人和西哥特人杀过比利牛斯山,不仅攻陷了他们的首都,还俘杀了苏维汇王。狄奥多里克二世实现了制霸北西班牙的野心。

阿维图斯在西哥特军队的护送下进入罗马城。虽然元老院并不信任蛮族拥立的皇帝,但迫于西哥特的武力,他们还是屈服了,西哥特控制了罗马城。当时的意大利并无多少军队,唯一拥有兵权便是将军马约里安和里西默。

马约里安已在前文提到过,是瓦伦提尼安三世中意的准女婿,因为埃提乌斯的干涉曾一度赋闲在家。马克西穆斯登基后为了拉拢他,授予其皇家卫队长官的职务,相当于御林军统领。

里西默,苏维汇人,母亲是西哥特的公主。他打心底里看不起西哥特人扶植的傀儡,只因实力不济才暂时臣服于阿维图斯,等到西哥特军队离开意大利后,他便开始策划推翻阿维图斯,而马约里安也想将西哥特人赶出罗马,两人在暗中结成了同盟。

当时正逢汪达尔海盗劫掠意大利海岸,里西默率兵出海迎战,于科西嘉海岸一举击沉了60艘大型战舰。辉煌的胜利让里西默获得了"意大利拯救者"的称号。趁着得胜返回时,里西默突然发动兵变,废了傀儡皇帝阿维图斯。留在拉文纳的马约里安同时举起反旗,率部突然袭击了驻扎在城内的西哥特军队,由此控制了整个拉文纳。

马约里安和里西默联手发动政变大获成功,屠杀了不少留在意大利的西哥特人,意大利再次回到了罗马人手中。里西默是蛮族,所以不能登上皇位,驱逐阿维图斯后,他依然难以染指西罗马的最高权力。马约里安虽是罗马人,却同样没有继承帝国的正统性。两人都只能通过军队暂时维持意大利的秩序。

东罗马帝国在得知西部发生的事情后,授予马约里安和里西默大元帅衔,却没有任命任何一个人做皇帝,似乎打算"空降"一个东罗马贵族来意大利继承帝位。

恰在此时,马科曼尼人突然翻越阿尔卑斯山南下。得知日耳曼人入侵后,马约里安立即北上拒敌,轻松击败了这支入侵的小股部队,还联络高卢的反马科曼尼势力南北夹击,使得马科曼尼人后院起火,自顾不暇,不得不放弃了全面入侵意大利的计划。

马约里安的运筹帷幄让人联想到了"最后的罗马人"斯提里科,因此他在军队里的威望急速上涨,而意大利人民也希望能有一个优秀的将军保护他们,于是在公元457年,马约里安在军中被推举为新的西罗马皇帝。长达半年之久的皇位悬空期终于结束了。

西罗马最后的雄主

马约里安称帝起初并不被东罗马帝国认可,他强行上位之举让东罗马插手西罗马皇位的计划流产了,直到第二年,东罗马皇帝才勉勉强强地承认了对方的皇帝称号。然而想不到的是,马约里安算是西帝国晚期最有"良心"的皇帝,一即位就开始了大刀阔斧的改革。新皇帝深知帝国大厦到了即将倾覆的最后时刻,如果再不救亡图存,西罗马的灭亡指日可待。

马约里安推行的新政包括"废除债务""分权地方""鼓励生育"三大项。在西罗马混乱的当下,处于底层的民众是最艰苦的,他们不但安全没有保障,还不得不靠借贷为生,不少人成为奴隶只求一口饭吃。西罗马在这样的环境里根本没有可用的兵员,因为适合当兵的人不是当了奴隶就是成了大地主的私兵,所以西帝国只能雇佣蛮族士兵打仗,但蛮族士兵的军费何其高昂,长期依赖他们并不现实。马约里安的改革就是为西帝国储备兵员,可要储备兵员就必须改变当下的社会环境。

马约里安废除了一切尚未还清的债务,同时禁止大财主、大地主以任何方式催还债务。此举是从经济上帮助中下层人民,从而避免他们成为奴隶或者隶农。这个政策非常强势,在一定程度上遏制了腐败,也拯救了平民,但为他的统治埋下了隐患,包括里西默在内的诸多贵族都对这项政策嗤之以鼻。

马约里安将收归中央的权力全部交还给地方议会,比如征税权,这样既能够防止高层官员中饱私囊,又提高了征税的效率。另一方面,马约里安大力扶持地方贵族,既减税又加权,此举无疑能提高地方显贵回到公共事务的积极性，从而强化了地方政府。

鼓励生育，是因为不仅军队需要罗马血统的公民从军，城市和乡村也需要罗马血统的公民从业。西帝国因此禁止寡妇保持独身，还强力打击通奸等不道德行为，也禁止老夫少妻这种不太可能生育下一代的婚姻。

马约里安的新政让西罗马帝国焕然一新，所有政策都在扭转人口锐减、兵源枯竭的趋势。如果这些政策能够得到有效推行，或者说能够得到进一步深化，西罗马帝国可能恢复人口数量，并重组罗马军团。

如今的西帝国领土只剩下意大利、南高卢、东西班牙。马约里安的精力非常旺盛，除了全力推行新政，还不忘武力收复失地。在新政起效前，西帝国依然无兵可用，要收复失地还得依靠蛮族雇佣兵，故而马约里安征召了一切能够征募的蛮族军队，无论是法兰克人、阿兰人、匈人、哥特人，还是勃艮第人，只要他们愿意为西罗马帝国而战，马约里安统统欢迎。

公元457年夏，汪达尔海盗再次劫掠意大利。马约里安率部于坎帕尼亚迎战，不但击败了敌军，还阵斩了汪达尔人统帅，根西里克的妻弟。罗马军队顺势收复了西西里，马约里安任命爱将马塞利努斯为该地总督，专门负责抵御汪达尔海盗。只可惜西罗马并无强大的海上力量，所以战争只能止步于意大利内陆。要彻底击败为祸一方的汪达尔海盗，就必须收复北非，而要收复北非，只有两个办法：一是组建强大的舰队渡海远征；二是征服高卢、西班牙，从直布罗陀海峡进入北非。

马约里安决定同时进行上述两种方案。一方面，皇帝筹集资金，召集工匠，以卡塔赫纳、米塞诺两处海港为基地，制造远征的战舰；另一方面，皇帝扩军备战，唯才是举，不论出身高低，提拔了很多有才能的将军。马约里安准备就绪后，首先出兵收复高卢行省。

在高卢地区，当时最强大的国家无疑是西哥特王国。在国王狄奥多里克二世的统治下，西哥特王国兵强马壮，意图染指西罗马在意大利之外的全部领地。马约里安于冬季翻越阿尔卑斯山，与西哥特人血战于阿尔勒。此战，罗马军犹如战神再临，西哥特主力大部分被歼，狄奥多里克二世仅以身免。

紧接着，马约里安乘胜追击，包围了西哥特首都图卢兹。高傲的狄奥多里克二世终于认输了，主动交出了王冠，取消了国王的称号，再次成了皇帝的臣属。盘踞在高卢西南部和西班牙北部的西哥特王国重新并入了西罗马帝国。

制服西哥特人后,马约里安将兵锋指向了高卢东南侧的勃艮第王国。有了西哥特的骑兵,马约里安军队的战斗力提升了好几个档次。勃艮第人不擅长大规模的会战,接连被马约里安击败,连首都卢格杜努姆城也被罗马军队攻陷。勃艮第人也不得不送上臣服的降表。

法兰克人见形势如此,赶紧接受了与皇帝同盟的建议,而盘踞在高卢西北的"巴高达"义军也被皇帝招安。至此,西罗马帝国在形式上实现了光复高卢。马约里安将高卢人出身的大将军埃吉迪乌斯封为高卢大元帅,命他统领高卢地区所有的蛮族。此人后来建立了苏瓦松王国,又称罗马王国。

收复高卢后,马约里安带着新组建的联军翻越比利牛斯山,攻打苏维汇人。接连得胜的罗马军队士气大振,苏维汇人也不是马约里安的对手。皇帝收复了西班牙的大多数土地,苏维汇人也上表臣服。

至此,在不到3年的时间里,马约里安奇迹般地击败了西部帝国内的所有蛮族王国,在形式上实现了西罗马帝国欧洲领土的光复,罗马人终于找回了久违的自豪感。

高卢、西班牙的收复终于打通了马约里安远征北非的通道,多年的努力都是为了今天,而他的海军舰队也在这几年里发展起来了。经过多年的准备,到公元460年,马约里安已经建起了一支拥有300艘战舰的海军。马约里安终于把征服汪达尔王国提上了日程。皇帝计划从西班牙的卡塔赫纳和意大利的米塞诺同时进攻汪达尔,他甚至为此亲临卡塔赫纳,为远征进行最后的准备。

汪达尔国王根西里克对马约里安的行动深感忧虑,曾主动求和,罗马元老院和很多贵族都倾向于和解,但骄傲的马约里安仍然记得汪达尔人洗劫永恒之城的恶行,发誓要让汪达尔人血债血偿。因此他不顾国内大多数显贵的反对,执意要与汪达尔人开战。

可惜,皇帝并没有得到与汪达尔人公平交战的机会。狡猾的根西里克见求和被拒,一面命人烧毁毛里塔尼亚的农田,撤走居民,甚至在井水里下毒,企图用坚壁清野的方式抵挡马约里安的陆军,一面不惜重金收买一些贪财的罗马人，他们向汪达尔人透露了罗马军港内的部署。

在一个月黑风高的夜晚，汪达尔人乘着小船悄悄接近了军港。这些小船上装满了易燃物，等进入军港后，小船便被引燃，四处撞击罗马人的战舰。加上海风的帮忙，大火很快席卷了整个卡塔赫纳港，经过三年准备才打造的战舰全被大火吞噬。

马约里安望着熊熊燃烧的烈焰，心中痛苦万分，三年的努力付之东流，光复西罗马帝国的伟业戛然而止。根西里克的奇袭有不战而屈人之兵的效果，他再次派人求见皇帝，重新递上一份相同的和平协议。马约里安虽然愤怒，但也不得不同意了这份协议。双方都明白，和平只是暂时的，这场战争不是你死就是我亡。

马约里安的计划暂时中止了，要重新开战怕是还要再等三年。皇帝并没有意识到这次失败对自己的影响，他不知道在意大利内部，那些反对新政的显贵已经聚集在里西默周围，这些野心勃勃的家伙正准备利用他威望受损的时机罢黜他。

此时的马约里安仍没有放弃重振西罗马的计划，只不过靠武力征服北非显然不合时宜，所以他开始调整政策，有意为西帝国政府筹措资金。而眼下最花钱的无疑是军队，特别是雇佣兵，所以马约里安在离开西班牙前解散了雇佣军，仅带着少数卫队就匆匆踏上了返回意大利的旅程。

在马约里安看来，西罗马基本控制了大陆上的蛮族，暂时无人挑战他的权威，眼下最重要的是重建一支海军，为下一次讨伐北非做准备，所以解散雇佣兵也是无奈之举。更何况，皇帝有意壮大罗马公民兵，自然不能长期依赖外族，否则极有可能尾大不掉。

可惜的是，当马约里安赶到高卢南部时，里西默以会面之名摆了一场鸿门宴。皇帝一到，埋伏多时的卫兵突然冲了出来，当场斩杀了皇帝的亲兵，解除了皇帝的武装。里西默想让马约里安主动退位，但骄傲的皇帝誓死不从，暴怒的里西默随后命人严刑拷打皇帝，最终在5天后，也就是公元461年8月7日将马约里安秘密处决。

马约里安之死无疑会让罗马的拥护者们捶胸顿足，一代雄主竟落得如此凄凉的下场。虽然可惜，但西罗马的灭亡是必然的，因为西罗马已经到了积重难返的地步。掌握着国家资源和财富的贵族、财主，无一不是自私自利之徒，他们宁可国家破灭，也不愿意分出哪怕一丁点儿财富。当马约里安的新政动了这些人的蛋糕后，蛀虫们势必群起而攻之，似乎在他们看来，马约里安比根西里克更可恶。

马约里安一死，刚刚恢复了些许生机的西部帝国再次落入黑暗之中。西西里总督马塞利努斯宣布要为皇帝报仇，但里西默却提前收买了岛上的佣兵，马塞利努斯战败后被迫逃往达尔马提亚行省，却意外地征服了该地区。马塞利努斯耻于与里西默为伍，从此投靠了东罗马帝国。空虚的西西里后来再次被汪达尔人吞并。

被马约里安任命为高卢大元帅的埃吉迪乌斯同样宣布要给皇帝报仇，此人在高卢举起反旗并自立为王，可西哥特人却对他举起了反旗。埃吉迪乌斯既不能镇压西哥特的反叛，也无法消灭里西默，最后连法兰克人也脱离了他的统治，别说为主报仇了，就是守住大本营都很困难。随着埃吉迪乌斯的死，罗马人的伟业也功败垂成。至此，高卢、西班牙、西西里再次脱离西罗马帝国的控制。

里西默从此独掌大权，把毫无才能的利比乌斯·塞维鲁立为皇帝，自己则在幕后操纵这个傀儡。东罗马帝国本来就不满意马约里安的强势，也没有干预西帝国的内乱，西罗马从此进入了里西默摄政的黑暗时期。

马约里安在位的4年就像是西罗马帝国的回光返照一样，纵然如烟花般光辉灿烂，最终却归于一片黑暗。

马约里安的失败其实有很多原因。也许有人会认为马约里安的政策耗尽了西帝国最后一丝元气，太折腾了，似乎他拯救西罗马的最后尝试过于超前了，并不符合当时的形势，因为西罗马是积重难返，灭亡也是大势所趋。笔者只想说，这样的论断只不过是人们知道历史后的"马后炮"，如果每个人都抱着顺其自然的想法，不试着做任何努力，当今社会的很多文明都会提前消亡，正因为有马约里安这种人的"折腾"，一个国家、一个文明才能延续下去，只可惜罗马少了一些"马约里安"，否则西罗马未必会在"那一年"灭亡。

利奥的北非攻略

西罗马帝国正处于权臣专政的混乱时期，表面上，西部帝国的最高元首是皇帝，实际上这一时期的大权都掌握在里西默手中；而在东罗马帝国，也有一位权臣拥有类似的野心。

公元457年，东帝国皇帝马尔西安在位7年后溘然长逝，他生前并无男性子嗣，因而皇位继承问题再次摆上桌面。当时的东罗马第一权臣当数阿斯帕尔，此人正是当年率军护送瓦伦提尼安三世重返拉文纳的将军。凭借突袭战术，阿斯帕尔一战而陷阿奎莱亚，后又攻破拉文纳，可谓名噪一时。靠着赫赫战功及家族多年的经营，阿斯帕尔得以常年把持着东帝国的军权，是东帝国首屈一指的权臣。

等到马尔西安驾崩后，阿斯帕尔首先排除了先帝女婿安特米乌斯即位的可能性，然后强行扶持自己的首席家臣色雷斯人利奥登上了皇位，史称利奥一世。阿斯帕尔与里西默一样，都试图借傀儡之手操纵帝国政治。不过，和里西默比起来，阿斯帕尔的手腕和权谋明显掉了一个档次，而利奥的能力和野心又明显高了利比乌斯·塞维鲁一个档次。

等赢得了整个帝国的认可后，满脸微笑的东帝利奥一世终于露出了他的"獠牙"。利奥一世城府极深，试图用一种温水煮青蛙的方式削弱阿斯帕尔家族的权力。起初，阿斯帕尔并未发觉，依旧如同皇帝一般趾高气扬，对东帝国的政务指手画脚，直到他试图安排亲信担任君士坦丁堡郡守时，才发现利奥一世并非塞维鲁那样的"乖孩子"。

利奥一世毫不客气地拒绝了阿斯帕尔的提名，强行任命心腹担任该职。皇帝非常清楚君士坦丁堡郡守一职是何等重要，因为郡守可以调动首都的卫戍部队，类似于"九门提督"，必要的时候甚至会威胁皇宫的安全。这么重要的职务怎么能让阿斯帕尔的心腹担任呢？利奥一世是不会把如此重要的兵权交给头号权臣的。

利奥一世的"忘恩负义"让阿斯帕尔异常愤怒，但皇帝表现出一副公正无私的样子，手腕又很是温和，阿斯帕尔一时间竟不好发作。紧接着，利奥一世悄悄组建了一支只听命于他的新军，等到时机成熟后，便以各种合理的事由将这支新军调到君士坦丁堡驻防，从而完成了对首都的全面控制。

此时的阿斯帕尔仍是首席权臣，但他所处的君士坦丁堡全是皇帝的军队，而那些忠于阿斯帕尔家族的官员却被一个接一个地撤换，最后连阿斯帕尔的要职也被皇帝的心腹取代。整个夺权过程进行得非常温和，每一次人事调整都有合理的理由。利奥一世用极为高明的方式逐步架空了曾经的主人，等到阿斯帕尔想反抗时，他已经无能为力了。至此，利奥一世掌握了东罗马帝国的大权。

里西默摄政西罗马后，西帝国基本就是无所作为，傀儡皇帝塞维鲁本身就没什么本事，自然任由里西默摆布。即便是这样，4年之后，里西默依然对塞维鲁感到不满。可能皇位坐久了就会觉得自己才是主宰，塞维鲁慢慢有了自己的想法，里西默操纵傀儡皇帝越来越不顺手，而且更重要的是，塞维鲁的身份一直很尴尬。

之前，马约里安的西罗马皇帝是得到了东罗马帝国官方认证的，可里西默倒好，居然连招呼都不打就处决了合法皇帝，还自作主张立了一个傀儡。说起这事儿，东帝国的气就不打一处来，所以不管西帝国怎么请示加汇报，东帝国始终不承认塞维鲁的皇帝身份。这就让塞维鲁政府失去了合法性，身份异常尴尬。而最大的问题是，东帝国中止了对西帝国的援助。里西默实在没办法了，只好毒死了塞维鲁，西罗马的皇位就这么又空出来了。

利奥一世大权独揽时，西罗马帝国刚好发生里西默鸠杀塞维鲁事件，不得不让人怀疑这是两个统治者和解的开始。当时，日耳曼诸国乘机攻打西罗马，特别是汪达尔人，屡次入寇意大利。惊慌失措的里西默缺兵少将，不得不向利奥一世求援，但是里西默之前擅杀马约里安已经得罪了东帝国，所以塞维鲁的人头正是两个帝国和好的"大礼"。因此，不少人认为里西默无力抵挡蛮族，特别是汪达尔的威胁，他只能牺牲掉塞维鲁并接受东帝国派来的皇帝。

利奥一世早就对西罗马的混乱感到不满，里西默的求援正合他的心意。

大多数人都知道，利奥一世得到皇位全靠阿斯帕尔拥立，而最有即位资格的另有人在。先帝女婿安特米乌斯本身就出自贵族世家，又迎娶了先帝的公主，在正统性上是无可争辩的，只可惜他没有军权，否则也不会被阿斯帕尔踢出局。利奥一世想要稳住帝位，不得不考虑安特米乌斯的存在。

西帝国悬空的皇位正好给了利奥一世一个机会：派安特米乌斯前往西帝国当皇帝。这样不但能把潜在的威胁送走，还能借他的手操纵西罗马的政局，何乐而不为呢？于是，利奥一世乘机宣布东帝国将拥护安特米乌斯为新的西罗马皇帝，也只承认安特米乌斯为新的西部皇帝，然后便派兵护送新皇帝进入西帝国。里西默没有理由反对，因为他正被汪达尔人轮番蹂躏，只能依靠利奥派来的军队。

公元467年，安特米乌斯在东罗马军队的保护下抵达罗马城，正式加冕为西罗马帝国皇帝。新帝一登基，马上举行了一场政治婚礼，把自己年轻漂亮的女儿嫁给了七老八十的里西默，以此安抚摄政大臣。双方结为姻亲之盟，暂时共治西部帝国。

西罗马有了东罗马撑腰，汪达尔人本应该收敛一些才对，但他们依然频繁劫掠意大利海岸。西罗马帝国海岸基本上处于"提款机"状态，而且随着意大利的油水被逐渐榨干，汪达尔海盗开始经由爱琴海洗劫东罗马帝国的海岸线，这严重激怒了利奥一世。所以对当时的罗马帝国来说，汪达尔海盗的威胁远远大过其他蛮族，已是两个帝国的头号大敌。

没过多久，利奥一世就要里西默回报"援助"了。公元468年，利奥一世决定消灭纵横地中海的汪达尔海盗，他计划由两个帝国同时出兵，四面围攻根西里克，进而收复整个北非和地中海。

消灭汪达尔，收复北非，这是两个帝国一致认可的头号大事。对东罗马来说，汪达尔王国紧邻东帝国的埃及，极有可能出兵攻入埃及，加上汪达尔海盗频繁出海劫掠，严重破坏了东帝国的海上贸易，东罗马不得不出兵干预新生的蛮族王国。对西罗马来说，汪达尔占有的北非行省是西罗马最富裕的地方，那里一直是意大利的粮仓和税库，自从西罗马失去北非后，拉文纳政府的财力一天不如一天，也正因为财力的下降，他们不能组织更多的军队去收复西班牙或者干预高卢，所以马约里安费尽千辛万苦也要组建海军南下北非。如果不能收复北非，西罗马就会陷入无钱无兵的恶性循环，别说收复周围行省，恐怕连意大利也早晚不保。所以说，征服汪达尔符合两个帝国的利益。

有了东罗马帝国主导，战争立刻变得不一样了。利奥一世一出手，那规模可是相当大。比起马约里安南征汪达尔的窘迫，东罗马帝国根本不需要准备三年时间，皇帝只要一声令下，远征马上就能成行，可谓财大气粗。

东罗马帝国的北非攻略是四管齐下，从埃及到西班牙，处处都有战场。为了征服汪达尔，东帝国共计起兵10万，出动战舰1113艘，拨付军费13万罗马磅黄金。大军兵分四路齐攻汪达尔首都迦太基：

第一路，由东帝国埃及总督希拉克略统率，从埃及出兵，沿着北非海岸走陆路攻打阿非利加，进逼迦太基城的东侧；

第二路，由东帝国达尔马提亚总督马塞利努斯统率，从达尔马提亚出兵，沿着亚得里亚海攻打西西里，然后再渡海登陆北非；

第三路，由西罗马帝国皇帝安特米乌斯亲自统兵，从高卢南部直抵西班牙，目标就是控制西班牙沿岸的汪达尔领土以及直布罗陀海峡，从而切断汪达尔人逃回西班牙的可能；

第四路，远征军的真正主力，由东罗马帝国主力军团组成，包括绝大多数海军舰队，由利奥一世的妻弟巴西利斯库斯指挥（他同时还有节制其余三路人马的权力），直接从君士坦丁堡出海，穿过爱琴海直达北非。

四路大军来势汹汹，汪达尔上下人心惶惶。汪达尔自建国以来，还从没遇到过这么大规模的战争。东罗马帝国的远征军是要钱有钱，要兵有兵，反观汪达尔人，他们自占领北非后，很多将领开始堕落腐化，沉溺于享受美酒美女的生活，军队的战斗力下降了不少，而汪达尔的盟友或者说是潜在盟友，都不太愿意在这个时候帮助他们，根西里克只能依靠自己。

不过，根西里克毕竟是一代枭雄，更是一个老奸巨猾的狐狸。他遇事非常冷静，别人都在做投降的打算，他却不以为然。当将军们问他为什么这么自信时，根西里克却笑着说道："在我看来，他们四路人马不过是土鸡瓦狗。"

众人疑惑不解，老狐狸冷笑道："西罗马财穷兵寡、君臣离心，里西默是不会把家底都交给希腊派来的皇帝的，此一路连哥特人和苏维汇人都打不过，怎么可能控制西班牙？希拉克略的埃及军团长途跋涉，缺乏援兵，我只需沿途袭扰且断其粮道，哪有打不退他们的道理？马塞利努斯这一路虽是良将，但兵少船小，恐怕连我们的海盗都比他们人多船大，自是不必忧虑。唯有巴西利斯库斯军团实力雄厚，只可惜统兵的人不过是竖子，我们击败他这一路，其余三路必定吓得退兵。"众人一听都安定下来了。

根西里克故意装作一副担惊受怕的样子，并派人给巴西利斯库斯送去了一封言辞谦卑的求和信，内容除了恭维东罗马大军如何如何厉害，最重要的是向他们表明汪达尔人打算不战而降。根西里克称汪达尔上下都被东罗马的大军吓坏了，他愿意向巴西利斯库斯投降，但在这之前他还需要给其他汪达尔贵族"做思想工作"，所以希望暂缓5天，东罗马的海军战舰可以在这5天开进迦太基湾休息，5天后汪达尔上下便出城投降。

巴西利斯库斯闻之大喜。不战而屈人之兵自然是上上策，谁都愿意不流血就摘取胜利果实，何况如果汪达尔直接向他投降，那此次远征的功劳自然全是他一个人的。年轻、冲动、贪功、冒进最终驱使这个年轻人相信了根西里克。巴西利斯库斯率领庞大的海军舰队浩浩荡荡地开进了迦太基湾。5天里，他饮酒作乐，全然不知危险即将到来。

这5天，根西里克可不会真的去搞什么思想工作，而是命人搜集了大量易燃之物。在一个月黑风高的晚上，汪达尔军队衔枚而进，悄悄接近了罗马人的战舰。不多时，只见火光突然四面而起，顿时喧闹震天。借海风之力，身披火焰的小船依次撞上了罗马人的战舰，大火很快从一条船燃烧到另一条船，整个海港顿时陷入一片火海。

最高统帅巴西利斯库斯的旗舰因为居于海港外侧而没有被大火烧到。这种时候，主帅本应该指挥全军抵抗汪达尔人的奇袭，但他却懦弱地抛弃了自己的军队，一溜烟地逃回了君士坦丁堡。士兵们不禁哑然失笑，要知道，逃跑的主帅前不久才获得了击败匈人军队的荣誉，此刻的表现简直是换了一个人。

统帅逃走了，军队指挥系统自然是全面崩溃，所有战船都陷入了孤立无援的境地。汪达尔人高举着火把跳上了罗马人的战舰，在火光的映照下犹如魔鬼一样恐怖，他们无情地砍杀罗马士兵，摧毁了一艘又一艘战舰。等到天亮后，根西里克骄傲地宣布了胜利的消息。

巴西利斯库斯一路逃回君士坦丁堡后，连皇帝都不敢见就躲进了圣索菲亚大教堂。希拉克略这一路本来就是偏师，一听说主力军团已经全军覆没，他也赶紧率领军队撤回了埃及。马塞利努斯这一路倒是颇有战果，顺利收复了西西里，但等到他们再次出海后就遇到了汪达尔主力舰队，海军力量不足的马塞利努斯大败而归，最终英勇捐躯。至于安特米乌斯这一路，完全是做做样子，他们根本没实力完成利奥交代的任务，等到东罗马大军败退的消息传来后，安特米乌斯赶紧收拾行李逃回了意大利。

至此，四路大军、10万人马全部败退，东、西帝国的威望都大为下跌，汪达尔人总算在北非站稳了脚跟。不过，根西里克见好就收，马上向利奥一世求和，迫于无奈的东部皇帝只能屈辱地接受了和平协议。此后，罗马帝国一直未能收复北非，汪达尔海盗常年肆行劫掠于地中海各地，严重削弱了两个帝国的海上贸易。这段痛苦的岁月直到另一个拥有"最后的罗马人"称号的天才统帅降临方才结束，不过离那一天的到来还十分久远。

帝政风雨终

远征汪达尔的失败损害了利奥一世的威望，更动摇了安特米乌斯的统治。西部皇帝的权力来源于东部帝国的扶持，东部帝国的战败自然也被视同安特米乌斯的失败，这让起初还非常顾忌其背后势力的里西默活跃起来。作为西部帝国的摄政大臣，里西默习惯了把持帝国朝政的风光，而安特米乌斯的到来一度结束了他一手遮天的日子，时间久了，里西默自然越来越反感这个希腊"空降"的皇帝。

利奥一世的失败正是里西默等待多时的机会，东部皇帝忙着巩固统治，消除战败所带来的不利影响，根本顾不上插手西部帝国。里西默借此机会集中权力，安特米乌斯与他的矛盾越来越大，双方共治的"蜜月期"终于结束了。

为了削弱安特米乌斯的统治，里西默干脆放弃了拉文纳和罗马城，将官邸迁到了米兰城，那些追随他的官僚和将军也跟着一起到了米兰。在米兰，里西默同样组建了一套政府班子，俨然是西罗马帝国的第二朝廷。西部帝国名义上统一于安特米乌斯，实际上已经分为南北两个政府。

里西默于米兰另立朝廷等于是向安特米乌斯宣战。皇帝虽然愤怒，却不想公开宣战，所以他接受了教会和东帝国从中斡旋的建议。可表面答应和解的里西默压根儿就没有诚意,他正派人秘密前往各大日耳曼王国求援,企图借助外力推翻安特米乌斯,教会的斡旋正好给了他准备的时间。

假象蒙蔽了很多人,教会以为自己成功了,因为双方都表示将抛弃前嫌,殊不知里西默已经用黄金和土地收买了日耳曼蛮族,各路蛮族军队正朝米兰集结。没过多久,勃艮第人、苏维汇人等蛮族便翻越了阿尔卑斯山。

有了军队,里西默的态度来了个一百八十度大转弯,公开宣布废黜安特米乌斯,并将此前被东帝国派来调解矛盾的奥利布里乌斯直接立为皇帝。元老院内的里西默支持者相继逃离罗马城投奔米兰,他们在米兰另组了一个元老院,并象征性地投票通过了奥利布里乌斯为帝的决议。

公元472年3月23日,奥利布里乌斯在里西默的军营里加冕为皇帝,西罗马帝国算是彻底分为南北两块了。

里西默的军队很快就从米兰推进到了阿尼奥河。罗马人民和大多数议员都支持合法皇帝安特米乌斯。双方的支持者在罗马城展开血战,战火再次燃遍了永恒之城。里西默想要攻陷罗马城绝不是一件容易的事情,双方士兵在罗马攻防战里激战连连,直到里西默的围困再次让罗马城发生饥荒和瘟疫后,情况才稍微倾向于里西默。

3个月后,安特米乌斯的防线终于被突破,蛮族军队再次洗劫了永恒之城。鲜血和烈焰让整座城市如同赤色一般,无辜的平民不是被抢掠就是被屠杀。

公元472年7月11日,皇帝安特米乌斯被叛军处死,里西默和他的傀儡皇帝控制了整个意大利,只不过是一片狼藉的意大利。

可惜天道循环,作恶多端的里西默还没来得及品尝胜利的滋味,仅仅过了40天,就得病暴毙了。里西默死后,他手里的权力都由其外甥——勃艮第人贡多巴德继承。而皇帝奥利布里乌斯也于当年的10月驾崩,西帝国皇位又一次悬空。

东罗马一看西帝国的皇位再次空了出来,试图再拥立一个东部贵族继承西帝国。这次被东帝国选中的是皇后的侄女婿尤里乌斯·尼波斯,此人在马塞利努斯战死后接管了达尔马提亚行省,算是统领一方的诸侯。

贡多巴德虽然继承了里西默的权力,但对摄政意大利没有太大的兴趣,毕竟此时的西帝国空有名号,既无军队更无黄金,简直跟鸡肋一样,所以他随便找了一个叫格列西里乌斯的人立为皇帝，自己带着军队翻过阿尔卑斯山去勃艮第争夺王位了。公元474年6月，手握雄兵的尼波斯毫无难度地杀入了意大利，格列西里乌斯也非常识相地交出了皇位，尼波斯就此称帝。

尼波斯穿上紫袍后才发现西帝国的冠冕何其烫手。趁西帝国内战之际，高卢、西班牙的蛮族再次反叛。公元469年，西哥特发兵北伐，击败了亲罗马的布列塔尼国王欧达姆，占领了图尔和布尔日；公元471年，西哥特歼灭了西帝国在高卢的野战军，侵入了阿尔勒和马西利亚；2年后，又夺取了包括塔拉戈纳在内的大半个西班牙。同一时间，勃艮第人向南扩张，攻克了阿维尼翁，占领了阿尔卑斯山和罗讷河之间的土地。而法兰克人也向西扩张到了高卢中部，占领了图尔奈。至此，西帝国完全失去了高卢和西班牙。

尼波斯虽有心光复高卢、西班牙，但他很快发现自己连意大利都无法控制。当地贵族和士绅坚决反对东帝国的军阀统治他们，无人愿意给新皇帝缴税。自即位伊始，新皇帝周旋于当地各派势力之间，却始终无法得到意大利人的支持，加上蛮族的攻势越发凶猛，尼波斯的宫廷摇摇欲坠，他干脆放弃了意大利以外的土地。新皇帝以这样识趣的方式赢得了蛮族国王的和平协议，殊不知西罗马人民都在背后骂他"卖国贼"。

尼波斯的统治还不到一年，西帝国的内战再起。起兵的是皇帝一手提拔的大将军奥列斯特。此人出生于潘诺尼亚行省，在阿提拉占领该地后，他便投奔了匈人，凭借着善于钻营的本事，很快当上了阿提拉的近臣。等到阿提拉死后，奥列斯特判断匈人帝国即将崩溃，便拒绝了匈人王子和东哥特人对他的拉拢，独自返回了罗马帝国。同样凭借着善于钻营的本事，奥列斯特在罗马军队里迅速升迁，成了尼波斯身边的高级幕僚。

奥列斯特本应该是尼波斯最信任的人，但新皇帝没想到在这个人的身体中却有一颗光复罗马的心。奥列斯特抱着振兴罗马的期盼而来，却不想尼波斯居然主动割地卖国，他觉得自己所投效的并非明主，于是散尽家财招募了很多赫鲁利人、锡里人、阿兰人、图尔西林吉人和鲁吉亚人。这些蛮族雇佣军见钱眼开，非常乐意为奥列斯特而战。

公元475年8月，奥列斯特自恃有蛮军在手，公开叛乱，驱逐尼波斯，而尼波斯的兵力有限，根本不是他们的对手，只能抛弃罗马城，逃回了达尔马提亚。控制意大利后，奥列斯特却不愿意称帝。蛮族顺势拥立他的儿子，年仅 15 岁的罗慕路斯为帝，史称罗慕路斯·奥古斯都，奥列斯特则以皇帝生父的身份摄政西罗马帝国。

奥列斯特请蛮族驱逐尼波斯的策略看似很成功，实际上却是引虎驱狼的玩火之举。蛮族军队中有一个叫奥多亚克的将军非常有野心，此人煽动蛮族将领们于意大利建国，而他的蛮族同胞都眼红西哥特人、东哥特人、苏维汇人、法兰克人等蛮族的独立，也试图在罗马人的土地上建立新国家。在奥列斯特执掌意大利一年之后，奥多亚克要求西罗马政府划分意大利三分之一的土地作为蛮族的佣兵费。这一无理要求自然遭到奥列斯特的坚定拒绝。

奥列斯特此时才发现自己是养虎为患，可蛮族联军已经在意大利站稳了脚跟，要他们离开几乎是不可能的，所以只能和曾经的盟友刀兵相见了。哪知奥列斯特的军队被轻易击败，被迫退守维罗纳城，蛮族联军随后包围了城池。兵马不足且城防简陋的维罗纳很快就被蛮族联军攻陷，奥列斯特因而战死城中。不久之后，奥多亚克的军队又败罗马人于拉文纳城外，至此，小皇帝罗慕路斯·奥古斯都已成瓮中之鳖。

公元 476 年 9 月，奥多亚克的蛮族联军开进拉文纳城，西罗马帝国末代皇帝罗慕路斯·奥古斯都被迫退位，西罗马帝国政府解散，元老院也臣服于奥多亚克，意大利由蛮族接手。末代皇帝罗慕路斯被流放到坎帕尼亚的城堡，享受每年 6000 金币的年金，而蛮族叛军一致拥戴奥多亚克为意大利的国王，算是取代了罗马皇帝。

这一年，西罗马帝国宣告灭亡，意大利和罗马城从此不复为罗马人的家园。西罗马帝国就这么消失了，永恒之城就这么沦陷了。千年以前，开国君王罗慕路斯在拉丁姆平原建城时，天空中曾飞过 12 只雄鹰，这被视为罗马人统治的征兆，想不到西罗马灭亡那年距罗慕路斯建城刚好过了 12 个世纪。不知是巧合还是天意，末代皇帝居然和开国君主有相同的名字，仿佛一切都已经注定了一样。

西罗马帝国的灭亡一直被视为罗马帝国的灭亡，这不仅是因为罗马城不再属于罗马人，更是因为古罗马人的精神和传统已经彻底消亡。在共和时代，罗马人富有进取精神，不畏艰险，崇尚荣誉，他们生活朴素，憧憬先进文化，他们宗教宽容,同化异族,他们以为鹰旗战斗而自豪,以征服敌人为乐趣。拉丁人、伊特鲁里亚人、萨莫奈人、西西里人、迦太基人、努米底亚人、希腊人、犹太人、高卢人、埃及人、凯尔特人、日耳曼人,这些曾经强大一时的民族一个接一个被罗马征服,地中海因罗马人而统一,罗马因罗马军团而永恒。

沧海横流,岁月变迁,罗马的建成不是一天之功,罗马的灭亡也不是一日之祸。无数罗马人自甘堕落、卖国求荣,宁可醉生梦死也不愿面对现实,也有无数罗马人披肝沥胆、逆流而行,纵然拼尽全力也未能阻止帝国大厦崩塌的趋势。西罗马的历史结束了,但罗马人的火种并未熄灭,远在君士坦丁堡的东罗马帝国依然高举着鹰旗,自诩为罗马人的帝国。西帝国的灭亡令东帝国哀叹不已,若东帝国只"哀之而不鉴之,亦使后人而复哀后人矣"。